LE GRAND CANAL

Du même auteur

La République du Lion, Perrin, 1988. (Traduit de l'italien par Jacques Roque.)

ALVISE ZORZI

LE GRAND CANAL

Traduit de l'italien par Joëlle Mnouchkine avec la collaboration de Regina Langer

LIBRAIRIE ACADÉMIQUE PERRIN
76, rue Bonaparte
Paris

Titre original

Canal Grande

ISBN 2-262-00995-3

I

« La plus belle rue qui soit... »

1. *Le rêve de saint Magnus*

En l'an de grâce 637 (ou bien était-ce en 638 ou en 639?), Rotharis, roi des Lombards, assaillit et détruisit l'antique cité romaine d'Opitergium.

Tout comme les habitants d'Aquileia, de Concordia et d'Altinum, ceux d'Opitergium qui ne voulaient pas devenir sujets lombards, qui avaient peur, qui désespéraient de l'avenir, s'enfuirent vers le littoral, vers les lagunes. Magnus, évêque d'Opitergium, partit avec eux et devint le premier évêque de Cittanova. Cette petite ville lagunaire s'appellera plus tard Éraclée et, grâce aux réfugiés d'Opitergium, grandira, deviendra la capitale du duché vénitien, avant d'être détruite à son tour.

Partout, tout au long des marécages et des lagunes ininterrompus qui, des bouches du Timavo, arrivent à celles du Pô, d'anciennes agglomérations étaient rénovées, d'autres se créaient. Jusque sur les îles du Rialto qui se serraient autour du canal large et profond qui leur donnait leur nom : *rio alto*, *rivus altus*, *rivus prealtus*, le futur Grand Canal.

Dans Cittanova, ville active et laborieuse, Magnus pensait à ces petites îles, cet ensemble à la forme étrange qui ressemblait à un énorme poisson au milieu de sa lagune. Ici et là, lui avait-on dit, entre les cannaies et les mamelons boueux, s'élevaient de petites églises, des chapelles ; les grandes cathédrales avaient surgi ou s'érigeaient ailleurs, à Grado, à Caorle, à Torcello. La communauté de

Rialto, qui devenait chaque jour plus nombreuse, n'avait aucun lieu de prière, de réunion, de culte. Et puis (peut-être en songe, une nuit), le Seigneur envoya à Magnus une série d'apparitions miraculeuses.

Le premier à apparaître fut saint Pierre. Le prince des Apôtres ordonna à Magnus de lui construire une église à Rivoalto, à l'endroit même où il verrait paître ensemble des bœufs et des brebis. C'est donc à l'extrême pointe de la plus orientale des îles rialtines, l'île d'Olivolo (appelée plus tard Castello), que Magnus construisit la basilique de San Pietro qui sera pendant près de douze siècles la cathédrale de Venise.

Puis l'archange Raphaël lui apparut et lui demanda de lui construire une église là où il verrait se rassembler beaucoup d'oiseaux. Et Magnus érigea, à l'autre bout de la ville, au fond de Dorsoduro, l'église de San Raffaele Arcangelo. Puis ce fut le tour de l'apparition de Jésus-Christ, Notre-Seigneur en personne : Magnus devait construire une église au milieu de la ville naissante, au lieu où il aurait vu s'élever un nuage rouge. Et là, au cœur même de la future Venise, il fit construire l'église de San Salvador. La quatrième apparition fut celle de la Sainte Vierge Marie, qui lui demanda la construction d'une église là où s'élèverait un nuage blanc; Magnus lui construisit l'église de Santa Maria Formosa *. Quant à saint Jean-Baptiste, il voulut non pas une, mais deux églises, une pour lui-même et une pour son père. Voilà donc surgir San Giovanni in Bragora et San Zaccaria. Mais les douze saints apôtres réclamèrent eux aussi leur église dans « cette neuve cité », sur le lieu où Magnus aurait vu se réunir douze grues; enfin, la dernière, la martyre Justine, demanda et obtint qu'on lui en érigeât une là où les vignes auraient donné du raisin hors saison.

Le rapporteur de cette légende, qui plaisait tant à John Ruskin, est le doge chroniqueur Andrea Dandolo, qui vécut sept cents ans après les visions de saint Magnus. Dans la Venise du XIVe siècle, riche en population et en édifices, il fallait un érudit tel que lui pour évoquer une Venise lointaine et irréelle, où paissaient encore les brebis et les bœufs, où se posaient les grues. Entre-temps, d'autres églises s'étaient dressées à la suite de visions miraculeuses.

* *Formosa* : la Belle, un des multiples noms donnés à la Sainte Vierge à Venise. *(N.d.T.)*

En l'an 1226 Jacopo Tiepolo, futur doge, avait rêvé d'un champ couvert de fleurs parfumées, « avec quelques blanches colombes qui, portant des croix d'or sur leurs fronts, volaient de-ci de-là, au-dessus de ces fleurs, tandis que deux anges parfumaient ce lieu avec des encensoirs » ; et il avait entendu une voix, celle de saint Dominique, lui dire : « Ceci est l'endroit que j'ai choisi pour mes Frères prêcheurs. » Tiepolo s'était dépêché d'aménager le lieu vu en songe et d'y jeter les fondations de la grande église dominicaine des Santi Giovanni e Paolo. Aujourd'hui encore, sur son sarcophage, près de la porte principale, deux anges de pierre balancent toujours leurs encensoirs.

Fable que tout cela, écrivait le sénateur Flaminio Corner, grand érudit, historien des églises de Venise et, aussi, l'un des trois inquisiteurs d'État qui tinrent prisonnier Giacomo Casanova sous les Plombs *.

Tout comme, bien évidemment, la légende de saint Magnus. Mais le Moyen Âge vénitien semble vivre dans un climat de perpétuel miracle. Les héros en sont des saints, et plus particulièrement des saints d'Orient que les Vénitiens vénèrent. Par n'importe quels moyens et artifices, ils s'approprient leurs reliques afin de s'assurer leur protection et d'attirer dans leurs églises les marchands et les pèlerins, en route vers la Terre sainte, qui s'embarquent à Venise pour l'Orient. Reliques parfois capricieuses, qui imposent leur volonté, leurs exigences, leurs prétentions : ainsi le corps de saint Sabba, soustrait à Constantinople par le riche marchand et armateur Pietro Barbolano Centranico, lui aussi futur doge.

Pietro Centranico aurait voulu déposer la sainte dépouille dans son propre palais à Castello, à Sant'Antonin. Mais, quand les prêtres et les marins voulurent le débarquer, le corps semblait cloué au pont. Malgré tous les efforts, il fut impossible de le soulever et de le faire descendre du navire. Entre-temps, les cloches de l'église de Sant'Antonin s'étaient mises à carillonner sans que personne les touchât : le saint voulait être enseveli dans l'église. De fait, à peine fut-il déposé sur l'autel qu'une colombe blanche s'envola et que les cloches se turent immédiatement.

Flaminio Corner croit d'autant moins à cette histoire miraculeuse qu'il la considère chronologiquement erronée. Par contre, il

* Célèbres prisons situées sous les toits du palais des Doges. *(N.d.T.)*

semble accréditer un autre miracle, bien plus curieux, opéré par le corps de saint Jean l'Aumônier, apporté à Venise par les galères de Lorenzo Bragadin en 1249. Le doge Marino Morosini aurait voulu, comme de juste, le déposer dans l'église de San Giovanni di Rialto, à lui dédiée. Mais dès que la galère qui le transportait arriva à la hauteur de San Giovanni in Bragora, « elle s'immobilisa et nulle force humaine ne réussit à lui faire poursuivre son chemin ». Il fut donc décidé de débarquer le corps là où la galère s'était arrêtée, mais il ne se laissait pas soulever, pas même par l'évêque. Il fallut que le vieux curé de la Bragora intervienne pour que la dépouille se laisse tranquillement emporter. On forma un cortège qui se dirigea vers le Rialto, mais à peine s'était-on mis en route qu'une terrible averse s'abattit du ciel, obligeant tout le monde à se réfugier précisément dans l'église de San Giovanni in Bragora d'où la relique refusa catégoriquement de sortir. Elle fut donc déposée sous le maître-autel. Le lendemain matin, elle ne s'y trouvait plus ; on la retrouva sous un autel secondaire, et sous le maître-autel il y avait à sa place un cartouche où l'on pouvait lire : « Je cède le lieu au Précurseur du Christ. »

Plusieurs autres événements singuliers se produisirent : le corps de saint Second Martyr empêcha le navire qui le transportait de s'arrêter devant l'église de San Geremia, où l'on voulait le rapporter. Déposé par des fidèles dans une barque livrée à elle-même, il s'en alla directement atterrir au couvent qui, par la suite, prit son nom. Autre phénomène, la statue de la Vierge apportée d'Orient en 1341 par deux des frères Contarini pour décorer l'église des Santi Apostoli déclencha trois épouvantables orages consécutifs. Installée dans une petite barque, elle se dirigea droit vers la rive du monastère de la Celestia. En comparaison de ces prodiges, l'histoire qui a pour théâtre le monastère de Santa Chiara, sur ce qui était alors une petite île juste à l'entrée du Grand Canal, semble bien moins spectaculaire. Nous tenons ce récit d'une religieuse et son ton humble rappelle un lointain froissement de robes, un chuchotement émerveillé de voix féminines : « Moi, sœur Maria Felice Dalla Vecchia, je retrouve dans ma mémoire ce que j'ai entendu de nos mères anciennes du monastère... »

Un certain jour du lointain XIIIe siècle, un pèlerin s'était présenté et avait demandé à parler à la mère abbesse. Sans se faire connaître, il lui avait remis, en la priant de le lui garder, un petit coffret de cuivre entouré d'une bande d'étoffe cramoisie, enfermé dans un deuxième coffret cerclé de fer, lui-même contenu dans un troisième coffret tout « de pur bois », dit sœur Maria Felice, « mais toutefois fermé et bien bridé ».

La mère abbesse avait déposé les trois coffrets, l'un dans l'autre, au fond du coffre où l'on conservait tous les documents du monastère. Personne n'était plus venu les réclamer. Quelque temps plus tard, une marée haute exceptionnelle avait inondé le couvent et envahi d'une eau saumâtre la chambre des archives, s'arrêtant à une coudée du coffre dans lequel étaient conservés les trois coffrets. Elle formait, raconte sœur Maria Felice, « comme un mur autour dudit coffre », et le coffre « était soulevé de terre sans que rien le touchât ».

Des fillettes de cinq ou six ans qui servaient au couvent de *zaghette*, c'est-à-dire d'enfants de chœur, prétendaient voir souvent des lumières allumées dans la chambre du coffre et entendre des chants et de mystérieuses harmonies. L'abbesse fit appeler le père confesseur et les coffrets furent ouverts l'un après l'autre. « Alors se répandit une odeur bien suave » car le coffret de cuivre contenait le clou qui avait percé les pieds de Jésus sur la croix et le pèlerin n'était autre que saint Louis, le pieux roi de France, mort croisé devant Damiette : les pièces d'or à son effigie éparpillées dans les trois coffrets suffirent à le faire reconnaître.

Un autre jour, aux alentours de 1329, Francesca Correr, la fondatrice de l'hospice de Sant'Andrea di Zirada, se trouvait à la tombée de la nuit sur la rive du Grand Canal. Il n'y avait plus aucun bac pour la faire traverser. A l'époque il n'existait pas non plus de pont qui enjambât le Canal, hormis le pont de Rialto qui était fort loin. La pieuse femme avait alors ôté sa cape, l'avait étendue sur l'eau, y était montée et, « armée du signe de la croix et de sa foi en Dieu », avait rejoint l'autre rive à pied sec.

Ce ne fut certes pas le seul miracle de ce genre : la Bienheureuse Contessa * Tagliapietra, née en 1288, traversait chaque matin, sur son tablier, le Grand Canal entre San Maurizio et San Vio pour

* *Contessa* (Comtesse) n'était pas un titre nobiliaire, mais un nom de baptême très répandu au Moyen Age vénitien, comme *Marchesina* (Petite Marquise) ou *Regina* (Reine) que l'on retrouve encore aujourd'hui.

assister à la messe dans cette église où, une fois l'an, le doge se rendait en procession pour remercier le saint de la défaite du rebelle Baiamonte Tiepolo, le 15 juin 1310.

Mais aucun miracle n'est venu sauver l'église ni le couvent de Santa Chiara, emportés par la vague de suppressions et de démolitions mises en œuvre par le Royaume d'Italie de Napoléon Ier. Au cours de ses huit brèves années d'existence, il fit plusieurs dizaines de victimes illustres, parmi lesquelles l'église de San Vio. Sant'Andrea di Zirada, elle, n'a pas été démolie : désaffectée, submergée par un énorme parking, écrasée par les structures en béton du garage communal, elle ne regarde plus la lagune, mais l'enchevêtrement des voies ferrées et des autoroutes qui ne barrent plus autre chose que la vue des usines de Porto Marghera. Au début du Grand Canal, dans la partie de la ville ouvrant vers l'ouest et résonnante, encore, de tous les bruits et activités de la vie quotidienne, entre le pont routier et celui du chemin de fer, entre le parking et la gare de Santa Lucia, ce n'est plus qu'un cimetière d'églises, de couvents, de palais, de traditions, de souvenirs, de siècles de vie. Pour ne pas tomber dans le piège des regrets, il faut oublier, ne pas savoir et, comme ces jeunes qui se recroquevillent dans leur sac de couchage sur les marches de la gare, contempler les yeux écarquillés ce peu qui survit d'une ville, d'une civilisation.

2. *Cent quatre-vingt-cinq palais*

Arriver à Venise par le train, c'est comme entrer dans un palais par la porte de service, pensait Gustav Aschenbach, le héros de *Mort à Venise*.

En effet, le Grand Canal, artère principale et épine dorsale de Venise, pénètre dans la ville par la porte de service. L'évasement flamboyant du bassin de Saint-Marc, au-delà de la pointe de la Dogana da Mar, les somptueuses polychromies du palais des Doges et de la Piazzetta, l'ouverture, derrière San Giorgio Maggiore, sur un horizon salé qui précède l'envol des mouettes en pleine mer, sont la dernière partie de son parcours vers l'estuaire de ce qui, à une époque très lointaine, était certainement un fleuve. Peut-être un des bras du Brenta, le *Medoacus* dont parle l'historien romain Tite-Live et auquel est liée une grande partie de l'Histoire antique de ces terres, de ce peuple? Ou le dernier tronçon du Muson, petit fleuve campagnard qui descend des collines d'Asolo pour se jeter dans la lagune, non loin de Porto Marghera? Nous ne sommes sûrs de rien, encore moins de la durée et de la façon dont s'est formée la Venise actuelle. Il y a eu trop de bouleversements telluriques, de remaniements, d'inondations, de débordements et, plus récemment, d'interventions humaines. La tradition voudrait que ce fleuve profond, dont le Rialto aurait pris le nom, ait de ses eaux boueuses consolidé les marais, les mamelons et les terres émergées de la grande étendue lagunaire, contribuant ainsi à former l'ensemble des îles et îlots qui constituent la Venise d'aujourd'hui. Mais il est possible, et même probable, qu'à l'époque romaine la majeure partie de la lagune ait été, au contraire, une vaste terre émergée, une riche campagne cultivée, divisée en domaines réguliers, comme l'exigeait le critère des centuries sur lequel Rome s'appuyait pour diviser les terres entre ses colons.

D'ailleurs, il est très facile de reconnaître dans le chemin sinueux de ce que nous appelons aujourd'hui le Grand Canal, de Santa Chiara à la pointe de la Dogana, le trajet typique d'un fleuve. C'est un S renversé de trois mille huit cents mètres de long, d'une largeur allant d'un maximum de soixante-dix mètres à un minimum de trente mètres, et d'une profondeur de cinq mètres en moyenne. Il pénètre dans la ville par l'ouest, se faufile vers l'est, tourne vers le nord à la hauteur de San Marcuola, s'incline vers le sud au Rialto, puis retourne vers l'ouest, jusqu'à la grande courbe de Ca'Foscari (la *volta de Canal*), pour poursuivre son chemin triomphal vers l'est, le point cardinal vers lequel Venise a toujours orienté ses commerces les plus riches, ses routes les plus avantageuses et les plus rentables.

Qui observe aujourd'hui le Grand Canal avec ses presque cent quatre-vingt-cinq palais et édifices plus ou moins monumentaux – auxquels il faut ajouter une quinzaine d'édifices religieux * et beaucoup de bâtiments qui s'accordent plus ou moins avec la dignité de l'ensemble – plus les places, les squares, les jardins, les

* Au début du XVIe siècle, quelqu'un prit la peine de compter les fenêtres qui donnaient sur le Canal et en trouva 18 619.

embarcadères de ferries, les bacs, les hors-bord et toutes les embarcations à moteur le transformant en une artère à grande circulation, qui écoute, entre deux pétarades, le clapotis des barques amarrées aux pilots ou les chansonnettes au clair de lune des promenades romantiques de touristes en gondoles, celui-là peut difficilement l'imaginer dans le contexte profondément différent que suggèrent les théories des historiens, les révélations des documents, les découvertes archéologiques. C'est grâce à la ténacité d'un vieil érudit, le Pr Luigi Conton, qui découvrit dans les hauts-fonds de la lagune des milliers de tessons de terre cuite, révélateurs de différentes époques de l'Antiquité, et qui alla fouiller dans les profondes tranchées creusées en 1933 par les constructeurs des berges du Rio Novo, de Piazzale Roma au canal de Ca'Foscari, que l'archéologie a progressé. Il a retrouvé, sous « la vase noire et molle de l'ancien marais », non seulement une grande quantité de longs pilots, presque tous en rouvre, fichés tout droit « dans un certain ordre préétabli, avec une évidente et constante symétrie » par les habitants d'une cité lacustre – peut-être d'époque romaine ou à peine plus tardive –, mais aussi « beaucoup de cornes de chèvres sauvages, de dents de sangliers et quelques andouillers de cerfs ». Cette découverte, plus encore que d'autres témoignages bien plus spectaculaires retrouvés dans la lagune, nous permet de poser notre regard sur une période mythique pour Venise, la période de ses origines.

Dans cette plaine fertile où, selon les dires du poète Martial, les riches habitants de la prospère ville romaine d'Altinum s'étaient fait construire de somptueuses villas, l'on vit encore une existence relativement sereine quand les Barbares venant de Germanie et de Pannonie commencent à parcourir la plaine du Pô. Dix ans après la dernière persécution des chrétiens, nombreux à Padoue et à Altinum, l'édit de Constantin a apporté la paix religieuse. Mais des signes inquiétants, avant-coureurs de perturbations naturelles d'une portée incalculable, se multiplient : les « grandes marées » sévissent, tout comme aujourd'hui, les littoraux s'érodent, le sol travaille depuis près de trois siècles et demi et ses effets se font sentir. Les étangs (larges et nombreux, toujours selon le témoignage de Tite-Live) s'agrandissent encore plus sous l'action des marées, le Brenta déborde souvent dans les champs. Vers la fin du IVe siècle, saint Ambroise parle d'« inondations qui envahissent les terres ». Même le Pô, qui n'est pas loin, sort de son lit, provoquant des désastres.

Le siècle suivant, par tradition celui de la naissance de Venise (25 mars 421), connaîtra encore pire du point de vue climatique mais sera surtout marqué par les invasions répétées des « Barbares » : les Goths d'Alaric pillent Rome, les Huns d'Attila dévastent Altinum durant leur violente incursion. Les campagnes encore émergées, qui accueillent peut-être les premiers réfugiés, ont diminué ; de plus en plus envahies d'eau, elles ont été abandonnées par les colons et sont redevenues incultes. S'il y a encore beaucoup de bœufs et de brebis, les sangliers, les cerfs et les chèvres sauvages sont sortis des forêts et se retrouvent entre les deux anses du fleuve, sur ce qui deviendra une partie de la grande zone insulaire de Luprio, l'actuel quartier de Santa Croce.

Il existe une gravure du XVIIIe siècle, souvent reproduite, qui voudrait nous donner une vue (complètement imaginaire, inutile de le dire) de Venise à ses origines. Dans un paysage – comme on pourrait en voir aujourd'hui au-delà de Torcello, dans les zones encore intactes de la lagune, vers le marais de la Rose ou du côté de Valle di Ca'Zane – paysage d'eaux plus ou moins palustres, de cannaies, de *barene* (lagunes affleurantes), de bas-fonds et de petites îles, des maisons aux toits de paille affleurent ici et là, tels les *casoni* lagunaires traditionnels qui abritaient, jusqu'à il y a quelques années, pêcheurs et chasseurs. Il n'y a qu'un seul édifice en pierre, orné de fenêtres gothiques tout à fait anachroniques, et qui s'élève plus haut que les autres. Peut-être est-ce le siège des consuls mythiques et des antiques tribuns. Au milieu, à peu près dans sa forme actuelle, l'église de San Giacometto di Rialto, que la tradition considère comme la plus ancienne de toutes les églises vénitiennes et même contemporaine de la fondation légendaire de Venise.

Le graveur s'est fait l'interprète de la tradition la plus courante selon laquelle même le Grand Canal, qui apparaît en tout premier plan, est représenté comme un *ghebo*, une rigole tortueuse telle qu'on en voit encore entre deux bas-fonds, entre deux *barene*, dans ce que l'on appelle la « lagune morte », celle qui ne reçoit qu'exceptionnellement la marée haute et saumâtre arrivant de la mer par les embouchures des ports.

Si on voulait revoir le décor des origines en le revivant à travers les analogies du paysage actuel, il faudrait prendre une voiture et, de Mestre, une fois dépassé le croisement de l'aéroport Marco Polo, continuer dans la direction de Trieste en passant près du lieu occupé jadis par la florissante ville romaine d'Altinum. Puis, après Portegrandi, on suivrait le vallon du Sile pour côtoyer, ensuite, la vallée Lanzoni, le lac Val Nova et la vallée Dogà, dépasser Caposile et Santa Maria di Piave, puis tourner à droite en suivant le canal Caligo, entre les vallées de Grassabò, Fosse, Basegia e Lio Mazor, pour arriver au hameau de Lio Maggiore, perdu au milieu des marécages. Ou encore faudrait-il venir en bateau de Sant' Erasmo à Lio Piccolo, entre vallées et lagons, et regarder le Gaggian di San Lorenzo, ou le canal Riga, le canal del Colpo, de Bossolaro ou celui de Cigola qui serpente entre le lac de Sant'Antonio et la Paleazza, entre la lagune Falconera et la Masola, parmi ces champs d'éteule qui explosent au printemps en une floraison inattendue, sur ces étendues d'eau immobiles qui en hiver se colorent des teintes nacrées les plus délicates. C'est là que la Venise originelle, mythique, revit avec une évidence incroyablement suggestive, soulignée par le frémissement d'ailes des hérons, le nasillement des canards sauvages ; c'est là qu'on peut encore reconnaître dans les endiguements artisanaux (qui ont survécu au zèle intempestif des ingénieurs du Magistrat des eaux, toujours heureux d'injecter leurs coulées grises de ciment) les antiques techniques de soutènement des berges par palifications plus ou moins rudimentaires, ancêtres de celles qui, encore aujourd'hui, soutiennent les berges des canaux vénitiens, Grand Canal compris.

Le plus curieux, c'est que la Venise de la tradition et celle qui ressort des patientes recherches des historiens ont fini par coïncider. Au chevauchement des événements qui déterminent le destin futur de la ville (principalement l'arrivée des Lombards), s'ajoute une série de calamités naturelles qui transforment définitivement la nature et l'aspect de la région. C'est un crescendo impétueux qui va continuer pendant trois bons siècles : la période la plus terrible se situe entre 586-587, quand l'Adige change de cours et d'estuaire, et l'an 589, quand il pleut plus – dit un texte contemporain – qu'il ne plut durant le déluge universel (« il semble qu'il n'y ait jamais eu un tel déluge depuis le temps de Noé », écrit pour son compte le diacre Paul, historien des Lombards). L'Adige abat alors les murs de Vérone, et le Tibre submerge Rome tandis que le Tagliamento ensevelit Concordia à jamais.

Peut-être est-ce à l'occasion d'une marée exceptionnelle que les deux bras du Brenta changent de cours. Le Piave aussi déborde. Des millions de tonnes de vase et de boue déferlent sur des terres plus ou moins vastes qu'elles ensevelissent, et devant ces eaux « en folie » (le mot est de Wladimiro Dorigo, l'historien qui a révolutionné les théories des origines de Venise) sorties de leurs lits, nos malheureux ancêtres connurent la terreur et la mort. Quand la catastrophe fut consommée, « une nouvelle Histoire commençait du néant ».

3. *A la veille de l'an mille*

A la veille de l'an mille, Venise, ceinte de murs, est désormais une ville dans le sens complet du terme, le processus est définitivement accompli, les caractéristiques exceptionnelles du microcosme vénitien sont établies. L'urbanisation d'une grande partie de sa superficie est terminée ou en cours. Venise, à l'ombre de sa cathédrale, n'a plus rien à voir avec les installations lagunaires primitives que la nostalgie nous a fait reconnaître dans les potagers, les cannaies et les cabanes de Torcello. Le long des rives du Grand Canal (dont le nom change de tronçon en tronçon : canal de Zirada au début, là où était Santa Chiara et où, cachée par trop de constructions, on ne voit plus Sant'Andrea, canal de Beculo ou Becullo de Santa Lucia au canal de Cannaregio, *rivus Businiacus* plus loin, puis canal de Rialto et canal de Saint-Marc), s'alignent des églises, des maisons en maçonnerie et, ici et là, de vrais palais au bord de la grande île de Luprio, presque en face du canal de Cannaregio.

Mais le mur quasi ininterrompu de palais, le long des deux berges du Grand Canal, est encore à faire. Aux environs de l'an mille, entre une maison et l'autre, entre une berge et l'autre, il y a déjà des bacs. Au XIIIe siècle, ceux qui existent encore aujourd'hui fonctionnent à plein rythme : San Gregorio, San Samuele, San Tomà, et d'autres encore, à San Vio, à San Beneto, à San Felice, à Santa Lucia. Mais un peu partout il y a encore des bourbiers et des marécages, des terrains boueux et incultes, comme à San Beneto. C'est que l'on voit maintenant le palais Volpi et qu'au XIIe siècle se trouvait un petit chantier naval, un *squero*, où Romano Mairano, marchand et armateur, se faisait construire un navire. D'autres *squeri da nave* se trouvaient près du palais des Doges, entre l'église de San Provolo et celle de Santa Scolastica, et un peu partout, le long du Grand Canal, on pouvait voir des moulins activés par les marées. En 1013 il en existait un, flanqué d'une vigne, à côté de l'église de San Beneto; déjà en décembre 982 on parlait de meuniers qui travaillaient grâce aux *aquimoli* (des moulins mus par les marées), devant San Giorgio Maggiore, et de deux autres tout près du palais des Doges.

Entre 1000 et 1500, les maisons sont déjà structurées de façon très complexe. En 1134, celle des Basilio (Baseggio) à San Giovanni Elemosinario, à Rialto, possède non seulement une vigne, une *calle* (petite ruelle), une *volta* (entrepôt voûté), mais aussi un grand portique qui la fait ressembler aux rarissimes palais du même style, mais pas de la même époque, qui ont survécu, comme le Fondaco dei Turchi, la Ca' Da Mosto, le palais Dandolo-Farsetti et celui des Corner-Piscopia, à tort connu sous le nom de Ca' Loredan.

La maison des Baseggio présente un autre élément particulier, que l'on appelle le *liagò*, balcon couvert que l'on reconnaît dans le tableau du *Miracle de la croix* de Vettor Carpaccio qui situe la scène dans le palais du patriarche de Grado, à deux pas du pont du Rialto. Comme les Baseggio, les Tiberio possèdent déjà en 1048, près de San Bartolomeo, des terrains, des maisons en pierre et bois, et un palais avec des fondations en maçonnerie, des ruelles, des entrepôts, des quais au rez-de-chaussée, des portiques et des cabines. Ils ont aussi un débarcadère sous la maison, auquel on peut amarrer les bateaux après avoir déchargé les marchandises dans les entrepôts qui occupent le rez-de-chaussée. C'est le début de la longue histoire de cette ville de marchands qui, pendant presque un millénaire, sillonnent infatigablement la Méditerranée, soutenus et encouragés par la participation de chaque minuscule fragment de la société. Une interminable chanson de geste, rythmée par l'arrivée et le départ des navires et des galères, par le chargement et le déchargement des marchandises.

Les textes qui racontent ces événements sont nombreux : documents de toutes sortes, actes notariés qui précisent pointilleusement la composition des cargaisons et la répartition des profits, actes judiciaires qui enregistrent les événements chanceux et malchanceux, sur des mers et dans des terres lointaines. De patients notaires, souvent prêtres et curés de quelque église de Venise, mais qui tout aussi souvent ont une étude à Venise et une autre outremer (à Trébizonde, à Candie, en Crète, ou à Tana dans la lointaine Crimée), établissent des testaments, sources inépuisables d'informations. Au-delà de ce qui concerne les maisons, les dépôts de marchandises, les participations et les aventures maritimes, les bijoux et les esclaves des deux sexes, on découvre entre les lignes des rapports conjugaux sereins ou tendus, des filles mariées ou religieuses, ainsi que des fils bien-aimés ou des chenapans. Et tout finit par se traduire en argent sonnant et trébuchant, dans cette monnaie de Venise traditionnellement la plus solide et la plus constante de toutes les monnaies de la Méditerranée.

Avec le temps, ce monde bigarré va prendre forme grâce à d'autres sources d'informations. Les chroniques se feront plus bavardes, plus attentives aux détails, et les journaux personnels vont abonder en nouvelles en tous genres, de la politique aux ragots et aux mécontentements, tandis que s'accumulent les comptes rendus de débats, d'instructions secrètes de magistrats, de procès, de sentences, les informations et les dispositions, les lettres et les oraisons funèbres. Tout cela viendra compléter ce que nous savons de la physionomie et de la physiologie d'un fantôme, le plus présent et le plus inquiétant de ceux qui peuplent les rives du Grand Canal, celui de la classe sociale venue directement du monde bariolé et sans scrupules du commerce vénitien médiéval : le patriciat souverain.

4. *L'art des bateliers*

Et le peuple? Ce merveilleux peuple vénitien sans lequel la longue et glorieuse épopée maritime et marchande de Venise, riche, libre et souveraine, n'eût pas été possible? Ce peuple d'artisans, de petits commerçants, d'ouvriers et de pêcheurs, de bateliers et de travailleurs spécialisés de l'Arsenal, de rameurs enchaînés à leurs rames, non par des chaînes matérielles, mais par la soif de s'enrichir eux aussi dans l'aventure commerciale d'outremer, soit par le patriotisme des grandes heures, soit par l'égrènement des tâches quotidiennes, pour prendre un jour peut-être la place d'un autre, déjà suffisamment enrichi. Ce peuple des bacs et des tavernes, des bouges puants et des rôtisseries odorantes, des bombances dans les ruelles, les squares, et des rouspétances sur les places, qui savait aussi participer activement aux festivités et aux divertissements collectifs dont la Sérénissime faisait grand étalage. Ce peuple de courtisanes ou de vertueuses jeunes filles, d'enfants trouvées destinées à devenir plus tard des cantatrices plus ou moins célèbres, de femmes du peuple, galantes et menant joyeuse vie, de servantes complaisantes, ce peuple des rues en fête pour le tirage du loto, de serviteurs à tout faire, toujours présents, en arrière-plan, avec le chocolat ou le café, les clefs de la réserve, la lettre d'amour pour la dame, tantôt précepteurs, tantôt entremetteurs, comme dans les tableaux de Longhi ou les comédies de Goldoni. Ce petit peuple qui mendie, par effronterie ou par besoin, qui dort dans la rue, cette populace de sicaires et de mercenaires, de canailles et de gredins.

Il semble qu'au moins jusqu'à la fin du IXe siècle, les artisans aient presque toujours été des esclaves, parfois esclaves affranchis ou fils d'affranchis, au service du doge; quant aux tribuns, ils étaient les ancêtres de ces familles patriciennes appelées « maisons anciennes ». Mais déjà en l'an mille, nous trouvons des artisans libres comme nous le montre l'histoire de l'un d'eux, le forgeron Giovanni Sagornino, qui fait appel, avec ses compagnons, auprès du doge Pietro Barbolano Centranico contre son intendant, lequel prétend les faire travailler dans la cour du palais alors qu'ils affirment être tenus à forger le fer dans leurs ateliers, « comme les autres maîtres ». Giovanni reviendra à la charge avec le doge Domenico Flabianico et gagnera la partie en 1043. Plus tard, artisans et commerçants rempliront des tonnes d'actes notariés avec leurs transactions, leurs successions, leurs investissements, les normes qui réglementent leurs activités, fixent les prix et les salaires et s'opposent à leurs tentatives de gagner plus que leur dû, de frauder le fisc et de refiler à leurs clients des produits frelatés ou de basse qualité, « au grand déshonneur de notre État ».

Ce sont précisément les artisans et les ouvriers qui apparaissent les premiers sur la scène du Grand Canal, sur ce premier tronçon aujourd'hui si défiguré et abîmé. Ainsi les cordeliers *(filacànevi)*, qui avaient leur « école » ou confrérie dans l'église de Santa Croce (du moins les cordeliers de menu œuvre, ceux qui filaient les petits cordages; ceux de gros œuvre étaient à San Martino di Castello, près de l'Arsenal) avant de déménager dans l'hostellerie du monastère de Santa Chiara où ils avaient leur sépulture collective à l'intérieur même de l'église. Ainsi les bateliers *(burchieri)*, dont l'école était située à Campo Sant'Andrea près de l'établissement qui, aujourd'hui encore, s'appelle « delle Burchielle » parce qu'on y amarrait les embarcations des bateliers à gravats *(burchieri da rovinassi)* et des drague-canaux ou drague-boues *(cavacanali* ou *cavafanghi)*, deux branches de l'art des bateliers (les autres étaient les bateliers à nattes et les bateliers à bois, *burchieri da stiora* et *burchieri da legne*).

Ceux qui disent que la langue vénitienne est douce, mélodieuse et facile à comprendre n'en verront peut-être pas la nécessité, mais il nous semble cependant que la nomenclature de l'art des bateliers a un besoin urgent de traduction. Le mot « Art » lui-même a une signification propre. Il rassemble tous ceux qui exercent un métier ou une profession bien déterminés, bref, c'est la corporation. Chaque Art est constitué en fractions, ou écoles, c'est-à-dire en confréries sous l'invocation d'un saint protecteur (les cordeliers sont sous la férule de saint Paul, les bateliers sous celle de la Sainte Vierge de l'Assomption). Cette école est régie par un intendant assisté d'une *banca*, ou conseil de présidence, et regroupée en maîtres d'œuvre qui sont titulaires d'une entreprise à eux, avec leurs ouvriers et leurs apprentis. Ces derniers pourront, après un apprentissage de cinq à sept ans, devenir eux-mêmes ouvriers, tandis que les ouvriers, après un examen technique très sévère, accéderont à leur tour au statut de maîtres d'œuvre. La confrérie les protège professionnellement, garantit un secours mutuel aux inscrits et à leurs familles et, en règle générale, prend en charge la qualité des produits ou des prestations.

Les *burchi* sont de grosses et lourdes barques de transport que l'on voit encore aujourd'hui, mais motorisées, remonter lentement le cours des fleuves voisins de la lagune : le canal du Brenta, le Sile, le Piave et même l'Adige et le Pô; les *burchieri* sont – ou plutôt étaient – ceux qui les possédaient et les utilisaient, avec les *burchielle*, embarcations plus petites. Les *rovinassi*, en vénitien, sont les gravats ou les décombres; les bateliers à gravats transportaient donc les décombres ou les ordures, ainsi que la boue extraite des petits canaux citadins par les drague-canaux ou drague-boues, une catégorie qui a disparu depuis peu et à qui revenait le droit d'excavation des canaux. Les bateliers à nattes transportaient du matériel plus léger et tiraient leur nom des nattes avec lesquelles ils recouvraient leur cargaison; les bateliers à bois transportaient exclusivement du bois.

La Sérénissime, qui était très attentive à la protection de la lagune, surveillait de près l'activité des bateliers à gravats, obligés de peindre leurs barques de couleurs vives, rouge, jaune, vert, bleu, selon le matériel qu'ils transportaient. Ils ne pouvaient pas appareiller après le coucher du soleil, afin qu'il ne leur vînt pas la tentation de décharger n'importe où, au risque de polluer la lagune ou de freiner la mobilité des marées. Cependant, leur Art et celui des drague-canaux étaient devenus le monopole d'une trentaine de familles; celles-ci ne travaillaient pas elles-mêmes, mais employaient une centaine d'ouvriers qui, en plus de gérer les bateaux, se chargeaient entièrement du service de voirie. L'attachement féroce de ces trente familles à leurs privilèges apparut évident quand, vers la fin du XVIIe siècle, arrivèrent à Venise des campagnes de Chiavenna environ quatre-vingts miséreux qui, sans être inscrits à aucun Art ou confrérie, commencèrent à ramoner les cheminées et à vider les fosses d'aisances. Les trente familles firent grand tapage, jurant que ces *scoacamini*, ces ramoneurs, enlevaient presque huit mille ducats de rente par an aux citoyens vénitiens. L'agitation augmenta quand, en 1608, quelqu'un inventa une machine pour creuser les canaux et obtint du Sénat le permis de l'utiliser. Pire, elle fut coulée et quand l'inventeur chercha à découvrir qui était responsable, « il lui fut donné de bien bonnes blessures », tant et si bien qu'il préféra accepter une charge d'État à Corfou. La lutte des entreprises d'excavation des canaux contre les machines continua pendant longtemps; celle qu'inventa le père dominicain Marchi subit le même sort que la première, et l'« ingénieur et professeur de machines » Antonio Grassino, concessionnaire d'un privilège qui lui avait été accordé en 1620 pour une machine « de grande perfection », dut peiner longtemps avant que le magistrat des Eaux oblige les chefs de la confrérie des drague-boues, « ces accapareurs du denier public », à s'en servir pour la construction d'un nouveau canal derrière l'île de la Giudecca.

En mai 1597, Venise fêtait avec une solennité et un faste sans précédent le couronnement de la dogaresse Morosina Morosini, épouse du doge Marino Grimani. Le palais des Doges avait été somptueusement paré par les soins des différentes confréries, barbiers et cordonniers, argentiers et armuriers, charpentiers et forgerons, merciers, fourreurs, vitriers et miroitiers... Près de la salle des Seigneurs de la Nuit, décorée d' « architraves, de piliers et de portails splendides ainsi que d'ornements riches et superbes », les tisserands de drap de soie exposent des étoffes de soie et d'or, des toiles de satin jaune et de damas cramoisi, des frises tissées d'or et d'argent, et une grande décoration de *tabi* d'argent à ramages de soie vert et or. Ils exposent également une solennelle inscription latine, en prose et en vers, en l'honneur de la dogaresse. Ces confréries aussi étaient chez elles sur le Grand Canal : à Sant'Andrea di Zirada il y avait les habitations destinées à accueillir gratuitement les maîtres d'œuvre et les ouvriers tombés dans la misère ainsi que leurs familles ; non loin de là, le canal des Teinturiers rappelle la confrérie complémentaire des teinturiers de la soie, célèbres dans le monde entier pour leur écarlate et pour le « cramoisi de Venise », dont les secrets de fabrication étaient si jalousement gardés que, durant leur préparation, le Conseil des Dix faisait faire des rondes de nuit, aux alentours des teintureries, à des personnages à la mine patibulaire. L'un d'eux, un géant avec un énorme chapeau à large bord, terrorisait tout le monde (une petite chanson populaire qui se chantait encore au siècle dernier prévenait les femmes : « *Femmes, gardez-vous du grand chapeau/Que d'ssous y a un homme qu'il est point beau...* »).

Mais la présence dominante, de Santa Chiara à San Simon Grando, est celle de l'Art de la laine. Les lainiers et toutes les catégories qui en dérivent, dont l'association devint au XVIe siècle une véritable industrie, faisaient ainsi de Venise, au dire de Fernand Braudel, la première grande ville industrielle d'Italie. « Les maîtres qui font les draps de laine » s'étaient fait remarquer durant les fêtes célébrant l'élection du doge Lorenzo Tiepolo, en juillet 1268 : ils avaient défilé derrière leur gonfalon, avec force buccins et autres instruments, coupes d'argent et amphores pleines de vin, « et chacun tenait en main un rameau d'olivier, et était couronné de guirlandes du même feuillage ». A l'époque, la production était modeste, les étoffes florentines, lombardes et flamandes couvraient la majorité des marchés; quatre ans après l'élection du doge Tiepolo, on chercha à intensifier la production en offrant des logements gratuits aux ouvriers qui se seraient installés à Venise. Et ils vinrent en masse, particulièrement d'Allemagne et du Frioul oriental, s'établirent dans les quartiers de la Croce, de San Simon Grando et de San Simon Piccolo, ainsi qu'à San Giacomo dell'Orio et à San Pantalon. Les ruelles prirent leurs noms : campo dei Tedeschi, calle Gradisca... Plus tard, la crise de la laine florentine et les guerres qui secouèrent l'Allemagne et les Flandres contribuèrent à l'expansion de la laine vénitienne qui, partie d'une production de 1 310 pièces en 1516, arrivera jusqu'à 28 000 pièces vers la fin du XVIe siècle, avant de décliner lentement pendant le dernier siècle de la République.

Tout près de l'église des Santi Simeone e Giuda (pour les Vénitiens San Simon Piccolo), l'ancien siège de l'école des tisserands de laine donne sur le Grand Canal; les entrepreneurs, les *laneri*, en avaient une beaucoup plus importante à Santo Stefano, décorée d'un cycle, aujourd'hui disparu, de peintures de Vettor Carpaccio. L'école des *garzotti*, ouvriers qui cardaient le drap, est un peu plus loin, dans l'église de San Simon Grando, où l'on voit encore leur autel et le rétable de Jacopo Palma le Jeune; celle des tondeurs, qui lissaient les tissus, se trouvait sur le chemin des Garzotti, qui longe le canal Marin. Toute cette zone, jusqu'à la place de la Laine et au-delà, était occupée par des manufactures et habitée par des ouvriers lainiers, généralement très pauvres et qui pour la plupart, du moins à partir du XVIe siècle, arrivaient des vallées bergamasques (il existe en effet la calle dei Bergami, et le pont della Bergama). Outre les tisserands, les cardeurs et les lisseurs, les presseurs repassaient les draps, et les teinturiers les teignaient. Mais le territoire de la confrérie de la laine allait beaucoup plus loin, vers l'embouchure du Grand Canal : près de l'église de Santa Croce, dans un endroit désormais méconnaissable (après les interventions qui, au siècle dernier et au nôtre, ont complètement ravagé le quartier), si ce n'est par son nom : le porche des Terrassiers. Il y avait le purgeoir, entouré d'un grand mur, où l'on « purgeait » et lavait les laines et les draps et où siégeait la chambre du purgeoir, l'organisme d'autogouvernement de l'industrie lainière.

5. *Commynes : « C'est la plus belle rue du monde »*

C'est grâce à Philippe de Commynes, ambassadeur du roi de France Charles VIII, qu'est né le mythe de la plus belle rue du monde. Nous sommes à la fin du XVe siècle.

A peu près à la même époque, Marino Sanudo le Jeune, patricien vénitien, politicien et homme de lettres, mais surtout, infatigable chroniqueur des événements majeurs et mineurs de sa ville et de sa République, décrit en termes tout aussi enthousiastes le Grand Canal « qui en vérité est bien large » et, du Lido, rejoint Santa Chiara, « presque au début de la ville ». « Tout autour, des deux côtés, s'y trouvent des maisons de patriciens et d'autres, très belles, qui atteignent une valeur de vingt mille ducats; ainsi celle du magnifique chevalier Zorzi Corner, frère de la reine de Chypre... ; ou celle qui fut à notre sérénissime prince Francesco Foscari et appartient maintenant à ses héritiers, une demeure de grand prix; et beaucoup d'autres qu'il serait trop long d'énumérer... Celles qui donnent sur le Canal sont très appréciées et valent plus que les autres... » Au-delà du mythe, nous trouvons ici la confirmation de la valeur des maisons donnant sur le Grand Canal, même si « outre le Grand Canal il y en a de très belles dans les quartiers » : « le terrain est très cher et vaut moult deniers », beaucoup de maisons et même « un nombre infini » d'entre elles ont des « chambres dorées », d'une valeur de huit cents ducats et plus, des escaliers de pierre de taille, des balcons, c'est-à-dire des fenêtres entièrement vitrées, et il y a tellement de vitres qu'il faut les réparer sans cesse; ainsi, même si le verre se fabrique à Murano, chaque quartier a son échoppe de vitrier. Sanudo, en bon Vénitien concret, même s'il est fin humaniste, insiste sur les détails pratiques : beaucoup de ces maisons sont louées à qui en veut, généralement pour un an, quelquefois pour cinq, mais pas plus, car la loi ne permet pas de locations plus longues; « aux gentilshommes », les maisons se louent pour cent, cent vingt ducats l'an et plus, et pas seulement des maisons d'habitation, mais on loue beaucoup aussi pour d'autres usages.

Le Grand Canal de la Renaissance devient un quartier résidentiel, et aussi le centre de comptoirs, de compagnies, bref d'activités économiques diverses : il y a des hôtels, des entrepôts, des légations diplomatiques, car le Canal, du moins dans certaines parties, est la projection des activités qui se déroulent derrière les façades. La principale d'entre elles est l'activité mercantile et bancaire, concentrée autour du Rialto, avec sa suite de magistratures, de tribunaux, de bureaux d'État, tous plus ou moins directement en rapport avec la finance et le commerce. Il a en somme toutes les caractéristiques d'une grande rue, ou de l' « avenue » principale d'une grande ville, telle que l'est la Venise visitée par Commynes et habitée par Marin Sanudo. Le voyageur en perçoit surtout l'aspect grandiose et spectaculaire, le faste des palais, comme le feront tous les autres voyageurs après lui.

Les palais, spécialement celui du doge Marino Grimani, construit par Michele Sanmicheli, frappent aussi l'esprit de l'Anglais Thomas Coryat, auteur d'un curieux livre au titre surprenant : *Crudities, Rudesses récoltées à la hâte en cinq mois de voyage*, imprimé à Londres en 1611. Thomas Coryat, d'Odgcombe dans le comté de Somerset, était un grand original, le premier de toute une série de bizarres et excentriques voyageurs britanniques. Fils de pasteur anglican, il avait étudié à Oxford. Courtisan et ami des beaux esprits londoniens de son temps (parmi lesquels Ben Jonson, auteur de *Volpone*, et le grand architecte Inigo Jones), il écrivit de petits poèmes farfelus en neuf langues de son invention, telles que l'antipodien et l'utopicien, mais c'était un observateur attentif, bien que fantasque, des coutumes et de l'art italiens (il fera beaucoup pour l'architecture d'Andrea Palladio en Angleterre). En juin 1608, il était arrivé « dans la glorieuse, incomparable et virginale ville de Venise (je l'appelle virginale, car elle ne fut jamais conquise) » et, après s'être confondu d'admiration, comme c'est l'usage, devant la singularité de la situation topographique de cette ville surgissant au milieu de l'eau, il avait tout de suite commencé à décrire le « beau et grand canal, qu'ils nomment précisément *Canal Grande* ».

« Courbe, en forme de S romain », de mille trois cents pieds de long et large d'au moins quarante, le Canal est « flanqué de moult somptueux et magnifiques palais, qui s'élèvent tout près de l'eau et font une bien belle et splendide vue. Beaucoup sont très hauts, de trois ou quatre étages... De plus ils sont ornés d'un grand nombre de colonnes et de pilastres imposants, de pierre et de marbre istrien ». Mais les toits sont très différents des toits anglais, ils sont plats « et construits de façon que l'on puisse y marcher, comme je l'ai souvent vu faire » : tout à fait tels que devaient être les toits de Jérusalem, puisque Jésus, « envoyant ses douze apôtres prêcher en Judée », leur avait dit « que ce qu'ils entendaient dans leur oreille, ils le devaient prêcher sur les toits des maisons... ».

« On dit [c'est toujours Coryat qui parle] que dans Venise il y a au moins cent vingt beaux palais, dont la majorité se trouvent le long du Grand Canal, de sorte que, si vous voulez avoir une vue des plus beaux édifices qu'offre la ville, vous devez observer ceux du Grand Canal, ou depuis le pont de Rialto, ou en parcourant le Canal dans une petite embarcation appelée gondole... »

Dommage, par contre, qu'il y ait les gondoliers, surtout ceux du bac de Rialto, « les plus vicieux et grossiers gredins de la ville » qui, « si un étranger prend une de leurs gondoles sans dire tout de suite où il veut aller, partent immédiatement et, de leur propre chef, le conduisent dans un de ces temples de Vénus où on le plumera de bonne manière avant qu'il n'en sorte ». Le mythe de la ville de l'amour, qui apparaît ici de façon bien négative, accompagne une autre réputation reprise dans tous les journaux du monde : celle de la ville qui vole et dépouille le voyageur.

Mis à part Wagner – exception de qualité –, Venise n'a guère eu de chance avec les musiciens. Charles Gounod, par exemple, comme nombre d'autres voyageurs entre la fin du XVIIIe et la première moitié de notre siècle, est surtout sensible aux aspects sinistres d'une ville atrocement calomniée par une légende « noire » regroupant pêle-mêle le Conseil des Dix, les inquisiteurs de l'État, les Plombs, les Puits et autres prisons sordides, et, comble du tourisme stupide, le pont des Soupirs. Gounod voit que « ces eaux dormantes dont le profond silence lèche les pieds des vieux palais [...] font de Venise une sorte de capitale de la terreur qui conserve l'impression d'une réalité sinistre ». Heureusement il y a le soleil, pour peu que celui-ci ait la bonté de se montrer : « Quelle magie, quel éclat, quand ces eaux se transforment en lumière ! » Tchaïkovski, lui, trouve les palais du Grand Canal « les uns plus beaux que les autres, mais souvent bien sales et délabrés ». L'époque romantique n'a pas été tendre avec Venise ; même si on ne parle plus de la légende des Dix ni des Bouches de Lion *, on insiste toujours sur la dégradation, la tristesse, la désolation. Pour Eminesco, le délicat poète roumain qui passe à Venise en 1884, cette ville, où la vie s'est éteinte, où « l'on n'entend plus de chansons, où l'on ne voit plus les lumières de la danse », cette ville est opprimée par un silence de cimetière, et Saint-Marc, qui « sonne sinistrement minuit », est un « prêtre décrépit, survivant du naufrage des ans ».

Mais les héros incontestés du Grand Canal restent toujours ses palais. Contarini Fleming – le gentilhomme anglo-vénitien qui inspira le roman d'un autre illustrissime Anglo-Vénitien, Benjamin Disraeli, comte de Beaconsfield, Premier ministre et confident de Sa Majesté britannique Victoria – les regarde avec une admiration que même les Vénitiens les plus enthousiastes n'auraient pu dépasser. Car le long de quel fleuve, de quelle route a-t-on jamais vu un tel rassemblement de chefs-d'œuvre ? Certes, de même que la République doit une grande partie de sa *damnatio memoriae* à son origine aristocratique, les palais forment le panorama de cette aristocratie, avec ses défauts et ses vertus, ses lacunes et ses mérites. Les autres catégories sociales y sont, par la force des choses, minoritaires.

Mais la grandeur et l'importance de telle ou telle famille aristocratique ne se mesurent pas forcément à sa présence sur le Grand Canal. Certaines grandes familles y sont plusieurs fois présentes : les Giustinian avec six palais au moins, les Mocenigo avec cinq, les Grimani, Michiel, Loredan, Tiepolo, Barbarigo, Emo en ont quatre (ces chiffres ne disent pas grand-chose, car une grande partie des palais change de main plusieurs fois au long des siècles, par héritage ou par vente) et, devançant largement tout le monde, les Contarini avec treize palais et les Corner avec pas moins de neuf. Les Contarini étaient la famille la plus nombreuse et la plus rami-

* Sortes de boîtes aux lettres situées dans des coins discrets des palais gouvernementaux et où l'on pouvait déposer des dénonciations secrètes (mais pas anonymes, comme le veut une légende romantique). *(N.d.T.)*

fiée de tout le patriciat, à tel point qu'ils donnèrent à la Sérénissime huit doges et quarante-quatre procurateurs de Saint-Marc, battant d'un point les Mocenigo et les Badoer en ce qui concerne les doges et de dix-sept les Giustinian pour les procurateurs de Saint-Marc. Les Corner eux aussi étaient si nombreux qu'ils donnèrent naissance à un dicton jouant sur les noms patronymiques de certaines familles (les Zusto, les Bon, les Barbaro) et leur nombre : « De Justes, il n'y en a plus, de Bons il n'y en a guère, de Barbares il en reste tant : tous Corner. »

D'un autre côté, donner une définition précise de la catégorie sociale qui a maintenu le pouvoir à Venise (officiellement de 1297 à 1797) en réalité bien plus longtemps, est très difficile : elle était trop variée, trop ramifiée. Chaque famille qui la composait se divisait en branches fortement différenciées par l'argent, l'influence, les idées politiques. Seuls les réunissaient (et encore pas toujours) un blason et la solidarité du nom qui reparaissait dans les grandes occasions. Les plus grands chercheurs qui ont étudié cette élite patricienne avec patience et application n'en sont pas toujours venus à bout; comme si, une fois la République déchue – elle représentait l'unique raison de son existence –, cette caste, en grande partie pulvérisée et dispersée en quelques décennies, se cachait pour défendre encore obstinément, dans les documents et les livres, son isolement de clan jalousement exclusif.

6. *L'ingénieur Tirali, dit « le Tyran »*

Une autre catégorie, plus composite, de privilégiés, était celle des artistes qui, tout en ne se mélangeant pas avec celle des « citoyens originels » (parmi lesquels était recrutée la grande bureaucratie de la Sérénissime), s'élevait au-dessus de la plèbe. Les peintres, choyés, payés et protégés, furent des artisans jusqu'à la fin du XVIe siècle, régulièrement inscrits à un art ou à une école dans les registres desquels on rencontre tous les grands noms de la peinture vénitienne, y compris le Titien. Puis ils furent élevés à un grade supérieur par l'Académie des arts du dessin. Les architectes étaient juste un cran en dessous, groupés depuis toujours avec les constructeurs, les tailleurs de pierre et comme eux inscrits à la Confrérie des maçons. Le petit palais de style plutôt classique qui donne sur le Grand Canal, parmi les hôtels qui font face à la gare, évoque un grand personnage de l'histoire de Venise, le dernier des *capi da Mar*, les amiraux du bon vieux temps : Angelo Emo, dernier aussi de cette branche familiale qui, sans pour autant avoir compté de doge en son sein, réussit à briller au firmament de l'art et dans les assemblées de la République grâce à la villa qu'elle avait fait construire à Fanzolo par Andrea Palladio. Ce même palais rappelle un autre personnage important pour l'architecture du dernier siècle de vie de la République, un personnage qui aura incarné toutes les facettes de son époque, à cheval entre le XVIIe et le XVIIIe siècle, depuis le fastueux baroque du monument aux doges Valier de l'église des Santi Giovanni e Paolo (qui avait tant fasciné Fischer von Erlach, le grand architecte rococo viennois) jusqu'au sombre néo-classicisme du tympan de l'église des Tolentini, précisément à quelques pas de ce palais Emo dont la façade lui est attribuée.

On l'appelait le Tyran, jouant volontiers sur son nom de famille Tirali ou Tiralli. Andrea Tirali, ingénieur de l'Excellentissime Magistrat des eaux, était né dans la paroisse de San Geremia, et mourut à l'âge de quatre-vingts ans dans la villa Duodo à Monselice, le 28 juin 1737. Sa fille, Marina, avait épousé Giovanni Scalfurotto, architecte lui aussi et auteur de la façade de San Simon Piccolo, à quelques pas du palais Emo ; sa petite-fille, elle, s'était unie à l'architecte et critique Tommaso Temanza. Celui-ci raconte que Tirali était un homme de grande intelligence, d'aspect gauche, obèse, de taille moyenne, qui avait gagné une fortune en faisant du commerce de marbre de Vérone et de Carrare. Très peu aimé par ses ouvriers (c'étaient eux qui l'avaient affublé du surnom de Tyran), par ses collègues architectes et ingénieurs, pas plus que par les artistes en général, il était vu d'un très bon œil par les « grands » qui lui accordaient « moult protections ». Il avait peu d'estime pour les autres et quand il le pouvait, il ne payait pas ses dettes. Pour cette raison il avait souvent risqué la mort, car certains ne toléraient pas de telles vexations.

Il avait obtenu des contrats de l'État, construit des églises à Chioggia et la façade glaciale de San Vidal à Venise, les palais Priuli à Cannaregio et Diedo à San Marcilian, le pont des Trois Arches à San Giobbe sur le canal de Cannaregio, des dômes et des villas, et deux tronçons de murailles qui défendent Pellestrina de la mer, ainsi que « les deux caissons pour les ordures près du pont de la Pescaria à San Marco ». Il avait restauré les coupoles de Saint-Marc et dessiné le pavage de la place. C'était un ignorant, un « homme sans éducation », il savait à peine écrire, « mais il comprenait fort bien le mécanisme ». Il possédait un caractère difficile qui en faisait la victime de plaisanteries féroces. L'aristocrate Francesco Grimani, « personnage de grande autorité et de même fierté », avait eu un motif quelconque de se plaindre du Tyran et l'avait chassé de son service. Vindicatif comme il l'était, Tirali n'avait pas digéré l'affront ; mais, aussi imprudent que vaniteux, il avait raconté à droite et à gauche que pour se venger de ce gentilhomme hautain il construirait le palais commandé par les patriciens Diedo, dans le même quartier, si haut qu'il aurait ombragé le palais Grimani, en face. Il tint parole : la construction démesurée de la Ca'Diedo écrasait tous les autres édifices alentour.

Messire Francesco n'avait pas protesté, bien au contraire ; il avait fait appeler Tirali et avec « moult courtoisie et finesse », l'avait invité à venir contrôler certains travaux. Le Tyran s'était allégrement embarqué avec d'autres invités sur la péotte du gentilhomme ; mais quand celle-ci fut arrivée en un lieu désert de la lagune, près d'un bas-fond sablonneux, Grimani brandit un pistolet et, riant à gorge déployée, lui intima de descendre s'il ne voulait pas prendre une balle en pleine tête. « Le méchant homme, plein de frayeur, sauta hors de l'embarcation. » Grimani fit mettre toutes voiles dehors alors que la marée montait. « Après bien des cris, des pleurs et des soupirs », une barque envoyée par ce même Grimani était venue sortir le Tyran de ce mauvais pas et l'avait ramené sain et sauf à Venise.

Le gendre du Tyran, Giovanni Scalfurotto, auteur des façades de San Simon Piccolo et de San Rocco, et de l'hôpital de San Servolo, était d'un tout autre genre : enfant, il était d'une vivacité indomptable. Son futur gendre Temanza raconte que cette vivacité « et un certain goût pour les pitreries, qui furent toujours dans son caractère », l'avaient rendu tellement insupportable qu'on l'avait enlevé de l'école et placé chez un épicier.

Et Angelo Emo ? Impossible d'imaginer une personnalité plus différente, bien que lui aussi se fût occupé d'architecture (il avait été dans sa jeunesse élève du père Lodoli, franciscain de grande culture, excentrique et ingénieux précurseur de l'architecture fonctionnelle). Il s'était fait une réputation d'excellent marin avant d'avoir trente ans ; élu amiral des navires, il avait préparé un plan de réforme de l'armée vénitienne, flotte inactive depuis au moins cinquante ans, et commandé une croisière de démonstration contre les pirates barbaresques, algériens et tunisiens, qui infestaient la Méditerranée. Par la suite, il occupa d'importants postes civils – conseiller ducal, sage des marchands, membre du Conseil des Dix – non sans reprendre plusieurs fois la tête de la flotte comme capitaine extraordinaire des navires et provéditeur général de la mer, titre le plus élevé de la hiérarchie. En 1784-1786, il prépara et commanda une campagne navale contre les États du Maghreb, transformant ainsi la lente et lourde flotte vénitienne, pâle reflet des flottes de l'époque héroïque, en une parfaite machine de guerre. Il bombarda Suse, Sfax et Bizerte, et aurait conquis Tunis si le Sénat, en difficultés financières, ne lui avait refusé hommes et moyens. Élu procurateur de Saint-Marc, la plus haute dignité après le doge, il obtint de nouveau le commandement de la flotte en 1792, mais mourut subitement à bord de son vaisseau amiral, la *Fama* (la « Renommée »), dans le port de Malte. Le bruit courut qu'il fut empoisonné par le capitaine Giacomo Parma, sur l'ordre de son lieutenant Tommaso Condulmer, jaloux de sa gloire.

Si dans la vie du Tyran on trouve tous les ingrédients des nouvelles de Boccace, dans celle d'Angelo Emo (dont les exploits redonnèrent à Venise, à dix ans de la fin de son indépendance, l'illusion de revivre un moment les grandioses aventures du passé) se reconnaissent les éléments du roman populaire, de ces romans méditerranéens qui couleront de la plume d'Alexandre Dumas père, moins de cinquante ans plus tard. Il y a le sombre complot du lieutenant jaloux : Condulmer ne réussit jamais à se libérer complètement de sa sinistre réputation (il se montra d'ailleurs incompétent et indécis durant les funestes journées qui, en mai 1797, marquèrent la fin de la Sérénissime). Il y a la main coupable du traître : Giacomo Parma, bien qu'ayant fait imprimer un éloge de son supérieur, ne put jamais dissiper son infamante réputation de sicaire. Et puis il y a le héros, généreux, triomphant, sur lequel se concentrent toutes les espérances d'une patrie agonisante –

agonisante au point de devoir renoncer au projet de bonification des marécages des vallées véronaises, étudié et présenté par Angelo Emo lui-même, pour pouvoir payer les dépenses de sa campagne contre les Barbaresques.

Les funérailles d'Angelo Emo déclenchèrent une ridicule dispute littéraire suscitée par un écrivain de grand bagout, aussi ingénieux que prétentieux, Vincenzo Formaleoni. Celui-ci s'était offert d'écrire et de déclamer l'éloge funèbre dans la cathédrale de Saint-Marc, mais on lui avait préféré un latiniste qui prononça une oraison fort médiocre et ennuyeuse. Quelques jours plus tard, Formaleoni en fit imprimer une parodie grotesque sous forme d'éloge funèbre à un chien : « Éloge du chien Tabacchino, mort dans le café du Pont de l'Angelo, le 27 avril 1792. Œuvre d'Onocefalo Cinoglosa, ornée du portrait du héros. » Il s'y moquait du latiniste mais aussi, en conséquence, de l'amiral. Le pamphlet fut saisi, Formaleoni s'enfuit à Trieste, puis à Paris. C'est là que, après avoir développé dans son éloge burlesque du chien Tabacchino des idées et des concepts proches des idéaux révolutionnaires, il se mit à vociférer dans les clubs jacobins, invectivant Louis Capet et le tyrannique gouvernement de Venise. Joignant le geste à la parole, Formaleoni devint bientôt l'espion des inquisiteurs d'État vénitiens et, qui plus est, un espion maladroit, qui se fit arrêter en novembre 1793, soupçonné d'être un « agent de l'aristocratie ». En cette période terrible, la guillotine fauche sans discrimination aristocrates et petit peuple, intellectuels et ouvriers. Formaleoni implore sa liberté auprès du ministre des Affaires étrangères de la République française, en tant que « philosophe étranger » et champion de la liberté religieuse. Et, tandis que beaucoup d'autres, qui valent plus que lui, parcourent le tragique chemin de l'échafaud, on l'écoute. Libéré, il fuit à Gênes, où il reprend contact avec le secrétaire des inquisiteurs de l'État. Deux ans plus tard il est de nouveau incarcéré, par les Autrichiens cette fois, à Milan. Et quand les armées de la Révolution occupent la Lombardie, les Français s'empressent de l'expédier à la forteresse de Mantoue, où il meurt en janvier 1797.

7. *Et le « cardinal de campagne » devint Pie X*

Le 26 juillet 1903, les berges du Grand Canal étaient noires de monde tandis que le cardinal Giuseppe Sarto, patriarche de Venise, descendait de sa gondole, devant la gare, pour prendre le train de Rome. Après un très long règne, le pape Léon XIII venait de mourir ; les magazines, qui peu de temps auparavant foisonnaient d'images de son jubilé – vingt-cinq ans de pontificat, autant que saint Pierre –, rapportaient maintenant celles de sa mort, notamment le rite selon lequel le cardinal camerlingue doit frapper trois fois le front du pape décédé avec un petit marteau d'or, en l'appelant par son nom. Le conclave allait s'ouvrir et le cardinal Sarto se préparait à rejoindre Rome.

Mais la foule ne voulait pas le laisser partir. Une foule où se mêlaient des femmes, des enfants, des aristocrates si nombreux que leurs gondoles s'entravaient mutuellement le passage. Il y avait aussi les pauvres, les miséreux que le patriarche protégeait. On murmurait même (on découvrit plus tard que ces rumeurs disaient vrai) que, pour les aider, il mettait sa croix et son anneau pastoral au mont-de-piété quand l'argent lui manquait. Le patriarche Sarto vivait avec une rare simplicité dans son palais néoclassique situé près de la basilique Saint-Marc. Il ouvrait lui-même la porte aux visiteurs, parlait vénitien, et se permettait parfois quelque plaisanterie populaire. Il disait de lui-même : « Je ne suis qu'un cardinal de campagne. » Les manifestations qui marquèrent son départ rappellent un épisode de la vie de Carlo Goldoni partant pour Paris, à la fin du carnaval de 1762. Le public, debout, acclama longuement en criant : « Restez avec nous, revenez vite ! » Mais Goldoni ne revint jamais à Venise et mourut dans la misère à Paris.

« Mort ou vif, je reviendrai ! » promettait le patriarche Sarto, sur les escaliers de la gare, à la foule des Vénitiens qui le suppliaient de ne pas les quitter. Lui non plus ne revint jamais vivant à Venise. Rome lui réservait le destin que lui-même redoutait plus que tout : son élection au pontificat. Devenu Pie X, il connut un règne tourmenté, empoisonné par une lutte idéologique acharnée, par les erreurs et les excès d'une guerre impitoyable contre la dernière « hérésie », le modernisme, une véritable chasse aux sorcières. Il allait mourir pauvre, lui aussi, comme il l'avait voulu (« je suis né pauvre, j'ai vécu pauvre, je veux mourir pauvre », avait-il écrit dans son testament). Il fut proclamé saint pour les nombreux miracles que son charisme avait accomplis parmi les humbles qui se reconnaissaient en lui. Mais, au contraire de Goldoni, il reparut à Venise, mort, le visage couvert d'un masque de cire – comme les doges de la Sérénissime pendant leurs funérailles – selon la volonté de ses successeurs qui remplissaient ainsi son vœu le plus cher.

II

Des doges, des fresques, des gondoles

1. *Le dernier des doges*

Très curieusement les architectures baroques les plus étonnantes qui ornent le Grand Canal sont l'œuvre d'architectes suisses ou d'origine suisse. L'église des Scalzi, Santa Maria di Nazareth, fut commencée par Baldassare Longhena, né à Venise d'un père tailleur de pierre originaire du Tessin, et l'architecte le plus inspiré de l'époque baroque vénitienne. La façade est de Giuseppe Sardi, né à Morcote sur le lac de Lugano, où était aussi né Domenico Rossi, auteur de la façade de San Stae.

Baldassare Longhena était le contraire du Tyran. Petit, toujours vêtu de noir, il avait des manières douces, consultait les ouvriers les plus compétents sur les problèmes techniques et se montrait toujours prêt à écouter tout le monde; quand il arrivait sur les chantiers « il appelait à lui les maîtres maçons, et même les manœuvres les moins experts », et il discutait avec eux de l'avancement des travaux. Élève de l'un des plus brillants disciples de Palladio, Vincenzo Scamozzi, il n'avait pourtant pas suivi des études régulières, mais était très estimé et avait amassé « grande fortune ».

Giuseppe Sardi, par contre, était grand, gros et sanguin. Lui avait gagné beaucoup d'argent. Dans sa vieillesse, avant de mourir à soixante-dix-huit ans en 1699, il était devenu fou et semait ses deniers dans la campagne, convaincu de les voir fructifier.

Le frère Giuseppe Pozzo, concepteur et réalisateur de la somptueuse décoration interne des Scalzi, venait du Trentin. Heinrich

Meyring était hollandais ; devenu Enrico Merengo, il est l'auteur d'une *Extase de sainte Thérèse* qui, comme celle du Bernin, montre la sainte en élévation verticale, attendant de se faire transpercer par la flèche céleste brandie par l'ange. Giambattista Tiepolo, lui, était vénitien jusqu'au bout des ongles. Il multiplia les voyages pour peindre des fresques aux quatre coins de l'Europe, en compagnie de son fils Giandomenico et de son fidèle quadratoriste Girolamo Mengozzi Colonna. L'église des Scalzi possède de lui une *Gloire de sainte Thérèse*. Hélas, une bombe autrichienne destinée à la gare et lancée avec une imprécision meurtrière détruisit complètement dans la nuit du 27 octobre 1915, la grande fresque du *Transport de la sainte maison de Lorette* qui occupait tout le plafond.

Dans les Scalzi reposent deux doges. Le premier, sous l'autel où la sainte Thérèse de Merengo se tend vers le divin dard, est Carlo Ruzzini, élu le 2 juin 1732 et mort moins de trois ans après. L'âge ne constituait certes pas un obstacle : deux siècles plus tôt Antonio Grimani avait été élu à quatre-vingt-sept ans, de même que Nicolò da Ponte des années plus tard.

De ses quatre-vingts ans, Carlo Ruzzini en avait passé vingt loin de Venise en une exténuante série de missions diplomatiques, témoin constant de l'inexorable déclin de l'État auquel il avait dédié sa vie. Mais témoin actif : il avait tenté de créer une ligue de princes italiens que le particularisme féroce qui, déjà à l'époque, empoisonnait la vie italienne, avait empêché d'aboutir. Il avait disputé pied à pied contre les Habsbourg et les Ottomans les conquêtes tardives de Francesco Morosini en Orient, les dernières forteresses de la Crète et de Chypre. Et il avait perdu.

Le vieil ambassadeur, revenu à la vie politique de sa patrie, s'était consolé en lisant Tite-Live et Plutarque, jouissant de la magnifique pinacothèque qu'il avait réunie dans son palais de San Giobbe. Son élection réjouit toutes les cours d'Europe et le prince héréditaire de Modène, François-Marie d'Este, était venu en grande pompe au palais des Doges, accompagné par le cardinal de Polignac et escorté d'une immense suite de dames et chevaliers. En se découvrant, il avait salué gravement la gondole qui emmenait le *Cancellier Grande*, le Grand Chancelier, jusqu'à la demeure de l'élu pour lui apporter la « corne » du doge.

La seconde sépulture, dans la chapelle de la nef de gauche, est celle du dernier doge, Lodovico Manin. Les Manin étaient une famille d'origine florentine implantée dans le Frioul au XIVe siècle, qui avait assemblé une telle fortune qu'elle lui avait permis en 1651 de présenter une demande d'inscription au patriciat vénitien contre une offre de cent mille ducats. Cette énorme somme était demandée aux familles qui aspiraient à cet honneur, auquel s'ajoutait le droit de participer à la gestion du pouvoir. Épuisée par la longue guerre de Crète contre les Turcs, la Sérénissime avait rouvert le Livre d'or de la noblesse et la classe dirigeante, dans un élan de patriotisme doublé du réalisme qui avait fait sa puissance, avait mis en vente son propre privilège en échange d'une copieuse participation aux frais de guerre. Aux trois catégories (toujours en vigueur bien que les patriciens fussent, selon la loi, égaux entre eux) des « maisons anciennes » – les plus antiques, descendant des tribuns des premiers siècles –, des « maisons neuves », admises au Conseil majeur jusqu'en 1297, des « toutes neuves », inscrites pour mérites particuliers à l'époque de la guerre de Chioggia et du dernier affrontement mortel avec Gênes en 1380, s'ajoutait donc la classe des « maisons faites par deniers » : riches, richissimes, même si toutes n'étaient pas d'origine aussi illustre que prétendaient les Manin. Ceux-ci, bien que revendiquant les mérites d'un ancêtre qui aurait eu un rôle déterminant dans la fidélité d'Udine à la Sérénissime, ne pouvaient se prévaloir d'autre qualité qu'une immense richesse. Richesse qui avait permis à un autre Lodovico (le premier à faire partie du Conseil majeur) de se faire construire la villa de Passariano, celle-là même dont on raconte que Napoléon Bonaparte l'aurait jugée bien trop somptueuse pour un *particulier* *, fût-il doge.

La richesse était aussi la vertu principale de l'autre Lodovico, futur doge. Grâce à elle, il avait été élu procurateur de Saint-Marc à trente-six ans seulement, en 1762. Pour fêter son succès, les bals, chants et illuminations s'étaient succédé dans son magnifique palais sur le Grand Canal, à San Salvador. La richesse, encore, lui avait procuré la charge de député auprès du pape Pie VI qui, en tant que « pèlerin apostolique » comme il se définissait lui-même, avait voyagé jusqu'à Vienne pour supplier l'empereur Joseph II d'abandonner sa politique anticléricale qui lui faisait supprimer abbayes et

* En français dans le texte. *(N.d.T.)*

ordres religieux, et confisquer l'un après l'autre les biens de l'Église. Escorté par deux députés (l'autre était le procurateur Contarini), le pape avait dû passer par la Sérénissime ; l'accueil, cérémonieux au départ, se fit encore plus solennel au retour, et d'autant plus lourd pour les deux gentilshommes sur qui retombaient toutes les dépenses. En effet, le souverain pontife, humilié par le mauvais accueil impérial, s'arrêta à Venise pour se distraire et y fut reçu triomphalement, comme le témoignent, entre autres, deux peintures de Francesco Guardi.

L'élection de Lodovico Manin fut donc l'effet de sa seule richesse, tous le savaient. Son prédécesseur, Paolo Renier, mourant, avait marmonné au médecin qui l'assistait : « Le Trésor public est exsangue, il faut de l'argent, ils éliront Lodovico Manin. » Et celui-ci avait battu son principal concurrent, Alvise Sebastiano Mocenigo da San Samuele, richissime lui aussi et fin diplomate, mais affligé d'une passion qui l'avait fait interner pour quelques années dans la forteresse de Vérone. Si cette élection avait l'avantage de réunir les « maisons faites par deniers » et la noblesse traditionnelle, elle prouvait aussi que le dogat était devenu une telle charge qu'il fallait être vraiment fabuleusement riche pour l'assumer.

Manin lui-même savait qu'on attendait de sa fortune qu'il dépensât à pleines mains pour « ramener à son antique splendeur, désormais déchue, l'honneur du siège ducal ». Il commença donc immédiatement : quand, selon l'ancien usage byzantin, il fit le tour de la place Saint-Marc dans le *pozzetto* porté par les ouvriers de l'Arsenal, il en profita pour lancer au peuple de l'argent pour une valeur d'au moins cinq mille ducats. Il continua encore de la terrasse surplombant la chapelle de San Nicolò, tandis que durant trois jours se succédaient feux d'artifice, bals et banquets, le tout à ses frais. Mais tout cela ne suffisait pas. Il y ajouta un don de dix mille ducats à la « Fraternité » des miséreux, geste commenté dans un méchant petit poème, le premier d'une longue série : « Le doge Manin / de cœur mesquin / est étroit de main, / il est né frioulain. »

Pendant sa première année de règne, la Bastille était tombée. L'année de son veuvage, la guillotine avait coupé la tête de Louis XVI. Et maintenant la guerre déferlait sur l'Italie. Le Sénat vota une neutralité désarmée, puis changea d'idée, mais trop tard. Quand, en 1796, l'armée d'Italie arrive, Venise n'est en état de sauvegarder ni sa neutralité ni elle-même. Les régiments français et impériaux se battent sur ses terres, pillant et saccageant tout sur leur passage. Les mesures prises par le Sénat sont totalement inefficaces ; et le doge paie des sommes fabuleuses – trois cent mille ducats – pour les besoins du Trésor public. L'armée révolutionnaire avance de victoire en victoire, et son général, Bonaparte, « révolutionne » les villes lombardes et vénitiennes, menace, insulte et profite de chaque incident pour renchérir... Entre-temps, à Leoben, en Carinthie, il a déjà passé des accords pour la cession de Venise à la maison d'Autriche, cession qui sera ratifiée à Passariano, précisément dans la maison du doge Manin.

C'est alors que le pauvre homme est arraché à ses fonctions purement décoratives et sommé de présider les « consultations » extraordinaires qui, devant le danger imminent, résument tout ce qu'il reste du pouvoir. Durant les journées d'avril et mai 1797, les derniers instants de la vie millénaire de la République, le doge parle souvent. Et il parle mal : son éloquence bigote et larmoyante a beaucoup contribué au portrait impitoyable et probablement injuste qu'a fait de lui la tradition historique. La République, entraînée désormais dans une logique pacifiste perverse, cède toujours, sur tout ; le défaitisme se répand, les quelques éléments courageux sont morts ou partis, et c'est au chef de l'État qu'incombe la douloureuse tâche de gérer cette débâcle. Ce sera lui qui, le 12 mai, prononcera le discours mettant fin à onze siècles d'indépendance vénitienne. Un discours sans majesté ni grandeur : l'homme n'a aucun style. Mais pas moins que les cinq cent douze patriciens qui votent précipitamment « oui » à l'abdication du Conseil majeur, c'est-à-dire à l'acte qui remet aux mains du peuple le pouvoir régi pendant cinq siècles par le patriciat. Et certainement pas moins non plus que les deux cents et quelque gentilshommes qui ont prudemment déguerpi pour ne pas participer à cette dernière assemblée.

L'histoire anecdotique a cruellement enregistré les dernières paroles du doge Manin au moment où il quittait le palais. Il aurait ôté la *rensa* (sorte de coiffe de toile de Reims que le doge portait sous la corne ducale) et l'aurait donnée à son serviteur en disant :

« Tenez, nous ne nous en servirons plus. » On peut voir là le détachement d'un vieillard qui ne veut pas confier son amertume à un serviteur : le pauvre Manin venait d'accomplir un geste bien plus noble, et bien plus difficile pour lui, en refusant fermement la présidence de la municipalité provisoire, le gouvernement « démocratique » imposé par les baïonnettes françaises. Ses cinq dernières années de vie furent pour lui une croix, portée avec dignité et réserve. Et à sa mort ses immenses richesses allèrent aux orphelins, aux enfants abandonnés, aux retardés mentaux et autres miséreux.

2. *Les bijoux de Cléopâtre*

Avec un suprême mépris de la logique et des convenances, l'église de San Geremia donne sur le Grand Canal par sa partie postérieure. Sur l'abside on peut lire une inscription qui évoque Lucie, martyre syracusaine : « Paix et lumière ». Placé là en 1863, quand il fallut agrandir la gare, le corps de sainte Lucie a été dérobé, il y a quelques années, par des voleurs sacrilèges qui espéraient (à tort) obtenir une forte rançon en menaçant de le détruire s'ils n'avaient pas gain de cause. Peut-être étaient-ils au courant des litiges furibonds dont la relique avait été l'objet entre les nonnes de Santa Lucia et les dominicaines du Corpus Domini qui l'avaient hébergée quelque temps et ne voulaient absolument plus s'en séparer; à tel point qu'une nuit de 1476, une patrouille de novices du Corpus Domini pénétra dans l'église rivale, vola le corps de la sainte et le cacha dans une remise du couvent.

L'incident avait fait scandale et les paroissiens de Santa Lucia avaient exigé l'intervention du Conseil des Dix. Une délégation du redoutable Conseil s'était présentée à la grille du Corpus Domini, mais les religieuses n'avaient même pas voulu dire où était cachée la relique. Les Dix, qui n'étaient certes pas habitués à un tel manque de respect, avaient alors ordonné que portes et fenêtres du couvent fussent murées afin que rien ni personne ne puisse y entrer tant que les nonnes n'auraient pas restitué le bien mal acquis. C'était le 8 juin 1476; deux jours plus tard, à la vue des maçons qui arrivaient avec sable, chaux et briques, les sœurs se rendirent et laissèrent partir le corps.

Le palais Labia ne présente pas non plus au Grand Canal sa façade principale – qui donne sur le canal de Cannaregio – mais une courte façade latérale qui correspond au salon, dit des Glaces, peint par Giambattista Tiepolo. L'art de ce dernier est à son apogée dans la salle de bal avec l'extraordinaire cycle de fresques des *Histoires d'Antoine et Cléopâtre*, une de ses œuvres les plus inspirées, les plus fougueuses et, en même temps, savamment raffinée. Il semble que le cycle ait été commandé par Paolo Antonio Labia que d'aucuns aiment à reconnaître dans le personnage ventripotent, au visage fier, coiffé d'un bonnet, et qui semble assister, satisfait, à la scène du débarquement d'Antoine et de Cléopâtre. Paolo Antonio représentait déjà la quatrième génération des Labia patriciens, sa famille de marchands immensément riche ayant été la première à entrer, en 1646, au Conseil majeur en versant une offrande de cent mille ducats dans les caisses de l'État. Il était donc né patricien, fils d'une patricienne d'antique lignage, la belle et brillante Maria Civran ; plus tard, il avait épousé une Emo et, dans son parcours de charges politiques, obligatoires pour un patricien, était parvenu au haut grade de conseiller ducal.

Est-ce vraiment lui le personnage dont on dit qu'il avait l'habitude de jeter par la fenêtre, à chaque fin de banquet, la vaisselle d'or en disant : « *L'abia o no l'abia, sarò sempre Labia* » (« L'ai-je ou ne l'ai-je pas, je resterai toujours Labia »)? Le fait est que les bijoux de sa mère étaient éblouissants. En 1739, quand le jeune et beau gentilhomme français Charles de Brosses visitait l'Italie et expédiait à ses amis les chroniques de son voyage sous forme de lettres, Maria Labia Civran pouvait encore impressionner ses hôtes par la beauté de ses parures.

Maria Labia Civran n'avait pas eu une vie heureuse. Il y avait eu des désaccords entre sa famille d'origine et les Labia et, en 1719, Giuseppe Civran avait agressé Zan Battista Labia à la sortie de l'église des Tolentini pour des motifs qui, semble-t-il, concernaient précisément Maria ; son mari messire Zan Francesco était mort très vite. Elle devait être vraiment très belle pour que le roi Frédéric IV de Danemark l'ait incluse dans la liste des jolies femmes qu'il avait chargé Rosalba Carriera de peindre pour lui ; et sans doute aussi intelligente puisqu'elle avait maintenu des rapports d'amitié avec Rosalba et tous les artistes et personnages du monde de la culture.

On a dit qu'inspiratrice des plus somptueux embellissements du grand palais construit par Cominelli au début du siècle elle avait certainement suggéré le thème des fresques du salon à Giambattista Tiepolo. Celui-ci comprenait avec une rapidité infaillible la personnalité de ses clients ; et peut-être fut-ce lui qui suggéra à la riche dame frustrée (en 1750, quand Tiepolo peignait le palais Labia, elle devait déjà avoir une soixantaine d'années), un thème qui représenterait une belle héroïne, jeune et riche (Cléopâtre est ici à l'apogée de sa beauté, de son amour et de son pouvoir, avant la catastrophe finale et la fatale morsure de l'aspic).

Ce qui est certain, c'est qu'elle ne peut pas avoir été le modèle qui, dans les fresques, incarne le personnage. Quelqu'un, je ne sais avec quel fondement, a raconté qu'il s'agirait d'une enfant du peuple, fille de gondolier, que notre « Tiepoletto », comme il aimait à se faire appeler, aurait rencontrée par hasard dans une ruelle et attrapée au vol, parce qu'elle ressemblait exactement à la Cléopâtre de ses rêves. Il est vrai que l'ardent Tiepoletto avait une prédilection pour les minois de fausses ingénues, malicieux sous une apparence digne, au point de prêter leurs traits à plusieurs des saintes et béates de son énorme répertoire. Mais ici, au palais Labia, les scènes, encadrées par l'élégante architecture imaginée par Mengozzi Colonna, sont accompagnées par un autre fantastique répertoire tiépolesque de singes et d'oiseaux bigarrés, de négrillons et de musiciens, de chiens, de serviteurs et de hallebardiers à en faire pâlir les banquets de Véronèse. Ce sont en tout et pour tout des scènes de mélodrame. D'un mélodrame à la fois fastueux et aérien, comme la musique de Galuppi, de Marcello ou même de Vivaldi, mais vu avec un certain désenchantement, un recul qui convient à des scènes qui, après tout, ne sont que du théâtre, de purs prétextes pour l'art, sans véritable pathos ; c'est néanmoins du grand art qui, au lieu de la musique du faux orchestre perché derrière une loggia en trompe-l'œil, fait retentir toutes les mélodies enchanteresses des couleurs et de la lumière. Les reines et les héros ne sont autre chose que le produit d'une imagination où pointe une ironie à peine dissimulée, typique de tout l'art de Tiepolo, rejoignant en cela un humour spécifiquement vénitien et trop longtemps méconnu, même des critiques les plus illustres.

Les dangers encourus par le chef-d'œuvre du palais Labia vont de pair avec les vicissitudes du palais même : abandonné par les propriétaires après la chute de la République, tombé en décrépitude quand il devint une sorte de refuge pour les pauvres (enfant, je l'ai vu de mes yeux et j'en garde une profonde impression) et que le linge était mis à sécher dans la salle de bal, tendu sur des fils de fer rivés à même les peintures ; les fenêtres de la mezzanine auxquelles s'appuyaient les musiciens, les vrais, du temps des fêtes des Labia, montraient alors des mégères nombreuses, à l'époque, à Venise, et dont on a heureusement cassé le moule depuis.

Revenu à l'honneur des chroniques mondaines quand son nouveau propriétaire, l'industriel du pétrole Carlos de Beistegui, voulut en faire le théâtre de ce qui devait être, selon lui, le bal du siècle (le 9 septembre 1951, pour une nuit, les célébrités du moment tournoyèrent sous le regard surpris mais ironique de Cléopâtre), le palais fut restauré dans sa totalité par la Radio-Télévision italienne et fait aujourd'hui partie du paysage de la communication.

3. *L'atroce soupe de Biasio*

Sguazzetto a la bechera (soupe à la bouchère) : faire revenir à la poêle, dans deux cuillerées d'huile, un peu de beurre et de la moelle de bœuf, un hachis d'oignons, de carottes et de céleri, ajouter des abattis de poulet, des *secole* (les petits morceaux de viande des interstices des vertèbres de bœuf), des morceaux de veau et de bœuf. Recouvrir de bouillon ou d'eau, saler et cuire complètement. Colorer avec un peu de sauce tomate, servir très chaud avec des tranches de pain et beaucoup de parmesan. Donner quelques tours de moulin à poivre dans l'assiette. La recette est très ancienne et très appréciée, selon le grand érudit du XIXe siècle Giuseppe Tassini, « du petit peuple et particulièrement des ouvriers avant de commencer les dures tâches quotidiennes ».

Parmi tous les *luganeghèri* (comme on appelle les charcutiers en dialecte vénitien) qui travaillaient au début du XVIe siècle, un des plus appréciés était un certain Biasio, Blaise, surnommé *Cargnio* car originaire de Carnie ; et la raison de son succès était l'excellent, le succulent *sguazetto a la bechera* qu'il fabriquait et vendait.

A la même époque, une angoisse touchant toute la population

s'était répandue dans la ville. Il y avait eu d'inexplicables disparitions d'enfants et la justice avait enquêté, mais en vain. Tous ceux qui avaient des enfants ou des petits-enfants en bas âge les gardaient soigneusement accrochés à leurs basques. Un matin, un batelier plongea sa cuillère dans son écuelle de *sguazetto* bouillant, à peine acheté chez Biasio, et parmi les bouts de viande, il lui sembla apercevoir quelque chose d'étrange. En regardant mieux il vit que c'était une phalange de doigt humain, un tout petit doigt avec encore un fragment d'ongle. Terrorisé, le batelier ne dit rien à personne et courut au Palais. La police se précipite dans la boutique de Biasio, perquisitionne... et trouve dans l'arrière-boutique des os et des restes humains : des restes d'enfants. La vérité apparaît dans toute son horreur : pour rendre son *sguazzetto* plus savoureux, Biasio y cuisait des morceaux de chair humaine.

Une histoire terrible, mais qui n'est pas une véritable histoire, seulement une variante populaire de la fable de l'ogre, vieille comme le monde. C'est en tout cas ce que nous affirment les historiens qui n'ont trouvé nulle référence au crime ou au procès qui aurait dû s'ensuivre, ni dans les registres soigneusement mis à jour de la *Quarantia Criminal* – la cour d'assises de la Venise du XVIe siècle –, ni dans les mémoires très précis de Marino Sanudo, qui vivait et écrivait à cette même époque. Pas plus qu'on ne trouve trace des tourments atroces de la mise à mort de Biasio *Luganeghèr*, traîné, lié à la queue d'un cheval, par les ponts et les ruelles, de la prison du Palais jusqu'à son échoppe où on lui aurait coupé les mains avant de le transporter jusqu'au quai de San Marco à bord d'un bac, tandis que le bourreau le torturait avec des tenailles chauffées à blanc. Là, il aurait été décapité et écartelé entre les deux colonnes de Marco et Todaro sur la Piazzetta. Le nom de ce qui s'appelle encore aujourd'hui quai de Biasio et côtoie le Grand Canal en face de San Geremia, existait déjà deux siècles avant l'époque où le charcutier aurait perpétré ses horribles crimes. Donc, soit le fait se produisit deux cents ans plus tôt (mais ne fut pas enregistré), soit il n'a jamais existé et le Biasio qui a donné son nom à la berge est un autre personnage dont personne ne sait plus rien.

Par contre, il est vrai que les modalités de la justice de Venise étaient affreusement féroces, une justice qui, à Venise, comme dans le reste de l'Europe, croyait à la loi du talion et s'acharnait d'autant plus sur le condamné que ses fautes étaient graves. Et il est tout aussi vrai qu'une partie de ces célébrations expiatoires (le criminel devait expier, dédommageant par ses souffrances les victimes, la communauté et la divinité qu'il avait offensées) avaient lieu le long de la rue la plus ample, la plus représentative et la plus fréquentée de la ville : le Grand Canal.

Le premier dont nous connaissons très précisément le douloureux parcours est l'assassin de Domenico Gafaro, évêque d'Eraclea, mortellement blessé dans la nuit du 26 novembre 1370 par un de ses esclaves, Giovanni. L'esclavage domestique était considéré normal dans la Venise de l'époque et même les ecclésiastiques ne voyaient rien de mal à garder à leur service des domestiques achetés aux marchands qui transportaient des esclaves de Crimée – en général des Tatares, des Circasses, des Russes – et de Trébizonde ou des pays arabes ; la pratique courante voulait que les esclaves fussent libérés à la mort de leurs maîtres, lesquels, en règle générale, leur laissaient un legs plus ou moins important quand ils se sentaient sur leur fin comme l'avait fait, entre autres, Marco Polo, le grand voyageur. Mais Giovanni n'avait pas eu la patience d'attendre. Ayant poignardé son maître à plusieurs reprises, il appela son frère Pietro, esclave lui aussi, qui dormait dans la maison et, avec son aide, vida celle-ci de ses objets précieux et de son argent. Puis il avait convaincu une esclave frioulane, Caterina, de le suivre à bord d'une embarcation de l'évêque, amarrée au quai du palais. Les fugitifs n'allèrent pas loin. Dès le lendemain ils furent capturés, jugés et condamnés et, le même jour, Giovanni, l'exécuteur matériel du crime, fut conduit à bord d'une péniche devant l'église de Santa Croce puis, de là, à pied jusqu'à la maison de l'évêque, où on lui amputa la main droite. Ensuite, la main pendue au cou, il marcha jusqu'à Rialto, où on lui arracha les chairs de quatre coups de tenailles brûlantes aux bras et aux jambes. Porté sur la Piazzetta, on lui infligea de nouveau les tenailles et il fut enfin *descopado*, achevé à coups de masse, en compagnie de son frère Pietro à qui on avait épargné les autres tortures, tandis que Caterina était marquée au fer rouge et qu'on lui coupait le nez.

Le dernier à subir ce traitement abominable fut un certain Giambattista Piantella, un repris de justice plusieurs fois condamné pour vol, à qui un riche marchand de savons – Antonio Biondini – avait confié la direction de sa fabrique dans l'intention déclarée de le racheter. Mais, bien qu'il fréquentât l'école chrétienne, Piantella n'avait pas perdu ses mauvaises habitudes et le malheureux Biondini, s'étant aperçu que son directeur le volait, l'avait dénoncé. Piantella avait été banni de Venise pour vingt ans, mais un an plus tard il revint en cachette et, le soir du 28 décembre 1709, agressa Biondini à coups de bâton et le jeta, inanimé, la tête dans un ruisseau. Puis, ayant endossé la cape, la perruque et le chapeau de sa victime, il se présenta à la porte de sa maison. Quand la servante ouvrit, il la tua aussi à coups de bâton et emporta bijoux, argent et autres objets. Pour finir, il alla chercher ses propres fils, leur montra le cadavre de Biondini auquel il avait arraché une bague, puis le mit sur ses épaules et le jeta sur le pas de sa porte avant de s'enfuir en pleine nuit sur la terre ferme.

Une vingtaine de jours plus tard, deux soldats le reconnurent et l'arrêtèrent dans une auberge près du Piave. Le 1er février 1710, la sentence de la *Quarantia Criminal* fut exécutée : cinq coups de tenailles brûlantes durant le trajet sur le Grand Canal, de Saint-Marc à Santa Croce, puis le retour, attaché à la queue d'un cheval, de Santa Croce à Saint-Marc où Piantella fut décapité et écartelé. Mais les temps avaient changé, et les bons Vénitiens se mirent en quatre pour soulager les souffrances du supplicié en jetant, le long du parcours, coussins, matelas et couvertures. Les exécutions capitales devinrent d'ailleurs de moins en moins fréquentes ; elles furent rarissimes dans les dernières années de l'indépendance vénitienne : une en 1784, une en 1788, une en 1791, puis aucune jusqu'en 1797.

4. *Au couchant de la République*

Mais il n'y a pas que des fantômes d'assassins et de suppliciés qui hantent le quai de Biasio. Le grand palais Donà rappelle le dernier descendant de cette lignée de la famille (qui se différenciait de l'autre, aujourd'hui encore florissante et surnommée « des roses » à cause des trois roses rouges de ses armoiries). Son surnom à elle : « Armes d'or », à cause des fasces d'or et d'azur de son blason.

Protagoniste, comme le doge Manin, des derniers et douloureux jours de la République de Saint-Marc, le chevalier Piero Donà avait été ambassadeur, conseiller ducal, et membre important du Pien Collegio, l'organe collégial de la présidence du Sénat. Dans les dernières années de la Sérénissime, le Pien Collegio avait absorbé la majeure partie des fonctions de cette assemblée dans laquelle, à une époque, résidait le pouvoir exécutif. Vers la fin, Piero Donà avait été plusieurs fois sage du Conseil, « grand sage », la fonction la plus importante du Pien Collegio. Comme beaucoup de ses collègues, il était dominé par un sentiment de profond découragement et par la conviction tout aussi profonde qu'il n'y avait plus rien à faire pour la Sérénissime, sinon tenter de survivre jour après jour, en affrontant les problèmes à mesure qu'ils se présenteraient et en espérant que la providence et la chance se chargeraient du reste.

Comme il arrive généralement dans ces cas-là, ces espérances furent tragiquement déçues. Dans les dernières et frénétiques journées qui décidèrent pour toujours du sort de Venise, le chevalier Donà se trouva revêtu de la très scabreuse charge de « conférant », d'officier de liaison entre le gouvernement vénitien et la légation de la République française une et indivisible, la République de la Révolution, dont les armées avaient déjà occupé, pillé et « révolutionné » le domaine entier de terre ferme de l'agonisante Sérénissime. Un témoin contemporain nous dit que le chevalier Donà était la personnification même de l'aristocratie régnante – pour quelques jours encore – à laquelle il appartenait; et cela fait penser avec combien d'amertume et de dégoût il dut traiter avec le représentant de la République sans-culotte et régicide, le marchand de vin Villetard et ses acolytes, chefs de la « cinquième colonne » jacobine et révolutionnaire, un pharmacien et un épicier.

C'est d'eux que le chevalier Donà reçut l'ultimatum définitif du commandant suprême de l'armée d'Italie, le 9 mai 1797. Le document exigeait, entre autres, la libération de tous les prisonniers politiques des fameux Plombs et des non moins célèbres Puits (il n'y en avait pas un seul, mais personne ne le savait), et le licenciement des fidèles Schiavoni (Esclavons), les troupes dalmatiennes d'élite de la Sérénissime. On devait hisser l'arbre de la Liberté sur la place Saint-Marc au pied duquel on aurait brûlé les enseignes ducales et le Livre d'or du patriciat; le pouvoir devait passer aux mains d'une municipalité provisoire de vingt-quatre membres. Mais la dernière clause était la plus dramatique : trois mille soldats français devaient entrer dans la ville.

Tout au long de ses nombreux siècles de vie (onze exactement, si l'on accepte l'authenticité de la date de 697 pour l'élection du premier doge), Venise n'avait jamais connu un seul jour d'occupation par une armée étrangère, et il est facile d'imaginer l'état d'âme du chevalier Donà en recevant cette sommation et en l'apportant au Conseil réuni sous la présidence du doge ; Conseil qui, malgré l'opposition de sept de ses membres les plus influents, après un rapport aussi alarmiste qu'infondé du responsable de l'ordre public, Nicolò Morosini « Foca » (qui voyait des conjurés et des complots partout), finit par renvoyer Donà à Villetard pour demander un délai de quelques jours afin de pouvoir consulter l'assemblée souveraine de la Sérénissime, le Conseil majeur.

Piero Donà assista donc à l'ultime séance de celui-ci, quand en toute hâte, dans la confusion et l'agitation (on entendait des coups de feu dehors, mais ce n'était ni les Français ni la cinquième colonne jacobine, c'étaient les soldats esclavons qui tiraient à blanc, saluant pour toujours celle qu'ils appelaient *la nostra bona mare*, notre bonne mère), le Conseil vota la fin de l'ère aristocratique, sans savoir, ou croyant ne pas savoir qu'il votait aussi la fin de l'indépendance vénitienne.

Et ce fut toujours Donà qui, en personne, dut tranquilliser le citoyen Villetard que l'humeur belliqueuse du peuple vénitien avait effrayé. Quand la nouvelle de l'abdication du Conseil majeur s'était ébruitée et qu'un vieux général aux idées révolutionnaires avait crié : « Vive la liberté ! », la foule qui attendait, muette, désorientée, avait répondu d'un hurlement féroce : « *Viva San Marco !* » L'antique cri de guerre avait rebondi furieusement tandis que le gonfalon de Saint-Marc montait aux mâts de la place et que de tous côtés flottaient les étendards rouges à sept queues. Peuple, ouvriers de l'Arsenal, gondoliers, soldats dalmates, tous avaient manifesté longuement sur la place, puis la foule s'était lancée à la chasse de tous ceux que la rumeur publique indiquait comme partisans des « idées de France », ainsi qu'au pillage de leurs biens. Ce ne fut qu'à la nuit tombée que deux coups de canons tirés du pont de Rialto mirent fin au tumulte.

Le chevalier Donà n'écrira pas un mémoire apologétique pour se justifier, comme le feront, par contre, le doge Manin et d'autres protagonistes et témoins de cette fin tragique. Certains, même, serviront en toute bonne foi la municipalité provisoire, confiants dans un avenir dans lequel la Sérénissime aurait pu continuer une existence non plus aristocratique mais libre et démocratique, débarrassée d'une structure anachronique et d'une classe dirigeante exsangue. Plus encore que les nobles, ce seront eux les vraies victimes de cette duperie monumentale orchestrée par ce jeune général, dynamique et sans scrupules qui, sans se soucier des flatteries hyperboliques qui le décrivaient comme le libérateur de l'Italie, conclura en toute hâte les négociations commencées à Leoben, cédant ainsi Venise, la Vénétie, l'Istrie et la Dalmatie à l'empereur d'Autriche.

Dans son palais silencieux, sur le Grand Canal, le chevalier survivra de peu à la fin de son monde. Il disparaît en même temps que sa lignée; dans les premières années du XIXe siècle, Venise est pleine de ces vieillards, derniers de leur époque et de leur famille, sans héritiers directs à qui laisser les restes de leurs richesses et de leur grandeur, entourés de serviteurs aussi vieux qu'eux, parfois d'anciennes maîtresses à qui ils lèguent quelques bijoux démodés comme témoignage de reconnaissance et d'affection. Il y en a d'autres aussi qui ne se posent pas trop de questions et qui peut-être grâce à cela survivent longtemps : tel Zaccaria Valaresso, inquisiteur d'État, partisan principal de la neutralité désarmée et, par là même, principal fossoyeur de la Sérénissime. Cet homme d'esprit, auteur dramatique et fin mélomane, fréquentera assidûment le théâtre de La Fenice jusqu'à sa mort, survenue le 20 mai 1828.

5. *Les batailles parlementaires de Renier Zen*

Le palais Zeno ou Zen, toujours sur le quai de Biasio, évoque une autre époque, un autre climat politique. Il fut profondément modifié dans sa structure par une bombe autrichienne tombée au cours de l'été 1849. Quand, quelque cinquante ans après la catastrophe de 1797, Venise s'insurgea sous la férule d'un autre

Manin, Daniele (qui n'avait en commun avec le dernier doge que le nom car son aïeul, un juif converti du nom de Medina, avait adopté, comme c'était alors l'usage, le nom du patricien qui l'avait tenu sur les fonts baptismaux). Il chassa les Autrichiens, proclama la République au cri de « *Viva San Marco !* » et, sans moyens, sans aide, sans alliance, tint longtemps tête à l'armée impériale. L'Autriche, en avance sur son temps, avait expérimenté, au grand dam de la ville rebelle, un ingénieux système de bombardement du ciel avec des aérostats munis d'un cercle de bois auquel était pendue une bombe de trente livres, allumée et libérée par des impulseurs fusants. L'expérience n'avait pas réussi, mais les artilleries terrestres et navales avaient crucifié Venise pendant vingt-quatre jours sans interruption ; un martèlement de vingt-trois mille projectiles qui avaient laissé sur leur sillage morts et blessés et endommagé, outre le palais Zen, le palais Albrizzi, l'école de San Rocco, le pont de Rialto, des églises et des maisons par centaines. Mais le moral des Vénitiens résistait encore. Ce qui convainquit Daniele Manin à demander l'armistice fut la faim et le choléra, le terrible *cholera morbus* qui, dans ces moments de crise, avait remplacé les grandes pestilences des siècles passés.

Le palais Zen avait été la demeure d'un des représentants les plus courageux de cette grande famille appartenant aux « maisons anciennes », et dont les origines remontaient aux Romains antiques. Dans cette lignée de guerriers et de navigateurs, on comptait un doge : Renier Zen, de 1253 à 1268. Le personnage qui habitait ici sur le quai de Biasio s'appelait lui aussi Renier et avait été le héros de la plus extraordinaire bataille parlementaire de l'impétueux XVIIe siècle vénitien. Cette bataille l'avait opposé, avec l'appui de la noblesse pauvre, à la toute-puissante et richissime famille du doge Giovanni Corner. Une histoire qui fait penser (en changeant tout ce qu'il y a à changer) à celle de certains hommes politiques que nous montre le cinéma de Hollywood, engagés dans une lutte sans merci contre les lobbies, les groupes de pouvoir, les mafias politiques, capitalistes ou familiales. Ou même à certaines histoires de mafia et d'anti-mafia dans l'actualité d'aujourd'hui.

Renier Zen avait été ambassadeur à Rome, où il avait commencé sa croisade contre la coterie des patriciens les plus riches, ceux qui monopolisaient les plus hautes charges et les évêchés les plus rentables (ils étaient presque tous parents, et, dans un État parlementaire comme Venise, le jeu de ces parentés riches et puissantes conditionnaient lourdement la politique), attaquant à distance le doge Antonio Priuli, dont le fils, Matteo, cardinal, avait été fait évêque de Brescia par Grégoire XV. Cette promotion n'était due qu'à de savantes intrigues et à l'influence paternelle, affirmait Zen; c'est seulement grâce à ses mérites personnels, contredisaient le doge, les amis et les parents. Il y avait eu un incident déplaisant en plein Collège, alors que le doge voulait défendre son fils, mais les trois chefs du Conseil des Dix lui avaient intimé de se taire et de sortir, étant lui-même partie intéressée; puis, au Sénat, le doge s'était tellement échauffé dans la dispute qu'il avait eu un malaise, et, après un long débat, le Sénat avait finalement décidé que Matteo devait renoncer à l'évêché et rentrer immédiatement dans l'État vénitien.

En 1625, Giovanni Corner fut élu doge. Il appartenait à une grande famille plus connue sous le nom italien de Cornaro et qui possédait un palais sur le canal San Polo. Dans cette branche, les chapeaux cardinalices et les épiscopats ne s'y comptaient plus. Mais Giovanni Corner n'était pas un ambitieux. Il n'en avait pas besoin, sa famille était au sommet de l'échelle sociale et du pouvoir économique. Doux, bon, sincèrement religieux, il avait cinq fils : Francesco, Alvise, Federico, Giorgio et Marc'Antonio, lesquels n'avaient pas été particulièrement contents de cette élection qui apportait avec elle beaucoup de frais et de limitations de carrières politiques ou ecclésiastiques. Cependant, les partisans de la famille étaient nombreux, surtout dans l'aile la plus conservatrice du patriciat souverain, et la puissance de la mafia Cornaro se fit sentir très vite quand le doge, à peine élu, demanda que ses fils qui, déjà, étaient du Sénat, demeurent aussi au sein de l'auguste Conseil des « Pregadi » (on l'appelait ainsi car ses membres, selon une ancienne tradition, étaient « priés » d'assister à ses assises), contrairement à la loi en vigueur. La Sérénissime Seigneurie, sommet ultime des instances de l'État, composée, outre le doge, de six conseillers ducaux et de trois chefs de la Quarantie représentant le pouvoir judiciaire, avait donné un avis favorable et l'autorisation de se présenter à une prochaine élection. Puis, petit à petit, le pape avait accepté de nommer cardinal Federico, le troisième fils du doge. Et le Collège, composé de la Seigneurie, des sages du Conseil, des sages de Terre Ferme et de ceux aux Ordres, avait permis à Federico Corner, contre toutes les lois en usage, d'accepter la fonction. Quelques mois plus tard, méprisant ouvertement l'avis contraire du conseil juridique, le Collège l'autorisa à accepter aussi l'évêché de Vicence. C'est alors que Renier Zen, qui venait déjà d'être condamné pour avoir offensé un magistrat et lancé des propos séditieux en pleine séance du Collège, un jour qu'il avait pris la défense des nobles pauvres accusés de payer leurs impôts en retard, fut élu membre du très puissant et très redouté Conseil des Dix. En octobre 1627, il devint chef du Conseil. La charge ne devait durer qu'un mois mais Zen exploita à fond ses nouvelles fonctions. Le voilà donc qui se présenta devant le doge et, après une altercation pour le moins pénible, lui lut, devant la Seigneurie, une admonestation solennelle à respecter la loi en ce qui concernait l'élection au Conseil des Pregadi de ses fils Francesco et Alvise; à l'appui de ses dires, il énuméra les différents articles de loi interdisant cette élection et l'informa qu'il avait déjà déféré l'affaire devant les trois avogadors communaux, titulaires des actions pénales. Le doge, mis au pied du mur, ne put faire autre chose que de communiquer au Sénat la démission de ses deux fils et de préparer l'élection de deux autres sénateurs à leurs places.

L'incident ne fut pas clos pour autant. Zen exigea que l'admonition adressée au doge soit officiellement enregistrée par la Chancellerie ducale; le doge, convaincu que cette publicité était un affront à sa personne et à sa dignité, s'y opposa violemment. Le Collège tenta de renvoyer la balle dans le camp des Dix mais Zen, ayant pris d'assaut la tribune, lança une attaque en pleine règle. Il déclara que l'acte rédigé devait être enregistré, non pas contre le doge ou ses fils, « qui sont des anges », mais pour éviter d'éventuels futurs abus en appliquant la loi limitant la possibilité des fils de doge d'obtenir des bénéfices et des charges ecclésiastiques qui risqueraient de les soumettre au pouvoir de « princes étrangers » (allusion au pape, seigneur du plus grand État italien). Cette même loi supprime aux fils et, plus généralement, à toute la parenté du doge le droit de vote au Sénat et leur interdit l'exercice du commerce, car les avantages qu'ils pourraient tirer de leur position sont par trop évidents, surtout en ce qui concerne l'octroi et les droits de douane.

Ce n'est pas une pierre mais un énorme rocher jeté dans leur jardin : les « anges », en fait, avaient des activités commerciales très, très rentables : Giorgio Corner, le benjamin du doge, importait des bovins de Zara et, dans le palais San Polo, on vendait des étoffes florentines dont l'importation était strictement interdite. La question eut des suites fâcheuses au Conseil majeur et au Conseil des Dix. Giorgio Corner et, semble-t-il, Michele Priuli, fils du doge Antonio et beau-frère du fils aîné du doge Corner, entrèrent dans une colère noire. La nuit du 30 décembre 1627, tandis que Renier Zen, sorti d'une séance des Dix avec son collègue Pietro Sagredo, se dirigeait vers le quai du palais des Doges pour prendre sa gondole amarrée sous l'escalier des Géants, il fut assailli à coups de hache par cinq inconnus. S'il n'avait pas été « grandement » défendu par son porteur de lanterne, « ce soir-là, il eût été coupé en morceaux ». Plus mort que vif, Zen réussit à se jeter dans une gondole qui passe. Les assaillants ont disparu. Mais tous affirment qu'ils se sont réfugiés dans les appartements du doge et que l'un d'eux est Giorgio Corner.

Le scandale fut énorme. Le fils de Renier Zen se présenta au Conseil des Dix criant vengeance et montrant la chemise et la toge ensanglantées de son père, « et en vérité ce fut un bien vilain spectacle à voir ». On nomma une commission d'enquête, on promit une récompense; enfin Giorgio Corner, qui avait pris la fuite avec deux de ses sicaires, fut bannni, privé de sa noblesse et de ses biens. Mais très prudemment, avant de fuir, il avait arrangé ses affaires de façon à ne pas débourser un ducat et, de Ferrara, où il s'était réfugié, il recommença à trafiquer et à gagner de l'argent.

Le peuple et les nobles pauvres bouillaient d'indignation et la popularité de Zen croissait en conséquence. L'ambassadeur d'Angleterre écrivit à Londres, exagérant quelque peu, qu'il y avait à Venise une véritable guerre civile. Réélu chef du Conseil des Dix pour le mois de juillet 1628, Renier Zen ne manque pas de déchaîner une autre tempête en demandant l'exclusion du doge de la séance du Conseil majeur durant laquelle il a l'intention de mettre à l'ordre du jour les questions le concernant. Après une violente joute oratoire entre Zen et le conseiller ducal Basadonna, le doge veut prendre la parole pour sa propre défense et Zen tente de faire intervenir les avogadors pour l'en empêcher. Outré, le doge s'écrie :

« Eh bien, nous ne pouvons donc parler? » Ses partisans trépignent et tapent des pieds sur les bancs. Zen hurle : « Oh, liberté! » Le vacarme augmente encore, la séance est levée. Le Conseil des Dix, réuni dans les appartements ducaux, décide l'arrestation de Zen et lui envoie le Grand Capitaine, chef de la police, mais avec l'ordre de « procéder avec tact ». Zen est chez lui, en conversation avec des amis, mais le capitaine ne le cherche même pas, il se contente de « proclamer », comme on disait alors, le tribun en l'invitant à se présenter dans les trois jours à la prison des Dix. Très évidemment, le tribun ne se présente pas du tout, et est condamné à l'exil par contumace.

La désapprobation est générale, la condamnation considérée injuste, un abus, une provocation; le beau-père du condamné, Bertucci Contarini, avogador communal, fait suspendre la sentence, comme c'est son droit. La noblesse pauvre énumère les nombreuses injustices qui ont favorisé, comme d'habitude, les riches et les puissants; l'arrestation d'un lettré de tendance « de gauche », comme nous dirions aujourd'hui, le patricien Girolamo Donà, l'indigne encore plus. Et le Conseil majeur se venge, en refusant d'élire les candidats aux postes vacants du Conseil des Dix et en nommant, par contre, le conseiller Basadonna, ennemi juré de Zen, au poste insignifiant et éloigné de provéditeur de Grabuse, un îlot près de Candie où il n'aurait certes jamais voulu aller (mais n'y allant pas il aurait encouru une forte amende et d'autres sanctions).

La question durera longtemps, conduira à une sévère révision des pouvoirs des Dix et dépassera largement la portée des problèmes personnels de Zen et de ceux soulevés par lui. Enclin à des attitudes théâtrales pas toujours appréciées, doté d'une éloquence prolixe et d'une excessive estime de sa personne, Zen va perdre très vite son charisme, ce qui ne l'empêchera pas d'être absous et élu procurateur de Saint-Marc, « avec grande allégresse de tout le peuple ». Mais il ne parviendra jamais au trône ducal tant espéré.

6. *La gondole et son mythe*

Parmi les habitudes que les ennemis et les partisans de Renier Zen trouvaient excessives, il avait celle de se faire escorter sur le

Grand Canal par une somptueuse suite de gondoles. Au temps de sa longue lutte avec le doge Corner, Zen n'habitait pas encore le palais du quai de Biasio, mais un palais dans la paroisse de San Geremia, qu'il loua par la suite à l'ambassadeur d'Espagne et qui plus tard fut acquis par l'État espagnol. Un beau palais que Zen avait acheté à une distinguée famille de « citoyens anciens », les Frezier, et qui, après qu'il fut devenu siège diplomatique, donna à la rue dans laquelle il se trouvait le nom qu'elle porte encore maintenant : Lista di Spagna (à Venise, comme partout ailleurs, on reconnaissait aux ambassades le droit d'asile pour tous ceux qui étaient recherchés par la force publique, et ce droit s'étendait à la *lista*, c'est-à-dire au morceau de rue en face). Le cortège qui accompagnait Renier Zen parcourait ainsi tout le Grand Canal, ce que beaucoup jugeaient d'une extrême et arrogante ostentation.

Bien qu'il y ait peu de *fondamente* (comme les Vénitiens appellent les ruelles qui longent les canaux) qui courent le long du Grand Canal, les quatre cinquièmes de la circulation se faisaient sur l'eau; il en est de même aujourd'hui mais l'importance de la circulation était différente quand le Grand Canal n'était pas encore la voie d'eau principale, mais la voie principale de Venise tout court. A l'époque, les moyens de transports en commun étaient rares, et si les marchandises étaient véhiculées par des embarcations de toutes sortes dont certaines survivent encore aujourd'hui, le transport des personnes était l'affaire quasi exclusive des gondoles.

A propos du nom de cette embarcation totalement vénitienne et qui survit aujourd'hui en quelques rares exemplaires presque tous réservés au tourisme, on est allé chercher les étymologies grecques et latines les plus compliquées... On en parle pour la première fois dans un privilège du doge Vitale Falier qui, en l'année 1094, exonérait ceux des habitants de la petite ville de Loreo qui lui en construisaient. Il devait s'agir d'une embarcation d'une dizaine de mètres, un de moins que maintenant, mais avec douze rameurs, donc très rapide et qui grâce au fond plat qu'elle a toujours conservé se déplaçait facilement dans les lagons marécageux et sur les canaux, peut-être même avec la fonction de bac entre la ville, les îles de l'estuaire et la terre ferme. Il était d'ailleurs normal que les barques à rames existassent en grand nombre dès les premiers siècles : comment les Vénitiens auraient-ils pu se déplacer alors que les ponts étaient rares et que chaque groupe de maisons était séparé par des canaux, des lacs, des marais et des viviers ? On cite souvent un document de 1180 rapportant le cas d'une maison appartenant à un certain Leonardo Moro et n'ayant aucun accès sinon celui du canal. Quand la mère de celui-ci, Bella, voulait aller à l'église, elle n'avait « d'autre chemin » que l'eau à bord d'une *scaula*, peut-être une ancêtre de la gondole, ou plus probablement de cette autre embarcation : notre sympathique et très pratique *sandolo* (sandale) à fond plat, sur lequel nous tous, Vénitiens de la vieille génération, avons appris à ramer « à la vénitienne », debout, avec une seule rame posée sur une *forcola* ou tolet *.

Nous sommes à la fin du xve siècle, et, en plein *Canalazzo* (un des noms que les Vénitiens donnaient sans aucun sens péjoratif au Grand Canal), il y a une véritable nuée de gondoles. La scène est une des compositions les plus vivantes de Vettor Carpaccio, *Le Miracle de la relique de la Croix et du patriarche de Grado*, dans les galeries de l'Académie. Certaines gondoles ont à leur bord des gentilshommes très dignes, avec un petit chien en proue et un rameur noir en poupe. C'est à Marin Sanudo, qui écrit plus ou moins à la même époque, que nous devons la première description détaillée de ces « petites barques... empoissées, et de belle forme » qui étaient conduites « par des nègres sarrasins, ou bien d'autres familiaux qui savent voguer », par des esclaves noirs ou d'autres domestiques, ancêtres des gondoliers « de *casada* » du temps passé (par tradition, il y a encore quelques années de cela, on trouvait des gondoliers « de *casada* » et des gondoliers « de parade », c'est-à-dire préposés au service public ; je ne pense pas qu'il existe encore un seul gondolier « de *casada* » aujourd'hui.

Les gondoles, écrit Sanudo, se gouvernent normalement avec une rame, et un seul rameur, mais aussi avec deux, comme celles des patriciens et des sénateurs, et même celles des dames du patriciat. Elles portent le *felze* : « haut pour le soleil » en été, « grand pour la pluie » en hiver. A une époque plus récente, il y avait encore le *tendalin* d'été, petit toit en toile, et le *felze* hivernal, une

* Fourche fixée dans le plat-bord d'une barque pour recevoir l'aviron. *(N.d.T.)*

véritable cabine, luxueuse, recouverte de noir, tandis qu'à l'époque de Sanudo la tente d'été était de satin et le *felze* d'hiver d'étoffe verte ou écarlate. Dans chacune de ces « petites barques », quatre personnes pouvaient prendre place commodément, et il y en avait une telle quantité qu'on ne pouvait pas les compter. Il suffisait de regarder celles qui tournoyaient sans arrêt dans la ville et celles qui, la nuit, étaient amarrées, une fois désarmées, chacune à sa propre berge. Il n'existait pas de gentilhomme ou de citoyen qui n'en possédât au moins une ou deux selon sa famille. Et pourtant, elles coûtaient cher. Pour en acheter une neuve, il ne fallait pas moins de quinze ducats (le salaire annuel d'un ouvrier spécialisé de l'Arsenal était d'environ vingt ducats). Et il y avait toujours besoin de manutention, de *conzieri* (décorations), de *dolfini* ou autre, qui entraînaient des frais, plus élevés que pour un cheval, sans compter les salaires des gondoliers, s'ils n'étaient pas esclaves, et leur subsistance.

Le dauphin dont parle Sanudo est le rostre de proue, en fer doux, de forme caractéristique, à six dents ou jets, comme les six quartiers de la ville, pesant entre douze et vingt kilos. C'est un élément de décoration mais aussi d'équilibre pour une coque qui, telle qu'elle est parvenue jusqu'à nous, est un miracle de souplesse et de manœuvrabilité. Depuis l'époque de Sanudo, un poète français qui inaugurait le mythe littéraire en invitant le « vaillant barquerolle » à faire voler d'un vol pégaséen sa gondole légère, celle-ci n'a pratiquement pas changé en ce qui concerne la technique de construction extrêmement compliquée : il faut à peu près deux cent quatre-vingts pièces de bois différents, chêne, aulne, mélèze, cerisier, rouvre, tilleul, cèdre, noyer, pour composer la coque de forme élancée et étrangement déséquilibrée, désaxée, de façon à compenser le poids du gondolier de poupe, debout sur l'estrade et dont la longue rame de hêtre, appuyée sur le tolet de noyer bien sec, sert à la fois de propulseur, de timon et de frein. Mais elle a beaucoup changé extérieurement. Quand Francesco Sansovino, en 1581, raconte dans sa *Venetia Città Nobilissima* qu'à Venise il y a au moins dix mille gondoles en fonction, que les grandes familles en ont de trois à cinq chacune, les marchands et les professionnels deux ou trois, et que même les courtisanes en possèdent, l'État est déjà intervenu pour freiner le luxe excessif en général et celui des gondoles en particulier. Il interdit d'abord l'usage de soies et de draps précieux pour le *felze* et de tapisseries pour les sièges, puis « les pièces de barque en satin simple ou ouvragé, avec ou sans dentelle, brodées ou non »; et enfin, en 1633 puis en 1746, il détermine l'aspect de la gondole qui entrera définitivement dans la légende avec sa couleur noire, pareille pour tous sauf pour le doge et le patriarche qui pouvaient utiliser des tapis écarlates, et pour les ambassadeurs étrangers qui pouvaient faire ce qu'ils voulaient. Cet aspect a déchaîné l'imagination des poètes et romanciers, mais aussi les clichés les plus répétés, à commencer par Wolfgang Goethe pour qui « la gondole ressemble au berceau / qui doucement se balance, et la cabine / au-dessus à un cercueil spacieux... »

« Ainsi, conclut Goethe, entre le berceau et le cercueil suspendus / sur le Grand Canal sans pensées. / Sur le Grand Canal, voie de l'existence ». Mais, de même que tous ne voient pas dans le Grand Canal une métaphore du destin humain, tous ne voient pas dans la gondole un berceau ou un cercueil. Pour la littérature romantique et non seulement la littérature – l'on pense à certains livrets d'opéra qui aujourd'hui nous font sourire mais faisaient autrefois pleurer nos arrière-grand-mères : *La Gioconda, I due Foscari, Marino Faliero* – la gondole devenait le symbole de sinistres intrigues, de sombres combinaisons de poignards et d'amours, d'une tyrannie menaçante et d'aspirations à la liberté, généreuses et opprimées.

Il est très difficile aujourd'hui de se rendre compte de la popularité et de l'importance de la « légende noire » de Venise, mythe romantique parmi les plus enracinés et les plus populaires, nourri par un mystère que la Sérénissime elle-même a alimenté inconsciemment : un mythe fait de dénonciations secrètes, de prisons cachées, de noyades dans le canal Orfano, pour lequel la longue barque noire et silencieuse semblait faite.

Mais une autre interprétation, aussi superficielle bien que débarrassée de tout accessoire de mauvais augure, voit dans la gondole une chambre nuptiale flottante, un tabernacle ambulant de l'amour romantique. Un mythe toujours bien ancré, aujourd'hui encore exalté par le plus populaire des genres littéraires, la bande dessinée.

Du temps de la République tant calomniée, la loi disait que l'on devait se sentir en sécurité en gondole plus encore que chez soi. De ce fait la juridiction des délits commis en bateau relevait de la compétence des redoutables Dix tandis que les rixes entre bateliers qui avaient « leurs maîtres à bord » dépendaient d'une autre haute magistrature, les censeurs. Ce qui explique pourquoi les crimes commis en gondole étaient sujets de grands scandales et relativement rares, contrairement à ce qu'en disent certaines légendes. Mais comme nous l'avons déjà dit, la gondole était l'unique moyen de transport, et comme les carrosses sur la terre ferme, elle faisait partie intégrante des événements quotidiens de la vie, heureux ou tristes, légaux ou illégaux. Comme les automobiles aujourd'hui, elle pouvait donc être utilisée à des actions criminelles et, en particulier, à des « exports » comme on appelait à l'époque le rapt de jeunes filles, dans un but amoureux, cependant, et non de chantage ou de rançon, industrie que, pour leur plus grand bonheur, nos ancêtres ne connaissaient pas encore.

Charles de Brosses, qui, rappelons-le, écrivait aux alentours de 1739, fait une description enthousiaste de la gondole. A Venise, selon lui, il y avait pas moins de soixante mille personnes qui vivaient de leur rame, et les gondoliers n'en étaient qu'une partie, mais certainement la plus pittoresque, la plus connue et la plus discutée. Thomas Coryat insiste souvent sur la canaillerie des « gondoliers racoleurs et tentateurs du pont de Rialto » : « ... on découvre que l'iniquité de ceux-ci est telle que si une personne leur commande de la transporter en quelque endroit où une affaire sérieuse et urgente requiert sa présence et qu'elle ne peut y manquer sans en avoir grand dommage, ces scélérats débauchés feront tout leur possible pour l'entraîner malgré elle en un lieu de perdition, où elle ne voudrait pas aller, ou du moins pour la tenter de leurs flatteries diaboliques ».

Nous serions curieux de connaître les expériences qui ont aigri à ce point le fameux voyageur d'Odgcombe que son ami Ben Johnson appelait « Tom, qui connaît tout des voyages ». Il est plus facile de croire que, même dans le bon vieux temps, il y eut des bons et des mauvais, chez les gondoliers comme ailleurs : c'est du moins ce qui ressort des textes de quelqu'un qui les connaissait bien, Carlo Goldoni. On en trouve de tous les acabits dans deux de ses comédies : *La Jeune Fille de bien* et *La Bonne Épouse.*

7. *« La Jeune Fille de bien »* et *« La Bonne Épouse »*

Entre 1493 et 1503, Marin Sanudo avait compté les passages, effectués par les gondoles qui sillonnaient le Grand Canal : il en trouva quinze, depuis celui qui traversait du quai de Saint-Marc, là où sont les colonnes de Marco et Todaro à la pointe de la Dogana da Mar, jusqu'à celui qui passait le canal entre Santa Lucia et San Simon Piccolo. Il n'en reste maintenant que cinq ou six en activité. Supplantés par les ferries à vapeur, les *vaporetti*, beaucoup de ces passages ont disparu : ceux qui reliaient le Rialto aux autres quartiers de la ville, San Pietro, San Domenico di Castello, le pont de la Paglia, mais aussi les bacs « de canal » qui reliaient la Giudecca et Murano à la ville, et les bacs « de voyage » qui, eux, allaient jusqu'à Marghera, Mestre, Chioggia et, plus loin encore, Ferrara et la Dalmatie. Ces derniers trajets, évidemment, n'étaient pas effectués en gondole, mais ceux qui voulaient rejoindre la terre ferme pouvaient les trouver à Rialto et à Cannaregio, outre les embarcations plus grosses qui transportaient les voyageurs de Rialto à Trévise, à Padoue, à Monselice, à Este, à Vicence.

Les quinze bacs de Sanudo qui traversaient le Grand Canal pour un *bagatin*, une monnaie de cuivre appelée aussi *piccolo*, « petit », ont travaillé dur pendant presque tout le siècle dernier, bien qu'ils ne fussent plus ces lieux de rassemblement populaire, comme ils l'avaient été jusqu'à la chute de la République quand chaque doge, à peine élu, se hâtait de faire distribuer aux embarcadères du pain, du vin et de la farine. Et ils ne servaient plus au sinistre transport des condamnés à mort, conduits, pour leurs graves délits, à un horrible supplice.

Un auteur du XIXe siècle, Giacinto Gallina, évoque dans *Serenissima*, avec un idéalisme peut-être excessif, le caractère un peu mythique du vieux gondolier confronté à l'attaque prédatrice des bacs à vapeur qui viennent concurrencer, sur le Grand Canal, les gondoles et la « vénétianité » traditionnelle. Bien qu'esquissés avec moins d'acuité les autres personnages de cette comédie gondolière, mi-réaliste, mi-sentimentale, restent incisifs et reflètent parfaitement la décadence de l'antique profession ainsi que celle de Venise, bazardée aux antiquaires qui la pillaient allègrement, tout comme aujourd'hui le tourisme de masse la piétine et la dégrade avec la même inconséquence. Ce tourisme de goujats, qui passent sans voir, sans regarder, en partie parce que personne ne prend la peine de leur dire ce qu'ils devraient regarder, est très différent du tourisme des grands seigneurs et intellectuels d'alors. Ceux-là se hâtaient souvent, à peine arrivés, d'armer une gondole ou de la louer, comme John Ruskin. Lord Byron, lui, en acheta une et y fit graver la devise familiale : « Croyez Byron » (plus de vingt ans après la mort du poète, un vieux gondolier à la retraite qui avait été à son service la montrait encore et se vantait d'avoir été le modèle de son *Beppo*).

III

Du Ghetto au palais d'un doge manqué

1. *Du riche Manfrin au premier Ghetto*

En face du quai de Biasio, le canal de Cannaregio coule vers le pont des Flèches, le pont des Trois-Arches et la lagune. Bien qu'il ne puisse soutenir la comparaison, ni par la longueur ou la largeur, ni par l'importance, la qualité et le nombre de ses églises, palais et souvenirs, le canal de Cannaregio est sans aucun doute l'affluent le plus illustre du Canalazzo, le Grand Canal. Connu depuis les temps les plus reculés, il a donné son nom à un des quartiers de la ville, le plus grand et, avec Castello, le plus populaire. Ses quais étaient bordés de palais dont certains subsistent encore, tel le palais Labia et, plus loin, du même côté, le palais construit par Andrea Tirali pour les Venier, lesquels le vendirent à un aventurier des derniers temps glorieux de la Sérénissime, le comte Girolamo Manfrin.

Manfrin était un financier téméraire, qui s'était présenté comme concurrent à l'adjudication de la Régie des tabacs, attribuée en 1769 à une société du comte Giuseppe Mangili pour la somme mirobolante d'un million sept cent vingt-six mille ducats. L'offre de Manfrin étant supérieure, le Pien Collegio, avec la participation des cinq sages de la Mercanzia, la lui avait assignée. Mais, immédiatement après, de sérieux doutes concernant la solvabilité de Manfrin avaient surgi; on avait même subodoré une escroquerie, et un mandat d'arrêt avait été émis. Manfrin se précipita à Lista di Spagna pour demander asile, mais l'ambassade d'Espagne la lui refusa, et il atterrit dans les prisons du Conseil des Dix. Puis il fut banni de Venise et relégué à Zara, sa ville d'origine. Des années plus tard, ayant obtenu des inquisiteurs de l'État de revenir, Manfrin se représente au concours pour l'adjudication de la « ferme » des tabacs. Il offre soixante-dix-huit mille ducats de plus que les autres concurrents et l'obtient : il obtient aussi le privilège de cultiver trois mille hectares de tabac en Istrie et paie la concession quatre millions de ducats. Bref, il décroche l'exclusivité de la culture et de la vente du tabac pour tout le territoire de la République. Il le vend au prix qu'il veut, mais verse dans les caisses de l'État la coquette somme de six cent mille ducats par an. « On payait fort cher le plaisir » de priser le tabac, écrit un de ses biographes (c'était l'époque où tous prisaient : dames et chevaliers, prêtres et sénateurs; il avait même été édité un manuel sur la façon d'ouvrir la tabatière, de la présenter, d'y mettre les doigts, de la refermer, de porter le tabac à son nez, d'éternuer, de se moucher le nez, le tout sous le titre pittoresque d'*Exercice militaire de la tabatière*); « ... qui manquait d'argent comptant, devait acheter certaines boîtes d'étamine au travers desquelles on humait le tabac contenu dans ces tabatières à petit tamis ». A la même époque, Manfrin défend avec acharnement son monopole contre les contrebandiers et surtout contre les paysans qui espèrent faire du profit en cultivant à leur propre compte les précieuses plantes. Il le défend littéralement l'épée au poing, car les chroniques vénitiennes sont remplies des méfaits des « spadassins de la ferme des tabacs », sorte de gardes assermentés sans scrupules qui perquisitionnaient et brutalisaient les pauvres cultivateurs avec une telle violence que cela provoqua l'indignation et les protestations des nobles et des gouverneurs vénitiens ainsi que de sévères interventions des inquisiteurs de l'État.

« De sorte que, continue le biographe, Manfrin s'enrichit. » Il possédait deux villas et voyageait en carrosse « d'un luxe romain, à six coursiers, bardés et ferrés d'argent », ce qui lui valut le holà des provéditeurs aux Pompes, car le ferrage d'argent était le privilège exclusif des ambassadeurs de la Sérénissime. Puis il acheta le palais de Cannaregio, le fit décorer par les peintres Giambatista Mingardi et Giuseppe Zais et, avec leur aide, réunit une collection d'art de grande importance. Une partie se trouve aujourd'hui dans les galeries de l'Académie : des œuvres de Rogier Van der Weyden, de

Buonconsiglio, de Moretto, de Pordenone, tandis que le plus précieux (Vivarini, Bellini, Giorgione, Sebastiano del Piombo, le Titien) s'est éparpillé un peu partout au loin, comme la majorité des collections vénitiennes.

Tout au bout de Cannaregio, au-delà de l'élégant pont trilobé, construit lui aussi par Andrea Tirali, l'imposante masse du palais des patriciens Surian domine la petite église inachevée de la Pénitence. Ici, Jean-Jacques Rousseau, secrétaire de l'ambassadeur de France, M. de Montaigu, vécut sa brève expérience vénitienne avec une telle intensité qu'elle lui laissa une inguérissable admiration pour les courtisanes (l'une d'elles lui avait très louablement conseillé de laisser tomber les femmes et d'étudier les mathématiques), et une tout aussi inaltérable aversion pour le gouvernement de la République.

Plus loin, vers le Grand Canal, une archivolte et une inscription indiquent l'entrée du Ghetto : le premier quartier de résidence forcée pour les juifs qui ait porté ce nom.

Le 29 mars 1516, le doge Leonardo Loredan, la Seigneurie, trois sages de Terre Ferme et un sage du Conseil, présentèrent au Sénat un projet de loi visant à autoriser les juifs à s'installer définitivement à Venise sans toutefois se répandre dans la ville « en maisons avec des chrétiens » ni circuler où bon leur semblerait, ceci constituant une « grandissime offense à la Majesté divine ». On jugea donc préférable de leur assigner un lieu pour leur demeure – lequel fut désigné comme « le groupe de maisons qui sont au Geto, près de San Hironimo » –, facile à isoler et à contrôler. C'était l'emplacement d'une fonderie abandonnée dite « jet nouveau » (*geto nuovo*), c'est-à-dire l'endroit où l'on « jetait », où l'on refondait l'artillerie. C'est ainsi que naquit un nom qui, bientôt, allait à jamais évoquer ces horribles zones de ségrégation où des minorités mal acceptées, redoutées, ou franchement exclues allaient se retrouver parquées. Il est curieux que le premier ghetto à s'appeler de cette façon ait été le Ghetto Nuovo (le nouveau ghetto). Pour favoriser l'établissement des juifs levantins, on ajoutera vingt-cinq ans plus tard seulement l'aire qui, aujourd'hui encore, s'appelle Ghetto Vecchio (le vieux ghetto).

Le Ghetto, « Neuf », « Vieux », et « Très Nouveau », ne donne pas sur le Grand Canal. On y trouve des trésors d'art et d'histoire, de riches synagogues construites par les maîtres de l'architecture vénitienne des XVIe et XVIIe siècles (l'une d'elles est de Baldassare Longhena), de précieux objets liturgiques et, surtout, la mémoire d'une communauté qui, bien qu'opprimée et enfermée pendant des siècles, put fleurir mieux qu'aucune autre en Europe grâce à son côtoiement avec la civilisation vénitienne. Tout cela est enfermé dans de vieilles maisons, construites en hauteur pour profiter au maximum d'un terrain très limité, considérant les exigences d'une collectivité en continuelle expansion. En mai 1797, après qu'un acte de la municipalité provisoire les eut affanchis, des juifs auront droit de séjour sur le Grand Canal. Ce seront des antiquaires, des hommes d'affaires, des médecins ; il y avait une antique tradition de grands médecins juifs auxquels, privilège très rarement concédé, il était consenti de sortir la nuit – après démonstration de l'urgence de leur intervention –, et de porter un chapeau noir au lieu du honteux couvre-chef jaune imposé à tous les hommes de leur communauté. Plus tard, les avocats, les armateurs, les hommes politiques, quelques-uns de tout premier rang, purent s'y installer à leur tour. Beaucoup d'entre eux redonneront leur dignité perdue aux palais déchus et abandonnés par leurs anciens propriétaires.

2. *L'importance de la perruque*

Deux maisons de la même famille, celle des Correr, se trouvent pratiquement en face l'une de l'autre de chaque côté du Grand Canal. Famille papale s'il en est : Angelo Correr, après avoir été évêque de Castello, ce qui veut dire de Venise, puis patriarche de Constantinople et cardinal, avait été élu pape le 30 novembre 1406 sous le nom de Grégoire XII. Quelle sombre époque que celle-ci pour l'Église, déchirée par le grand schisme d'Occident. La Sérénissime, encore à l'apogée de sa puissance et de sa force, ne soutenait en rien son propre pape dans ce grand chambardement qui tourmentait l'Italie et la Chrétienté car, dans ces années-là, la République était trop occupée à obtenir la soumission des villes de la Vénétie (Vicenza, Feltre, Bellune, Vérone) et à abattre définitivement la seigneurie des Carrarais à Padoue, tout en cherchant aussi à étendre son protectorat sur Ravenne, à reprendre Zara et tous ses droits souverains sur la Dalmatie.

Au concile de Constance, le pape Grégoire avait vu sa légitimité reconnue devant les deux anti-papes, Alexandre V et Benoît XIII. Puis il avait démissionné, était redevenu simple cardinal jusqu'à sa mort. Et de neveu en neveu, sa descendance avait donné une brève série de papes vénitiens, Eugène IV Condulmer, Paul II Barbo, ainsi qu'une foule de cardinaux. Quelques-uns furent magnifiques – comme ce Giovanni Battista Zeno que l'on peut voir encore aujourd'hui reposer dans son splendide sépulcre de bronze de la basilique de Saint-Marc – d'autres se distinguèrent par leur piété, comme le bienheureux Antonio Correr. Mais le beau palais XVIIIe donnant sur le Canalazzo, juste après la confluence avec le canal de Cannaregio, est connu sous le nom de Ca' dei Cuori (palais des Cœurs, à cause de certains écussons en fer forgé sur les deux portails), et ne porte malheureusement en lui aucun souvenir de ces figures mystiques. On raconte par contre que ce fut en cet endroit, le 7 janvier 1757 *more Veneto* (c'est-à-dire en 1758 puisque les Vénitiens comptaient les années *ab incarnatione Domini*, soit à partir du 25 mars et non du 1er janvier), que mourut le gentilhomme Antonio Correr, fils de feu Pierre, dernier des patriciens à refuser de porter perruque.

La question de la perruque peut sembler aujourd'hui parfaitement ridicule, mais, durant le XVIIIe siècle vénitien, elle avait pris une importance disproportionnée. Un sympathique érudit de l'époque, qui vécut entre ce siècle-là et le suivant et nous a laissé une monumentale *Histoire des lois et des coutumes des Vénitiens*, inédite jusqu'à ce jour, consacre plusieurs pages à ce sujet. Nous apprenons ainsi que, dans la deuxième moitié du siècle, celui qui ne portait pas de perruque était considéré comme une personne peu sérieuse et peu fiable. « Un médecin sans perruque eût été le monstre décrit dans la *Poëtique* d'Horace », écrit Giovanni Rossi, et il rappelle comment son père, qui était fiancé et avait besoin d'un bon emploi, s'était présenté à un important personnage pour obtenir une situation. Ce dernier, après l'avoir toisé, lui fit comprendre qu'il lui serait très difficile d'obtenir pour lui l'emploi souhaité. « Savez-vous vraiment, lui avait-il dit, l'importance de ce poste que vous désirez tant ? Il faut des hommes mûrs et sérieux et non pas de jeunes garçons pour en soutenir la dignité, et ceux-ci ne peuvent être en aucune façon de ceux qui portent leurs propres cheveux en guise de toupet. Sénèque lui-même, dans sa lettre 105, dit que rien de bon ne peut être attendu de semblable jeunesse! » « Que convient-il donc que je fasse? » avait demandé le jeune homme. « Mon cher monsieur! Quoi faire? Mais couper immédiatement cette chevelure et porter la perruque utilisée par les gentilhommes. » « Serait-ce celle que je vous vois, monseigneur? » « Parfaitement, la mienne, avait répondu le gentilhomme, mais souvenez-vous de ne pas la faire si plate, elle doit être pointue, l'écrasement est propre à l'âge sénile, et le jeune doit porter perruque, mais ne pas usurper la forme, privilège des vieux; il faut pour cela arriver à mon âge, il faut travailler, comprenez-vous? » Sans s'occuper des protestations de sa fiancée, le jeune Rossi s'était donc fait couper les cheveux et fait mettre sur la tête une perruque avec le nombre de boucles nécessaires sur les côtés et le toupet en pain de sucre, ainsi que le lui avait conseillé le grand homme. Celui-ci, le voyant accoutré de cette manière, s'exclama : « Très bien, bravo! Quelle mine d'homme de bien! Pietro, portez donc le goûter à ce jeune homme... » Et l'emploi tant espéré fut très rapidement obtenu.

Pourtant, à ses débuts, la perruque n'avait pas eu la vie facile. Elle avait été importée de France en 1665 par le comte Vinciguerra di Collalto; le Conseil des Dix l'avait interdite, sans succès. Cinquante ans après son interdiction, la perruque allait pourtant conquérir le trône ducal grâce à Giovanni Corner II, élu en 1709. Dès lors, tous les doges se mirent à porter perruque jusqu'à Lodovico Manin. Giovanni Rossi nous raconte que les perruques blanches coûtaient bien plus cher que les grises. Il en avait vu sur les têtes d'un vieux Foscari, d'un vieux Donà et d'un très estimé avocat Sartori, mais certaines étaient restées célèbres, telles celles du procurateur de Saint-Marc, Andrea Tron, et du N. H. * Mocenigo « Casa Vecchia », qui étaient faites toutes deux de cheveux parfaitement blancs (on en fabriquait à Venise, mais on les importait surtout de Parme et de Toscane) et avaient bien coûté soixante-dix sequins chacune.

Les femmes aussi en portaient, et l'Art des perruquiers comptait, à la chute de la République, 477 maîtres d'œuvre, 107 ouvriers et

* N. H. : Noble Homme. Voir aussi p. 100.

(selon les dires mêmes du conseiller) « une bonne canaillerie de 203 garçons ».

La simple et modeste maison Correr qui s'élève au-delà du Grand Canal dans le quartier de San Zan Degolà, est liée à des souvenirs bien moins futiles. Ici, le 12 décembre 1750, était né le N. H. Teodoro Correr, fils de Giacomo et d'une dame napolitaine, Anna Maria Pettagno, issue de la famille des princes de Trebisano.

Teodoro Correr avait une passion profonde, le collectionnisme. Après un départ des plus sages et des plus traditionnels – il songe aux ordres à vingt-cinq ans, n'en obtint pas la charge pour manque de moyens et devint podestat et capitaine de Trévise – Teodoro Correr renonce définitivement à la carrière obligatoire de patricien en se faisant abbé. Il s'intègre ainsi dans le monde ecclésiastique, ce qui l'exclut automatiquement du Conseil majeur. Il a bien peu d'argent mais une grande passion ; et, maintenant, il dispose du temps nécessaire pour chercher, pour fouiner, pour retrouver des œuvres et des objets d'art, des souvenirs et des curiosités historiques, des bribes et des documents d'histoire. Une entreprise facilitée par l'effondrement de la société vénitienne après la chute de la République, par la faillite des institutions et des patrimoines, et la débâcle matérielle, que celle-ci entraînait. Au milieu de tant de destructions, de dévastations, de dilapidations, il y avait presque trop de matériel à recueillir. Alors, tandis qu'Emmanuel Cicogna, le patriarche des érudits vénitiens, se spécialise dans les livres, les manuscrits, les documents, Correr, tout en ne refusant pas les manuscrits, continue à chercher les objets. Quand il meurt, le 20 février 1830, un journal local peut écrire : « Amant, depuis sa prime jeunesse, des antiquailles de toutes sortes, il a réussi à mettre sur pied un musée qui excite la curiosité des Vénitiens et des étrangers. Peintures, livres, imprimés ou manuscrits, gravures sur cuivre, bas-reliefs en marbre, en bronze, en ivoire, en bois ; camées, pierres précieuses, sceaux, viroles, armes, objets d'histoire naturelle, de numismatique, etc. Le tout distribué dans plus de vingt pièces. Tout cela semble le fruit de recherches de plusieurs personnes et des plus brillantes, or, en fait, ce sont celles d'un seul homme... »

Bien sûr, les acquisitions de Correr n'avaient pas toutes été pareillement heureuses. Mais le seul fait que, pendant une cinquantaine d'années durant lesquelles les plus beaux musées vénitiens avaient été tristement et honteusement dispersés, un homme ait voulu sauver tout ce qui était possible d'une dispersion dont la portée est aujourd'hui incalculable, ce seul fait est déjà plus que digne d'admiration. Les objets collectionnées par Correr avaient de quoi faire la fortune d'un musée, à commencer par les dix-sept plats de faïence de Casteldurante peints par Nicolò da Urbino aux alentours de 1515, un ensemble célèbre dans le monde entier. Convaincu de l'inopportunité de léguer le résultat d'une vie de sacrifices et de recherches à des héritiers qui ne s'y intéressaient pas et qui, selon toute probabilité, se seraient dépêchés de monnayer le tout, Correr décida de laisser sa maison et ses collections à la municipalité, à condition qu'elle expose ces biens au grand public, payant avec les recettes des autres biens légués à la mairie, les personnes chargées de la conservation de la collection et des achats futurs pour la développer.

Il ne semble pas que Teodoro Correr fut homme du monde, ni qu'il fut particulièrement sympathique. Mais le caractère ombrageux et la mesquinerie que d'aucuns lui reprochaient sont peu, comparés à son talent de collectionneur. Son initiative se révéla, contagieuse après sa mort, tant ont été nombreux les donateurs qui, avec des apports énormes ou modestes, mais toujours avec beaucoup d'amour, ont voulu contribuer à cette œuvre de récupération. C'est l'image d'une civilisation perdue, la civilisation vénitienne, que l'on peut pourtant encore retrouver aujourd'hui grâce aux documents et objets rassemblés par Teodoro Correr.

3. *Le bric-à-brac du « petit monsieur »*

Impossible de ne pas comparer la maison d'un collectionneur tel que Teodoro Correr à celle d'un autre amateur éclairé ayant vécu un siècle et demi plus tard. C'était un homme raffiné et patient qui avait commencé à recueillir des objets rares et précieux avec la monnaie d'argent que son père lui avait offerte pour son dix-huitième anniversaire. Il s'appelait Giuseppe Gatti Casazza et possédait une maisonnette rouge sur le Grand Canal, juste après le débarcadère du ferry, presque en face de la maison Correr. Construite sur quatre étages, elle se termine à son sommet par un mirador au-dessus duquel, à une époque, se dressait, inattendu, un pin parasol...

C'est une maison gothique que le XVIIIe avait adoucie de quelques retouches ici et là : deux œils-de-bœuf, une grille, une petite terrasse au troisième étage. Le XVIIIe était, plus encore qu'une passion, la manie de Beppino Gatti Casazza. Les domestiques en savaient quelque chose ; il racontait lui-même les avoir entendu jurer, pendant qu'ils époussetaient avec mille précautions les précieuses porcelaines et les délicats verres de Murano de leur maître, avec une évidente prononciation romagnole : « Putain de XVIIIe ! »

A soixante-dix ans bien sonnés, ses gens l'appelaient encore « le petit monsieur ». Architecte, il connut le succès. Il avait construit des hôtels, des palais officiels, des pavillons de foire, et équipé des salles d'exposition de grande renommée ; mais dans sa famille d'antique et solide bourgeoisie de Ferrare, il restait toujours le cadet devant son frère aîné, qui lui aussi avait réussi et était devenu directeur du Metropolitan Opera House de New York. En tous les cas, tout ce qu'il gagnait par son activité d'architecte, Beppino Gatti Casazza le dépensait pour son XVIIIe adoré ; cultivé et préparé comme il l'était, ses acquisitions étaient toujours faites à coup sûr.

Il avait ainsi réuni une foule imposante d'objets plus uniques que rares : meubles, bibelots, tableaux, argenterie et tout un tas de précieux bric-à-brac que les musées lui enviaient. Pendules, horloges laquées ou musicales, carillons qui, tous les quarts d'heure, laissaient apparaître une danse de marionnettes d'un pouce de haut ; des familles entières de saucières en forme de canards de toutes les tailles dont la cuillère s'enroulait comme une petite queue ; des cabas de moines que les familles nobles offraient à ceux de leurs enfants, filles ou garçons, qui entraient dans les ordres, cabas en paille tressée, en cuir repoussé ou en argent ciselé ; d'authentiques masques d'Arlequin, de Pantalon et de Polichinelle, des loups de parchemin ciré, comme on en voit dans les tableaux de Guardi, des cannes en verre, en porcelaine, en écaille, avec, en guise de pommeau, des tabatières, des bonbonnières, des boîtes à pilules ou des montres ; des éventails peints et brodés ; des tasses, grandes et petites provenant des manufactures vénitiennes les plus anciennes : Hewelcke, Cozzi, Vezzi (ces dernières rarissimes, car le père du comte Vezzi, pionnier incompris de la porcelaine vénitienne rendu furieux par les pertes subies, avait flanqué par la fenêtre dans le canal toute la production de son fils) ; et une série de masques en porcelaine, rarissimes exemples avant la lettre de Capodimonte et de Venise. Il y avait deux petits tableaux de Magnasco et un Liotard que tous prenaient pour un Manet, tant les accords de tons étaient raffinés ; et aussi un Giandomenico Tiepolo, beau comme un Goya. Des commodes de laque à chinoiseries, et celles en fausse laque, plus rares encore que les authentiques, que l'on falsifiait en collant sur le bois des gravures de Remondini et en vernissant le tout deux ou trois fois ; et des meubles dorés, sculptés par le meilleur des inciseurs vénitiens du XVIIIe, Antonio Corradini. Il y avait aussi une crèche, tout en cire, enfermée dans un écrin laqué qui à lui seul était un chef-d'œuvre.

Et puis il y avait lui, « le petit monsieur » qui faisait vivre le tout en le conservant sans la circonspection qui rend glaciale l'atmosphère de certains musées, car chaque chose, dans la maison, était mise en valeur selon sa fonction et son éclat. Une vie simple et tranquille, souvent interrompue par les visites de spécialistes, illustres, qui venaient, eux aussi, apprendre quelque chose de cet extraordinaire collectionneur. Quand on lui rendait visite, on s'asseyait sur des divans à dossiers bombés recouverts de brocatelle, et l'on contemplait en silence les objets éparpillés dans tous les coins, jusqu'à ce que le « petit monsieur » se levât pour prendre une pièce, une statuette, une petite tasse, une boîte. Alors on en parlait comme d'une personne et il en enrichissait son histoire d'anecdotes, de curiosités, de divagations qui étaient souvent des révélations sur la vie de ce siècle dont il disait qu'il avait été – ce qui est vrai – un grand siècle. Lui-même, au fond, était un peu de ce siècle, il ne lui manquait même pas cette pincée d'excentricité qui rendait cette époque si vivante et plaisante. Il jouissait de l'admiration et de la joie de ceux qui partageaient avec lui l'amour de tous ces trésors, presque comme s'ils avaient été ses propres enfants.

Quand il mourut, au printemps 1948, il sembla que le destin voulût lui rendre le détachement moins douloureux en lui faisant imaginer, dans son ultime délire, un contact avec ses créatures. Il croyait toucher de précieuses étoffes, des damas, des soies, des brocarts, comme celles qu'il avait rangées dans les coffres cloutés d'argent qui avaient contenu les trousseaux des épouses patriciennes de son cher XVIIIe. Il les caressait, les admirait, et voulait en faire don à ceux qui l'assistaient dans son trépas. Une mort harmonieuse et sereine, avec cette envie d'offrir qui avait été la raison profonde de son existence.

Il manque à cette histoire l'heureux dénouement qu'elle aurait mérité. La collection a été dispersée, la maison vendue. Plus rien ne rappelle le collectionneur, dans cette partie du Grand Canal. Sous ses fenêtres, mille fois par jour, l'eau bouillonne, troublée par les hélices des *vaporetti* qui transportent les touristes à la gare et les joueurs au casino municipal voisin.

4. *Les deux visages d'Andrea Memmo*

Si, au lieu de descendre le canal vers le Rialto, nous faisons quelques pas en arrière, nous ne changerons pas de sujet. Le palais Memmo nous ramène en plein XVIIIe ou, mieux, au cœur des contradictions de ce grand siècle dont il ne reste, parmi les idées reçues, que les images les plus frivoles et les plus inconséquentes. En réalité, Venise, à cette époque, n'était déjà plus une grande puissance et vivotait – pour le dire avec les mots de l'avant-dernier doge, Paolo Renier – « par hasard et par accident ». Il existait toutefois encore des têtes pensantes et des idées pas nécessairement limitées aux trois occupations attribuées avec malignité à la classe dirigeante de l'époque : *messeta, basseta, doneta* (cagoterie, jeu de hasard, libertinage irréfréné).

Malgré ses déclarations d'insouciance libertine concernant le dogat – qu'il avait désiré, en réalité, au point de se présenter comme candidat –, une de ces têtes pensantes était précisément Andrea Memmo.

Dans sa jeunesse, Memmo avait été l'ami du représentant le plus typique de la vie frivole et libertine du siècle, non seulement à Venise mais dans toute l'Europe : Giacomo Casanova, lequel avait fini, indirectement à cause de Memmo, sous les Plombs, d'où il s'était échappé par la suite, avec une audace téméraire et une chance incroyable, que lui-même raconte dans son *Histoire de ma fuite des prisons d'État de la République de Venise*, histoire si rocambolesque qu'elle fut injustement considérée comme arrangée.

Andrea Memmo n'était aucunement coupable de l'arrestation de Casanova. Pas plus que ses deux frères, Bernardo et Lorenzo, qui avaient fréquenté autant que lui le brillant et très contesté aventurier, se construisant ainsi la réputation, pour le dire avec les mots d'un espion des inquisiteurs de l'État, de « Picuriens ». C'était la mère des trois Memmo, la pieuse et timide Lucia Pisani, qui avait convaincu le chevalier Antonio Mocenigo (c'est Casanova qui le raconte) à s'arranger pour que le Tribunal suprême des inquisiteurs de l'État le fasse arrêter, tant elle était sûre qu'il corrompait ses fils et les portait à l'athéisme. Accusation risible, selon l'aventurier, car les trois Memmo étaient « pleins d'esprit et plus faits pour séduire que pour être séduits ». Mais c'est un fait que Casanova, entré en franc-maçonnerie à Lyon en 1750, faisait de la propagande maçonnique et avait probablement affilié Bernardo Memmo à la puissante loge secrète que le bon Goldoni s'efforçait en vain de démystifier dans ses *Femmes curieuses*.

Par la suite, Memmo avait partagé avec Casanova les faveurs d'une demoiselle qui, dans la société vénitienne du XVIIIe, allait compter énormément. Fille naturelle d'un gentilhomme anglais et d'une splendide Grecque, Giustiniana Wynne était, elle aussi, très belle, d'une beauté langoureuse et exotique qui, semble-t-il, la rendait extrêmement séduisante. Libre d'esprit et d'un caractère débridé, elle était tombée éperdument amoureuse de Memmo. Et bien que l'on dise qu'elle s'était donnée à lui dans l'espoir de se faire épouser, cela avait été une grande passion dont Casanova avait été complice, tout en profitant par la suite des drames amoureux de Giustiniana pour cueillir lui aussi quelques fleurs de son adolescence fiévreuse et dévergondée. A l'amour, dont il restait à Memmo quelques souvenirs désinvoltes et à Giustiniana quelques braises jamais éteintes (bien que ses nombreuses aventures se soient conclues par un excellent mariage), avait suivi une longue amitié, ponctuée d'effusions épistolaires. Et si celles-ci n'ont pas été publiées, ce n'est certes pas par un reste de pudeur de Giustiniana : d'ailleurs, on trouve encore, inédites, dans plusieurs archives, non seulement ses lettres amicales, mais aussi d'autres, plus passionnées, où la pudeur de la jeune fille laisse la place aux débordements d'une sensualité aussi généreusement impétueuse que celle d'Andrea était cynique et satisfaite.

Memmo restera très porté sur les femmes bien au-delà de l'âge où la galanterie risque de devenir obscène et ridicule : le comte Gorani, qui le trouva ambassadeur de la République à Rome, le décrit tel un vieux Ganymède, avide d'anecdotes grivoises à raconter « sans pudeur, en présence des hauts prélats les plus respectables et des femmes les plus honnêtes ». Mais pour enclin qu'il fût aux aventures galantes, Memmo l'était plus encore à celles de l'esprit. Tout comme Angelo Emo, il avait été le disciple du père Carlo Lodoli, le franciscain génial qui avait éduqué à la liberté intellectuelle et au raisonnement une génération entière de patriciens, les meilleurs de leur époque. Le moine excentrique avait un aspect (ce sont les paroles de Memmo) « peu conforme à paraître galant », le visage marqué de couperose, les cheveux incultes, « la barbe souvent hirsute et de différentes couleurs, et puis ces yeux de feu qui brillaient ». Mais c'était un homme d'une culture universelle, capable de passionner remarquablement ses élèves. Il était en rapport avec les plus grands esprits de son temps : Giambattista Vico, Pietro Giannone, l'économiste Gianmaria Ortes, dont Memmo deviendra plus tard le grand ami. Ainsi, tandis que beaucoup de riches patriciens étaient confiés à des éducateurs plus que modestes et inadaptés aux graves responsabilités d'une classe qui détenait le monopole du pouvoir politique (les patriciens pauvres s'en sortaient beaucoup mieux, élevés aux frais de l'État, à l'Académie des nobles de la Giudecca), Andrea Memmo, lui, était préparé à une carrière active qu'il n'aurait jamais pensé à éviter en se faisant abbé, comme Teodoro Correr.

Le patriciat, au XVIIIe, avait surmonté les divisions qui le déchirèrent durant les trois siècles précédents; celle, notamment, entre « maisons anciennes » et « maisons neuves » qui dégénéra en une conjuration des « neuves » pour exclure les « anciennes » du trône ducal (elles y avaient réussi pendant près de deux siècles et demi et les « anciennes » étaient revenues au dogat précisément avec un Memmo à leur tête); celle entre les « papistes » et les « républicains », qui avait entraîné la lutte des partisans de la laïcité de l'État contre les zélateurs de la cour de Rome. Mais la plus ancienne des divisions survivait toujours et s'était aggravée, celle entre les patriciens riches et les patriciens pauvres. Un peu parce que les charges les plus représentatives coûtaient plus qu'elles ne rapportaient à leurs détenteurs, un peu aussi parce que, la richesse donnant une plus grande indépendance, les nobles riches avaient fini par monopoliser les plus hautes fonctions, en particulier celles qui donnaient accès au Sénat. La famille Memmo da San Marcuola était de ceux-ci.

Andrea Memmo entra donc au Collège comme « sage aux Ordres » en 1759 (Casanova, désormais, était loin, en quête de nouvelles aventures). La bataille parlementaire déclenchée par un grand ami de Giustiniana Wynne, Angelo Querini qui, nourri de pensées voltairiennes, s'était battu contre la redoutable magistrature des inquisiteurs de l'État, avait mobilisé des personnalités de premier rang tels Paolo Renier, Francesco Lorenzo Morosini et, dans le camp adverse, Marco Foscarini.

Bernardo Memmo, étiqueté comme révolutionnaire par les espions des inquisiteurs, y avait participé, mais pas Andrea. Celui-ci avait préféré contribuer à une réforme interne des institutions, en particulier des magistratures chargées de réformer les Arts, ces corporations fossilisées par d'antiques structures limitatives et freinantes qui, après des siècles de richesse et de splendeur, contribuaient à une décadence économique toujours plus grave et inquiétante. En vain, malgré la présence de collaborateurs décidés et brillants. Ses talents durent se tourner vers des entreprises plus particulières. Il devint provéditeur à Padoue, et, mettant en pratique les théories du père Lodoli, transforma un marécage de faubourgs en ce fameux Prato della Valle, centre de foires et jardin public, forum civique et zone commerciale, œuvre admirée par certains, critiquée par d'autres comme trop futuriste et utopique, mais destinée à durer jusqu'à nos jours.

Puis enfin vint la diplomatie, la vraie ; à Constantinople en tant que *bailo*, il fut ambassadeur et gouverneur de la colonie vénitienne, mais surtout, titulaire d'une charge qui lui donna l'occasion de prendre contact directement avec la nouvelle grande puissance à cheval entre l'Asie et l'Europe : la Russie. L'amant de Giustiniana Wynne devance son temps. Il est convaincu que l'Empire ottoman représente le passé – un passé destiné à décliner de plus en plus – et que l'avenir sera, par contre, entre les mains de la Russie, qui, en tant que puissance orthodoxe, est devenue la protectrice des Grecs dont Memmo prévoit, avec quarante ans d'avance, le « général soulèvement ». La Russie aspire à la mer libre, la Méditerranée, et pense obtenir dans l'alliance avec la Sérénissime – pour décrépie et affaiblie qu'elle soit – un soutien à cette aspiration ; la Sérénissime, quant à elle, peut trouver dans la Russie un très puissant appui contre la pression des Habsbourg.

Alors que Memmo écrit à Venise, l'impératrice Catherine est approchée par Joseph II de Habsbourg avec une proposition de partage des territoires de la République ; mais la Grande Catherine aussi est convaincue que Venise pourra lui venir en aide le jour où l'affrontement avec les Turcs sera inévitable. Memmo sera contacté par le ministre de l'impératrice à Constantinople, préludant ainsi à l'amorce de relations diplomatiques régulières entre Venise et Saint-Pétersbourg.

De Constantinople, Memmo retourne à Venise en attendant de repartir comme ambassadeur à Rome ; un autre genre de mission, liée à de modestes négociations pour faire approuver la nomination de tel ou tel évêque, rien de plus. Il rêvait d'ambassades plus actives, Paris ou Saint-Pétersbourg ; mais à Venise, bien que navré de la mort de sa femme, il s'occupe, avec une opiniâtreté qui scandalise ses biographes, de toutes sortes de frivolités, bals et intrigues mondaines, tout en mêlant l'étude et la méditation intellectuelles « aux aventures les plus licencieuses, d'une luxure pathétique et souvent agaçante ».

C'est l'autre face du siècle, la casanovienne. Le vieil ami est revenu à Venise ; il s'est enrôlé dans les rangs des espions des inquisiteurs de l'État pour pouvoir rentrer. Il est en quête d'argent. Sans trop réfléchir, Memmo lui en donne, ne pensant pas qu'en le finançant il lui prépare la seconde catastrophe, son deuxième exil, perpétuel et définitif : avec cet argent, Casanova fait publier un virulent pamphlet intitulé *Ni amours ni femmes*, dans lequel il insulte violemment le patricien Gian Carlo Grimani da Santa Maria Formosa en l'accusant d'être bâtard et, pire encore, d'être son frère, puisque lui-même se vante à son tour d'être un bâtard de la maison Grimani... Trop c'est trop, et tandis que Memmo part prendre possession du palais de Venise à Rome, Casanova quitte pour la dernière fois Venise qu'il ne reverra jamais.

Sa mission romaine terminée, Memmo, comme poussé par sa vocation et ses origines intellectuelles, se hâte de chercher les documents de son cher père Lodoli pour les cataloguer et les publier. Hélas, ces documents, confisqués par les inquisiteurs de l'État à la mort du moine, avaient atterri dans une cellule des Plombs. Et quand un inquisiteur de l'État qui avait été un des admirateurs de Lodoli voulut les reprendre, il découvrit que, devenus totalement illisibles, trempés par la pluie qui filtrait des toits, moisis, ils avaient été jetés. Restaient les écrits architectoniques et Memmo les publia avec une préface qui évoque la belle époque des discussions intellectuelles avec le mathématicien Giovanni Poleni, avec Marco Foscarini – historien de la littérature et futur doge –, avec Francesco Algarotti et d'autres beaux esprits disparus. Elle fait ressortir une érudition profonde et moderne, une intelligence capable de comprendre à fond ce qu'il y avait de vital, de nouveau, de révolutionnaire dans la pensée décousue du « grand moine » qui polémiquait avec Vitruve, démolissait le classicisme et le néo-classicisme en architecture, et revendiquait des matériaux plus adaptés et intégrés dans la nature.

Avec un plaisant euphémisme de grand seigneur, l'homme qui savait si bien comprendre et illustrer ces pensées feint une indifférence totale pour la politique. Selon ses dires, son acceptation de la très haute dignité de procurateur de Saint-Marc aurait été motivée par la commodité de disposer « d'une belle maisonnette sur la place sans payer de loyer » (les procurateurs avaient leur résidence officielle aux Procuratie). Mais, tout en écrivant à l'ami Casanova son mépris pour la « misérable et inepte vie d'un doge vénitien », Memmo pensait à un changement (et cela, il le disait aux amis plus sérieux), à une réforme des fonctions et des pouvoirs du doge, réforme à laquelle il avait subordonné sa propre candidature.

C'est alors que le doge Renier meurt brusquement en plein Carnaval. Sa mort est gardée secrète afin de ne pas renoncer aux énormes revenus de la grande saison touristique en cours. Mais déjà, quelqu'un travaille dans l'ombre contre la candidature de Memmo, on placarde des manifestes illustrés par le dessin d'un tronc d'église surmonté d'une corne ducale et accompagné de la phrase : « Aumône pour le pauvre procurateur Andrea Memmo. » C'est le richissime Alvise Sebastiano Mocenigo qui fait campagne et qui redoute, en même temps que la partie la plus réactionnaire et immobiliste du patriciat, l'arrivée d'un doge trop politique.

Pourtant son propre fils a épousé Lucietta Memmo, fille d'Andrea, mais Mocenigo n'en a cure. C'est donc Manin qui va être élu. Et comme le commente amèrement un autre candidat battu, Pierazzo Gradenigo : « La République est morte. »

Envolée la chimère ducale, Memmo va conclure son existence de la façon la plus noble, la consacrant à la bataille politique pour la récupération d'une partie vitale du « Dominio da Mar » (les territoires d'outre-mer) de la Sérénissime, la Dalmatie, réduite pitoyablement par l'incurie du gouvernement, la pénurie et l'incapacité administratives. Et le voici qui présente au Sénat deux écrits dans lesquels il ajoute à une analyse rigoureuse des erreurs une série de propositions pour aider à la renaissance de cette malheureuse région. Il aura la satisfaction de voir ses propositions approuvées et leur réalisation entamée.

Quelque temps auparavant, Giustiniana Wynne avait écrit un livre à succès sur les Morlaques, les pittoresques, fiers et pauvres habitants de la Dalmatie vénitienne. Nous ne savons pas si Memmo l'a lu mais il est intéressant de voir que les deux héros d'une histoire d'amour aussi intense aient partagé, même à distance, un intérêt commun pour le même peuple. Memmo publiera même un *Catéchisme agraire* destiné à l'éducation professionnelle des paysans pauvres et analphabètes.

Ce sera à Venise, dans son palais ouvrant sur le Grand Canal, là où le vieux gentilhomme affichait le libertinage le plus cynique (en cela encore, fils de son siècle, il avait revêtu de termes et d'expressions scientifiques les manifestations les plus poussées de son obsession pornographique) et s'engageait en même temps à fond dans les campagnes politiques et sociales les plus idéalistes, qu'il mourut en 1793 et fut enterré à San Marcuola, épigone d'un siècle qu'il avait parfaitement interprété à travers sa vie, ses vices et ses vertus.

IV

Le palais de la duchesse de Berry

1. *Un palais pour les Turcs*

Le pont de Rialto, écrit Sanudo en 1493, est fait de telle façon qu'il peut s'ouvrir en son milieu pour laisser passer le Bucentaure quand le doge et la Seigneurie accompagnent un hôte de la République au palais du duc de Ferrare. Superbe paradigme de l'architecture vénitienne des premiers siècles après l'an mille, ce palais, qu'une restauration inspirée a rendu à son antique splendeur (à la façon d'un Viollet-le-Duc qui refaisait ce qui n'était plus, quelquefois mieux que les architectes originels), est connu maintenant sous le nom de Fondaco dei Turchi. Mais les Turcs enturbannés, qui assistent aux miracles peints par Gentile Bellini et Jacopo Tintoretto, n'habitaient pas ici. Ils y sont venus beaucoup plus tard, au début du XVIIe siècle, quand le palais était la propriété d'Antonio Priuli, futur doge. Au tout début de sa construction, commencée probablement autour du XIIIe siècle, il appartenait à une grande famille de nobles marchands, les Pesaro ou da Pesaro, qui commerçait avec l'Orient mais aussi avec l'Occident, l'Angleterre surtout, et que nous rencontrerons bientôt, un peu plus loin sur le Grand Canal. Calquée sur le modèle de la dernière époque impériale romaine, la maison semblait faite exprès pour que les portiques donnant sur l'eau puissent accueillir les grosses galères que Commynes avait vu naviguer sur le Canal ou amarrées aux quais des maisons. C'est là qu'on déchargeait les marchandises d'Orient et d'Occident, les sacs de poivre et de gingembre aux senteurs épicées, les balles de soies chinoises, de toiles de Flandre, de laines d'Angleterre, que l'on déposait dans les immenses entrepôts du rez-de-chaussée, sous l'œil attentif du maître gentilhomme, tandis qu'il attendait que la cloche de Saint-Marc, la « *Trottiera* », sonne pour convoquer le Conseil majeur.

Comme nous le disions plus haut, les Turcs étaient venus s'y installer au début du XVIIe siècle. Cela faisait longtemps que l'on essayait de les rassembler, marchands, hommes d'affaires, trafiquants et intrigants, provenant non seulement de la Turquie mais aussi de toutes les régions d'Asie et d'Europe assujetties au Grand Seigneur qui régnait à Constantinople. Des Turcs, donc, et après la conquête de l'Égypte, également des Égyptiens, des Albanais, des Épirotes, des Macédoniens, des Bosniaques et des Serbes. Tout ce monde vivait, éparpillé, dans les auberges et les tavernes, nombreuses à Rialto, et dont la majorité était très malfamée ; malgré la vigilance sévère des officiers de la Giustizia Nova, les voyageurs y étaient exposés à la filouterie d'hôteliers et d'aubergistes, stimulés dans leur désir de brimades par le préjugé qui s'acharnait sur les sujets d'un souverain régulièrement en guerre contre Venise et qui pillait ses colonies et domaines. On croyait de surcroît que les Turcs avaient un appétit sexuel irrépressible et qu'ils menaçaient de leurs assiduités non seulement les femmes (et c'était une chose fort grave, des peines très sévères punissant les femmes, fussent-elles prostituées de dernier rang, qui auraient couché avec des Turcs ou des juifs) mais aussi les jeunes garçons : le penchant des musulmans pour la pédérastie étant un lieu commun à Venise, une légende qui allait de pair avec celle de l'amoralité de tous les disciples du Prophète.

Malgré tout, après quelques expériences malheureuses, les Turcs finirent par trouver en ville, sous la protection de l'État, de commodes entrepôts pour leurs marchandises, des emplacements valables pour leurs réunions et des logis acceptables pour eux-mêmes et leurs familles dans le palais. Selon la stratégie des *fondaci*, cette base logistique et commerçante était aussi une résidence forcée ; en principe, tous les Turcs, sauf les diplomates, auraient dû y habiter. Et il semblerait que, dans l'ensemble, ils s'y trouvaient à leur aise, malgré les problèmes de l'édifice et son délabrement progressif. Quand les héritiers da Pesaro le récupérèrent et le mirent en vente en 1838, il s'y trouvait encore un Turc, du nom de Saddo Drisdi, qui ne voulait en aucun cas s'en aller et se fâcha tellement, quand il fut obligé de quitter les lieux, qu'il partit définitivement de Venise.

Toutefois les grandes heures du palais (dont, en 1627, la Sérénissime avait fait abattre deux tours, que l'ingénieur Federico Berchet a consciencieusement reconstruites en 1869) remontaient encore à plus tôt. La République l'avait donné au marquis de Ferrare, Nicolò d'Este, en 1381, en signe de gratitude pour le soutien que celui-ci lui avait apporté durant la guerre contre Gênes, guerre pendant laquelle la majorité des princes italiens et européens s'étaient alliés contre Venise. Mais l'idylle entre Venise et le marquis n'avait pas duré longtemps. Vingt-trois ans plus tard, la République se ravisait, reprenait son legs, et commençait d'exploiter cette superbe et vaste demeure comme hôtellerie de luxe pour les invités étrangers et leur suite, d'autant plus nombreuse que le personnage était important. Il avait ainsi hébergé les empereurs d'Orient Emmanuel II et Jean VIII Paléologue puis, deux fois, l'empereur du Saint Empire romain germanique, Frederic III de Habsbourg ; il accueillit aussi le roi de Dacie, singulier personnage tenant plus du moine que du souverain et qui avait demandé une galée à la République de Venise pour accomplir le pèlerinage en Terre sainte ; et l'infant Dom Pedro du Portugal, joyeux bon vivant, qui avait pris bien du plaisir à la magnifique fête offerte par le doge avec plus de trois cents dames vêtues de drap d'or, de soie et de velours, et qui, tous les jours, se promenait en ville, accompagné par des trompettes et des fifres afin de faire sortir les dames aux balcons. Et tant d'autres, parmi lesquels René d'Anjou, « le roi René », pathétique prétendant sans espoir au règne de Naples que sa famille avait perdu depuis plus d'un siècle.

Puis le palais avait été restitué aux ducs d'Este, mais la Sérénissime avait continué à l'utiliser. On avait vu s'y succéder sans relâche personnalités et festoiements : la reine de Hongrie, la reine de Pologne, la reine du Danemark et le duc de Saxonie, le comte de Pitigliano, Nicolò Orsini, avec une suite de cent cinquante personnes, et Jean Corvin, fils du roi Mathias de Hongrie, lui-même flanqué d'au moins cent personnes... En vingt-cinq ans, jusqu'en 1509 (quand la République avait une nouvelle fois repris le palais, offensée par l'adhésion des Este à la énième ligue antivénitienne, celle de Cambrai), plus d'une vingtaine de princes, rois, reines, ambassades et ambassadeurs y avaient été reçus, et le rythme n'avait pas ralenti, même quand la République avait offert la maison au pape qui l'avait rendue aux ducs de Ferrare en 1527. Ceux-ci la gardèrent jusqu'en 1602, en en faisant la base de leurs fréquentes visites à Venise sous prétexte d'importantes affaires d'État mais, en réalité, pour se divertir : même pour une cour élégante et raffinée comme celle de Ferrare, et plus tard, de Modène, Venise restait la métropole des divertissements outre celle de la politique et des affaires.

2. *De réjouissances en réjouissances*

La ville entière, nobles et populace, participait en masse à l'accueil que la République offrait à chacun de ses visiteurs depuis les cérémonies d'arrivée jusqu'à celles du départ. Des centaines de gondoles escortaient le Bucentaure chaque fois qu'il se déplaçait, ainsi que les *piati* ducaux, sorte de grosses embarcations ornées semblables aux *bissone* qui, aujourd'hui, ouvrent le cortège de la régate historique (la gondole était jusqu'à récemment encore le véhicule qui accompagnait tous les grands de ce monde à leur arrivée; devançant l'époque, Mussolini fut la seule exception et la refusa toujours, lui préférant un bateau à moteur).

Bien évidemment, les hôtes de la Sérénissime n'arrivaient pas à la gare. Ercole d'Este, marquis de Ferrare, fut reçu, dans l'après-midi du 17 mars 1499, à la Motta di Sant'Antonio, où se trouvent aujourd'hui les jardins de Castello. Le doge Agostino Barbarigo, à la longue barbe blanche, était entouré des ambassadeurs du roi de Naples, du duc de Milan, du marquis de Monferrato, du seigneur de Rimini et de plusieurs patriciens, mais personne n'avait revêtu le drap d'or et tous portaient l'écarlate. La visite du marquis était en réalité peu appréciée par la ville bien que le doge accompagnât son hôte jusque dans ses appartements, avec beaucoup d'égards. Mais quand, un peu plus tard, ce dernier parcourut le Grand Canal, la foule des bacs, des embarcations et des ruelles le sifflèrent en criant : « Filou, filou! »

Les choses allèrent beaucoup mieux, le 31 juillet 1502, pour la reine de Hongrie, accueillie par le doge Leonardo Loredan accompagné de la Seigneurie et du Collège au grand complet, de sa belle-fille, vêtue d'or et flanquée de cinquante-trois dames ornées de « magnifiques et riches joyaux » qui, toutes, montèrent sur le Bucentaure où fut servi un rafraîchissement pour cent cinquante personnes dans des plats d'argent ancien. Puis, les « Compagnons » de la Chausse de la compagnie des Élus, habillés d'écarlate, dansèrent avec les dames et, ainsi, au son de la musique, le Bucentaure arriva à la maison du marquis de Ferrare, préparée en « grande pompe ».

Arrivée à Venise, la jeune reine, « femme très digne et pleine de vertus » mais de dix-sept ans à peine, « belle, menue et douce de voix », s'amusait beaucoup et n'avait aucune envie de repartir. Après la régate, elle voulut voir une joute nautique sur le Grand Canal et fut tout de suite satisfaite; puis les Élus organisèrent un grand bal au palais des Doges, avec cent dix invités et une collation qui coûta plus de trois cents ducats; la reine dansa avec Galeazzo Visconti. Quand enfin, le 19 août, elle s'embarqua sur la galée qui devait l'emmener à Signa, sur la côte croate, la Seigneurie respira.

La reine avait une suite de six cents bouches françaises, hongroises, milanaises, toutes nourries aux frais de la République, plus les fêtes, les concerts, les cadeaux : quatre mille cinq cents ducats rien que pour les premiers huit jours. Mais les bonnes relations avec la Hongrie étaient d'importance vitale, et la reine, partie de sa France natale le cœur lourd (elle s'en allait épouser un illustre inconnu, laissant derrière elle un amour, chaste mais passionnel, pour le comte de Dunois), quittait Venise de très bonne humeur. Elle déclara au doge ne s'être vraiment rendu compte de son statut de reine que lors de son arrivée sur la lagune.

Pour elle on avait mobilisé les Compagnons Élus; pour Francesco Sforza, duc de Milan, en 1529, ce furent les Royaux. Sur le Grand Canal, les fêtes, les régates, les tournois et les naumachies étaient presque toujours organisés par ces compagnies que l'on appelait « de la Chausse » car, à l'origine, elles se distinguaient précisément l'une de l'autre par les couleurs de leurs chausses qui, à l'époque, étaient une partie essentielle de l'habillement masculin. C'étaient des associations de jeunes, en particulier de patriciens, dont la raison d'être était précisément l'organisation de fêtes, bals, banquets, mais aussi de spectacles et de représentations théâtrales ; en faire partie était très prisé et beaucoup de princes et de seigneurs étrangers en avaient accepté ou même sollicité l'admission. Elles se choisissaient toutes des noms fantaisistes, soit moqueurs, soit solennels : il y avait, outre les Éternels et les Royaux, les Puissants, les Modestes, les Perpétuels, les Immortels, et aussi les Maraîchers, les Jardiniers, les Bouffons et les Débraillés, les Solennels, les Fidèles, les Beaux et les Généreux, les Heureux et les Courtois, les Allumés et les Sempiternels... A une certaine époque, le gouvernement de la République, judicieux comme toujours, avait trouvé très commode de confier l'organisation de ses festivités et réjouissances directement à ces clubs de gentilshommes qui payaient chèrement leur inscription et s'engageaient à offrir, quand ils prenaient femme, deux beaux soupers à leurs Compagnons, lesquels, à en juger par le ton des spectacles qu'ils organisaient « pour le plaisir * », avaient bon goût et souvent même bonne culture. Ainsi, en 1524, le 3 juillet, la séance dominicale du Conseil majeur est interrompue pour permettre aux patriciens de participer ou d'assister aux réjouissances organisées sur le Grand Canal par les « jeunes Compagnons » de la compagnie des Valeureux en l'honneur du duc d'Urbino, commandant suprême de l'armée vénitienne. Sur de gros bateaux unis et décorés de tentes de galée, de drapeaux et d'élégantes tapisseries, les dames, « bien vêtues et ornées » de chaînes d'or et de bijoux, et les Compagnons en pourpoint prennent place pour aller chercher le duc qui les attend en compagnie de l'ambassadeur de Milan, du procurateur de Pesaro et de messire Domenico Zorzi. Quand tous sont à bord, on ouvre les danses qui s'interrompent brièvement au moment où les deux bateaux doivent se séparer pour passer le pont de Rialto, puis le cortège arrive à la hauteur de Ca' Foscari où les invités assistent à la finale d'une régate de gondoles à quatre rames. De là, les *burchioni* continuent leur chemin, au son de la musique, jusqu'à la Dogana, où a été préparée sur des barques plates la table du souper, suivi de nouvelles danses jusqu'au petit matin. Il y avait alentour, raconte le chroniqueur, « des embarcations en nombre infini », de sorte que « les maisons sur le Grand Canal furent en fête tout le jour ». La

* En français dans le texte. *(N.d.T.)*

journée suivante fut grandiose : deux ponts provisoires chevauchèrent le Grand Canal à Ca' Foscari et au Corpus Domini où eut lieu une pantomime ; un rafraîchissement fut servi à cinq cents personnes dans de la vaisselle d'argent et il y eut une régate de dames. Au total, les Compagnons qui étaient vingt plus deux néophytes, Vincenzo Pasqualigo et Antonio Grimani, déboursèrent plus de mille ducats.

3. *Wagner et les terribles habitants du palais « Non Nobis »*

« Stelio crut reconnaître la silhouette de Daniele Glàuro près de la porte de sa maison de la *calle* Sanudo.

« " Ah, Stelio, je t'attendais ! lui cria, dans le tourbillon des sons, la voix essoufflée. Richard Wagner est mort ! " Le monde sembla diminuer de valeur. »

Il s'agit d'un extrait de *Il Fuoco* (Le Feu), de Gabriele D'Annunzio. De lui aussi la plaque commémorative sur le muret qui longe la masse imposante du palais Vendramin Calergi. Elle fait partie intégrante de l'histoire d'un mythe et d'un palais où, le 13 février 1883, assisté par sa femme Cosima Liszt et par son gondolier Luigi (Gigio) Trevisan, dit Ganassete, le maître mourut d'une crise cardiaque. Il paraîtrait que Wagner avait dit et redit souvent qu'il souhaitait mourir à Venise. Il est vrai qu'il se sentait bien dans cette ville qu'il avait aimée dès sa première visite quand, assis au café sur la Piazzetta, il lui semblait assister, en regardant la vie vénitienne se dérouler sous ses yeux, à une extraordinaire représentation théâtrale. Et malgré quelques plaintes à cause du froid, il se sentait bien aussi dans l'entresol du palais Vendramin Calergi qu'il avait loué. C'était l'appartement qu'avaient habité les derniers descendants de la famille Vendramin, après avoir vendu le palais ; et Wagner l'avait décoré à sa façon, avec une surabondance de velours cramoisis et de tentures, un style kitsch, fait d'intérieurs surchargés et de divans capitonnés, qui correspondait parfaitement à la mode de ce dernier quart de siècle.

Lui aussi, comme c'était l'usage pour qui s'installait à Venise à l'époque, avait acheté une gondole et pris un gondolier à son service : le fidèle « Ganassete » qui le servait à table, l'aidait à s'habiller et l'emmenait chaque jour, après un arrêt, au quai de la Piazzetta, jusqu'à l'Accademia où il contemplait le *Notre-Dame de l'Assomption* du Titien. On raconte que, de temps à autre, le gondolier déridait son maître en chantant « à la barcarole » une octave du Tass, selon la coutume du XVIe siècle, une mélodie monotone que Wagner aimait particulièrement. Après avoir débarqué, le maître se dirigeait à pas tranquilles vers le café où il aimait s'asseoir en plein air, si le temps le permettait. Et quand la fanfare municipale, institution chère aux Vénitiens, jouait (généralement le dimanche après-midi, ainsi que le soir après dîner), il écoutait volontiers quelques airs de sa musique adaptée par l'orchestre, composé aussi de beaucoup d'instruments qui n'étaient pas particuliers aux fanfares. Ayant reconnu dans la foule qui se massait autour des tables du « Lavena », du « Quadri » ou du « Florian », le célèbre visage parcheminé du compositeur (quelques décennies plus tard, le poète Benno Geiger, qui l'avait vu dans son enfance, disait que cette figure, jaunie par l'âge et marquée d'une quantité infinie de ridules, lui faisait penser aux châtaignes sèches, les *stracaganasse* que la marmaille vénitienne adorait), il arrivait que le chef d'orchestre descendît de son estrade et priât le maître de daigner diriger lui-même. Et le grand homme se levait, acclamé par le public qui le reconnaissait à son couvre-chef caractéristique, un grand béret basque de velours. Il montait sur le podium, prenait la baguette et dirigeait « L'entrée des Dieux dans le Walhalla », l'ouverture du *Tannhäuser* ou bien quelque autre morceau, écouté dans un silence religieux par la foule qui se serrait sur la place.

Toujours dans *Il Fuoco*, D'Annunzio décrit le transport de la dépouille de Wagner depuis le quai du palais jusqu'à la gare, à bord de l'embarcation funéraire surchargée de couronnes, dans un lourd silence interrompu seulement par le clapotis de l'eau sous les proues. Une atmosphère de recueillement ému, comme celui que vivra Milan, une vingtaine d'années plus tard, quand le corps de Giuseppe Verdi parcourra la rue Manzoni, sur la charrette des pauvres, se dirigeant vers l'apothéose de la Scala. L'une et l'autre de ces cérémonies furent possibles grâce à l'absence d'une circulation motorisée, avilissante et offensante, autant pour les vieux immeubles milanais tant aimés de Stendhal, que pour ceux qui longent la première partie du Grand Canal : là où la voie d'eau est encore loin de sa phase triomphale et où semblent se concentrer les souvenirs les plus tristes parmi ceux de l'histoire millénaire de l'ancien fleuve transformé en canal.

Avec le palais où vécut et mourut Wagner, la monumentalité la plus solennelle et la majesté la plus altière déferlent sur le Grand Canal. L'inscription répétée deux fois sur la base de l'édifice, « Non nobis, Domine, non nobis », n'est pas comme certains ont voulu le faire croire, un acte de contrition, au contraire : la phrase du psaume qui est ici répétée était la devise du plus puissant et orgueilleux des ordres militaires et religieux nés des croisades, celui des Templiers, et seul son orgueil démesuré l'avait fait choisir à son fondateur.

« Ne nous glorifie pas nous, ô Seigneur, mais glorifie Ton nom... » comme pour sous-entendre quelques prouesses sublimes. Certes, Andrea Loredan était connu pour être un homme orgueilleux, dédaigneux et « de mauvaise tête », comme dit le généalogiste Capellari Vivaro. Et certains de ses parents proches l'avaient été aussi, personnes sévères et de grande âme aux temps de la puissance maximale de la Sérénissime. Andrea, fils de messire Nicolò du quartier de Santa Maria Formosa, appartenait à la même maison que Pietro Loredan, guerrier et marin de toute première qualité. Au conclave ducal de 1423, les électeurs lui avaient préféré Francesco Foscari et l'orgueilleux amiral ne s'en était jamais remis. Aussi, à sa mort, Pietro Loredan se fit ensevelir dans l'église de Sant' Elena, pieds nus, un caillou en guise de repose-tête ; sa sépulture et celle de son fils Jacopo, personnage non moins austère et hautain, montraient deux guerriers couverts d'acier, couchés l'un à côté de l'autre, sévères et hostiles dans le marbre comme ils l'avaient été en chair et en os. Andrea Loredan connut un sort bien pire. Parti provéditeur contre les Espagnols et les Impériaux en 1513, il périt au cours d'une escarmouche vers Creazzo, près de Vicenza. Deux soldats, l'ayant trouvé mort et et se disputant son cadavre, l'avaient décapité.

Malgré son mauvais caractère, Andrea Loredan était grand connaisseur d'art et, en tant que tel, avait protégé Mauro Codussi, l'architecte bergamasque, précurseur des nouvelles harmonies de la Renaissance, qui avait construit pour lui la chapelle de San Michele in Isola où il serait plus tard enterré. Il chargea donc Codussi de construire ce qui devait être pour longtemps le plus grand palais et l'édifice le plus élevé du Grand Canal.

Nous ne sommes pas certains de la date de début de la construction; en 1500, quand Jacopo de' Barbari grave le superbe plan en perspective de Venise, qui nous permet de reconnaître d'autres œuvres de Mauro Codussi, le palais n'y est pas encore. Pourtant, il semble qu'il ait été habité déjà neuf ans plus tard. Andrea Loredan, mourant sans héritiers, en avait fait un fidéicommis pour ses neveux Antonio, Alvise et Domenico, et ceux-ci, après l'avoir loué à plusieurs personnes, finirent par le vendre pour cinquante mille ducats au duc de Brunswick, lequel le revendit pour quatre-vingt-quinze mille au marquis de Mantova, Guglielmo III Gonzaga. Mais ce dernier ne payant pas, un procès avait suivi et Catherine de Brunswick finit par vendre le palais aux enchères. Un gentilhomme de Candie, Vettor Calergi, l'acheta ainsi pour trente-six mille ducats seulement.

Calergi, Calerghi, Kallerghis : « une des douze grandes familles d'archontes crétois », nous dit le prince Michel Demetre, dans son *Dictionnaire historique et généalogique des grandes familles de Grèce, d'Albanie et de Constantinople.* Famille terrible, ajouterons-nous : la majeure partie des agitations continuelles qui avaient bouleversé la grande île de Crète, vénitienne depuis 1205, provenait d'eux, de leur orgueil blessé (encore l'orgueil!), car la République ne les avait pas admis au Conseil majeur de Candie (l'assemblée qui reproduisait en plus petit celle de la mère patrie et réservée aux patriciens vénitiens transplantés dans l'île pour la coloniser), mais seulement au Conseil des féodaux, une assemblée moins importante qui réunissait les feudataires de l'île. La révolte qu'ils avaient déclenchée avait duré dix-sept ans, puis Venise avait cédé et admis les Calergi au patriciat. Mais ceux-ci avaient suscité de nouvelles rébellions, en 1341 et en 1363 quand, à la suite de la pression fiscale et de l'exploitation excessive de l'île de la part des Vénitiens, de nombreux feudataires crétois d'origine vénitienne avaient été impliqués. Et les seigneurs féodaux rebelles avaient projeté de remplacer la domination vénitienne par la seigneurie d'un Calergi.

La rébellion fut écrasée par une expédition militaire. Francesco Pétrarque, le poète, qui se trouvait alors à Venise, avait pu voir des fenêtres de sa maison, située sur le quai des Schiavoni, la galère de Pietro Soranzo entrant au port, les rameurs couronnés de lauriers en signe de victoire. Mais très vite, il y eut un autre soulèvement et la répression fut terrible. Plusieurs Calergi furent décapités, d'autres emprisonnés à Venise. Vettor Calergi, l'acquéreur du palais, descendait d'un Giorgio qui avait été réintégré dans la noblesse pour des services rendus à l'époque de la guerre contre Gênes. Mais son père, Matteo, bien qu'il eût épousé une Donà en premières noces et une Emo en secondes, était considéré à tel point peu fiable que le provéditeur général vénitien à Crète, Marin Cavalli, l'avait fait assassiner.

La fougueuse famille d'archontes crétois ne devait pas rester longtemps sur les bords du Grand Canal. De son mariage avec Isabetta Gritti, Vettor Calergi n'eut qu'une fille, Marina, et celle-ci, en épousant le patricien Vincenzo Grimani da Santa Maria Formosa, apportait en dot à la famille Grimani « le palais Non Nobis Domine » où elle habitait, et tous les biens de Crète et de Vénétie. Selon le testament, rédigé le 6 novembre 1634, le patrimoine était constitué en majorat, avec obligation, pour qui entrait en sa possession, de rajouter à son propre nom de famille et à ses armoiries ceux des Calergi.

Mais si Vincenzo avait remplacé les traditions belliqueuses de la maison Calergi par le faste de la maison Grimani en faisant construire par Vincenzo Scamozzi une nouvelle aile du palais près du jardin qui donnait sur le Grand Canal, l'esprit rebelle et la férocité des Calergi n'étaient pas morts avec Marina. Et l'on allait s'en apercevoir très vite.

Marina Calergi avait eu quatre fils de Vincenzo Grimani : Vettor, Antonio, Giovanni et Piero. La primogéniture était passée d'abord à Antonio, qui mourut jeune, puis à Giovanni, lequel, en 1648, épousa une Loredan, Maria, d'une proche lignée du fondateur du palais. L'aîné, Vettor, s'étant fait prêtre, était automatiquement exclu du fidéicommis, mais il avait peu de regrets, car il avait réussi à accaparer les rentes de trois riches abbayes, celles de Moggio et de Rosazzo dans le Frioul, et celle de San Zeno à Vérone.

L'année précédant le mariage de Giovanni Grimani Calergi avec Maria Loredan, l'abbé Vettor avait été condamné au bannissement à perpétuité pour avoir fait tirer à l'arquebuse sur un fonctionnaire de police qui avait séquestré des marchandises de contrebande qui lui étaient destinées. Il ne l'avait pas trop mal pris ; la guerre contre les Turcs, lancés à la conquête de la Crète, faisait rage, et l'offre d'entretenir à ses frais, pour un mois, deux cents soldats était plus que suffisante pour obtenir l'annulation de la sentence. De toute manière, écrivait l'abbé dans une de ses poésioles, il y avait dans ce Conseil des Dix qui l'avait condamné, autant de jeunes que de vieux à qui il avait rendu la monnaie de leurs pièces « en les faisant cocus ». La condition ecclésiastique n'empêchait certes pas les aventures galantes. Un certain abbé Corner, fils de doge, s'était ainsi sorti à bon marché d'une affaire de rapt de jeune fille (quelques années plus tard, il allait même devenir évêque de Padoue). Vettor Grimani Calergi n'était donc pas le seul prêtre qui fréquentât assidûment les théâtres à la recherche d'amours faciles. Et c'est précisément dans un théâtre qu'il découvrit une certaine Anna Maria Santelli, surnommée la Campaspe, qui sut le séduire.

Les comédiens de l'Art, hommes et femmes, n'étaient pas vraiment des modèles de moralité ; mais le passé de la Campaspe était hors du commun, même pour cette catégorie aventureuse d'acteurs ambulants. Elle avait été courtisane à Rome et à Florence (à Rome, elle avait même été fouettée en place publique) et, à Venise, en plus de la comédie, elle continuait à exercer le plus vieux métier du monde. Mais l'orgueilleux abbé, qui dépensait pour elle à pleines mains, n'admettait aucune infidélité, et la pauvre Campaspe, pour son malheur, s'en aperçut un soir de mai, alors qu'elle prenait le frais, en compagnie d'un admirateur, au balcon d'une maison du Grand Canal près du palais Balbi. D'une gondole qui était passée plusieurs fois sous le balcon, un des sicaires de Vettor tira un coup d'arquebuse qui ne la tua pas mais lui balafra le visage.

Un incident aussi grave, en plein Grand Canal, ne pouvait pas rester impuni. Les Dix se manifestèrent, « proclamèrent » l'abbé et le condamnèrent à cinq ans de cachot noir. C'est à ce moment que l'insoumission et l'audace des Calergi se révèlent dans toute leur splendeur : Giovanni et Piero Grimani, en compagnie d'autres brutes, se mirent à l'affût en gondoles, avec plusieurs sicaires, sous le pont de la Paille. Dès que l'abbé, qui est au courant de tout, commença à hurler et à résister à son geôlier qui voulait l'enfermer dans un cachot, les hommes de main prirent la prison d'assaut, forcèrent les portes, tuant le capitaine de la garde des Dix et s'enfuyant en gondole de toute la force de leurs rames.

Et les Dix? Pendant ces années qui, à Venise comme ailleurs, sont marquées par toutes sortes de violences, de vexations, d'illégalités, leur voix, tant redoutée au siècle précédent, est hésitante et affaiblie. En outre, la maison Grimani est puissante, bien apparentée, et sait se faire entendre tandis que le Conseil des Dix étant électif de par la loi, sa composition change chaque année. L'abbé est à nouveau banni, mais il s'en moque éperdument. Un an après son évasion, il est de retour à Venise avec ses spadassins et met tout un quartier à feu et à sang pour enlever une pauvre fille, Elena Bassanello, qui s'obstine à se refuser à lui. Après avoir assiégé en vain la maison de la malheureuse, il doit tout de même battre en retraite. Mais il continue d'écrire des vers dans lesquels il se moque des Dix : « Toujours après la pluie / le ciel reluit : et après grand vent, enfin la mer se défend. / Ces nuages passeront : et tels, vos lois feront... » Il continue de s'occuper de contrebande. Et, très vite, comme il l'avait prévu (« Je ne donne pas un an de plus / par miséricorde ou par disgrâce / je rentre dans les grâces »), il obtient la révocation du bannissement en échange de l'entretien de quatre-vingts soldats pendant un mois.

Mais la tragédie plane sur cette vie violente. Les frères Grimani Calergi partagent avec les Grimani de la branche de Santa Maria Formosa la propriété du théâtre de San Giovanni Grisostomo, et ils s'occupent avec passion de l'organisation des spectacles. Pour une affaire de loge, une féroce inimitié éclate entre eux et une autre riche et puissante famille, les Querini Stampalia, ainsi surnommés pour avoir, pendant trois siècles et demi, possédé l'île de Stampalia dans le Dodécanèse. Les deux frères Querini, Polo et Francesco, sont eux aussi des despotes capricieux qui rançonnent et terrorisent les habitants de leurs campagnes, surtout Francesco, qui prétend exercer sur les jeunes filles de ses terres une sorte de *jus primae noctis*. Mais peut-être sont-ils un peu moins mauvais que les Grimani Calergi. Polo, l'aîné, s'est fait élire procurateur de Saint-Marc en offrant à l'État vingt mille ducats pour les besoins de la guerre; Francesco, qui n'a pas froid aux yeux, a commandé une galère pendant la guerre de Candie, aux ordres du provéditeur général Leonardo Foscolo.

Le Conseil des Dix connaît la rivalité des deux familles, s'en inquiète et en arrive à leur intimer à tous, Grimani et Querini, les arrêts forcés à domicile (le seul à le violer est bien entendu l'abbé, qui refuse de manquer la première d'un opéra de Francesco Cavalli, *Statira, princesse de Perse*). La tension continuant à augmenter, les Grimani sont confinés à Corfou et les Querini à Zara. Mais l'exil dure peu. Le 15 janvier 1659, les trois frères Grimani sont au théâtre des Santi Giovanni e Paolo pour la générale d'un autre opéra, *La Constance de Rosmunde*, d'Aurelio Aureli, musique de G.B. Rovettino. Alors que Giovanni et Piero, en pleine nuit, rentrent en gondole, une salve d'arquebuse touche et troue l'embarcation.

L'abbé, qui était resté au théâtre, pour converser avec les chanteurs, entend les coups de feu. Ses hommes fouillent le quartier comme des chiens de chasse... Ils trouvent Francesco Querini, abandonné par ses complices, et resté seul dans les parages du théâtre pour chercher un pistolet qui est tombé de sa poche. Les *bravi* de l'abbé le saisissent. Entre-temps Vettor Grimani est arrivé à la maison et a trouvé ses deux frères en grande frayeur. Quelques instants plus tard, Francesco Querini, pâle et bouleversé, arrive, traîné par les sicaires.

On ne saura jamais ce qui s'est vraiment passé. Selon les frères Grimani, Querini a été tué par leurs hommes de main, ivres de rage; d'autres déclarent que Giovanni Grimani, en proie à une extrême agitation, a tiré sur le malheureux, déchaînant ainsi la fureur des *bravi*. Une autre version, probablement inventée, voudrait que l'abbé l'ait fait déchiqueter par un tigre qu'il gardait dans le jardin : l'agent diplomatique des Médicis écrit à Florence que le cadavre fut jeté à la mer pour éviter que l'on voie les horribles blessures du corps; l'agent du duc de Parme déclara qu'il avait été lancé dans le très profond canal Orfano; celui du duc de Modène rapporta que la dépouille avait été brûlée. Les Grimani s'enfuient, la ville se scinde en deux factions, beaucoup justifiant le méfait en tant que rétorsion pour l'attentat perpétré par les Querini. Les ducs de Modène et de Parme interviennent en leur faveur, ainsi que le prince-évêque de Trente, mais cela ne fait qu'irriter encore plus les Dix, qui les condamnent au bannissement perpétuel et à la perte de leurs titres nobiliaires, sans possibilité d'appel ni de révision; s'ils enfreignent la sentence, ils seront mis à mort; qui les tuera ou les capturera recevra une grosse rançon. Le palais sera loué au bénéfice du Conseil des Dix, l'aile construite par Scamozzi devra être abattue et une colonne infâme sera érigée, portant l'inscription suivante : « L'abbé Vettor, Zuanne [Giovanni en vénitien] et Piero, frères Grimani, furent bannis pour avoir, contre la liberté publique, conduit dans leur maison et avec de très nombreux coups d'arquebuses, barbarement assassiné messire Francesco Querini de feu Zan Francesco. » A la fin janvier 1659, une centaine d'ouvriers de l'Arsenal sont déjà au travail pour la démolition.

Alors commence une véritable campagne pour la réhabilitation des trois malfaiteurs. D'abord sans succès : la supplique par laquelle ils offrent d'entretenir mille soldats pendant un mois est refusée (tous les chevaliers et ceux de nobles conditions compatissent, écrit un contemporain). Mais peu après, elle est acceptée : réintégrés dans leurs titres, les trois hommes reviennent à Venise, et c'est un retour triomphal. Un poème circule dans la ville sous le titre : « Applaudissements de la ville de Venise pour la glorieuse libération des illustrissimes frères Vettor, Pietro et Giovanni Grimani Calergi. » Andrea da Mosto, l'historien des doges à qui nous devons la minutieuse reconstitution de cette affaire, note que les trois frères étaient brillants et généreux, à la différence d'autres qui non seulement étaient tyranniques, mais pingres de surcroît.

L'histoire ne finit pas là. Quatre ans après l'assassinat de Francesco Querini, Maria Loredan, femme de Giovanni Grimani, se rend chaque jour à l'église franciscaine de San Giobbe, au fond du canal de Cannaregio, vers la lagune. Nous sommes en plein carême et à San Giobbe, comme dans toutes les autres églises de la ville, a lieu le traditionnel cycle des prédications. Maria est accompagnée de deux servantes; les gondoliers attendent, amarrés. Le carême terminé, la pieuse femme continue de retourner à cette église où est enterré le doge Cristoforo Moro, grand ami de saint Bernardin de Sienne.

Les fêtes de Pâques sont passées depuis peu, quand un moine se présente au palais Grimani Calergi et demande à parler à messire Giovanni, en tête à tête. Quand le moine s'en va, certains remarquent que le visage de Giovanni est altéré, comme anéanti.

Le dimanche de Quasimodo, dans l'après-midi, Maria Loredan

est à San Giobbe, agenouillée devant le maître-autel. Les deux servantes sont assises sur un banc derrière elle. Quelques instants plus tard, un très jeune gentilhomme, de bel aspect, entre dans l'église et s'assied non loin de Maria.

Lentement, l'église se vide; dans l'obscurité qui s'étend, Maria se lève et entre dans une des chapelles latérales. Peu après, le jeune patricien la suit. Il ne se passe que quelques minutes, et voilà qu'une des servantes, très agitée, se lève d'un bond, et entre à son tour dans la chapelle. Le jeune homme en sort immédiatement et s'échappe de l'église par une porte latérale. Giovanni Grimani Calergi pénètre par la porte principale, accompagné du moine.

La triste histoire arrive aux oreilles des Dix. Le jeune homme est messire Polo Nani, de la puissante et riche branche de San Trovaso. Les Dix le déclarent coupable « de venir dans l'église de San Giobbe, d'y rester de longues heures et là, de perpétrer, avec qui l'attendait, d'abominables et sacrilèges actes de luxure effrénée ». Comme il ne se présente pas pour se disculper, ils le condamnent au bannissement capital et ordonnent la confiscation de ses biens. Mais la maison Grimani se fait justice seule. Après vingt jours de douleurs atroces, « déchirée par une fièvre continue et une inflammation interne », Maria Loredan meurt à vingt-neuf ans. Il semble que ce fut l'abbé Vettor qui contribua à la faire mourir ainsi, dans les spasmes d'un poison lent, administré goutte à goutte. En peu de temps, tous les acteurs de ce drame sortent de scène, même le moine dénonciateur, les deux servantes et les deux gondoliers. La vengeance s'est accomplie jusqu'au bout, sans aucune pitié. Mais Giovanni Grimani ne survivra pas longtemps; il décèdera moins d'un an plus tard, sans s'être jamais remis de sa sombre prostration. Encore un an et c'est le tour de l'abbé Vettor : il meurt, raconte Andrea da Mosto, d'un « mauvais marasme », sans fièvre ni autres symptômes qu'une sorte de consomption progressive. Seul Piero survit et deviendra lieutenant du Frioul et gouverneur de cette belle possession vénitienne. Et Polo Nani? Il obtiendra la révision du procès et sera absous en février 1664; plusieurs années plus tard, il se retrouvera collègue de Vincenzo Grimani Calergi, le fils de la femme qui l'avait aimé et était morte pour lui.

4. *L'aventure de la duchesse de Berry*

Vettor Grimani Calergi, fils de Giovanni et de Maria Loredan – et donc neveu du terrible abbé, – était très différent de lui. C'était un tranquille sénateur vénitien qui préférait la lecture à la politique, et avait réuni une magnifique bibliothèque. Son frère Vincenzo avait fait carrière, il avait aussi été membre du Conseil des Dix et inquisiteur d'État, faisant donc partie de l'organe qui, au cours du XVIIe et surtout du XVIIIe siècle, avait fini par se substituer presque complètement au Conseil des Dix, du moins pour les fonctions de haute police. Mais sa descendance n'était plus représentée que par deux nièces, Chiara et Cecilia, mariées la première à Nicolò Tron et la deuxième à Girardo Sagredo. Ainsi la primogéniture revint au dernier mâle survivant, Vettor, et celui-ci, célibataire octogénaire, choisit comme héritier son cousin Nicolò Vendramin, bien entendu avec l'obligation de l'adjonction du nom et des armoiries des Calergi. Dans son testament, Vettor Grimani disposait, entre autres, de deux œuvres d'art d'importance majeure : *La Présentation au Temple* de Giovanni Bellini, qu'il destinait à la primogéniture, et *Le Jugement de Salomon* de Giorgione, aujourd'hui aux Uffizi de Florence, qu'il laissait au mari de Chiara, le chevalier Nicolò Tron.

La famille Vendramin était une des « maisons très neuves », entrée dans le patriciat en 1381. Elle avait compté un doge dans ses rangs, et, surtout, avait cultivé avec amour le collectionnisme et le mécénat artistique. Au XVIe siècle, Gabriele Vendramin s'enorgueillissait de posséder, entre autres, la très célèbre *Tempête* de Giorgione et le livre des dessins de Jacopo Bellini. Nicolò Vendramin Calergi apportait avec lui au « palais Non Nobis Domine », les statues d'Adam et d'Ève d'Antonio Rizzo destinées au monument du doge Andrea et refusées par les frères de Santa Maria dei Servi pour leur nudité trop réaliste, ainsi que deux colonnes de jaspe provenant probablement du temple d'Artémis à Éphèse, que Caterina Cornaro, reine de Chypre, avait offertes à sa sœur Cornelia, épouse d'un Vendramin.

Le siècle s'écoule tranquille, les souvenirs sombres s'estompent. Après la fin de la Sérénissime, le palais est habité par deux survivants, les comtes Nicolò Gasparo et Gasparo Francesco Vendramin Calergi. Ils ont été nommés comtes en 1818 par l'empereur d'Autriche (avant la chute de la République, l'unique titre dont se paraient les membres de l'orgueilleux patriciat vénitien était N.H., *nobilis homo*, *nobilòmo* (gentilhomme) pour les hommes, N.D., *nobil donna* (gente dame) pour les femmes. Le premier des deux est sage de terre ferme de la République, puis haut fonctionnaire napoléonien et impérial, ainsi que chambellan impérial et royal ; le second a recouvré la charge de sage aux ordres et épousé en 1803 la N.D. Elena Renier. On trouve aussi trace de l'existence d'une jeune femme, fille de Gasparo Francesco, et qui épouse le comte Andrea Valmarana, podestat de Vicence.

Mais, le 23 mars 1844, d'autres souvenirs, d'autres échos d'un passé tragique et grandiose, de proportions bien supérieures aux canailleries de l'abbé Vettor, envahissent le « palais Non Nobis Domine ». Ce jour-là, près le notaire Paolino Comincioli, S.A.R. Marie-Caroline Ferdinande Louise de Bourbon, duchesse de Berry, achète le palais pour 160 000 livres autrichiennes. Elle est la belle-fille du dernier roi de France de la branche aînée des Bourbons, Charles X, lui-même frère de Louis XVI, le roi guillotiné, et beau-frère de Marie-Antoinette, qu'il avait courtisée et compromise alors qu'il était encore le jeune, riche et insouciant comte d'Artois. Elle est aussi la veuve de Charles Ferdinand, duc de Berry, poignardé à la porte de l'Opéra de Paris par un individu qui voulait « détruire la race » des Bourbons ; et elle portait à l'époque dans son sein le dernier espoir de la descendance de Louis XVI, de la France monarchiste et légitimiste, Henri, qui naîtra posthume et sera acclamé comme « le fils du miracle ».

La duchesse est un singulier personnage. Elle est fille de François Ier, roi des Deux-Siciles, et donc demi-sœur de Ferdinand II, le « roi bombe », si férocement calomnié par les historiens du Risorgimento ; demi-sœur, car sa mère, morte trois ans après sa naissance, était la fille de Léopold II, empereur du Saint Empire romain, frère de Marie-Antoinette de France : elle est donc petite-fille de Marie-Thérèse, la grande impératrice, dont elle descend aussi du côté de son père, car sa grand-mère est la redoutable reine Marie-Caroline, l'âme de la résistance contre la France républicaine et contre Napoléon ; l'âme aussi de la réaction de 1799 et de tant d'autres choses encore. Cet enchevêtrement de croisements a donné naissance à une femme passionnelle, originale, agitée, qui s'insère difficilement dans le panorama grave et triste, marqué par le malheur et la défaite, des derniers Bourbons de France : une belle femme malgré sa petite taille et l'asymétrie de ses yeux ; ardente pour qui l'admire, bruyante et envahissante pour qui supporte mal l'impétuosité de « la Napolitaine » à la cour de la Restauration.

Mais quand la Restauration s'effondre, en 1830 et que, sournoisement, le cousin Louis-Philippe d'Orléans attrape au vol la couronne, c'est elle, « la Napolitaine », malgré la désapprobation indignée du vieux Charles X, qui se lance dans l'aventure. La Vendée : c'est le seul espoir de la cause légitimiste, la fidélité passionnée des Vendéens, nobliaux de campagne, petits propriétaires terriens, mais surtout paysans pauvres, gens des campagnes, qui croient et ne demandent rien, qui combattent et meurent pour Dieu et le Roi. Caroline débarque clandestinement à Marseille, rejoint la Vendée, et bat le rappel des fils de ceux que la Révolution a décimés, affamés, appauvris. Mais les temps ont changé. Du côté opposé il n'y a plus les féroces proconsuls de la Convention qui noyaient, fusillaient, torturaient, il n'y a plus les bleus, les soldats des « colonnes infernales » qui massacraient, incendiaient, dévastaient. On trouve à leur place un gouvernement paisible, aux multiples yeux, qui préfère la corruption à la répression et n'engendre plus des bourreaux, mais des informateurs. Marie-Caroline réussit à se faire aider par un parent du héros le plus populaire de l'épopée vendéenne, le baron de Charette. Elle arrive à soulever quelques villages ici et là, où les gloires et les infamies de la guerre partisane sont encore vivantes dans les mémoires. Mais le soulèvement est loin d'être général, la police de Louis-Philippe veille et, de plus, la Vendée n'est plus la terre rebelle, maltraitée, oppressée qu'elle fut en 1793 ; le sentiment populaire n'est plus injurié et offensé, il est assoupi par la prospérité croissante. Traquée, poursuivie, recherchée (à Paris, entre-temps, la reine Marie-Amélie, femme de Louis-Philippe et tante de la rebelle, s'inquiète avec angoisse pour elle), Marie-Caroline se cache à Nantes dans une maison bourgeoise : une petite pièce derrière la paroi amovible d'une cheminée. Quelqu'un la dénonce aux troupes du général Bugeaud, et la « Napolitaine », vaincue mais indomptée, est capturée et emprisonnée.

Jusqu'ici, tout est gloire. L'opinion publique, et pas seulement les légitimistes, retient son souffle. Mais soudain, la glorieuse chevauchée s'effondre dans la pochade. La prisonnière fait en effet parvenir au général Bugeaud un message que le gouvernement français s'empresse de publier : « Général, obligée par les circonstances, bien qu'ayant les motifs les plus sérieux pour garder le secret de mon mariage, je me sens le devoir, envers moi-même comme de mes fils, de déclarer que je me suis secrètement mariée durant mon séjour en Italie. » Mariée ! L'affaire, cependant, n'est pas si grave, même si le mari secret n'est pas un prince de sang royal mais un gentilhomme napolitain, le comte Lucchesi Palli, fils du prince de Campofranco, ministre du roi des Deux-Siciles. Le vrai problème est en réalité ailleurs : Marie-Caroline est enceinte ! Et la propagande orléaniste distille le doute en affirmant que ce n'est pas des œuvres du comte Lucchesi Palli. La duchesse a trente et un ans et est veuve depuis douze ans. Avec habileté, les Orléans font courir le bruit que le mariage de Marie-Caroline avec Lucchesi n'est qu'une manœuvre pour légitimer une maternité conçue au cours de l'aventure vendéenne.

On comprend que l'opinion publique réagisse avec réprobation ou, pire encore, avec des rires. Il y avait eu une scène d'une rare vulgarité avec Charles X, le roi détrôné. Les hurlements de la « Napolitaine » avaient bouleversé un hôtel de Leoben, en Carinthie, où le roi avait rencontré sa belle-fille sans lui cacher son mécontentement. Mais le fait que Lucchesi, quand la duchesse libérée avait débarqué à Palerme, ait ostensiblement ignoré l'enfant que Caroline apportait avec elle, avait fait plus de scandale. Puis le vieux roi, « décent en temps normaux, désastreux en temps de crise » comme le définit Châteaubriand, meurt en exil à Gorizia. Son fils aîné, Louis d'Angoulême, décède tout aussi tristement. Henri, le fils du miracle, est l'unique survivant de la maison de France, l'unique prétendant au trône. Et c'est alors que la duchesse de Berry achète un palais à Venise.

Grâce à elle, le palais reprend vie. Bien qu'ayant grossi et vieilli, à quarante-trois ans Caroline est encore pleine de verve et de brio, sa résidence devient le point de rencontre pour la société légitimiste de toute l'Europe, qui s'y distrait comme elle peut, bals, réunions de salon, représentations théâtrales (Caroline a fait construire un petit théâtre de cour) et conversations intelligentes : car S.A.R. aime et cultive les arts et elle a réuni à la Ca' Vendramin Calergi, restaurée et embellie à ses frais, une pinacothèque dont l'œuvre collective *Venise et ses lagunes*, publiée en 1847 à l'occasion du congrès des scientifiques italiens, parle en termes enthousiastes : trois tableaux de Giovanni Bellini, un *Saint Joseph* du Titien, des œuvres de Pordenone, de Bassano, de Paris Bordon, d'Andrea Schiavone, de Jacopo Palma le Jeune, une *Sainte Famille* d'Andrea del Sarto, des « tables et des toiles » du Perugino, un Guido Reni, un Garofalo, et une *Adoration des Mages* de Rubens, « en taisant beaucoup d'autres pour ne pas allonger la liste »; et aussi beaucoup d'œuvres d'école française, Rigaud, Van Loo, et une quantité de contemporains.

Bien évidemment, tout ceci demande énormément d'argent et la duchesse dépense joyeusement. C'est pourquoi, en 1865, « le fils du miracle » Henri, duc de Bordeaux et comte de Chambord, devenu un gentilhomme d'âge mûr, obèse et courtois comme son grand-oncle Louis XVI mais plus sage et plus terre à terre, intervient pour apaiser les créanciers. La splendide pinacothèque est mise aux enchères, le palais est assigné par Henri à l'ordre souverain de Malte qui, de sa propre volonté, en fait un bailliage héréditaire en faveur du fils de Caroline et du comte Lucchesi Palli, Adinolfo, duc de la Grazia. La fougueuse « Napolitaine » doit quitter Venise pour la propriété que le bon Henri lui a achetée avec le produit de la vente aux enchères de la collection, à Brunnsee en Styrie. Le rêve est fini. Caroline ne reviendra jamais plus à Venise.

V

Le Baron Corbeau et les dames Tron

1. *La gloire de Lorenzo Marcello*

Les frères Grimani Calergi montrent sur le Grand Canal la face la plus noire du XVIIᵉ siècle, celle qu'Alessandro Manzoni a explorée et narrée, bien que dans un contexte différent. Juste à côté de l'aile de leur palais qui avait été rasée et que les trois frères s'étaient empressés de reconstruire après leur pardon et leur rapatriement, se trouve le palais Marcello qui évoque, au contraire, un aspect plus héroïque. En effet, si l'on se souvient que les Vénitiens du XVIIIᵉ siècle ont fait un choix politique décisif, intelligent peut-être mais fatal pour leur ville, leur République et leur civilisation, ceux du siècle précédent avaient donné l'exemple d'un patriotisme poussé à l'extrême. Rien que dans la longue et épuisante guerre de Candie contre l'immense Empire ottoman de 1645 à 1669, pendant vingt-quatre ans de lutte sans merci, deux cent quatre-vingts patriciens étaient tombés au combat, soit un quart du Conseil majeur. Parmi les innombrables épisodes dont les acteurs, patriciens et gens du peuple, amiraux et marins, avaient constellé cette longue aventure, un des plus brillants eut pour héros Lorenzo Marcello, capitaine général « da Mar », généralissime de la flotte vénitienne.

Élu capitaine général à cinquante-deux ans, il avait passé la majeure partie de son existence en mer. Après avoir combattu contre les Turcs et contre le pape, il bombarda Senigallia en tant que provéditeur d'armée. Devenu ensuite provéditeur extraordinaire, il força le port de Cesme et, insouciant des tirs d'artillerie ottomane, captura vingt-cinq vaisseaux chargés du ravitaillement destiné aux forces turques qui assiégeaient Candie. Et voilà qu'à peine élu, il conçut un plan d'une grande audace : porter l'attaque au cœur de l'ennemi, attaquer les Dardanelles, portes de Constantinople, et fondre sur la capitale turque pour ensuite libérer Candie de son siège. En mars 1656, la flotte vénitienne appareille de Crète : vingt-quatre galères, sept galéasses, plus grosses, plus lourdes, mais armées jusqu'aux dents, vingt-cinq vaisseaux et sept galères de l'ordre de Malte (le pape Alexandre VII n'a pas envoyé les siennes, car le Sénat n'a pas réadmis dans les États vénitiens les jésuites, expulsés en 1606). A Constantinople, la flotte ottomane de soixante-huit mahonnes et vingt-huit vaisseaux attend l'attaque. Le 26 juin, l'armée vénitienne est postée en demi-cercle à la porte des Dardanelles. Marcello est au centre tandis qu'à l'extrémité, vers la côte asiatique, se trouve le provéditeur d'armée Badoer. Les galères de Malte et sept vaisseaux vénitiens forment l'avant-garde.

Au début de l'après-midi, les Turcs lancent l'offensive : ils ont le vent en poupe et, tandis que les batteries côtières ouvrent le feu, ils tentent de forcer le point le plus faible, vers la côte asiatique. Marco Bembo, capitaine des navires, fait couper les câbles des ancres de ses dix-neuf vaisseaux et accourt vers le point menacé, en tête de la formation, suivi de Lazzaro Mocenigo, son prédécesseur, déchu de sa charge, mais qui a voulu rester dans l'armée comme « aventurier ».

A cet instant, le vent tourne plein ouest, favorisant la manœuvre de Bembo, et l'amiral turc ordonne aux galères de remorquer les vaisseaux pour se désengager. Mais les Vénitiens réussissent à séparer les galères des navires à voiles. Ils tentent de rentrer dans les détroits, mais Marcello a ordonné aux siens de ne laisser échapper sous aucun prétexte la moindre unité ennemie. La bataille fait rage, galère contre galère, navire contre navire. Le capitaine général a capturé une galère turque et se lance à l'abordage d'une autre, quand un coup de canon le frappe en pleine poitrine ; il meurt sur le coup ; son fils Giovanni, qui est à bord, empêche la nouvelle de se répandre et ordonne que seul en soit informé le provéditeur Badoer, qui assume alors le commandement.

C'est une grande victoire. L'amiral turc s'enfuit avec quatorze galères, le reste de son armée se rend, quelques unités se jettent sur la côte, on dénombre dix mille morts turcs contre trois cents Vénitiens et seulement trois bateaux vénitiens perdus. Cinq mille prisonniers chrétiens qui ramaient sur les galères turques sont libérés, treize galères, six vaisseaux et cinq mahonnes sont récupérés comme butin de guerre. A Constantinople, le sultan, fou de rage, fait passer au fil de l'épée tous les survivants turcs de la bataille. La défense s'organise, mais (et ceci est encore un autre visage du XVIIe siècle, celui du formalisme poussé au plus extrême), le contingent de Malte se retire car le prieur Carafa di Roccella, qui le commande, a eu pour instruction de son Grand Maître de ne prendre d'ordres que d'un capitaine général.

La nouvelle de la victoire est portée à Venise par Lazzaro Mocenigo. Il a perdu l'œil droit durant le combat, mais cela ne l'empêche pas de capturer, le long de la route, un navire de pirates barbaresques qu'il remorque, comme un trophée, tout en rapportant aussi les drapeaux, les feux, les queues de cheval, toutes les enseignes de commandement des navires turcs anéantis ou conquis. Malheureusement, la mort de Marcello empêche le développement des opérations. Au lieu de partir immédiatement au secours de Candie assiégée, la flotte vénitienne s'attarde à des opérations locales, prenant les îles de Tenedo et Lemno, et la campagne s'arrête là.

2. *Une « nation » mélomaniaque*

Un autre fantôme de famille, très différent, flotte sur le palais Marcello. Trente ans sont passés depuis la bataille des Dardanelles quand naît Benedetto Marcello, fils d'Agostino et de Paola Capello, elle-même veuve de Francesco Basadonna. Les temps changent; Benedetto fête ses vingt-cinq ans et reçoit le droit de « mettre veste », d'endosser la toge patricienne, douze ans après le traité de Carlowitz qui a reconnu la majeure partie des conquêtes de la Sérénissime, toutes au détriment des Turcs, par le grand doge Francesco Morosini. Il fait un froid terrible, la lagune est glacée, la visite officielle de Frédéric IV de Danemark et de Norvège est le prétexte pour des fêtes mémorables. Mais avant cinq ans, la guerre va éclater à nouveau, une guerre désastreuse dans laquelle la République va perdre tout ce que Morosini avait conquis. Et seules les victoires d'Eugène de Savoie éviteront la perte de Corfou, défendue avec courage par le capitaine général Andrea Pisani et par un feld-maréchal allemand au service de Venise, le comte von der Schulenburg. Il y aura encore deux ans de guerre ; dans les eaux du mont Athos, Lodovico Flangini, comme Lorenzo Marcello, vaincra la flotte turque et mourra en combattant. Sacrifice inutile puisqu'un nouveau traité reléguera définitivement Venise parmi les entités négligeables de l'Europe. Il n'y aura plus de guerres contre les Turcs, et la décadence qui va conduire à la catastrophe de 1797 est déjà commencée.

Mais Benedetto Marcello est un excellent témoin de son temps, et de sa merveilleuse floraison artistique ; il en est même un des acteurs principaux. Au palais Marcello, la musique règne en maîtresse. Le frère aîné de Benedetto, Alessandro, est musicien, et Benedetto se consacre également à cet art, bien que sa condition patricienne le fasse considérer comme un « noble amateur » et qu'il doive parcourir toutes les étapes obligées de sa carrière : provéditeur à Pola, magistrat de la Quarantia, camerlingue à Brescia.

Il étudie le violon avec Francesco Gasparini, la composition avec Antonio Lotti, et il compose des concerts, des sonates pour violoncelle et clavecin, des sonates pour flûte, des sérénades et des arias de chambre ; il écrit aussi des messes, des motets, des oratorios, rédige des mélodrames, des sonnets, des livrets d'opéra, des traités ; son traité le plus fameux, *Le Théâtre à la mode*, est une raillerie, sous forme de conseils et de suggestions, des minauderies, des caprices et des fantaisies, des chanteurs lyriques, de leurs bizarreries, leurs exagérations, et de la cocasserie de certains livrets et mises en scène. Messire Benedetto a autant d'humour que de talent et Verdi sera l'un des admirateurs les plus convaincus de son œuvre, en particulier de sa composition magistrale, l'*Estro poetico armonico* qui met en musique la paraphrase de cinquante psaumes écrite par Girolamo Ascanio Giustinian.

Sa passion pour la musique est telle qu'il finit par épouser une fille du peuple, Rosanna Scalfi, qu'il a entendu chanter en gondole un soir alors qu'accoudé au balcon, il écoutait une sérénade montant des barques du Grand Canal. Lui qui avait écrit avec tant de brio sur les dives cantatrices, ambitieuses, fanatiques, cancanières, avides, intrigantes, brouillonnes, il tombe amoureux de la fraîcheur et de l'ingénuité de Rosanna ; mais aussi, et surtout, de sa voix. Ce sera un amour heureux bien que le dédain familial le contraigne à garder les noces secrètes.

La maison Marcello n'est pas la seule, parmi celles qui donnent sur le Grand Canal, où l'on cultive l'art musical. On a dit que la République s'acheminait vers sa fin à temps de musique. Mais la passion pour celle-ci dure toujours et nous avons vu trois pourfendeurs effrontés et féroces comme les frères Grimani Calergi, violer bans et décrets des Dix pour ne pas perdre une « première » ou une générale. Certes, la passion pour l'opéra, pour les concerts, pour la musique de chambre devient au XVIIIe de l'authentique mélomanie. De Brosses en parle dans ses *Lettres d'Italie* (nous sommes en 1739) à propos du Carnaval, ce long carnaval vénitien qui débutait le 5 octobre et réexplosait quinze jours à l'Ascension, soit presque six mois en tout durant lesquels, selon lui, tout le monde sortait masqué, y compris le nonce apostolique et le père gardien des capucins.

Les « académies », c'est-à-dire les concerts, étaient plus que quotidiens, les nobles ouvrant les grandes fenêtres de leurs palais afin que ceux qui n'étaient pas invités puissent écouter depuis les gondoles, les barques, les « sandales » ; l'usage restera pendant quelque temps encore après la chute de la République.

De Brosses s'étend sur les prodiges des hospices, ces célèbres « conservatoires » d'orphelines et de jeunes filles abandonnées qui engendraient des virtuoses dans chaque branche de l'art de la musique. Mais il ne parle pas des sérénades et des concerts qui avaient lieu sur le Grand Canal, non dans les palais, mais sur l'eau, selon un usage qui aujourd'hui, malheureusement, ne survit que dans des manifestations totalement artificielles, organisées pour les touristes.

Le XIXe siècle, aussi mélomane que le précédent, avait par contre institutionnalisé une tradition qui n'avait ni périodicité ni calendrier permanents. L'antique tradition du *fresco* vespéral qui, à une époque, se tenait sur le premier tronçon du Grand Canal (cette fête avait été remise à l'honneur par le podestat, le comte Correr), se transformait à présent en concert. Avant, au temps de la République, pour les *fresco* d'été, les gondoles étaient tellement nombreuses que les cris des gondoliers, essayant d'éviter les collisions, couvraient « la faible harmonie d'un violon » (c'est le poète Gian Francesco Busenello qui le dit). Maintenant, c'est la musique qui domine tout. D'autant plus que, sous le règne de François Ier d'Autriche, on avait inauguré une « machine » extraordinaire, destinée à durer, du moins en tant qu'institution, jusqu'à la fin de la Seconde Guerre mondiale : la *galleggiante*.

Inaugurée pour la fête de Santa Marta, une festivité aujourd'hui disparue, elle avait été construite pour accueillir l'archiduc François-Charles et son épouse Sophie de Bavière (les parents du futur empereur François-Joseph) ainsi que d'autres personnalités; elle est décrite comme une salle flottante octogonale ornée de colonnes et de décorations, de coupoles et de tentures de drap de soie rouge avec des rubans noués et de riches franges d'argent. A l'époque, la *galleggiante* ne parcourait pas le Grand Canal mais celui de la Giudecca. Par la suite, à la place d'une cargaison de princes et d'archiducs, elle transporta la fanfare municipale, des orchestres et des chorales. Ainsi, la nuit du 23 juillet 1865, « au milieu d'un buisson ardent de flammes, de feux d'artifice et de fusées, l'orchestre flottant, composé de bien quatre-vingt-dix éléments en comptant musiciens et chanteurs, quitta la Piazzetta ». Le chroniqueur poursuit : « La nuit sereine, le spectacle inhabituel, la suavité de la musique... réunirent en mer et sur terre une foule extraordinaire; une nuée d'embarcations se serra autour du radeau d'harmonie. Et celui-ci, merveilleusement décoré, illuminé par des guirlandes de lampions bleus, par des festons rouge braise qui se terminaient par des palmiers ou de grands bouquets de fleurs, formait une couronne de lumière blanche à multiples facettes, qui dominait de haut... On aurait dit le roi du Canal, qui laissait glisser derrière lui sa traîne royale. »

La nuit du 31 juillet 1857, dans un délire de feux de Bengale allumés aux fenêtres des palais, « le noble orchestre », suivi et entouré de gondoles illuminées, « orné de je ne sais combien ni de quelles flammes diffuses », s'éloigne du quai à neuf heures du soir. Une foule innombrable se presse pour regarder passer « cette salle enchantée, soutenue par les flots, entourée et entravée par l'immense plate-forme d'embarcations qui l'accompagnent ».

Quand la *galleggiante* réussit enfin à rejoindre le pont de Rialto, il est déjà deux heures du matin, mais le public refuse de s'en aller et la sérénade dure jusqu'aux premières lueurs de l'aube. Déjà en août 1852, le Grand Canal, « illuminé par le rayon de lune le plus serein », était « couvert d'un nombre infini de bateaux et de gondoles qui se serraient autour du noble orchestre », bien que le concert « d'un chœur choisi de jeunes philharmoniques » ne fût pas réussi du tout. Il en fallait d'autres, dans ces années de difficile reprise de la ville exténuée par la résistance héroïque de 1848-49, pour décourager les amoureux de la musique, pas même la pluie ne réussissait à les déloger; ainsi, en août 1853, il plut des trombes d'eau, mais les philharmoniques jouèrent quand même jusqu'à l'aube.

De mon temps (hélas, voilà comment débutent les réminiscences des survivants; et celui qui a vécu à Venise avant l'exode qui, depuis les années cinquante de notre siècle, a réduit la population à moins de la moitié, ne peut être considéré autrement qu'un survivant), la *galleggiante* parcourait encore de temps à autre le Grand Canal. Mais pour magique que soit la mémoire de l'enfance et de l'adolescence, je ne retrouve aucun souvenir particulier des *freschi* et des sérénades que l'on avait pourtant essayé de remettre en vogue pendant les années trente. Je me souviens des lampions des embarcations illuminées, certaines décorées de façon gracieuse, qui passaient sous le pont de Rialto; je me souviens des sonneries des trompettes, des aigus des chanteurs. Mais, malgré toute ma bonne volonté, même s'il y avait encore beaucoup de gondoles « de maison », même si la fanfare était populaire, les chanteurs excellents et, quelquefois, l'orchestre du théâtre de la Fenice mobilisé, il manquait ce qui, aux dires des chroniqueurs jeunes et vieux, donnait au spectacle sa majesté et sa puissance : la participation des « grands » et du peuple, deux catégories que la musique rapprochait et soudait dans le lent cheminement du « navire musical » sur les eaux paresseuses du Grand Canal.

3. *Le Baron Corbeau*

Wagner avait décoré les chambres du palais Vendramin Calergi d'étoffes cramoisies. Frederick William Rolfe, lui, connu de la postérité sous le nom et le titre qu'il s'était lui-même attribué, *Baron Corvo*, le Baron Corbeau, avait décidé de décorer sa chambre, au quatrième étage du palais Marcello, de tentures de soie du même rouge vif que l'on utilisait pour les vêtements de cérémonie des cardinaux. Il était allé jusqu'à Rome pour s'en procurer la quantité nécessaire. Et ici, dans cet invraisemblable décor de pourpre cardinalice ouvrant sur le Grand Canal, le Baron Corbeau avait été trouvé mort, victime d'une crise cardiaque, à midi, le 25 octobre 1913.

Il avait débarqué à Venise quelque cinq ans plus tôt, avec l'illusion de fuir une longue série d'humiliations et d'échecs, à la suite d'un archéologue qui devait très vite l'abandonner après s'être aperçu que le Baron Corbeau avait la ferme intention de vivre luxueusement à ses crochets. Il connut alors à Venise la plus extrême pauvreté et la misère la plus noire. Il tira de cette expérience l'inspiration de l'un de ses plus géniaux et extravagants romans : *Le Désir et la Recherche du Tout*, que lui-même avait sous-titré « Le roman de la Venise moderne ». Pour éviter un procès en diffamation de la part des personnes qui s'identifieraient trop bien dans les personnages, le livre ne serait publié qu'en 1936.

Rolfe était né en Angleterre en 1860, avait été étudiant à Oxford, comme Coryat, puis enseignant, peintre, photographe. A vingt-six ans il s'était converti au catholicisme et était entré au séminaire d'où ses excentricités diverses l'avaient bien vite chassé. Cela avait joué profondément sur la paranoïa qui l'affligeait déjà et qui lui donnait le sentiment d'être perpétuellement persécuté, humilié, offensé. Elle lui inspirait cette fureur qu'il insufflait à sa prose somptueuse, pleine de néologismes mêlés à une torrentielle érudition issue du classicisme et de la Renaissance, mais vibrant d'une rage intérieure qui le consumait. Et cette prose qui, dans ses romans, s'élançait vers les plus hautes cimes, s'effondrait misérablement le long de sa très abondante et très obsessionnelle correspondance privée, pour ne plus devenir qu'une explosion continue de rage impuissante. Il était d'ailleurs tout aussi incapable de suivre un système de vie rationnel que de conserver une amitié : et pourtant, après chaque catastrophe personnelle, de nouveaux volontaires désireux de l'aider se manifestaient. Certes, il était le personnage le moins adapté à survivre dans la société anglaise de son époque, une société qui devait briser un mythe vivant tel qu'Oscar Wilde. Comme écrivain, d'abord (en effet, de son vivant, il ne gagna jamais que quelques livres sterling par ses publications, le succès n'arrivant pas moins de vingt ans après sa mort), et comme homme. Car le Baron Corbeau, comme Oscar Wilde, était homosexuel. Mais à l'encontre de celui-ci, il le vivait comme une malédiction, un tabou qu'il avait tenté de juguler, de cacher, d'oublier. Le sacerdoce lui avait semblé l'unique possibilité pour sublimer ce destin ; le lui refusant, les prêtres l'avaient rejeté vers cet enfer dans lequel, ivre de rancœur, il eût voulu lui-même les précipiter. Mais la nostalgie était plus forte que la rancune et devenait un désespoir qui, pour irrationnel qu'il fût, n'en était pas moins douloureux et pitoyable.

A Venise, Rolfe vit de façon précaire et incertaine, dans des hôtels, dont il ne paie pas les notes (il les brûle, dit-il, pour ne pas en avoir honte) et surtout en bateau. De temps à autre, des amis et des compatriotes, séduits par son talent ou excédés par ses persécutions épistolaires, lui envoient un peu d'argent, que le Baron Corbeau dépense immédiatement ; mais, au moins, il réussit à s'acheter une « sandale », une de ces parentes pauvres de la gondole, qui se manœuvre de la même manière. Et dans les périodes maigres, souvent longues, la sandale est son unique demeure. C'est là qu'il lit, écrit, qu'il hait et qu'il aime. Il aime les beaux garçons, les jeunes gondoliers qui, comme lui, voguent sur la lagune, se baignent dans les canaux et dans les lagons, bivouaquent en bateau, dans ce « monde crépusculaire de ciel sans nuages et de mer lisse, une mer toute faite d'héliotrope, de violet et de lavande, striée de bandes de cuivre brûlé qui se précipitent d'un côté dans le bleu sans fond des yeux de la roue d'un paon, tandis que la lune se lève, rose comme nacre » ; un monde dans lequel l'écrivain réussit parfois à oublier l'étau des rancœurs et des remords qui rongent les profondeurs de son inconscient. Mais la sandale n'est pas seulement un lieu de plaisir et d'oubli, c'est la demeure d'un déshérité, qui ne mange pas à sa faim, qui tremble de froid (il attrape une pneumonie qui lui vaut, à l'hôpital anglais de la Giudecca, l'extrême-onction et un don de dix livres sterling de la reine Alexandra d'Angleterre), et qui écrit, écrit, écrit des manuscrits aux formats extravagants, d'une calligraphie somptueuse, à l'encre vermeille, avec un stylographe de dimensions colossales, des lettres désespérées et corrosives, des invocations, des malédictions.

Sur le Grand Canal, il lui arrive une aventure qui, selon ses dires, lui permet d'être nommé membre honoraire de la confrérie des canotiers du Bucentaure, une nomination qui lui sauvera la vie durant un hiver particulièrement glacial qu'il pourra passer dans les salles réchauffées du siège social. Il ramait sur sa sandale, à la vénitienne bien entendu, debout à la poupe, comme les gondoliers. Mais une courbe prise trop serrée lui fit perdre l'équilibre et le jeta à l'eau. Le voilà qui s'enfonce, serrant encore entre ses dents le tuyau de la pipe qu'il fumait, et réémerge, la pipe toujours à la bouche, loin de la barque que le courant a emportée. Il nage jusqu'à la sandale, remonte à bord, s'assied, tape sa pipe contre le flanc pour la vider, sort de sa poche la blague en caoutchouc et la bourre de tabac sec. Puis il demande une allumette à un des gondoliers qui se sont approchés et rallume le fourneau de la pipe. Remontant en poupe, il récupère la rame, crie : « En avant » et repart sur le canal. Inutile de dire que les bateliers sont éberlués et admiratifs ; quelqu'un observe avec plaisir que cet Anglais est un « passionné de l'eau ».

L'Anglais, aux cheveux roux coupés courts, au pince-nez collé sur son nez, au crucifix d'argent pendu au cou, devient ainsi une silhouette connue ; mais au fond de cet esprit excentrique et génial, couve une sorte d'attraction invincible pour l'abjection. Bien que le charmant couple Van Someren, à San Polo, prenne pour des calomnies les informations désagréables qu'un vieux gondolier se sent en devoir de leur fournir sur leur hôte, plongé toute la journée dans l'écriture de son dernier roman, le Baron Corbeau, outre son travail littéraire, a une diligente activité de maquereau, de procureur de jeunes garçons pour les riches homosexuels anglais. Son biographe Symon, qui eut entre les mains une lettre de Corbeau à un de ses correspondants, déclare que le texte était un croisement entre la prose de Casanova et celle de l'Aretino, d'un point de vue homophile, naturellement. Et quand Rolfe meurt, dans cet appartement du palais Marcello que la munificence d'un admirateur littéraire lui avait permis de louer (avec cet argent, Corbeau s'était permis d'autres fantaisies, une gondole à quatre rames, comme celle du roi d'Italie, un magnifique foulard rouge à nouer au cou de son chien), le consul de Sa Majesté britannique a beaucoup à faire pour jeter dans le canal, avant que quelqu'un puisse s'en emparer, les agendas, les dessins et les photographies qui constituent les preuves de son ignoble commerce.

4. *La « Patronne » et ses intrigues*

Un curieux manuscrit de la Bibliothèque nationale de Saint-Marc porte un titre insolite : *Des taches sur les étoiles, ou de la noblesse éclipsée de certains des personnages des familles patriciennes de Venise.* Il est rédigé par l'un des plus importants généalogistes du XVIIe vénitien, le Vicentin Alessandro Capellari Vivaro. C'est un recueil des méfaits de la noblesse, qui vont de l'homicide au mariage avec des femmes de naissance illégitime (chose que la généreuse Renaissance ne trouvait en rien inconvenant si le père naturel était bien nanti et pourvoyait correctement aux filles), en passant par les fautes envers la patrie et la religion, honteuses redditions de navires et de forteresses, apostasies, désobéissance envers l'État, escroqueries, rixes. Le triste palais construit par Longhena en face du palais Vendramin Calergi (près des entrepôts del Megio, où l'État conservait le grain qu'il ne mettait sur le marché qu'en cas de famine) appartenait à la famille Battagia dont parle notre recueil : « Ce fut par félonie que cette famille obtînt le patriciat vénitien, car Pietr'Antonio Battagia, étant châtelain de Cremona pour compte du duc de Milan, il en avait négocié la capitulation avec les provéditeurs vénitiens et fut donc inscrit à la noblesse avec sa descendance... »

Une telle présentation n'aurait certainement pas plu à Francesco Battagia, envoyé en 1796 avec Nicolò Erizzo, comme lui sage du Conseil, pour traiter avec le général Bonaparte, commandant en chef de l'armée de la France révolutionnaire en Italie, le général exigeait vingt mille fusils, après avoir « révolutionné » Bergame et Brescia, forcé Peschiera et occupé Vérone, à la barbe de la neutralité vénitienne.

Ce n'était que la première d'une série de rencontres entre Battagia et Bonaparte durant lesquelles le malheureux descendant du félon Pietr'Antonio allait subir de la part du « général en chef » toutes sortes de violences, de duperies, pour recevoir ensuite de ses compatriotes, après la fin peu glorieuse de ses missions répétées, l'injuste accusation de trahison.

L'antique maison des Tron se vantait de descendre du doge Pietro Tribuno, qui régna entre 888 et 910, ainsi que d'un doge plus récent, mais plus prouvable, Nicolò, dont la somptueuse sépulture, sculptée par Andrea Rizzo, peut encore être admirée dans le presbytère de l'église de Santa Maria dei Frari. Pietro fut condamné à dix ans de relégation à Cherso en 1584 « pour avoir pris une galère turque en temps de paix et en avoir trucidé tous les occupants ». Geste féroce, colérique et intempestif, qui aurait pu déchaîner la fureur du Grand Seigneur contre la République dans un des rares moments de trêve.

Le palais du Grand Canal, juste en face du palais Marcello, est lié au souvenir de personnalités d'une autre stature. La plus importante d'entre elles est sans conteste Andrea Tron, chevalier et procurateur de Saint-Marc, que tous, de 1750 à 1780, appelèrent en jouant sur les sonorités de son nom, *el Paron*, le « patron » en vénitien. Patron de la vie politique, mondaine, économique et législative de la République ; et « patron » d'une des plus dominantes figures du firmament féminin de ce dernier siècle de la Sérénissime : Caterina Dolfin Tron, son épouse.

Si la République a réussi à survivre, envers et contre tout, jusqu'à la veille du siècle dernier, le mérite en revient à un tout petit nombre de personnes parmi lesquelles, au premier rang, Andrea Tron. L'aristocratie sénatoriale, celle qui détenait le monopole du pouvoir (un pouvoir déclinant que la moindre secousse, sans parler des coups de bélier du général Bonaparte, aurait suffi à faire tomber), n'était pas faite entièrement de démissionnaires, de bons vivants insouciants, de conservateurs aveugles et réactionnaires. Andrea Memmo, que nous avons évoqué plus haut et qui résidait sur l'autre berge du Grand Canal, était un bon vivant mais certes pas aveugle ni réactionnaire. Bons vivants, ils l'étaient tous, Tron comme les autres. L'esprit de l'époque s'associait au penchant naturel et traditionnel des Vénitiens, et pas seulement des aristocrates. Parmi ceux-ci, les éventuels grincheux étaient les nobles pauvres, toujours mécontents, et les très pauvres, appelés *barnabotti*, qui vendaient leurs votes et affichaient une morgue dont les autres, les grands, n'avaient nul besoin, eux, pour s'affirmer.

Si, à Venise, il y avait « un grand », dans tous les sens du terme, c'était bien Andrea Tron, fils de la branche la plus riche de cette déjà très riche maison, premier-né d'un père qui devançait son temps grâce à un talent d'entrepreneur rare chez les patriciens de l'époque. C'est ainsi qu'il fit assainir les bords de la lagune et implanter à Schio une florissante industrie lainière. Il fit tout pour développer la culture de son fils, l'emmenant avec lui dans ses missions diplomatiques pour lui ouvrir ses horizons. Voilà pourquoi Andrea apprit à parler correctement non seulement le français, qui était la langue officielle de la diplomatie, de la société et de la culture la plus avancée, mais aussi l'anglais, l'allemand et l'espagnol. Cela dut lui être fort utile pour ses fonctions d'ambassadeur à Paris, Vienne, La Haye, Rome, Madrid, comme dans les manigances diplomatiques dont il s'occupait à Venise en tant que conseiller ducal et sage du Conseil. Ainsi que comme homme de culture, en lisant et en se tenant informé, parvenant à avoir une réputation de fin connaisseur des gouvernants, des gouvernés et de la pensée contemporaine en général.

Il poursuivit une brillante carrière et s'appropria bientôt tant de pouvoir que les mauvaises langues, toujours nombreuses à Venise, aujourd'hui comme hier, parlaient de lui comme d'un monarque, d'un roi de Venise : « Sérénissime Seigneurie / La République est finie. / Voulez-vous savoir pourquoi? / Parce qu'un sage veut être roi. / Andreas Tronus Venetiarum Rex. » Certes, c'était un conservateur, mais un conservateur éclairé. Son action politique tendait à revitaliser autant que possible la République vétuste, à promouvoir la reprise du commerce déclinant, de l'industrie sous-développée, de l'agriculture, de l'instruction publique. C'était un travailleur infatigable, qui éprouvait un certain dégoût pour ceux qui ne perdaient pas une occasion de célébrer les gloires passées de la Sérénissime, s'étourdissant dans cette contemplation qui ne servait qu'à éviter la réalité. Son sens de la hiérarchie des problèmes venait aussi de son réalisme : de quelle utilité, ainsi, pouvait être une lutte diplomatique contre le pape parce qu'il avait séparé l'archidiaconat de Gorizia – lequel, de toute façon, se trouvait en territoire autrichien – du diocèse d'Aquileia? Il y avait à s'occuper prioritairement de l'assainissement des terres, il fallait débloquer les Arts engoncés dans leurs systèmes médiévaux et, si l'on voulait vraiment pratiquer une politique ecclésiastique, supprimer d'innombrables ordres, introduire le numerus clausus dans les couvents, récolter les mainmortes, et empêcher les ordres religieux d'exporter des capitaux. Son Excellence avait connu Voltaire et ne l'avait pas trouvé sympathique du tout, mais il était fondamentalement un illuministe. Il cultivait des idées certainement plus progressistes que celles de soi-disant innovateurs tels que Giorgio Pisani, leader apprécié de la noblesse pauvre et qui, avec sa démagogie, ne cherchait rien d'autre que de redonner de l'espace et du pouvoir aux *barnabotti* faméliques, ces familles trop nombreuses, enlisées dans la misère.

Mais les grands hommes aussi ont leurs faiblesses. Andrea Tron, déjà âgé, était tombé amoureux, et la jeune femme dont il était devenu d'abord le « chevalier servant », le compagnon de sorties, de soirées, de causeries et, enfin, l'amant, était Caterina Dolfin, une patricienne pauvre, mariée elle-même à un patricien relativement pauvre, un Tiepolo. Gracieuse, pleine d'esprit, elle était surtout terriblement ambitieuse. Et loin d'être stupide. Caterina écrivait de la poésie et entretenait un rapport affectueux, pratiquement filial, avec un des lettrés les plus modernes et les plus intelligents de son temps, Gasparo Gozzi. Poète, moraliste, animateur d'initiatives culturelles, il était aussi journaliste ou, plutôt, l'inventeur du journalisme comme nous l'entendons aujourd'hui.

L'amour et l'affection du *Paron* avaient porté Caterina Dolfin à son apogée, et elle s'en était servi pour aider beaucoup d'intellectuels qui, pour une raison ou une autre, avaient parfois besoin d'un « saint influent au paradis ». La Venise de cette période ne pullulait pas seulement d'aventuriers et de joueurs. Elle était également un centre très vivant de culture et de spectacles, ainsi que le plus important centre éditorial d'Europe. Quand, par la suite, Tron avait été élu procurateur de Saint-Marc et que, contre l'avis de ses frères, il avait épousé Caterina, dont le premier mariage avait été annulé, le monde littéraire vénitien avait acquis en elle une protectrice très puissante. Et, en bonne Vénitienne de son époque, qui aimait non seulement la culture mais les mondanités et l'élégance, elle jubilait d'avoir atteint le sommet de l'échelle sociale. C'est en tant que maîtresse de maison du palais Tron qu'elle se retrouva mêlée à un événement extraordinaire dont on allait parler longtemps.

Joseph II, empereur du Saint Empire romain germanique et fils de Marie-Thérèse de Habsbourg, avait déjà été reçu une fois à Venise par Andrea Tron. Le voilà revenu en 1775 et il fit savoir qu'il assisterait volontiers, avec ses frères archiducs, à un bal dans une maison vénitienne « s'il y en avait un ». Les Tron, mari et femme, avaient sauté sur l'occasion pour montrer à l'empereur et au monde leur richesse et leur bon goût.

Le palais fut prestement remis à neuf, les familles amies prêtèrent des tapisseries et des décorations, le vitrier Briati fournit une nuée de magnifiques lampadaires, l'argentier Zambelli une armée de candélabres. Le soir du bal, « une resplendissante illumination " a giorno " » éclaira la vieille demeure et son salon de danse peint de splendides fresques exécutées par Giacomo Guarana et Louis Dorigny, fresques qui, aujourd'hui, n'existent plus. Les archiducs dansèrent jusqu'à l'aube, mais Joseph, excentrique comme toujours, déchaîna la fureur des gentes dames et l'embarras des gentilshommes en courtisant la belle et amusante Contarina Barbarigo Zorzi qu'il avait connue lors de son précédent séjour ; ignorant tous et toutes, il lui avait « tenu la jambe » pendant cinq heures d'affilée...

Andrea Tron tira de cette fête et des colloques politiques qui s'ensuivirent une conclusion bien amère pour lui, la conviction que la maison d'Autriche allait faire tout ce qui était en son pouvoir pour accaparer Venise et ses territoires, et qu'elle allait y parvenir. Mais très vite, et bien involontairement, sa femme allait lui procurer d'autres amertumes. La cause allait en être le frère de Gasparo Gozzi, ce fameux Carlo que la procuratrice, vaguement apparentée, appelait familièrement « cher oncle », comme elle appelait, à la vénitienne, le bon Gasparo « père ».

Gasparo avait été affectueusement protégé de façon désintéressée par Caterina, même sur le plan privé. Elle avait bouché les trous financiers de sa mauvaise gestion et de celle, désastreuse, de sa femme lettrée, Luisa Bergalli ; elle avait même pris sous son toit, en lui donnant quantité de travail, la couturière française que Gasparo allait épouser une fois veuf. Carlo, « l'ours », qui écrivait pour le théâtre et avait essayé d'imiter *Le Jour* de Parini avec sa *Marfisa Bizzarra*, n'était pas un admirateur aussi assidu. Mais il avait aussi un cœur tendre, bien qu'il eût cinquante ans. Très imprudemment, il l'avait donné à une actrice, Teodora Ricci. Celle-ci, qui n'était pas belle (elle était grêlée par la variole) mais, nous dit Gino Damerini, « fascinante par son élégance et son effronterie », avait accepté la cour d'un auteur en vogue comme Gozzi sans pour cela renoncer à une vieille liaison avec son directeur de troupe, l'Arlequin Sacchi, ni à son mari, qui savait tout de ses liaisons et fermait complaisamment les yeux.

C'est dans ce contexte que vint s'immiscer un singulier personnage, le « circonspect » Pietro Antonio Gratarol. « Circonspect » était le titre que l'on donnait aux secrétaires du Sénat, caste très importante qui constituait la haute bureaucratie permanente de la République. Mais le comportement affecté, jouisseur et dépensier que Gratarol affectait ne justifiait aucunement son titre et faisait de lui un personnage presque aussi connu à Venise que Gozzi et la Ricci. Il était brouillon et cherchait les ennuis : après avoir fourni à un adversaire de Tron les arguments politiques qui avaient bloqué un de ses projets de loi, il s'était engagé dans une campagne assidue d'adulation auprès de Caterina. Maintenant, pomponné, parfumé, il s'était présenté à la Ricci offrant, à elle et à tous, certaines grosses dragées appelées « diablotons » qu'il disait avoir fait venir exprès de Naples ; la Ricci les avait appréciées en minaudant et en lui faisant comprendre qu'elle était disponible pour des approches plus directes, plus personnelles. Elle voulait quitter la compagnie Sacchi, mais devait pour cela payer une amende de cinq cents ducats. Peut-être le « circonspect » pourrait-il les lui fournir... ?

Au théâtre et dans les salons, Carlo Gozzi fut la risée générale, car celui-ci, pour favoriser la Ricci, donnait gratuitement à Sacchi les pièces qu'il écrivait pour faire ressortir le talent de sa bien-aimée. Gozzi s'indigna et, en proie à la colère, écrivit une comédie, *Les Drogues d'amour*, dans laquelle figurait un personnage, Adone, qui résumait en lui toutes les caractéristiques les plus déplaisantes des séducteurs professionnels. Il la lut aux comédiens mais la remporta avec lui. Entre-temps, Teodora Ricci devenait folle de Gratarol, elle passait les nuits chez lui, lui racontait qu'elle voulait le suivre à Naples, où il aspirait à devenir résident, c'est-à-dire ministre plénipotentiaire de la République. Un contrat très avantageux l'attendait là-bas et elle avait même déjà annoncé à Sacchi son intention de quitter sa compagnie. Gozzi, cédant aux supplications de celui-ci, lui avait donné la permission de jouer *Les Drogues d'amour*. C'est à ce moment qu'entre en scène, avec sa générosité, sa puissance et son étourderie, Caterina Dolfin Tron.

Pendant ce temps, le *Paron* discutait avec ses confrères sages les nominations des secrétaires à envoyer en tant que résidents dans les cours mineures d'Europe. Il semblerait qu'il voulut favoriser Gratarol, mais celui-ci courait après la Ricci et sa femme était venue voir Caterina, se jetant même à ses pieds pour lui demander son aide. Peut-être par pitié pour cette pauvre femme, couverte de ridicule par les intrigues amoureuses de son mari, peut-être par amour pour « l'oncle » Carlo qui souffrait de peines de cœur, Caterina avait fait mander le circonspect et l'invita à cesser cette relation inconvenante. Gratarol résista (ce sont ses propres mots) à ce « vouloir ridicule » et Caterina en fut profondément agacée.

Voici qu'arrive chez elle l'Arlequin Sacchi avec la pièce *Les Drogues d'amour*. Il est effondré, la concurrence des neuf autres théâtres est insoutenable, la censure avait d'abord approuvé la nouvelle comédie, puis l'excellentissime magistrat des exécuteurs au Blasphème a voulu la revoir pour la réexaminer sur requête de Gratarol, qui soupçonne quelque chose de nuisible pour lui alors que lui est enfin parvenue sa nomination à Naples. La Tron prend le manuscrit et Sacchi va chez Gozzi. Celui-ci (c'est lui-même qui le dit) se met les mains dans les cheveux en criant : « Demain, Venise entière se gaussera de Gratarol et de moi derrière notre dos ! »

Ça n'était que trop vrai. Caterina avait lu la comédie à sa causerie très fréquentée, où l'on s'était beaucoup diverti. Il en était né un énorme commérage. Gozzi, effrayé, avait couru chez Gasparo, pour qu'il en parle à la procuratrice, mais celle-ci, « joyeuse, bizarre et pointilleuse » comme elle l'était, avait refusé d'intervenir pour bloquer la représentation qui aurait enlevé à Sacchi une recette sûre. Elle ordonne à Sacchi de confier le rôle à l'acteur Vitalba, lequel doit s'habiller d'une certaine façon, porter perruque de telle manière, marcher d'une allure particulière, en d'autres termes personnifier le portrait de Pietro Antonio Gratarol.

Le soir du 10 janvier 1777, le théâtre Vendramin à San Luca est plein à craquer. Dans la rue on entend les cris du personnel de service : « Qui n'a point de loge ni de banquettes doit faire demi-tour ! » Les aigrefins font des affaires d'or, il y a du monde jusque sur la scène. Gozzi s'est enfermé dans une loge de troisième ordre. Il craint le pire. Caterina Dolfin Tron a pris place, raconte Damerini, « dans une loge non numérotée entre la huit et la neuf, tandis que sa cour s'installe dans la loge adjacente ». La première partie du premier acte amuse beaucoup mais quand, au début de la scène seize, apparaît Adone, « le théâtre fut secoué par une vague irrépressible d'hilarité ». Vitalba a recréé un Gratarol plus vrai que nature, sans oublier les « diablotons ». Les rires et les applaudissements n'en finissent plus.

Le public remplissait le théâtre à chaque représentation, il applaudissait et riait, il riait même dans la rue, contraignant Gratarol à s'enfermer chez lui, à tenter de faire une nouvelle fois intervenir la censure, et en demandant à Gozzi de retirer la pièce.

Gozzi, d'ailleurs, aurait bien voulu le faire. Il prépara même un prologue justificatif mais, face à la résistance du directeur de troupe et du propriétaire du théâtre, il finit par demander audience à la procuratrice. En vain : deux jours plus tard, le messager des inquisiteurs d'État envoyait bon gré mal gré la Ricci – qui se prétendait malade – au théâtre. Sacchi était heureux de multiplier les représentations et Gratarol, convaincu que Gozzi l'avait berné, lui envoya un billet plein d'insolence et de mépris. De plus en plus gêné, Gozzi retourne chez Caterina, se plaint, mais l'implacable procuratrice se fait remettre le billet de Gratarol et le donne au mari qui le passe à son tour aux inquisiteurs d'État. Le secrétaire des inquisiteurs dicte alors à Gratarol une rétractation totale qu'il l'oblige à signer.

A partir de là, les événements prennent un tour extrêmement désagréable. Gratarol, qui avait des paroles de feu pour le *Paron*, la procuratrice et tout le monde, a envoyé partout son billet injurieux ; tous le lisent et tous le lisent la rétractation, diffusée par Gozzi. Gratarol ne sort plus de chez lui, il ne va même plus au bureau. Puis quand, grâce à Dieu, les représentations des *Drogues* se terminent, il commence à répandre dans Venise des infâmies sur le compte de Caterina, disant qu'elle est la cause de tous les maux de Venise, que le *Paron* est gâteux et à sa merci, qu'elle en a après lui, Gratarol, parce qu'il ne la courtise pas comme elle le voudrait. Il reçoit des encouragements et des manifestations de solidarité de la part des nombreux ennemis de Tron (qui n'en a pas quand on est au pouvoir ?) et Gratarol se fait le champion de la moralisation de l'État.

Mais les Tron sont plus puissants que lui. Au Collège, quelqu'un lui conseille de renoncer au poste de résident à Naples et de retourner à son habituelle occupation dans les bureaux de la ville : c'est l'écroulement de sa carrière. De plus, un inconnu a agressé l'acteur Vitalba en lui lançant au visage une bouteille d'encre ; la rumeur publique attribue l'initiative de cet attentat à Gratarol. Ce dernier, au lieu de tenter de faire la paix, commet une erreur irréparable : il s'enfuit. Il fuit à l'étranger, défiant la loi. Celle-ci est catégorique : pour ceux qui s'expatrient sans autorisation, c'est le bannissement perpétuel et la confiscation des biens.

A Stockholm, le malheureux, condamné par contumace, fait publier un *Récit apologique*, bourré d'attaques contre Caterina, décrite comme une vulgaire femelle qui s'est vautrée dans la boue, s'offre des amants, prétend « se mêler de tout, tout arbitrer, même les courtoiseries galantes » ; ses attaques visent aussi Andrea Tron ; et la République, ses ordonnances, ses lois. A Venise le pamphlet fait fureur ; pour certains c'est un manifeste révolutionnaire, pour d'autres un commérage piquant, mais il fait fureur.

Entre-temps, Andrea Tron a subi un échec terrible : à la mort du doge Alvise IV Mocenigo, il s'est porté candidat à sa succession et a été battu. Par Paolo Renier, un vieux renard, habile intrigant. Mais la satire, si elle ne pardonne pas à l'élu une certaine réputation d'âpreté au gain et un passé de revirements politiques, n'épargne pas l'offense la plus sanglante. Une épigramme latine circule dans Venise dont le sens est le suivant : « Que le procurateur Tron se console, si la patrie lui a nié la corne, sa femme s'occupera de la lui donner. » Une deuxième édition du *Récit* vomit son venin contre lui, mais surtout contre Caterina.

Ces événements eurent lieu entre 1778 et 1780 et laissèrent derrière eux deux victimes : Gratarol et Caterina. Gratarol avait coupé tous les ponts, ce n'était plus qu'un exilé sans espoir de retour qui allait finir ses jours en vagabond, dans une terre incroyablement lointaine, Madagascar. Il fut facile de le dépeindre tel qu'il était et tel qu'il n'était pas, une victime de l'absolutisme, de l'Ancien Régime, des caprices d'une dame bizarre et d'un auteur théâtral hargneux, bien qu'il fût surtout victime de sa propre vanité stupide. Caterina mourut plutôt jeune, à cinquante-sept ans, en 1792 (Andrea était mort huit ans plus tôt), et cette funeste affaire la livra elle aussi à la postérité peinte sous le jour d'une femme ambitieuse, capricieuse, bizarre. Malgré ceux qui la défendirent avec conviction, tel le sévère Nicolò Tommaseo, la postérité donna beaucoup de place, dans les romans et à la télévision, à l'histoire des *Drogues d'amour*, et oublia facilement l'autre aspect de son personnage, celui de la femme généreuse, charitable, cultivée et clairvoyante, qui s'occupait activement, entre autres, de l'émancipation féminine, et qui semblait avoir prévu la catastrophe proche qui menaçait Venise (et que Tron avait lui-même si ardemment cherché à conjurer). Il existe un sonnet, que la tradition déclare avoir été écrit par elle, et qui prouve sa conscience fière de femme forte, une conscience qui la place bien au-dessus de beaucoup des politiciens peureux et cancaniers de cette malheureuse période. Ce sont les deux dernières strophes qui importent (« la forteresse de Pierazzo » citée ici est la République aristocratique : elle avait été créée par Pierazzo Gradenigo, le doge qui, en 1297, avait mis en place la « fermeture » du Conseil majeur) :

Oui, elle tombera la forteresse de Pierazzo
Car le lion est devenu oie,
Car c'est dans le feu que fond la glace.
Mais moi, fille d'un Dolfin, femme d'un Tron,
Je tiens bon, pardieu, et je ne me tue, las !
Car si je tombe, ce n'est point en génuflexion !

5. *L'ouragan Cecilia*

La célébrité posthume de Cecilia Zen Tron, belle-sœur de Caterina et qui lui survécut trente-cinq ans, est liée à une composition poétique différente et bien plus brève : la foudroyante réponse à une épigramme insultante. Cecilia avait mis en vente une loge dont elle était propriétaire au théâtre San Beneto, et un petit malin avait fait circuler trois vers : « Et bravo la Tron ! / Elle vend sa loge / plus cher que son con. »

Et Cecilia, du tac au tac : « La Tron, / son con, / elle en fait don. »

Dans cette, disons, joute « poétique », il y a tout le caractère de Cecilia et toute la différence avec Caterina. Elle était arrivée à dix-sept ans au palais Tron, en tant qu'épouse d'un homme de cinquante ans. Des quatre fils du chevalier Nicolò Tron et de Chiara Grimani Calergi, Andrea, marié à soixante ans, n'avait pas eu d'enfants, Giovanni devint bénédictin, Vincenzo, marié jeune, termina ses jours prêtre après la mort prématurée de son fils et de sa femme. Il ne restait plus que Francesco pour continuer la lignée, et celui-ci, pour cette raison, épousa, en 1772, Cecilia, fille adolescente de messire Renier Zen, lui-même arrière-petit-fils de l'autre Renier Zen qui avait déchaîné le tumulte parlementaire de 1626-28 contre le doge Corner et ses fils. Si Caterina était gracieuse, Cecilia était belle; si Caterina était vive, Cecilia était un ouragan. Et Francesco, de trente-quatre ans son aîné, s'en rendit compte très vite. A Brescia où il était podestat, Cecilia avait fait reconstruire, illuminer et réchauffer le théâtre, elle avait remis sur pied la languissante académie des Errants, et avait stupéfié les habitants, non seulement parce qu'elle jouait du piano avec beaucoup de talent, mais parce qu'elle dansait comme une endiablée, se déguisait de mille façons, montait à cheval comme un jockey, maniait l'épée comme un spadassin et, chose jamais vue, s'habillait souvent et volontiers en homme.

De retour à Venise, à la mort d'Andrea, Cecilia s'installe en maîtresse de maison au palais, après avoir invitée l'incommode belle-sœur à déménager. Elle se donne en effet un mal fou pour éclipser la célébrité et l'influence de Caterina. Celle-ci, comme toutes les dames et les seigneurs, a un *casino*, un mini-appartement central et élégant, bien plus commode et accueillant que les pièces solennelles de la Ca'Tron. Mais Cecilia en a un, elle aussi. Et si Caterina tient un salon très fréquenté et convoité, à l'enseigne de la culture illuministe, la « causerie » de Cecilia devient un lieu de rencontre très couru par les étrangers de passage. Cagliostro y passera aussi en 1755. Caterina a monté « l'affaire » des *Drogues d'amour* au théâtre San Luca? Cecilia ne veut pas être en reste et organise une claque pour la danseuse Baccelli, qui est « maladroite et vulgaire » et a été bruyamment sifflée. Elle la fait applaudir, couvrir de coûteux cadeaux et en fait une « vedette » incontestée. Elle organise une cabale contre le célèbre chanteur Pacchierotti, qui ne lui plaît pas : on la voit habillée en homme, bottée, sortir du théâtre San Samuele, disant d'un ton satisfait : « Nous avons réussi ! »

Elle est loin d'être bête mais elle brûle de vivre. Elle a trente-six ans quand elle rencontre, à Milan, dans la maison Serbelloni, Parini, qui en a cinquante-huit. Elle lui fait la cour en le flattant courtoisement mais, surtout, en lui faisant tourner la tête avec le charme terrestre et sensuel de ses seins découverts qui inspirent au poète l'ode *Le Danger*. Elle en a trente-huit quand arrivent de Trévise l'empereur Léopold II, le roi et la reine de Naples, les grand-ducs de Toscane et qu'elle fait irruption sur le Terraglio, à cheval, habillée en homme, précédant le cortège de carrosses en galopant à bride abattue. Les inquisiteurs d'État invitent Francesco de façon péremptoire « à contenir la gente dame son épouse dans les limites d'une modération décente », mais elle est ravie d'avoir attiré l'attention des invités et se moque éperdument de « l'écœurant silence » avec lequel son septuagénaire de mari pense la punir. Puis Francesco meurt et, à la mort de Vincenzo, l'héritière universelle des immenses richesses des Tron sera la fille de Cecilia, Chiara Maria, qui épousera un Donà dalle Rose. Cecilia terrassera au tribunal les lointains parents Tron da San Beneto qui contestent la succession. A la mort de sa belle-sœur, c'est elle qui devient enfin la personnalité la plus célèbre de la famille. Les gens répètent ses répliques fulgurantes, comme celle qu'elle adresse au gondolier qui, la voyant soigneusement maquillée pour cacher ses rides, lui dit : « Quelle belle mine a Votre Excellence » et elle : « Je sais, monsieur l'imbécile, mais elle me coûte cher ! »

La République tombe et Cecilia fait exactement le contraire de ce qu'aurait voulu faire Caterina : elle est francophile et jacobine ; en septembre 1797 elle donne une grande fête « démocratique » au palais sur le Grand Canal ; elle va à Mestre, recevoir l'épouse de Bonaparte, Joséphine ; elle l'accompagne en gondole et va jusqu'à lui chanter la célèbre et insipide chansonnette d'Antonio Lamberti et Simone Mayr, *La Blondinette en gondolette*, que l'invitée voulait tant entendre. Quand les Français partent et qu'arrivent les Autrichiens, ceux-ci la soupçonnent d'intrigues révolutionnaires et la contraignent plusieurs fois aux arrêts forcés à domicile. Mais elle continue sa vie, tient un salon encore plus brillant, épouse son chevalier servant, le comte Giorgio Ricchi (mais, elle continue cependant à se faire appeler Zen Tron), vieillit de plus en plus mais conserve son esprit et son humour endiablés qui s'expriment dans les choses les plus banales. Ainsi, elle conclut une lettre à un professeur de Padoue par un « Vôtre? Jamais! Cecilia Tron ».

VI

Autour de la reine de Chypre

1. *Amoureux ou espion ? La tragédie d'Antonio Foscarini*

La façade de l'église de San Stae, disent les guides, a été refaite en 1709 par Domenico Rossi, natif de Morcote dans le Tessin, grâce à un legs du doge Alvise II Mocenigo.

Rossi avait été « un jeune homme de mauvaise vie » qui, de nuit, volait les chapons pendus aux fenêtres de son bourg natal ; la capture de certains de ses compagnons de scélératesse, condamnés aux galères, et les bons conseils d'un oncle, prêtre à Venise, lui auraient fait changer de vie et se dédier à l'architecture. « C'était un homme sans lettres », dit son biographe Temanza, « mais très ferré dans le mécanisme des édifices », ce qui veut dire que c'était un formidable technicien, mais « qu'il n'entendait peu ou rien au bon goût de l'art ». Le préjugé hostile à l'art baroque a injustement maltraité Rossi ; bien au contraire, la façade de l'église est tout à fait aérienne, merveilleusement absurde dans cet envol vers le ciel de tout un peuple d'anges et de saints sculptés par une foule d'artistes joyeusement baroques, elle est en pleine harmonie avec la riche collection de peintures XVIIIe qui anime l'intérieur.

Dédaigneusement loin du bruit du Grand Canal, le solennel palais Mocenigo du XVIIe donne sur la *Salizada* de San Stae. (« Dans notre dialecte le mot veut dire rue pavée, et prend son origine dans quelque ancienne rue de Venise qui le fut », dit le *Dictionnaire du dialecte vénitien* de Giuseppe Boerio, publié en 1829 par les soins du futur dictateur de Venise insurgée, Daniele

Manin.) Cette branche de la grande famille a donné sept doges dont l'avant-avant-dernier, Alvise IV, fut un diplomate distingué qui avait épousé Pisana Corner, femme de grande culture, particulièrement ferrée en sciences astronomiques. Dans ce palais était né aussi Alvise II : un singulier personnage qui, bien que n'ayant jamais prononcé ses vœux, passait pour s'être conservé puceau, sexophobe au point d'interdire que l'on parlât des femmes en sa présence. Il repose maintenant dans l'église, sous une dalle de marbre blanc bordée de calcédoine et sur laquelle la corne ducale surplombe deux tibias entrecroisés. On y voit aussi le bonnet ducal recouvrant un crâne et deux squelettes de marbre blanc brandissant des faux tandis que, dans les angles, un hibou, un sablier, une torche, une enveloppe cachetée et une plume rappellent bizarrement la mort et le testament du défunt.

Le prédécesseur immédiat d'Alvise IV, Marco Foscarini, repose lui aussi à San Stae, dans la chapelle de sa famille où un grand crucifix de Torretti campe au-dessus d'une croix verte sur champ noir. Lui-même n'est rappelé par aucune inscription : les bustes du monument représentent d'autres personnages de la branche Foscarini résidant dans le palais qui longe le Grand Canal, juste après l'église, au-delà du chenal. Elle en avait hérité des Giunti, une famille d'imprimeurs et d'éditeurs florentins transplantés à Venise.

Marco Foscarini donne aujourd'hui son nom à un lycée vénitien. Bien peu de chose pour un homme qui a tant compté dans la vie et dans la culture de son époque à Venise et ailleurs. C'était un homme politique extrêmement cultivé, affable, éloquent, que tous étaient d'accord pour élire doge mais qui, par terreur injustifiée de rater son élection, avait dilapidé son patrimoine pour corrompre tous les électeurs possibles. Cet érudit avait rassemblé une exceptionnelle bibliothèque de manuscrits et de livres rares. Son goût de l'étude était si considéré que, pour le féliciter, le pape Benoît XIV lui envoya même un bref. Diplomate estimé par toutes les cours d'Europe, il était un orateur fascinant qui avait vaincu au Conseil majeur, par la seule force de son éloquence, un parlementaire aussi astucieux que Paolo Renier. Par son charme, il s'était fait aimer de Gasparo Gozzi et de son lointain et richissime cousin, le procurateur Piero, lequel lui avait fait construire un petit édifice pour abriter sa bibliothèque et l'avait nommé héritier universel de son patrimoine et de son somptueux palais des Carmini.

Tant de qualités exemplaires (il était de surcroît bel homme, avec un visage ouvert, et son portrait, signé par Alessandro Longhi, inspire la plus vive sympathie) avaient aussi leurs revers. En premier lieu, ce désir maladif de devenir doge à n'importe quel prix, et puis la passion des cartes, que de Brosses put constater par lui-même en le voyant jouer, avec une ardeur passionnée, au palais Borghese (inutile de dire que lui aussi fut fasciné et charmé par ce personnage si plein « de feu et d'esprit »). Il y a aussi son manque de scrupules pour se procurer des livres rares par tous les moyens, même les moins orthodoxes ; une susceptibilité à fleur de peau qui le rendait intolérant à toute critique. Et puis, une certaine dose de pédanterie : Gozzi, son grand ami et hôte assidu en villégiature, écrivait en 1756 qu'il ne vivait plus car Foscarini était en pleine composition d'un poème sur les coraux et qu'on ne parlait plus que de corail, qu'on mangeait du corail, qu'on buvait du corail (« tant que je serai à Venise je n'aurai pas d'autre mot en bouche »). Et quel gaspilleur ! Il était tellement endetté que ses créanciers menaçaient de faire flétrir sa dépouille mortelle de la marque des débiteurs insolvables : en somme, c'était une synthèse vivante et géniale de son siècle, comme Andrea Memmo, bien qu'il n'ait jamais été, comme celui-ci, un coureur de jupons enragé.

Sa vie personnelle avait été marquée pas à pas par le succès. Celle du chevalier Antonio, grand-oncle de son père, au contraire, semble la représentation de tout ce qu'il y a de ténébreux et de mystérieux dans ce XVIIe siècle tourmenté, cadre idéal pour une histoire familiale qui, comme le fait remarquer un manuscrit marcien intitulé *Hasards malheureux, fins et morts de Nobles Vénitiens*, compte nombre de mésaventures et disgrâces. L'arrière-grand-père mort d'une chute d'une échelle, l'arrière-petit-neveu Alvise banni pour avoir fait tuer un orfèvre, le fils d'Alvise, assassiné en plein théâtre par un Mocenigo, et la mère d'Antonio, Maria Barbarigo, qui se suicida.

L'époque romantique a privilégié Antonio Foscarini en vertu du mythe qui l'avait entouré depuis la lointaine date de 1622 quand, un matin, les Vénitiens eurent l'horrible vision, en passant par la

Piazzetta de voir, mort, pendu par un pied entre les deux colonnes du quai, le chevalier Foscarini, sénateur, ex-sage de Terre Ferme, ex-ambassadeur auprès des rois de France et d'Angleterre. Une rumeur insistante racontait que le chevalier avait été exécuté pour ne pas compromettre sa maîtresse et sauver son honneur, et que l'amante était la comtesse Alathea d'Arundel and Surrey, épouse du comte maréchal d'Angleterre. Elle habitait au palais Mocenigo, à San Samuele, et Foscarini s'y rendait de nuit, selon l'accusation, en cachette, seul, armé et vêtu « de façon extravagante ».

L'accusation ne s'était pas intéressée aux mobiles sentimentaux de ces visites cachées. Elle avait, par contre, noté le fait que la maison de la comtesse (qui, selon ses dires, séjournait entre Padoue et Venise, pour donner à ses fils une éducation plus complète, « à l'italienne », alors que l'on murmurait qu'elle se trouvait en Italie par attachement secret à la religion « papiste », comme disaient les Anglais) était fréquentée par beaucoup d'autres personnages, tels le plénipotentiaire des Médicis et le secrétaire de l'ambassadeur impérial, ainsi que par beaucoup d'autres figures plus inquiétantes, comme le secrétaire de l'ambassade d'Espagne, pays avec lequel les tensions politiques étaient grandes.

Foscarini avait donc été arrêté, soupçonné d'intelligence avec des représentants de puissances hostiles. Interrogé pendant cinq heures d'affilée, on lui notifia des indices graves et des témoignages écrasants. Il aurait pu démontrer son innocence (disait-on) si seulement il avait admis que ses visites clandestines, entourées de tant de mystère, n'avaient pas un but politique mais amoureux. Mais il préféra se taire et fut étranglé en prison, martyr de l'honneur et d'une dévotion héroïque à la dame aimée.

Les rumeurs suscitées par un fait aussi sensationnel – un sénateur de premier rang, pendu au gibet comme un vulgaire malfaiteur, et une grande dame étrangère, étroitement liée à la cour du roi Jacques Ier et impliquée dans une sombre histoire d'espionnage – avaient ébranlé les nerfs de l'ambassadeur britannique, sir Henry Wotton. Mais la comtesse ne s'en émut pas outre mesure. Elle fut seulement furieuse que sir Henry osât lui suggérer de partir à l'instant même de Venise et des États vénitiens alors qu'une fuite n'aurait pu que corroborer implicitement les ragots. Lady Alathea désirait être reçue au Collège par le doge, la Seigneurie et tous les sages, et avait exigé un démenti public de sa possible implication, même la plus lointaine, avec le malheureux ambassadeur Foscarini. Celui-ci avait eu un procès régulier au Conseil des Dix. Il y avait obtenu une majorité écrasante de treize voix contre quatre abstentions et, quand il s'était agi de le condamner à mort, la *part* du doge avait obtenu dix voix contre cinq pour la prison à vie et une pour la mort en prison, sans exposition du cadavre. Une seule abstention, aucune proposition d'absolution, aucune requête de reprise du procès *ex novo* (comme chacun des dix-sept représentants, plus les trois avogadors du Commun, avait la faculté de demander s'il y avait eu quelque doute).

Pauvre chevalier Antonio. Après sa mort, il eut contre lui précisément les représentants de la fraction la plus courageuse – nous dirions aujourd'hui la plus progressiste – du patriciat : les amis de frère Paolo Sarpi, dont il avait fait partie lui aussi. C'était ce même frère Paolo, courageux frère servite, qui avait fourni à la République les armes juridiques et théologiques les plus subtiles pour vaincre les prétentions du pape Paul V dans sa longue, dramatique, bataille politique et diplomatique qui l'opposa en 1606 à Venise. Le pape, revendiquant l'indépendance des ecclésiastiques des tribunaux civils, avait foudroyé Venise d'une interdiction que la Sérénissime avait repoussée comme non valable et illégitime. Frère Paolo avait été poignardé au visage par les sicaires du cardinal Borghèse et avait sarcastiquement commenté ainsi l'incident : « Je reconnais le style de la Curie romaine. » Foscarini considérait frère Paolo comme un maître et, plus encore, comme un ami et lui avait laissé dans un testament dicté à la hâte en prison un legs de cent ducats. Frère Paolo refusa ce legs, « reconnaissant être en obligation par conscience et fidélité de ne rien avoir à faire avec qui s'est rendu indigne de la grâce du Prince, ni pendant sa vie, ni après sa mort ».

Foscarini avait été, de son vivant, décrit comme un homme étrange, « capricieux et bizarre pour les choses sans importance, mais sérieux pour les choses sérieuses » (ainsi parlait un diplomate de la maison de Savoie) et qui avait déjà trébuché dans les filets des inquisiteurs d'État quand il était ambassadeur à Londres. Une histoire antipathique avec son secrétaire d'ambassade, Giulio Muscorno, un extravagant lui aussi, intrigant et faiseur, qui lui avait créé toutes sortes de problèmes avec la cour de Saint-Jacques et l'avait accusé, entre autres, d'avoir fait lire à des tiers des lettres réservées au seul Sénat. A l'époque, Foscarini avait pour la première fois goûté aux cellules des Dix, mais les inquisiteurs d'État avaient enquêté directement à Londres, et le secrétaire Lionello, le responsable de l'enquête, avait découvert que les lettres de l'ambassadeur étaient réellement copiées par un espion, mais que c'était la faute de son valet, tout de suite pris et condamné à vingt ans de prison. L'enquête de Lionello avait aussi établi que Muscorno s'était très mal conduit, qu'il avait porté un grave préjudice au prestige de la République et de l'ambassadeur en le diffamant, et en amusant les gens par d'indignes imitations de ce dernier tandis qu'il le tournait en dérision au beau milieu de la cour. Les Dix avaient absous Foscarini et condamné Muscorno à deux ans de relégation forcée dans la forteresse de Palmanova ; mais ce n'avait pas été la première fois que Foscarini avait eu des désaccords et des ennuis avec ses secrétaires. C'était très évidemment un homme difficile. Et, malgré les qualités que tous lui reconnaissaient, il y avait quelque chose en lui qui attirait les soupçons.

Foscarini était mort le 20 avril 1622. Le 10 juin, le roi Jacques Ier d'Angleterre remerciait le doge pour la satisfaction rendue par la République au Royaume-Uni grâce à la déclaration d'extranéité de lady Arundel à l'affaire. Le 21 juillet, sir Henry Wotton est rappelé en Angleterre et remplacé par sir Isaac Wake. Mais le 22 août, un coup de théâtre inattendu éclate. Le Conseil des Dix ordonne l'arrestation d'un certain Girolamo Vano et de deux de ses compagnons : Vano, de profession espion des inquisiteurs d'État, avait été le principal témoin à charge dans le procès de Foscarini. Puis de nouveau le silence. En janvier 1623 de nouvelles rumeurs courent dans la ville : Vano et un de ses compagnons, Domenico da Venezia, ont été étranglés en prison. Giulio Cazzari, familier du secrétaire de l'ambassadeur impérial à qui il fournissait les informations secrètes attribuées à Foscarini, va mourir lui aussi. Et le 16 janvier 1623, avec un courage civique tout à fait insolite pour l'époque, le Conseil des Dix proclame solennellement sa propre erreur et l'innocence d'Antonio Foscarini. Il en donne communication à tous les gouvernements d'Europe.

Cent cinquante ans plus tard, Marco Foscarini, avant d'être doge, défendant les inquisiteurs d'État pendant un mémorable débat parlementaire, évoquera « le tendre souvenir reconnaissant » du jour où le Conseil majeur avait reçu la communication solennelle des Dix, et que « son humble demeure » avait accueilli de nombreux patriciens qui accouraient pour exprimer leurs félicitations émues à la famille. Malheureusement, les actes du procès Foscarini, qui à la chute de la République étaient encore intégralement conservés dans l'armoire des inquisiteurs d'État, furent stupidement détruits par la municipalité démocratique. Girolamo Ascanio Molin, homme politique de grande culture, qui avait pu les examiner vers la fin du XVIIIe, jurait que les preuvres contre Foscarini étaient telles que le Très-Haut Conseil n'aurait pu faire autrement que de le condamner. Mais qui avait fabriqué ces preuves si concrètes, si inattaquables ? Le soupçon que Muscorno y soit pour quelque chose est presque une certitude. Seul un secrétaire du Sénat pouvait connaître aussi bien ce qu'il fallait pour convaincre un tribunal de dix-sept gentilhommes avertis et, avant eux, les inquisiteurs d'État. Mais Muscorno tout seul ? Comment, après avoir été tant discrédité, aurait-il pu manipuler les preuves et manœuvrer l'immonde espion Vano et ses complices ? En repensant aux multiples disputes entre Foscarini et ses secrétaires, il est tout à fait plausible d'imaginer que la solidarité de cette puissante catégorie secrétariale, de cette bureaucratie permanente, de ces hauts commis, ait joué contre lui dans la mise en scène de cette affaire, dont les échos suscitent encore aujourd'hui des réactions émotives.

2. *Dans Venise la rouge...*

Nous savons peu de chose de la Confrérie des *tiraoro* et des *battioro*, si ce n'est ce qu'en laissent deviner les noms : étirer l'or en feuilles et marteler les plaques d'or. Le siège de leur confrérie se trouvait juste à côté de l'église (cette élégante petite construction, attribuée à Giacomo Gaspari, existe toujours). Les deux respectables associations artisanales s'étaient détachées ensemble du plus vaste et plus antique Art des *Oresi*, les orfèvres ; et l'Art des orfèvres, qui avait sa propre école à Campo di Rialto Novo, alignait ses échoppes le long de ce qui s'appelle encore aujourd'hui *ruga dei Oresi*, la rue des Orfèvres, qui vient du pont de Rialto.

Malheureusement, après la transformation du quartier en marché alimentaire vers la fin du XVIIe siècle, les boutiques, abandonnées depuis longtemps par les orfèvres, sont aujourd'hui occupées par un nombre croissant de magasins de soi-disant « spécialités vénitiennes », pacotilles destinées au tourisme de masse et fabriquées non pas à Venise, mais à Taiwan, Hong Kong et Dieu sait où encore. Il reste toujours des orfèvres, sous les arcades de la vieille Draperie, qui courent parallèlement à la ruga dei Oresi. Mais ce n'est qu'une pâle arrière-garde d'un Art si célèbre que le roi Henri III de France, durant sa mémorable visite officielle en 1574, avait voulu consacrer plusieurs heures à la visite des boutiques et des laboratoires puis offert vingt-six mille écus d'or pour l'achat d'un sceptre incrusté de pierres précieuses qu'il avait vu dans la vitrine des Dalla Vecchia; ceux-ci, d'ailleurs, ne crurent pas bon d'accepter cette offre, la considérant insuffisante.

Le roi de France aura peut-être encore eu le temps de voir, dans la basilique de Saint-Denis où tous ses prédécesseurs de la lignée capétienne reposaient du sommeil éternel dans de magnifiques sépulcres, la croix ornée de trente-huit grands saphirs posés sur des briquettes d'or « à la façon de Venise » et commandée avant 1151 par le puissant abbé Suger. Il est certain que le roi, qui se passionnait pour les beaux bijoux, se sera bien réjoui à la vue du trésor de Saint-Marc exposé devant l'éblouissant retable d'or byzantin tandis que la chapelle marcienne exécutait le *Te Deum* composé expressément pour lui par Zarlino. Entre les reliquaires, les évangiles et maints autres objets précieux que les croisés d'Enrico Dandolo avaient rapportés en 1205 du sac de Constantinople, il s'agissait d'une des collections les plus importantes de toute la Chrétienté. Et il n'y avait pas que des objets sacrés. On trouvait aussi des ornements pectoraux « de pur or massif », comme le souligne Francesco Sansovino dans sa *Venise Cité bien noble & singulière*, « incrustés de fins joyaux sur tous les côtés, d'émeraudes, de topazes, de chrysolites, et de perles d'extraordinaire grandeur ». Il y avait « l'énorme rubis » légué à la République par le cardinal Domenico Grimani, les couronnes des règnes de Chypre et de Candie, et la *zogia*, la « corne » incrustée de pierres dont chaque doge élu était couronné et avec laquelle, chaque année, il visitait solennellement le très ancien monastère de San Zaccaria.

De l'autre côté du Grand Canal, l'enfilade des palais fait un coude, le premier *volta de Canal*, le premier virage. Et, juste après le canal de la Maddalena, le palais Barbarigo conserve encore les restes des fresques de Camillo Ballini. (Mais peut-être faut-il aujourd'hui parler à l'imparfait? Depuis une soixantaine d'années, en effet, l'attaque des industries pétrochimiques de Marghera s'est ajoutée à l'usure atmosphérique et bien des marbres et des pierres d'Istrie qui résistaient depuis des siècles se sont effrités et émiettés tandis que des fresques s'écaillaient rapidement et tombaient en poussière, comme celles du cloître Santo Stefano qui existaient encore dans les années trente et qui, aujourd'hui, ont disparu.)

La plupart des façades des palais du Grand Canal présentent aujourd'hui, quand elles ne sont pas recouvertes de marbre ou de pierre d'Istrie, de sordides couleurs acryliques grisâtres, profondément contraires au goût et à la tradition vénitienne, et il est difficile d'imaginer le coup d'œil que devaient offrir autrefois ces palais recouverts de fresques et peints de couleurs vives où dominait le rouge, « la meilleure couleur qu'il soit au monde ». La longue période gothique qui, à Venise, devait durer jusqu'à la fin du XVe siècle, ne se contentait pas d'enduits colorés et, quand on ne pouvait recourir à l'œuvre de peintres en vogue, on faisait décorer les façades de motifs ornementaux, de feuillages, de pampres, de festons, ou, comme dit Jakob Burckhardt, « de tapis ».

Et il n'y avait pas que les façades : en regardant les toiles de Carpaccio ou de Gentile Bellini, on s'aperçoit qu'une décoration du même genre était utilisée pour les murs des cours intérieures et des potagers. C'est pour cette raison que les premiers architectes de la Renaissance, les Codussi, les Lombardo, s'étaient donné beaucoup de mal pour recouvrir leurs constructions de marbres colorés et incrustés, pour ne pas détonner avec celles qui les entouraient. Pas même la Venise appauvrie, maltraitée, recouverte par les ruines et les gravats des démolitions napoléoniennes et autrichiennes, ne privait ses maisons des enduits vivaces qui suggéraient à Alfred de Musset le premier vers d'un de ses célèbres poèmes : « Dans Venise la rouge... ».

Et la Renaissance qui aimait la pierre d'Istrie, sévère et majestueuse, aimait peut-être encore plus la fantaisie de ses peintres. Ainsi, Giorgione qui avait peint des fresques sur la façade de sa maison à San Silvestro, avait été appelé à décorer sur le Grand Canal, celle du plus important de tous les centres commerciaux et financiers étrangers, le Fondaco dei Tedeschi; et le Titien, qui devait avoir dix-huit ans à l'époque, s'associa lui aussi à ce travail. Dans la foulée, le maître de Castelfranco peignit la façade du palais Soranzo à Campo San Polo puis on lui demanda de décorer celles du palais Pisani et du palais Gritti, sur le Canalazzo à Santa Maria Zobenigo. Malheureusement tout cela a été perdu, comme les fresques de Pordenone qui décoraient le frontispice du palais Morosini à San Geremia (démoli au début du siècle dernier), comme celles du palais appelé d'abord d'Anna, puis Viaro, puis Martinengo et maintenant Volpi di Misurata. Perdues aussi les merveilleuses peintures des grands maîtres du XVIe qui ornaient le Grand Canal : celles du Tintoret au palais Gussoni à San Felice, de Véronèse aux palais Coccina et Foscarini à San Stae, ainsi qu'au palais Cappello à San Polo où l'on trouvait aussi des fresques de son rival Zelotti; celles de Schiavone à Ca' Zane Tiepolo à San Tomà, de Salviati au palais Loredan à San Vio, de Sante Zago au palais Mocenigo à San Samuele. Et Venise s'engrisaille, Venise qui se peignait autrefois de teintes bariolées (les témoignages de Carpaccio et de Gentile Bellini le prouvent), jusqu'aux caractéristiques cheminées fantaisie à cône renversé, de plus en plus rares aujourd'hui, jusqu'aux pilots qui, à une certaine époque, rappelaient sur la berge devant chaque palais les couleurs des armoiries de leurs propriétaires.

3. *L'enlèvement de Giustiniana*

Le 18 décembre 1731, la Noble Dame Faustina Lazari, épouse du gentilhomme Giulio Gussoni, présentait une dénonciation au tribunal des trois chefs du Très-Haut Conseil des Dix. Le gentilhomme Giulio ne devait pas être un enfant de chœur et le Très-Haut (on appelait ainsi le Conseil des Dix pour abréger) avait dû s'occuper de lui quand, après avoir été podestat de Bergame, il était devenu lieutenant général à Udine, c'est-à-dire gouverneur du Frioul. On le convoqua à Venise sous l'accusation d'avoir tué ou fait tuer un de ses administrés, le comte Francesco d'Arcano.

L'affaire s'était résolue en sa faveur et Giulio avait été absous et libéré le 10 septembre 1727 pour, semble-t-il, rentrer chez lui. Il résidait sur le Grand Canal, à l'angle du rio de Noale, et la façade de son palais s'ornait de deux fresques peintes par Jacopo Tintoretto qui, dans sa jeunesse, avait été inspiré par les sculptures de l'Aurore et du Crépuscule réalisées par Michelange pour les tombes des Médicis, ainsi que par celles d'Adam et Ève et de Caïn et Abel.

Les études généalogiques donnent messire Giulio Gussoni pour mort en 1730. Les documents du Conseil des Dix, par contre, en parlent comme s'il était encore vivant à cette époque. Mais il ne s'agit pas ici de lui; il est cependant pour le moins curieux que ce soit sa femme et non lui qui présente la dénonciation, car il s'agit d'une très grave et très sérieuse affaire de famille. La Noble Dame Faustina, en effet, affirmait que sa fille Giustiniana, déjà promise en épouse à un patricien, avait été enlevée par le comte Francesco Tassis, de feu Flaminio, un Bergamasque. Mise à part toute autre considération, Giustiniana était fille unique et, en tant que telle, héritière d'un vaste patrimoine dont le palais n'était qu'une partie.

Le Conseil des Dix confia immédiatement aux avogadors du Commun la vérification des faits et « l'établissement de la proclamation », comme on disait alors, contre le comte Tassis. Une fois l'enquête terminée, celui-ci fut inculpé le 9 janvier 1732. Selon l'accusation, le comte était « admis, en toute bonne foi, en maison patricienne et aux nobles causeries » fréquentées par Faustina Lazari Gussoni et sa fille, mais « correspondant mauvaisement... aux bien multiples égards qu'il devait » à une jeune fille déjà fiancée et, plus encore, « destinée, par contrat établi et signé, au mariage avec un époux patricien ». On lui reprocha d'avoir tenté « dans un but digne de réprobation à se procurer insidieusement sa confiance ». Et, « ayant caché sous des signes de remontrances religieuses son diabolique dessein », il avait même réussi à se faire accueillir dans la maison Gussoni, « avec l'idée de s'insinuer de plus en plus dans l'âme tendre de la donzelle, avec tous les arts et artifices que son âge expérimenté lui donnait pour se la gagner ». Nous en déduisons que le comte bergamasque n'était plus très jeune; et sans aucun doute expert dans l'art de la séduction puisqu'il feignait « aux yeux de tous, cette indifférence artificielle et simulée, sans laquelle l'affaire n'aurait pas duré longtemps ». Il trouvait toutes les façons pour parler en cachette à la jeune fille « avec infidèle observance des règles de l'hospitalité, abus des nobles causeries et détestable assiduité ».

Malgré son art, « la traîtrise » du comte Tassis avait été découverte, la mère s'étant aperçue de son manège. Mais il réussit « captieusement à induire la faiblesse de la jeune fille afin qu'elle se livrât à une correspondance cachée », l'assiégeant par ses lettres « avec une insistance toujours plus hardie et maligne ». La mère de Giustiniana lui reprocha ouvertement sa conduite et lui interdit de se montrer à nouveau, lui mandant « des personnes religieuses » pour lui faire entendre raison. Rien n'y fit. Le comte, au contraire, redoubla d'astuce et, sans plus se faire remarquer, entretint « par des moyens occultes » le contact avec Giustiniana pour la conduire « à concerter, en secret, la voie pour une fuite coupable, scandaleuse et injurieuse ».

Ainsi, le dimanche 16 décembre 1731, il avait commandé une gondole à quatre rames et s'était muni d'un « bulletin de poste », c'est-à-dire d'une réservation pour deux chaises, sorte de carrosses très rapides, sous le prétexte d'une partie de chasse avec des amis. Giustiniana, entre-temps, était allée rendre visite en compagnie de sa mère à des parents, et était sortie « subitement et seulette » vers la fin de la soirée. Elle monta dans une gondole à deux rames, envoyée par Tassis, et le rejoignit à l'endroit où, dans une autre embarcation, il l'attendait avec un domestique. Pour ne pas laisser de témoins, Tassis avait embarqué la personne qui lui avait procuré la gondole, et celle-ci avait vogué en toute hâte vers Fusina où les attendaient les deux chaises de poste. Ils voyagèrent toute la nuit. Une calèche les attendait sous les murs de Padoue et partit au grand galop, emportant ainsi « sa proie à sa merci », le comte ayant pu sortir des frontières de l'État vénitien.

De là (le long rapport des registres criminels du conseil des Dix n'indique pas où), l'entreprenant Bergamasque expédia plusieurs lettres annonçant son mariage célébré « le soir même en la présence du curé et de témoins ». Les Dix n'y crurent pas : pour eux c'était une autre ruse qui abusait « le Ciel, le monde, les Maisons Nobles, l'hospitalité » et l'honneur. Considérant alors les crimes commis par Tassis « avec rapt insidieusement prémédité et criminellement exécuté », ils ordonnèrent son arrestation.

« Ne pouvant y parvenir », ils lui intimèrent l'ordre de se présenter sous vingt-quatre heures aux prisons « pour se défendre et se disculper ». Autrement, il serait jugé par contumace. La sentence de renvoi en jugement avait été approuvée par treize voix à zéro et deux abstentions.

Les actes du procès, comme tant d'autres documents des Dix, ont été perdus. Nous ne savons donc pas comment il s'est déroulé. Par contre, nous savons que le comte Tassis fut banni par contumace en janvier 1732, et que Giustiniana, rentrée au bercail, épousa en 1736 le gentilhomme Piero Maria Curti. D'un point de vue héraldique, ce n'était pas un grand mariage : si les Gussoni étaient une « maison neuve », entrée au Conseil majeur en 1310, les Curti étaient une « maison faite par deniers » en 1688, et, selon un des multiples « Livres des nobles » écrits au début du XVIIIe, leurs ancêtres, originaires de Milan, étaient des « écorcheurs ou bouchers » enrichis en important des bœufs hongrois à Venise. Les Lazari, il est vrai, ne remontaient pas vraiment non plus aux temps du roi Arthur. Ils arrivaient de Vicence et avaient été « marchands d'une certaine considération, bien que leurs ancêtres eussent été tourneurs et graveurs sur bois, et par conséquent, de basse condition ».

Et puis, peut-être qu'après tout Giustiniana n'était pas cette sainte nitouche (à laquelle même le Conseil des Dix semblait ne pas croire), et un bon mariage patricien pouvait faire oublier une histoire romantique et aventureuse qui aurait pu mal se terminer. Elle ne survécut pas longtemps, la malheureuse Giustiniana qui, en 1740, devenait propriétaire, avec sa mère, du palais sur le Grand Canal et y mettait au monde deux fils, Lodovico en 1741 et Leopoldo en 1746. Elle mourut en 1747. Le palais passa ensuite à une branche de la maison Grimani et, au début du siècle dernier, devint la propriété d'un homme d'affaires israélite, Cesare Della Vida, dont il porte encore le nom.

4. *Francesco Pesaro, ou le brave est là*

Ca' Pesaro : le plus grandiose des grandioses palais baroques vénitiens, la plus importante des constructions civiles de Baldassare

Longhena, lequel est lui-même le plus célèbre des architectes vénitiens de son temps (comme nous l'avons vu plus tôt, il était né à Venise, de père suisse tessinois). Semblable à un rocher par l'accentuation très prononcée de sa base, sa masse domine un bon tronçon du Grand Canal ; c'est un des rarissimes palais de Venise qui ne limite pas sa grandeur à la façade, comme ceux qui ne sont en fait, écrivait Sergio Bettini, que de magnifiques transennes. Son flanc, qui longe très haut le canal des Deux-Tours (ainsi nommé en souvenir des tourelles qui s'élevaient au sommet du premier palais Pesaro, un édifice du XIVᵉ siècle, incorporé dans la nouvelle construction), a été complété par un brillant épigone de Longhena, Antonio Gaspari. L'effet scénographique de cette aile, qui remonte le canal en une lente courbe, complète et enrichit l'effet, plus théâtral et imposant encore, de la façade.

La famille qui l'avait construit était la très orgueilleuse descendance de ces Pesaro qui avaient possédé le palais, par la suite don de la Sérénissime au duc de Ferrare, aujourd'hui connu sous le nom de Fondaco dei Turchi ; ils possédaient également une autre énorme et sombre construction du meilleur gothique vénitien, au Campo San Beneto, que l'on appela plus tard le palais Fortuny.

De tardifs généalogistes flagorneurs les faisaient descendre rien moins que de Jupiter, en passant par quantité d'empereurs et de rois ; une tradition plus sérieuse les fait descendre d'une famille Palmieri de Pesaro, qui, chassée de cette ville pour des rivalités de factions, se serait transférée à Venise en prenant le nom de Pesaro, ou da Pesaro, ou (comme c'était l'usage fréquent, ce qui agaçait considérablement les grandes maisons) *da Ca' da Pesaro*, de la lignée de Pesaro, soulignant avec ce *da Ca'* l'appartenance à une grande, puissante, et surtout richissime famille. Durant la période dorée, du XIVᵉ au XVIᵉ siècle, les Pesaro commerçaient partout, particulièrement en Angleterre ; ils possédaient de gros navires, géraient d'importants capitaux, et, engagés à fond dans la vie politique, revêtaient des charges civiles et militaires : comme ce Benedetto que l'on voit brandir, sur la façade interne de l'église des Frari, l'étendard d'or de capitaine général « da Mar ». Comme tous les grands seigneurs, ils ne négligeaient pas le mécénat : Jacopo Pesaro (pardon : *da Ca' da Pesaro*), évêque de Paphos, homme de mer et de guerre plus que d'Église, et qui avait été le légat du pape

Alexandre VI en guerre contre les Turcs, s'était fait faire son portrait par le Titien, agenouillé, brandissant la bannière de l'église devant saint Pierre, le redoutable pontife espagnol derrière lui. Plus tard encore, il avait commandé à l'artiste cadorain le magnifique retable qui décore encore aujourd'hui l'autel de la famille aux Frari et où l'on voit, outre l'évêque, figurer les membres de la puissante maison en somptueux habits.

La reconstruction du palais par Longhena avait été commanditée par le procurateur de Saint-Marc, Leonardo Pesaro, petit-fils du doge Giovanni, mort en 1659 et enterré lui aussi aux Frari où son gigantesque monument funéraire, conçu là encore par Longhena et réalisé par le sculpteur allemand Melchior Barthel, s'élève, démesuré et imposant, scandalisant les derniers détracteurs de la fantaisie théâtrale baroque. Le doge, nommé chevalier par Louis XIII de France quand il était ambassadeur auprès de lui, avait été un homme brillant comme diplomate et comme homme politique mais, dans sa vieillesse, devenu veuf, il épousa sa gouvernante, Maria Santasofia. Ce mariage lui valut de féroces pasquinades et, déconsidéré, il avait été accusé, alors qu'il était généralissime contre le pape en 1643, d'avoir encouragé, pour son propre avantage, les vols commis par ses soldats.

Ces accusations, en partie prouvées, avaient empêché au moins deux fois Giovanni Pesaro de devenir doge. Mais des dommages plus graves encore lui avaient été procurés par son frère Leonardo, un bravache impitoyable et violent qui avait commencé tôt sa carrière : il fut banni à dix-huit ans pour avoir tué un passant ignare à coups de pistolet durant un règlement de comptes. Avec un petit groupe de patriciens, mauvais garçons comme lui, il avait infesté la contrée de Santa Maria Mater Domini, où se trouvait son palais, et le territoire de Mirano, où il possédait une villa. Rien que pour en embellir le jardin, il avait volé, les armes à la main, à un propriétaire de Santa Maria di Sala une quarantaine de plantes en pots, orangers, jasmins, myrtes. A la différence des Grimani, il le faisait pour l'argent. C'était une espèce de gangster qui se procurait gratuitement les marchandises dans les *fondacos*, terrorisant les serviteurs, rançonnant les brocanteurs juifs du Ghetto et les commerçants de Mirano, et qui se faisait réaliser gratuitement ses vêtements pour lui et ses braves par les meilleurs tailleurs. Il se présentait avec ses spadassins chez tel ou tel nanti, et y restait des jours et des nuits entiers à ripailler (à qui osait lui demander des dédommagements, il donnait un beau coup de pied au derrière en disant : « File vite maintenant que je t'ai payé ! »), enlevait les jeunes filles et, pour s'approprier un chien de chasse qui lui plaisait, chambardait tout un village en bastonnant paysans et paysannes, jusqu'au curé qui tentait de les défendre. C'était un sanguinaire, qui tuait sans raison et ne donnait aucun poids à la vie humaine. Pour venger un tort présumé, subi par un de ses amis, messire Gabriele Morosini, il avait poursuivi en bateau la gondole avec laquelle une courtisane française du nom de Marguerite était allée prendre le frais en compagnie de son amant, l'allemand Konrad et de deux de ses amis, germaniques comme lui. Vêtus de blanc, le visage à moitié recouvert par des mouchoirs, armés de piques, Pesaro et ses braves s'étaient lancés à l'abordage de la gondole qui avait chaviré. Marguerite et Konrad avaient réussi à se sauver à la nage mais les deux Allemands s'étaient noyés dans le Grand Canal, sous les yeux de messire Leonardo qui ne songeât pas un instant à les aider.

L'attention des Dix, plutôt somnolente en cette violente fin de siècle, fut tout de même réveillée par un méfait d'une telle ampleur qu'il était impossible de l'ignorer, fût-ce par égard pour la richissime et puissante Ca' da Pesaro. Le 28 février 1601, un petit groupe de jeunes élégants se présenta à la porte de la courtisane Lucrezia Baglioni (les courtisanes, nous raconte Andrea da Mosto, par qui nous connaissons cette sombre histoire, empruntaient souvent les noms de famille illustres), lui demandant de partager avec elle quelques bonnes bouteilles de sa cave. Lucrezia se préparait à sortir avec son amant officiel, messire Polo Lion : ils étaient attendus à un mariage au palais Minotto, à San Pantalon. Elle répondit donc un peu brusquement au jeune homme qui lui avait parlé, lui disant qu'elle n'entendait satisfaire ni lui ni sa troupe.

Le jeune homme avait insisté, rieur, puis, avait ajouté que Lucrezia devait faire attention à ce qu'elle faisait, car elle se trouvait devant un brave. Lucrezia l'avait identifié, mais sans peur, et l'appelant par son nom, elle lui dit qu'elle reconnaissait avoir à faire à un brave capable de tout mais que, malgré cela, elle n'allait pas le laisser entrer. Affront mortel que cet échec subi devant ses amis. Lucrezia devait s'en apercevoir au palais Minotto. Après le bal, alors qu'elle était assise en attendant le souper, un homme masqué vint prendre place à ses côtés, lui soufflant à l'oreille : « Madame, le brave est ici ! » Elle ne répondit pas, et le « brave » répéta sa phrase en criant et en lui demandant si elle était sourde. Lion, un homme mûr et tranquille, intervint en disant : « Que te prend-il donc, fou ? » « Brave avec qui veut braver ! » répond Pesaro, menaçant. Puis, furieux, s'enveloppant dans une grande cape, il sort, court chercher ses camarades de violence : messire Camillo Trevisan, messire Gabriele Morosini, messire Piero Pisani, et Girolamo Badoer, fils naturel d'un patricien, ainsi que plusieurs autres bravaches, couverts de manteaux, masqués et armés. A minuit, quand ils arrivent au palais Minotto, ils trouvent à l'entrée Lion et la Baglioni qui attendent leur gondole. En les voyant, Lion entraîne sa maîtresse dans les escaliers. Mais Pesaro les poursuit, les rejoint, frappe d'un coup de bouclier en plein visage la jeune femme qui tombe à terre. On dégaine les épées. Lion s'écroule, transpercé par Gabriele Morosini, de six estocades mortelles. Tandis qu'éventré de partout, il rampe vers un lit en murmurant : « Que t'ai-je donc fait ? », quelqu'un court chercher un médecin, mais les attaquants lui barrent la route. Beaucoup plus tard seulement, un noble réussira à en introduire un en cachette. Entretemps, dans la terreur générale, Pesaro et les siens font main basse sur les manteaux du vestiaire puis, les armes à la main, courent en long et en large dans la salle, d'abord par deux, puis par quatre, puis tous en file, en un absurde quadrille qui blesse et frappe tout et tous sur son passage aux cris de : « Taïaut ! Taïaut ! Tue et massacre ! » Puis à l'un d'eux vient une autre idée brillante : « Faisons bien les choses : prenons les perles de la mariée et des autres ! » Ils bloquent les escaliers et éteignent les torches à coups d'épée. Les jeunes époux se sauveront car le mari a réussi à garder une torche allumée et, à l'aide de celle-ci et d'une chaise, continue à faire de grands moulinets. Grâce à un courageux soldat étranger, il s'enferme avec la mariée et avec plusieurs jeunes filles et dames, dans une pièce dont il a pu barricader l'unique porte.

Un mois plus tard, les Dix bannissaient à perpétuité Leonardo Pesaro à qui, s'il se faisait prendre (il y avait une grosse rançon pour qui l'aurait découvert), on devait couper la tête. Privé de ses titres et de ses biens, sur lesquels avaient tout de suite été prélevés trois cents ducats pour doter une pauvre fille qu'il avait enlevée et violée, il resta quinze ans en exil. Puis la grâce arriva, en 1616, à condition qu'il recrutât, armât et maintînt cent soldats pendant six mois ; il alla combattre sous les ordres du provéditeur général Francesco Erizzo et vécut encore trente ans, sans que la chronique s'occupât plus de lui. Le malheureux Polo Lion, par contre, était mort en quelques heures dans des souffrances atroces...

A une époque moins lointaine, Francesco Pesaro, procurateur de Saint-Marc, ami d'Andrea Tron et d'Andrea Memmo qui l'estimaient beaucoup, avait incarné, dans les dernières années de la Sérénissime, le parti de la volonté, du courage et de la résistance. Il lutta par tous les moyens dont il disposait contre la funeste politique de l'apaisement à n'importe quel prix, de la neutralité désarmée, de la peur et du désengagement. C'était un homme de culture, aux idées claires et courageuses sur beaucoup de choses. Mais comme la plupart des meilleurs de son temps, il s'était peut-être trop fié à la logique selon laquelle le noir avenir qu'il combattait (la défaite des armées impériales, les foudroyantes victoires de l'armée de la Révolution) ne pouvait réellement arriver. Aussi, bien qu'étant un bon diplomate et un politicien capable, il ne s'était pas montré bon négociateur avec le généralissime français ; ce dernier, par contre, se révéla un diable d'homme, rusé et astucieux, décidé et agressif, à la table des négociations comme sur le champ de bataille. C'était – est-il utile de le rappeler ? – Napoléon Bonaparte.

Peu de gens se souviennent que c'est précisément à Francesco Pesaro que l'on doit la première expérience aéronautique sur la lagune ; ou plutôt, la première expérience couronnée de succès. Une première tentative avait été faite par un gentilhomme Farsetti : Caterina Dolfin Tron avait raconté dans une lettre au duc milanais Gian Galeazzo Serbelloni que « tout le monde s'était massé » dans le potager de San Giorgio Maggiore pour voir voler un ballon aérostatique, une montgolfière. « Mais après avoir été pendant quatre heures à se remplir d'air inflammable, enfin beau, grand, rond, orné de rubans, etc. », le ballon s'était obstiné « à rester à terre sans jamais vouloir monter ». Le 15 avril 1784, toutefois, le ballon aérostatique que Francesco Pesaro avait fait construire par les frères Zanchi, « se souleva au-dessus du Grand Canal, devant la Piazzetta ». Pour célébrer l'événement, une médaille fut frappée et l'on imprima une gravure qui montrait l'élégante nacelle de la montgolfière, décorée de laque fleurie et ornée de deux drapeaux à l'effigie du lion de Saint-Marc. Francesco Guardi, « reporter » d'exception, nous a laissé, encadrée par les colonnes de la Bibliothèque de Saint-Marc, la scène complète, avec l'entassement des barques pavoisées devant le quai et le ballon, libre dans le ciel, flottant au-dessus d'une foule en cape et loup, le nez en l'air, avant de partir, bercé par les vents, pour un voyage de dix bons milles.

5. *Catherine, la reine vénitienne*

Les Corner arrivent sur le Canal en grande pompe. Le palais Corner della Regina s'élève haut sur l'eau, contraint par de vulgaires questions de propriété et de voisinage à se développer en hauteur et en profondeur plutôt qu'en largeur. Domenico Rossi, qui l'a construit entre 1725 et 1727, a dû se mesurer à un plan obligé. Pour lui donner une salle centrale (un *portego*, comme cela s'appelle à Venise) d'une solennité adéquate, il recourt à une série d'arches rabaissées, jamais vues à Venise, qui effacent l'impression de longueur disproportionnée par rapport à la largeur, avec l'aide de fresques de la fin du XVIIIe qui recouvrent les parois du salon et mélangent la mythologie à la glorification de la famille.

C'est le palais d'une grande maison, une des plus grandes, une des quatre « maisons anciennes » surnommées les « évangélistes », celles de Bembo, Bragadin, Corner et Giustinian, lignée qui donna quatre doges, vingt-deux procurateurs de Saint-Marc et une reine qui prêtera son nom au palais et à la branche de la famille qui l'occupait. Mais avant d'y pénétrer, nous trouvons à quelques pas de là, toujours donnant sur le Canal, un petit palais du XVIIIe qui fait entrer en scène une autre de ces maisons refaites, des nouveaux riches auxquels les dramatiques besoins de la guerre contre les Turcs avaient ouvert la porte du Conseil majeur en échange d'une énorme contribution pécuniaire. C'est le petit palais des Correggio.

Ils étaient originaires de Bergame et tenaient une échoppe de « cordages » au milieu de la rue qui passe derrière le Fondaco dei Tedeschi et qui va de San Bortolomio à San Giovanni Grisostomo. Orazio Correggio avait agrandi l'affaire et ouvert deux autres boutiques. À l'enseigne de sa maison de commerce, il arborait trois courroies, ou *correggie*, qui allaient figurer plus tard dans les armoiries de la maison. D. Casimiro Freschot les décrit ainsi dans son traité, *La Noblesse vénitienne*, publié en 1707 : « ... de gueules à la fasce d'argent, une aigle bicéphale noire couronnée d'un seul diadème et trois ceintures ou courroies pareillement noires en pointes ». D. Casimiro Freschot raconte que le « sieur Oratio », petit-fils de cet Orazio qui avait fait fortune (c'étaient ses deux fils, Agostin et Zandonà qui, pour cent mille ducats, avaient été admis au sein du patriciat, en 1646) était « un modèle de gentillesse et de civilité » et « qu'avec un talent un peu maniéré s'attirant les louanges universelles », il avait acquis à la famille « l'inestimable affection et l'estime commune » : c'est peu, de la part d'un écrivain plutôt porté à l'hyperbole et à l'enthousiasme. De toute façon, « le sieur Oratio » avait épousé une Giustinian, et son fils Agostino une Marcello ; les richesses accumulées avec ses courroies par Orazio le Vieux avaient permis à Orazio le petit-fils de s'acheter le palais sur le Grand Canal, à San Cassiano, qui allait être remis en état plus tard par un élève de Tirali.

Il semble que l'admission au patriciat ait tourné la tête des Correggio qui, du reste, n'auraient pas pu continuer à gérer encore les trois boutiques, même s'ils l'avaient voulu. Ainsi, tandis que l'argent accumulé avec parcimonie par Orazio le Vieux était dissipé en mondanités, la direction de l'affaire commerciale était confiée à un certain Anzolo Sabbioni, dont on disait qu'il appliquait avec un extrême scrupule la maxime devenue proverbe par la suite : « Faismoi donc métayer pour un an / si riche ne deviens, ce sera mon dam. » En 1738, la maison de commerce avait cessé d'exister et les domaines, acquis quand il y avait de l'argent à investir, avaient été vendus ; le gentilhomme Zandonà (Giandonato) Correggio junior déambulait, pathétiquement seul, dans les salles du palais.

Pour son malheur, il pratiquait le vice capital des Vénitiens de son époque, les jeux de hasard. Et, dans la nuit du 24 juin de cette même année, il perdit, au Ridotto, contre le gentilhomme Girolamo Bonlini, mille cinq cents ducats qu'il ne possédait pas et que personne de surcroît ne lui aurait prêtés.

Le matin du 25 juin, Zandonà fait chercher dans le Ghetto un vieux juif appelé David et qui, comme beaucoup de ses coreligionnaires, exerce le métier de fripier et vend ou achète des meubles, des décorations et des antiquailles. Il lui vend l'ameublement complet de quatre salles du palais, quelques tapis orientaux et deux bijoux restants de sa propre mère. Puis envoie ses mille cinq cents ducats à Bonlini. Il lui en reste quatre-vingts : suffisamment pour un joyeux souper avec les amis qui arrivent le soir même. Ce sont tous des patriciens, tous de « maisons faites par deniers » : messire Agostin Zolio, messire Alvise Raspi, messire Prospero Curti, le comte Angelo Semenzi, accompagnés de trois ou quatre demoiselles charmantes et de petite vertu. Le souper est un succès, tous sont très gais et s'amusent beaucoup. Ils ne partent que vers minuit. Une heure plus tard, le silence du Grand Canal est brisé par un coup de feu : c'est messire Zandonà Correggio qui s'est fait sauter la cervelle.

L'histoire est confirmée par l'érudit Giuseppe Tassini. Toutefois, il y a un mais : dans les almanachs vénitiens ne figure aucun Zandonà Correggio de trente ans au moment de l'incident fatal ; seul un Agostino, fils d'Agostino, d'Orazio junior, fils à son tour de Zandonà, d'Orazio le Vieux, et avec cet Agostino, domicilié à San Geremia, homme de culture et sans fantaisies dangereuses, se termine la lignée. Mais il arrive parfois aux érudits de se tromper...

Cet événement mélancolique, qui fait penser à certaines histoires pathétiques de joueurs malchanceux, de femmes et de champagne, si chères à la littérature de quatre sous de la Belle Époque, contraste nettement avec le monde des Corner qui est, elle, une famille gagnante. Laissons de côté leur prétention, peut-être pas entièrement fausse, de descendre de la gens Cornelia romaine ; laissons aussi de côté l'autre prétention de compter parmi leurs ancêtres Felice Cornicola, « maître des soldats » pendant la vacance du dogat, dans le lointain VIIIe siècle. Mais en restant dans le respect total des documents et de la réalité historique, ils apparaissaient comme une famille tenue dans la plus grande considération. Un Giovanni de la branche des Corner anciennement domiciliée à Sant'Aponal à l'époque de la guerre contre Chioggia, était titulaire d'un patrimoine imposable d'au moins vingt mille lires, quand les lires étaient des livres en pièces d'argent ; et l'homme le plus riche de Venise était un autre Corner, Federico da San Luca. Marco Corner, capitaine général « da Mar » et procurateur de Saint-Marc, élu doge en 1315, était le grand-père de Giorgio (Zorzi en dialecte vénitien), propriétaire du palais de San Cassiano à l'aube du XVe siècle. Quant au fils de ce dernier, il épousa en 1444 Fiorenza Crispo, fille du duc de l'Archipel, « premier duc de la Chrétienté », et d'une fille de l'empereur de Trébizonde, Jean IV Comnène. Une alliance aussi importante semblait plus que naturelle pour un jeune homme de noblesse aussi exemplaire et considérable.

Depuis des temps immémoriaux, les Corner de cette lignée, comme ceux de la branche de Federico, avaient de gros intérêts économiques dans l'île de Chypre. Celle-ci était alors un royaume et son roi, appartenant à une dynastie de croisés originaires du Poitou, les Lusignan, portait aussi le titre de roi de Jérusalem, dernier vestige d'un règne fondé par Godefroy de Bouillon et englouti, depuis longtemps déjà, dans le monde musulman.

En 1467, le roi de Chypre était Jacques II de Lusignan, Jacques le Bâtard : il était le fils naturel du roi Jean II, et s'était emparé du trône au détriment de l'héritière légitime Charlotte, épouse de Louis de Savoie. Ceci lui avait causé l'hostilité de la République de Gênes (il avait réussi à chasser les Génois qui, depuis près d'un siècle, s'étaient implantés à Famagouste), ainsi que celle du duc de Savoie et du très puissant duc de Milan. Mais au risque de tentatives de revanche de la dépossédée, s'ajoutaient les préoccupations d'un retour en force des Turcs qui, seize ans auparavant, s'étaient emparés de Constantinople et montraient clairement leur volonté de poursuivre le chemin des conquêtes. L'amitié de la Sérénissime était donc pour lui d'importance vitale; à cette époque, les mariages servaient souvent à préparer et à cimenter les alliances politiques. Aussi le roi Jacques cherchait-il une épouse vénitienne. Et Andrea Corner da San Cassiano vivait et commerçait à Chypre.

Marco Corner, frère d'Andrea et mari de Fiorenza Crispo, lui aussi très attentif à ses intérêts économiques chypriotes, se trouvait dans la condition idéale : il avait une fille de treize ans, âge parfait pour se marier, au Moyen Age comme à la Renaissance. On raconte qu'il envoya immédiatement à Andrea un portrait de l'enfant, Caterina, afin qu'il le montrât au roi. Celui-ci, à sa vue, tomba aussitôt éperdument amoureux. L'histoire ressemble un peu à un conte de fées. Le fait est que les Corner s'étaient empressés de saisir l'occasion qui, pour eux, représentait un magnifique accroissement de prestige et les prémisses d'activités lucratives ; quant au roi, l'alliance avec une famille du patriciat vénitien, richissime, bien apparentée et politiquement bien placée, représentait une excellente affaire. C'est ainsi que, le 31 juillet 1468, le mariage fut célébré en grand pompe, par procuration, à Venise, car le roi ne pouvait s'éloigner de Chypre, ce qui n'empêcha en rien la République (très satisfaite d'avoir ainsi la chance d'avoir un droit de regard sur le présent et le futur de la grande île méditerranéenne) de prodiguer toutes sortes de manifestations d'égards et de considération. Caterina devenait fille de la Sérénissime par adoption, un honneur qui n'avait jamais été attribué à une femme avant elle ; l'État participait à la constitution de la dot, une dot exceptionenlle, cent mille ducats d'or, permettant au roi de régler toutes ses dettes (et la reine recevait comme contredot les villes de Famagouste et de Kérynes) ; la République prenait le roi sous sa protection et lui donnait la pleine disponibilité de sa flotte (celle-ci, en contrepartie, avait libre accès à tous les ports du royaume). Les Corner de San Cassiano obtenaient de nouveaux fiefs et de nouveaux privilèges à Chypre et, par le fait d'avoir une fille devenue reine, montaient au sommet de l'échelle sociale, rejoignant les Morosini qui avaient eu une reine de Hongrie et les Dandolo qui comptaient dans leur sein une reine de Serbie.

La reine Caterina put enfin partir de Venise quatre ans seulement après les noces par procuration, accompagnée d'un splendide cortège pour rejoindre son royaume. Là, dans la cathédrale gothique de Famagouste, elle fut couronnée reine de Chypre, de Jérusalem et d'Arménie. Aucune chronique ne nous raconte quels furent les rapports privés des deux époux. Caterina était alors âgée de dix-huit ans et le roi Jacques (qui avait derrière lui trente ans de vie aventureuse) répondait parfaitement à un certain idéal chevaleresque et viril. Caterina retrouva à la cour trois fils bâtards de son mari ; mais ce genre de présence était habituel dans les maisons royales de l'époque. Et le roi « Zaco », comme l'appelaient les Vénitiens, avait quelque peu modéré sa conduite, traditionnellement dissolue, après le mariage.

Le destin voulut que l'union durât peu. En juillet 1473, le roi mourut d'une brève maladie due à l'épuisement entraîné par une partie de chasse, événement qui parut étrange à qui connaissait la fibre et la vitalité du monarque de trente ans; d'autant plus que cette mort arrivait très à propos pour les intérêts de Venise car le roi, mourant mais encore lucide, en attente du fils que Caterina portait en son sein et qui aurait dû lui succéder, lui assignait l'entier héritage des Lusignan. Caterina devait régner, assistée d'un conseil de régence dans lequel figuraient son oncle, Andrea Corner, et deux cousins. Si l'enfant à naître devait venir à manquer ou était une fille, la succession serait passée à l'un des fils bâtards.

Jacques mourut dans la nuit du 6 au 7 juillet. Le 14 novembre, un groupe de nobles catalans (ils avaient été les principaux alliés de Jacques II dans sa lutte pour le pouvoir), l'archevêque de Nicosie à leur tête, pénétrait dans le palais royal et dans la chambre même de la reine, assassinait son oncle Andrea, le cousin Marco Bembo, le médecin et le serviteur de la reine.

La « pauvre enfant », comme écrira un ambassadeur vénitien, était restée aux mains des conjurés, enfermée et gardée à vue, après avoir été contrainte de livrer la caisse, les bijoux et le sceau de l'État. Les rebelles entendaient marier la petite Zarla (Charlotte), fille naturelle du roi Jacques, à Alphonse d'Aragon, fils de Ferdinand, roi de Naples. Quant à Caterina, elle devait céder ses droits et ceux de son fils à peine né, Jacques III, au roi de Naples.

Mais Venise veillait et ne tarda pas à réagir. Très rapidement, même. Le 23 novembre, dix galées aux ordres du provéditeur Vettor Soranzo sont déjà à Famagouste, et la flotte, aux ordres du capitaine général Pietro Mocenigo, est en état d'alerte. Les troupes vénitiennes débarquent et occupent rapidement la ville, tandis que les conjurés prennent la fuite. Le Sénat a ordonné que la reine soit désormais assistée par un provéditeur et deux patriciens vénitiens servant de conseillers. Les troupes de l'île sont aux ordres du provéditeur et les garnisons vénitiennes occupent Famagouste et Kérynes. Mais aucune décision ne peut cependant être prise sans le consentement de la reine et seuls ses étendards flotteront sur les forteresses. Les usages locaux ne doivent pas changer et il faut donner aux nobles chypriotes l'impression de participer au pouvoir.

Malheureusement le petit roi Jacques III, encore au berceau, meurt de malaria. Ni Caterina ni la République ne pensent un seul instant mettre un des bâtards du roi « Zaco » sur le trône. Tandis que la diplomatie vénitienne s'active habilement auprès du sultan d'Égypte, chez qui la prétendante Charlotte de Savoie est allée défendre sa cause d'unique héritière légitime, les trois fils de Jacques II sont envoyés à Venise sous bonne escorte.

Reine de nom, la pauvre Caterina Corner (ou Cornaro, cette dernière, la plus fréquente, est entrée dans les usages) l'est de moins en moins dans les faits. Les honneurs ne lui manquent pas, mais elle est confinée dans une position purement représentative, tout comme les reines de notre époque. De plus, elle est isolée, car Marco Corner, qui lui était resté très proche à Chypre, est mort à Venise et même sa mère, Fiorenza Crispo, a quitté l'île.

Depuis que l'on connaît les desseins du nouveau Grand Seigneur des Turcs, Bajazet II, qui voudrait faire de Chypre la base avancée d'une opération contre le sultan d'Égypte, l'île est devenue un élément essentiel de la politique vénitienne : l'Égypte est l'axe principal du commerce d'Orient et c'est à Alexandrie qu'arrivent les précieuses épices dont la Sérénissime détient le monopole qui l'a rendue, comme l'a dit un doge, « maîtresse de l'or de la Chrétienté ». Aussi, le 21 février 1487, le Sénat va trancher : le règne de Chypre sera annexé aux terres de la Sérénissime et le Conseil des Dix est chargé de l'exécution de la délibération. Mais les continuelles menées d'Alphonse d'Aragon, qui ne s'est pas résigné, inquiètent le Conseil. L'enjeu est trop gros pour prendre des risques. Le 28 octobre 1488, les Dix donnent au capitaine général l'ordre de reconduire Caterina à Venise, en employant, pour la convaincre de partir, « les paroles les plus douces, les plus humaines, tranquillisantes et respectueuses ». Cependant, en cas de refus, il ne devra pas se priver de la menacer de suspendre son apanage et de la traiter en rebelle. Parallèlement, les Dix ordonnent à Giorgio (Zorzi) Corner, le frère de Caterina, de rejoindre le général à Chypre et d'exercer toute son influence sur sa sœur pour l'induire à abdiquer en faveur de la Sérénissime République.

Giorgio ne trouve pas Caterina disposée à obéir. Bien qu'elle sache parfaitement que ses possibilités de garder le trône soient minimes, la reine soutient que l'abdication est inutile et qu'elle pourrait continuer à régner sous le protectorat de Venise pour laisser ensuite le royaume en héritage à la République. Giorgio insiste sur l'intérêt familial, sur les grands avantages que la République a promis à la maison Corner. Enfin devant l'obstination de sa sœur, il passe aux menaces : « Ne voulant pas vous soumettre, sachez que la Seigneurie a ici le général et son armée », ils vous emmèneront de force, vous perdrez « la grâce de la Seigneurie et nous serons ruinés ».

Devant des arguments aussi persuasifs, la malheureuse reine finit par céder. Le 26 février, à Famagouste, après un solennel *Te Deum*, l'étendard des Lusignan est amené, et le gonfanon à sept queues avec le lion de Saint-Marc monte le long du mât de la grand-place. La reine est présente, et elle le sera à Nicosie aussi, où la cérémonie se répétera, ainsi que dans toutes les principales villes chypriotes. Le 19 mars, vêtue de noir, accompagnée de son frère et de sa petite escorte personnelle, Caterina Cornaro quitte Chypre.

6. *Le règne de Caterina*

Autant la Sérénissime s'était montrée sévère, autant elle se montre maintenant généreuse. Le 6 juin 1489, la reine de Chypre reçoit un accueil mémorable. Pour l'attendre à San Nicolò di Lido, il y a le doge Agostino Barbarigo en personne, la Seigneurie, les Dix et les sénateurs, tous en habits de gala, ainsi qu'une foule de dames couvertes de bijoux. Et, escortée par les *plates*, richement décorées, et une nuée de gondoles, la splendide galée ducale, le Bucentaure. Après les politesses d'usage, la reine y prend place, à la droite du Sérénissime. Au rythme des rames du Bucentaure, le cortège se dirige vers Saint-Marc.

Du moins commence-t-il à se diriger, mais il s'arrête presque aussitôt. Que s'est-il passé? Le temps s'est gâté, la lagune a grossi, les nobles dames, y compris la reine, sont en proie à la peur et au mal de mer. Le doge se dépêche d'ordonner que l'on remette les amarres et que l'on attende à terre la fin de la tempête. A peine le ciel se rassérène-t-il que le cortège, accompagné au loin par le son des cloches et des coups de canon de l'artillerie, rejoint le quai de la Piazzetta et que tous débarquent pour se diriger en procession vers la basilique de Saint-Marc, où est célébré un solennel office pontifical, pendant lequel Caterina renouvelle sa renonciation à la couronne de Chypre en faveur de la Sérénissime. Puis de nouveau à bord du Bucentaure, la reine qui porte un habit de velours noir « à la chypriote » et un voile incrusté de pierres précieuses, est accompagnée en grande pompe le long du Grand Canal jusqu'au palais du duc de Ferrare qui lui a été assigné comme résidence officielle. Devant le palais Corner, à San Cassiano, le doge confère à Giorgio le titre de chevalier de l'Étole d'Or, distinction très convoitée parmi les patriciens et qui autorisait à porter une étole en brocat d'or alors qu'en règle générale elle devait être de la même couleur que la toge patricienne. C'était en remerciement de son travail de persuasion sur sa sœur. Mais il n'est pas le seul à être récompensé : la famille reçoit, *in perpetuo*, et selon l'ordre de primogéniture, la richissime Grande Commanderie de Chypre de l'ordre des Chevaliers de Rhodes. Au palais des ducs, de somptueux banquets et toutes sortes de cérémonies continuent pendant trois jours.

La gratitude de la Sérénissime ne tarda pas à se manifester par quelque chose de plus substantiel encore. Le 20 juin, une ordonnance ducale d'Agostino Barbarigo, exécutant la volonté du Sénat, conférait à Caterina la seigneurie d'Asolo. Une seigneurie modeste puisqu'il ne s'agissait que d'une petite ville et de trente-trois villages. Mais combien gracieuse, civile et sereine. C'était une des régions les plus typiques de la Marche trévisane, avec une tradition de culture et une bonne société locale qui se sentait gratifiée par le choix du Sénat et qui était prête à accueillir sa suzeraine – une reine ! – avec enthousiasme. Aucun problème politique ou administratif : un podestat vénitien, choisi par la reine, s'occuperait de tout. Et Venise n'était pas loin, une Venise riche, brillante, bonne vivante, où rien n'aurait manqué à une reine, à une Corner.

Caterina régna vingt ans. Vingt années de sérénité, égayées par une cour petite mais raffinée, longtemps animée par Pietro Bembo, l'élégant lettré qui allait faire un mythe de la reine et de sa cour dans un récit qui connut le succès, *Les Asolains*. Désormais, elle était devenue une véritable *first lady* de la société vénitienne. Elle s'était fait construire, dans le voisinage d'Asolo, à Altivole, une grande villa que Bembo, avec un rien de snobisme, avait baptisée le Barco : en vénitien ce mot veut dire grange, fenil. Quand Giorgio devint podestat de Brescia, il rendit visite à sa sœur, ce qui fut le prétexte d'un voyage triomphal. Caterina, quant à elle, se rendait très souvent à Venise, et recevait magnifiquement dans le palais du Grand Canal que Giorgio avait mis à son entière disposition après la mort de leur mère. Elle se rendait aussi dans l'autre, superbe, que Giorgio possédait à Murano. C'est là qu'en 1493, elle reçoit Isabelle d'Este, épouse du marquis de Mantoue. Puis ce sera au tour de Béatrice Sforza, duchesse de Milan. En 1503, Isabelle d'Este, avec qui est née une amitié cordiale, alimentée par une correspondance fournie, est à nouveau l'invitée de Caterina à San Cassiano. On y célébra aussi toute une série de mariages : un neveu Cappello, qui épouse Andriana Marcello (à cette occasion, une comédie de Plaute est représentée au palais de San Cassiano, interprétée par le plus célèbre acteur de l'époque, Francesco de' Nobili, dit Cherea), une nièce Venier qui devient la femme de Carlo Malatesta, frère de Pandolfo, héritier dépossédé des seigneurs de Rimini et fidèle assidu de la Cour asolaine.

Caterina s'occupe d'Asolo, où à sa suite se sont installés certains nobles vénitiens, les Contarini, les Zeno, les Lippomano; elle est surtout attentive aux besoins de la population et, en période de carence, use de son influence pour faire arriver du blé de Chypre; elle divise les terres communales incultes entre les citoyens dont les capacités de travail en sont les plus dignes. En 1500, Gentile Bellini saisit l'occasion d'un tableau qui lui a été commandé par la grande école de San Giovanni Evangelista pour mettre dans le décor du canal de San Lorenzo et des maisons qui le longent toute la famille Corner; Caterina est au début de la file des dames et des jeunes filles, une femme d'âge mûr, un peu alourdie, ni laide ni belle, à l'aspect distingué et débonnaire. C'est l'un des deux seuls portraits que l'on connaît d'elle; l'autre, attribué aussi à Gentile, se trouve aujourd'hui au musée de Budapest.

Puis, en 1509, l'invasion de la soldatesque des alliés de la ligue antivénitienne de Cambrai oblige la reine à quitter Asolo. Pas pour longtemps : en 1510, les occupants allemands et espagnols chassés, elle est déjà de retour, accueillie par la population avec un enthousiasme sincère et par le poète Adamo Colbertaldo qui rédige une pastourelle où il déplore « les intrigues, les rapines et le grand déchirement/des loups » qui avaient agressé le pacifique troupeau asolain. Hélas! L'idylle dure peu, le passage des troupes allemandes en retraite entraîne le retour immédiat à Venise. C'est là que, dans la nuit du 9 au 10 juillet 1510, après trois jours de maladie, la reine Cornaro termine, dans le palais du Grand Canal, son aventure terrestre.

Le destin des trois fils de Jacques II, si brutalement écartés de l'héritage paternel (l'unique héritière légitime aurait d'ailleurs dû être Charlotte de Savoie), fut infiniment pire que le sien. Le capitaine général Antonio Loredan les avait emmenés à Venise en novembre 1476 et, logés confortablement avec leur grand-mère, la mère du roi Jacques, ils étaient libres d'aller et venir, ayant gondoles et gondoliers à disposition. Un précepteur grec, Cristoforo Muzio de Constantinople, avait été chargé de leur éducation, et simultanément, de leur surveillance. Mais quelqu'un, à ce qu'il paraît, avait jeté son dévolu sur Charlotte, l'épouse convoitée par Alphonse d'Aragon, avec l'intention, dit-on, de l'enlever et de s'en servir contre Caterina et contre Venise. Peut-être était-ce une énième tentative d'Alphonse... Mais il n'y a aucune base de conjectures. La jeune fille avait quand même été transférée au monastère du Corpus Domini, à l'entrée du Grand Canal, vers la lagune, et confiée à la vigilance spéciale de l'abbesse. On eut vent de nouvelles intrigues et de tentatives d'enlèvement des trois enfants et les Dix les envoyèrent à Padoue, au château. Là, la malheureuse Charlotte y mourut de la peste. Les Dix eurent beaucoup à redire sur le fait qu'elle avait eu des funérailles de reine et qu'elle avait été peinte, couronne en tête. Sur leur ordre, la couronne devait être substituée au plus vite par une guirlande « d'herbes vertes ».

C'était en 1480. Cinq ans plus tard, les deux garçons, Ianno (Gianni, Jean) et Eugenio, désormais adultes, étaient toujours enfermés dans le château de Padoue. Au mois d'août de cette année-là, ils tentèrent de fuir sans y parvenir, et les Dix augmentèrent le nombre des gardes, tout en recommandant que les deux jeunes gens fussent toujours bien traités. Quatorze longues années étaient passées, une nouvelle fois on les avait repris, envoyés à Venise et enfermés dans la prison de Torresella, tandis que leurs femmes et leurs enfants étaient logés aux frais de l'État dans le monastère de Sant'Andrea de Zirada.

La Torresella était une prison confortable, pour détenus illustres, Eugenio et Ianno pouvaient sortir une fois par semaine et se promener en ville sous surveillance. Ils en profitèrent pour s'enfuir encore, et n'avaient pas été repris, bien que les Dix eussent contraint leurs femmes à leur écrire de revenir, leur garantissant un meilleur traitement. En 1513, alors que Caterina Cornaro était morte depuis trois ans, l'ambassadeur vénitien à Rome avait signalé leur présence dans la Ville éternelle, avec deux fils et une fille. Les Dix avaient de nouveau fait pression pour qu'ils revinssent et, devant un nouveau refus, écrivirent à l'ambassadeur pour qu'il cherchât le moyen de les supprimer. Mais rien ne se fit et, en 1518, Ianno était encore à Rome tandis qu'en 1525, Eugenio vivait à Vienne où il continuait à ruminer, sans aboutir, des projets de revanche. Pour finir, les Dix, un an après leur fuite, avaient renvoyé leurs femmes et cessé de s'inquiéter des fugitifs qui ne représentaient plus aucun danger réel.

7. *De Venise à Constantinople*

Le martyre de Paolo Erizzo, le bailli de Nègrepont qui avait eu le courage de tenir tête à Mehmet II le Conquérant, et avait été scié vivant, par son milieu, entre deux planches, était représenté par un des deux grands tableaux qui décoraient une salle du palais Erizzo à l'élégant fenêtrage gothique.

Les deux grands tableaux du palais Erizzo n'y sont plus et personne ne sait où ils se trouvent. Ils étaient l'œuvre d'Andrea Celesti, prolifique peintre du XVIIe vénitien, mort au début de la deuxième décennie du XVIIIe, et sur le compte duquel a fleuri une improbable légende caravagesque. Une version le décrit banni de Venise et exilé quelque temps sur les rives du lac de Garde pour avoir commis un meurtre ; l'autre, par contre, veut qu'il ait fui spontanément sur le Benaco, pour se mettre à l'abri de la fureur du doge Alvise Contarini dont il aurait fait le portrait dans une grande composition aujourd'hui perdue, si tant est qu'elle ait jamais été peinte. Le doge, ayant vu l'œuvre exposée sur la place Saint-Marc, le jour de l'Ascension, aurait exprimé de manière brutalement négative son impression du tableau en général et du portrait en particulier. Celesti aurait alors retiré la toile, orné le portrait du doge de deux grandes oreilles d'âne et l'aurait renvoyée sur la place.

Au moment de la conquête ottomane de Nègrepont, la fille de Paolo Erizzo, Anna, présente elle aussi, aurait été tuée par Mehmet II pour avoir repoussé ses assiduités : sa mort était le thème du second tableau de Celesti, et tant pis si le personnage était purement légendaire, vu que Paolo était célibataire et sans enfants. La malheureuse Anna, qu'elle ait existé ou non, est souvent citée comme le parangon d'une vertu héroïque ; G.A. Capellari Vivaro en parle lui aussi dans ses *Taches dans les étoiles*, à propos d'une autre Vénitienne, une Baffo, qui, en 1568, naviguant avec son père vers Corfou, aurait été capturée par des pirates musulmans et envoyée à Constantinople, au sérail, « où, rencontrant le goût de Mourad III empereur des Turcs, elle ne refusa pas de s'accoupler avec celui-ci, qui la féconda et du fruit duquel elle accoucha » ; « se laissant éblouir par les honneurs et les richesses, de sorte qu'elle préféra le rôle de concubine d'un Infidèle, à la gloire sublime qu'elle aurait acquise en résistant à l'immonde luxure de celui-ci et en imitant la vertueuse Anna Erizzo » qui avait refusé « généreusement... règnes et empires », allant « au-devant de la mort, pour vivre, immortelle, dans la mémoire de la postérité ».

La véritable histoire de la Baffo est légèrement différente. Elle s'appelait Cecilia Venier Baffo, et était née à Paros, fille naturelle d'un patricien vénitien, aux alentours de 1525. Capturée à douze ans à peine par le fameux corsaire Khair ad Din « Barberousse », elle fut envoyée comme présent à Soliman le Magnifique. A Constantinople, dans le sérail, elle s'était convertie à l'Islam, avait été remarquée par le fils de Soliman, Sélim. Devenu lui aussi Grand Sultan, Sélim II l'avait aimée et elle lui avait donné un fils, le futur Mourad III ; ainsi, sous le nom de Nour Banou, Dame de Lumière, elle avait atteint le titre de Kadin, mère d'un héritier du sultan. Puis comme sultane Validé, sultane mère, et mère adorée de Mourad III, elle avait organisé (a-t-on écrit) un véritable lobby philovénitien. Elle avait pour dame d'honneur une esclave juive, Esther, dite Kira, qui entretenait le contact avec les drogmans et les « jeunes de langue », les interprètes de l'ambassade vénitienne recevant et traduisant pour l'ambassadeur les messages dictés par Nour Banou à la fidèle suivante. Beaucoup de billets de la Dame de Lumière sont encore dans les documents des ambassadeurs conservés dans les archives de Venise. Ils parlaient de choses importantes (en 1582 la sultane envoyait un message au doge Da Ponte, dans lequel elle disait conserver un tel souvenir de sa patrie, qu'elle lui promettait volontiers toute faveur), mais aussi de requêtes et de désirs frivoles que la République, inutile de le dire, s'empressait de satisfaire aussitôt, tant était importante l'influence de Nour Banou pour les bonnes relations avec la Sublime Porte. Nour Banou écrivit au bailli Morosini, qu'on lui avait envoyé de Venise deux chiens, « mais que [de] telle sorte de chiots je n'ai point nécessité, pour qu'ils deviennent grands et ressemblent à des braques, mais qu'ils soient blancs et petits... » Puis elle demandait une quantité de « coussins de quelque drap d'or vague et voyant » de soie et de laine, « et pour doublure du satin ou du damas, ou du brocart de soie », et d'autre drap de laine « de deux hauteurs... » Nour Banou ne réussit pas à se promener avec ses petits chiens dans les jardins de Topkapi ni à s'allonger sur les coussins moirés de Venise. Elle mourut l'année même où elle les avait commandés, pleurée et regrettée de tous, des Turcs comme des Vénitiens. Elle s'était fait construire à Scutari d'Asie une belle mosquée. Une inscription, que l'on y voit encore, dit que c'était « une femme faite de pudeurs et encline aux bonnes œuvres ».

Dans le cas de Nour Banou, les diplomates, personnes avec les pieds sur terre, reconnaissaient implicitement les mérites de la sultane vénitienne et ne manquaient jamais l'occasion de la remercier. Mais, à part l'aversion compréhensible que suscitait l'apostasie, qu'elles qu'en pussent être les raisons, l'acceptation du mode de vie turc, le mariage avec un Turc, l'intégration dans la société turque étaient considérés par la morale et le bon sens commun comme un véritable passage à l'ennemi. Le « renégat » était un personnage méprisable, odieux, quel qu'il fût – et Capellari Vivaro ne manque pas de le faire remarquer avec véhémence à propos de trois cas qui représentent pour lui trois grosses, trois énormes *Taches sur les étoiles*, plus noires et fangeuses que n'importe quelle autre.

Deux sont des femmes, deux sœurs patriciennes de la noble famille des Barbarigo, Elisabetta et Nicolosa, toutes deux présentes à Nègrepont quand Mehmet II avait conquis l'île et tué ou envoyé en esclavage la population tout entière. Elisabetta, dit Capellari, « par sa grande beauté plaisant énormément à l'empereur Bajazet, fut par celui-ci prise en mariage, si mariage l'on peut appeler l'accouplement avec un Infidèle qui, en outre, lui avait tué le père », et de ces noces serait né le Grand Sultan Sélim I. Nicolosa, elle, « restée dans les mains des Turcs, s'unit à Mehmet Pacha ». L'une et l'autre répréhensibles pour avoir préféré « devenir butin d'une luxure couronnée plutôt que précieux joyau de pureté conservée ».

Le cas de Miraelino Michiel est différent. On ne nous indique pas son nom de baptême mais celui qui lui fut donné après que, tout enfant, il eut été capturé en Dalmatie par les Turcs, conduit à Constantinople, contraint de renier sa foi et appelé précisément Miraelino. « A noblesse du sang ayant accouplé digne portement et beauté du visage », Miraelino était entré dans les grâces de Mustapha, fils de l'empereur Soliman, qui le prit à son service, l'honora des insignes militaires et en fit son porte-drapeau. Il eut une fin sinistre : « Mais par la suite, Soliman ayant fait mourir Mustapha pour des jalousies d'hommes, lui aussi fut décapité ». Les « jalousies d'hommes » sont une calomnie pure et simple : l'envoyé personnel de l'empereur Ferdinand de Habsbourg, Ogier Ghislain de Busbecq, qui l'avait connu personnellement, écrivait de Soliman que celui-ci n'était en rien enclin « à l'amour pour les jeunes gens, qui toutefois fait les délices des Turcs », et qu'on lui reprochait, au contraire, d'être sous le joug de sa femme; c'était à la jalousie de cette dernière que l'on attribuait la mort de ce pauvre Mustapha. Miraelino, de toute manière, avait été contraint de devenir musulman, à la différence d'un autre Michiel, Pietr'Antonio, capturé traîtreusement par les Turcs à Candie en 1646 et mort à Constantinople « en donnant l'impression de s'être converti »; ou comme son neveu, Agostino, qui avait purement et simplement embrassé « la croyance des Turcs ».

A propos de celle-ci, le monde vénitien, même le plus cultivé et qualifié, montrait souvent une ignorance abyssale, alimentée par un mépris viscéral pour le « Turc crasseux », incarnation de tous les vices : vision tout aussi superficielle que celle, optimiste et bon enfant qui, renversant une antique tradition, finira par mettre à la mode, au cours du XVIIIe, le mythe du « bon Turc » à la vie simple, d'ingénuité honnête et de coutumes débonnaires ; un bon Turc qui recevra, accueillant, dans son beau jardin sur le Bosphore, les héros du *Candide* de Voltaire et qui, ignorant les malignités, les rivalités et les minauderies des gens de théâtre, risquera de se faire gruger par eux dans *L'Imprésario de Smyrne* de Carlo Goldoni, ce merveilleux interprète des idées courantes de la société de son époque.

Quant à Miraelino Michiel, il est probable que la « noblesse de sang » comptât fort peu dans ses vicissitudes. Outre les préjugés religieux et les antagonismes politiques, l'opinion vénitienne, défendant l'idée d'une terre où la société était drastiquement stratifiée, était scandalisée à l'idée qu'en Turquie la noblesse n'existât pas et que l'on ne donnât aucun poids à la naissance puisque tout venait du souverain, de lui seul, et rien du droit du sang. D'une certaine manière, par rapport à la société européenne occidentale, celle du monde ottoman peut se comparer à celle des pays au socialisme réel, des dictatures égalitaires où tout provenait non du sultan mais du Parti. Il y en avait donc qui la détestaient, et d'autres qui l'admiraient, par esprit de dissension, de revanche, de rébellion.

Comme le cas de Paolo et Anna Erizzo nous a emmenés loin du Grand Canal ! Mais un vieux clocher, aujourd'hui disparu (pas tout à fait sur le Grand Canal mais au campo della Maddalena, à quelques pas du canal du même nom qui conflue dans le Canalazzo), représentait jusqu'au début du siècle dernier le seul souvenir d'une très antique fortification qui aurait été confiée, à une époque lointaine, à la garde de la famille Baffo. Et les Barbaro et les Michiel sont chez eux sur le Grand Canal : nous allons les découvrir, les uns et les autres, un peu plus loin.

8. *La grandeur des Cornaro*

Le torride mois de juillet 1510 priva Caterina Cornaro du faste et de l'apparat funéraires qu'étant si attachée aux prérogatives extérieures de la royauté, elle avait probablement désirés. Non pas que la République et la famille Cornaro n'aient pas tout mis en œuvre pour que ses funérailles fussent les plus solennelles possible, avec le catafalque recouvert de tissu d'or et une couronne d'or, conservée dans le trésor de Saint-Marc, posée sur le cercueil, pour rappeler le rang de la défunte. Le patriarche de Venise et de nombreux évêques sont présents pour chanter la messe et donner les absolutions ; sans oublier le pont de barques enjambant le Grand Canal afin que la dépouille mortelle, après l'office dans l'église de San Cassiano, puisse être portée en procession dans l'église des Santi Apostoli où se trouve la tombe de famille. Il y avait une quantité infinie de confréries et de fraternités, mais le doge, Leonardo Loredan, était absent. Il s'était déclaré indisposé, et même si l'oraison funèbre avait été confiée à un lettré en vogue, Bernardo Navagero, tous les notables qui auraient dû ou auraient pu être là, n'y étaient pas. Le don de Chypre était désormais du passé, et l'on ne trouva guère de personnalités de haut rang qui fussent disposées à suivre le vice-doge, Alvise Priuli, vêtu d'écarlate et marchant à la tête de la Sérénissime Seigneurie, ultime escorte de la dernière reine de Chypre.

Celle-ci avait fait son testament dix ans plus tôt et ne l'avait jamais changé. Ses vicissitudes l'avaient encore plus rapprochée de sa famille d'origine ; son héritier universel était Giorgio, son frère, et le chef de famille ; tout lui revenait, le Barco et tous les biens présents et futurs de la reine. Les mots qui accompagnaient l'héritage étaient émouvants : « Magnifique, unique frère, notre bien-aimé seigneur Giorgio Cornaro chevalier » méritait tout, non seulement pour « les grandissimes et innombrables bénéfices » qu'elle avait reçus de lui, mais parce qu'il avait exposé ses biens et sa vie « pour notre service avec une foi incomparable et sincère, pour sa façon que nous avons bien reconnue, de tenir plus chèrement à notre honneur et à notre bien qu'à sa propre existence ». Il est évident que l'histoire tourmentée de la cession de Chypre avait créé entre le frère et la sœur une entente profonde et sincère que les chroniques n'ont peut-être pas enregistrée, mais qui apparaît clairement dans ce singulier document.

Après la mort de Caterina, Giorgio poursuit sa carrière humaine, politique et financière, à la manière d'un grand seigneur. Il devient procurateur de Saint-Marc et achète pour vingt mille ducats l'énorme palais gothique des Malombra, sur le Grand Canal, à San Maurizio, palais qui sera plus tard reconstruit par Sansovino. Il marie très bien ses filles ; pour son fils, Marco, il achète le chapeau cardinalice qui coûte très cher mais qui se révélera un bon investissement (Marco a dix-sept ans à peine; à son retour à Venise, après le consistoire durant lequel il a obtenu le chapeau tant désiré, il est solennellement reçu au Palais ducal, on le fait asseoir à la droite du doge et il adresse à la haute assemblée « une oration brève et incohérente »; puis il est envoyé à Padoue pour étudier. « Il en a grand besoin », note le chroniqueur Sanudo). Giorgio se comporte toujours avec splendeur et largesse; pour les noces de sa fille Cataruzza avec messire Giovanni Soranzo, il accueille, pendant plusieurs jours, plus de cent nobles à la fois, dans un tourbillon fantastique de réceptions dans son palais de San Maurizio, richement décoré pour l'occasion (le chroniqueur Malipiero écrit qu'il le fait pour se créer une clientèle plus facile à influencer). Quand il meurt, il laisse une donation de mille ducats par an pour terminer les monuments funèbres de sa sœur et de son fils cardinal dans l'église de San Salvador. L'immense patrimoine est divisé en parts égales entre ses fils, plus le Barco d'Altivole qui revient à l'aîné Giovanni et à ses descendants, selon le droit de primogéniture. Aux funérailles, son vieil ami d'enfance, le doge régnant Andrea Gritti, intervient personnellement; neuf procurateurs de Saint-Marc sont présents, ainsi que les ambassadeurs du pape, du roi d'Angleterre, de Milan, de Florence et de Ferrare.

Deux fils de Giorgio deviennent eux aussi procurateurs de Saint-Marc; l'un d'eux, Francesco, devient ensuite cardinal et évêque de Brescia en 1527. La branche aînée, descendante de Giovanni, marié avec Andriana Pisani (fille d'Alvise, un autre procurateur très riche), séjourne d'abord dans le palais du Grand Canal, à Sant'Angelo, construit par Codussi et terminé par Sanmicheli et connu maintenant sous le nom de palais Corner Spinelli. Plus tard, elle s'établira dans le grand palais du canal San Polo, où avait habité le condottiere Erasmo de Narni, surnommé Gattamelata; celui-là même que l'on voit à cheval, l'air impérial, sur la place du Saint à Padoue, sculpté par Donatello. Le palais sera terminé pour Giovanni par Michele Sanmicheli et, de ce même Giovanni, vont descendre en ligne directe trois doges et cinq cardinaux. La lignée s'éteint avec Giovanni Corner, protonotaire apostolique et vice-légat de Bologne, démissionnaire en 1756 pour épouser Orsola Venier et continuer la lignée après que le mariage de son oncle Nicolò, fils du doge Giovanni II, se fut révélé stérile et que Giorgio, fils de son oncle Alvise, fut mort extrêmement jeune. Mais Giovanni ne réussit pas à avoir de descendant mâle : il n'a que deux filles, Elisabetta, épouse d'Almorò Grimani, et Laura, épouse d'Alvise Ier Mocenigo, petit-fils du doge Alvise IV. Les fils et les descendants de Laura recevront la commanderie de Chypre, transférée, après la perte de l'île, sur les biens d'une autre commanderie de l'ordre des Chevaliers de Rhodes, puis de Malte : celle de San Giovanni del Tempio, à Trévise. Elle y restera jusqu'en 1954.

La Ca' Granda de San Maurizio que nous allons rencontrer, un peu plus loin sur le Canalazzo, ira par des divisions d'héritages, au deuxième fils de Giorgio, Giacomo, lui-même procurateur de Saint-Marc, dont la descendance en comptera trois autres ainsi que deux cardinaux avant de s'éteindre au début du siècle dernier. Le palais de San Cassiano, lui, va au benjamin, Girolamo, podestat de Padoue et provéditeur de Candie, où il a épousé en 1510, Francesca Muazzo, de vieille famille vénitienne dont une branche s'est implantée en Crète pendant les campagnes de colonisation de la République. De Girolamo naît un autre Giorgio surnommé Zorzon, le grand Georges, pour le distinguer du fils de Giacomo, appelé le petit Georges. Zorzon se fait construire par Palladio la villa de Piombino Dese, qui existe toujours et où l'on peut voir encore, dans l'entrée, sa statue et celle de sa femme, une Contarini. Homme de mer et de guerre, neuf fois gouverneur de galères, Zorzon meurt à Lépante. Sa vocation militaire va déterminer la direction première de la branche de San Cassiano, connue en tant que « Corner della Regina » puisqu'elle habite le palais où naquit, vécut et mourut la reine Caterina. Son neveu Andrea mourra en guerre à Rethymnon, en Crète dont il est provéditeur général, et ses fils, Girolamo et Cattarin (Caterino, hommage posthume à la mémoire de la très lointaine arrière-grand-tante), seront de valeureux capitaines durant les interminables guerres contre les Turcs.

Le monument funèbre de Cattarin Corner n'est pas à Venise, mais à Padoue, dans la basilique Saint-Antoine. C'est l'œuvre d'un intéressant sculpteur baroque de grande imagination, le Flamand Juste le Court. Soutenu par deux esclaves turcs, entouré de trophées militaires, le guerrier soulève le bâton de commandement : comme quand, provéditeur général « da Mar », il tombait, le 13 mai 1669, sur les bastions de Candie, étranglée par l'étau du siège ottoman. Son frère Girolamo avait été provéditeur général de Dalmatie, il avait conquis Knin et Castelnuovo (cela lui avait valu son élection comme procurateur de Saint-Marc) ainsi que d'autres places fortes tenues par les Turcs ; puis il avait succédé au doge Francesco Morosini comme capitaine général ; il avait pris d'assaut la forteresse de Malvasia à la pointe du Péloponnèse, et Valona en Albanie, avant de mourir de malaria alors qu'il préparait la conquête de Durazzo. Avec deux capitaines généraux et quatre procurateurs de Saint-Marc, les Corner della Regina rehaussent encore le prestige de la famille, enrichi de surcroît par Pisana, femme du doge Alvise IV Mocenigo, et donc dogaresse.

Aucun des quatre frères de la dogaresse ne réussit à continuer la lignée. A part Cattarin (le dernier survivant, mort prêtre, après avoir été podestat de Padoue, provéditeur général de Terre Ferme et de Dalmatie, puis inquisiteur d'État, un des trois derniers inquisiteurs, dont Bonaparte avait exigé l'emprisonnement), ils s'étaient tous mariés l'un après l'autre, dans l'espoir d'un héritier mâle : Girolamo en 1747, Andrea en 1759, Alvise à quarante-sept ans, en 1769. En vain. Girolamo n'avait pas eu d'enfants, Andrea et Alvise une fille chacun. Cette recherche angoissée de l'héritier se retrouve dans beaucoup de grandes familles vénitiennes du XVIIIe siècle. Mais le destin se joue obstinément de ces aspirations et les héritages s'accumulent sur la tête de parents lointains qui, souvent, n'en sont pas aussi dignes que ce Marcantonio Michiel que nous rencontrerons sous peu, et qui avait hérité des biens des familles Zane, Barbarigo da Santa Maria Zobenigo et, en grande partie de ceux de la famille Corner da San Cassiano, les Corner della Regina.

Et le palais ? Cattarin Corner, qui semble-t-il était un bigot, ou, en tout cas, un homme de sentiments profondément cléricaux plus que religieux, l'avait légué au pape. Ce dernier le donna à deux frères prêtres, Antonangelo et Marcantonio Cavanis, fils d'une vieille famille de « citoyens anciens » qui avait reçu la couronne comtale et s'étaient voués, avec un enthousiasme altruiste et des idées sociales progressistes, à l'éducation de la jeunesse déshéritée. Les deux hommes avaient fondé une congrégation, toujours prospère, dont la fonction prioritaire devait être l'éducation des jeunes ; ils sont aujourd'hui en attente de béatification. Mais en bons Vénitiens, ils ne trouvaient point inconvenant pour mener à bien leur mission de manifester, outre leur dévotion, une bonhomie joyeuse qui leur avait fait écrire un texte chantant les louanges du potiron, ce légume orange cultivé à Chioggia et si délicieux qu'il était connu par le petit peuple sous le nom de « vedelo da Ciosa », le veau de Chioggia. La seule ombre sur leur blason immaculé est la destruction, exaltée par quelques pieux biographes, de certains tableaux « immodestes » qu'ils avaient trouvés au palais Corner. En pensant à la munificence traditionnelle des commandes artistiques et du mécénat des Cornaro, il y a de quoi frémir.

VII

La Ca' d'Oro et les tableaux du consul Smith

1. *La « Maison d'Or » et ses amoureux*

Après le rio de Noale et celui de San Felice, après le palais qui fut celui des Fontana, secrétaires du Sénat, où naquit Carlo Rezzonico, futur pape Clément XIII, après le petit palais si abîmé, qui fut aux Duodo puis aux Giusti, construit aux alentours de 1776 par le peintre architecte Antonio Visentini dont le nom est indissolublement lié à celui de Canaletto et à ses paysages gravés par lui, vient l'une des demeures les plus célèbres, non seulement du Grand Canal mais de Venise tout entière : la Ca' d'Oro qui raconte une longue histoire de mécénat éclairé et de vandalisme obtus, d'amour passionnel et d'indifférence stupide. C'est un des monuments les plus significatifs de la longue et radieuse époque gothique qui coïncida avec la phase, non moins longue et non moins radieuse, de la grandeur de Venise. De la vraie grandeur, pas encore minée par l'excès, par la surabondance de splendeur qui fait du grandissime, triomphal XVIe siècle un fruit merveilleusement mûr, si mûr qu'il fait présager, dans l'intensité de son parfum, l'odeur mi-sensuelle, mi-fétide de la putréfaction imminente et amorcée. Il n'y a aucune comparaison possible parmi les constructions civiles, si ce n'est avec le palais des Doges, dont la Ca' d'Oro reprend le précieux ajour du fenêtrage, à échelle mineure. L'escalier est réduit, comme il convient à la demeure d'un citoyen face au siège de l'État; mais c'est précisément cette appropriation thématique sur un ton mineur qui fait ressortir l'identification du citoyen à l'État, si souvent appelé avec un orgueil conscient « notre », *Dominium nostrum*, *nostrum Commune* par ceux qui en sont les sujets et les coparticipants avec la même fierté. Comme le sieur Marin Contarini de messire Antonio procurateur, qui épousait à vingt ans, en 1406, Soradamor Zen, fille du sieur Baccalario du quartier de Santa Sofia. En 1412, il achetait avec son épouse une maison à Santa Sofia *sora canal grando*, sur le Grand Canal, déjà comprise dans les limites d'une grande propriété de la maison Zen.

Il ne nous est pas donné de savoir comment étaient les deux époux. Mais leurs noms, Marino, Soradamor, nous poussent à les imaginer jeunes et plus que beaux. Les Vénitiennes des XIVe et XVe siècles portent souvent des noms qui suggèrent des images de femmes belles et gracieuses, comme celles que nous voyons personnifier les Salomée et les Hérodiade des mosaïques de Saint-Marc, vêtues d'habits étonnamment modernes dans leur luxueuse simplicité, bordés de rares fourrures importées de comptoirs lointains aux limites des forêts russes et asiatiques.

Une fois mariée, Soradamor (Sœur d'amour), ne vécut que onze ans ; elle était morte depuis cinq ans déjà en 1421, quand, la construction de la maison étant en cours, Marino paya une première fourniture de marbre. L'année suivante, un contrat était stipulé avec le maître lapicide milanais Matteo Raverti ; en 1422, le contrat était signé avec Giovanni Bon, *tajapiera*, tailleur de pierres, et son fils Bartolomeo. Les deux maîtres vénitiens ne commencèrent leur travail que le 4 août 1424, et à eux et à Raverti s'ajoutèrent, en position de subordonnés, beaucoup d'autres tailleurs de pierre. Raverti construit l'escalier extérieur, Niccolò Romanelli sculpte la « fleur », le nœud de feuilles et le cimier en pomme de pin qui couronnera la porte principale. Bartolomeo, lui, sculpte la magnifique margelle du puits de la cour, en marbre brocatelle véronais, rouge veinuré. Giovanni et Antonio Frison, ainsi que Giacomo Passerotto, travaillent à la loggia de la berge ; dans les premiers jours d'avril 1426, Gasparino Rosso et Giacomo da Como terminent, sous les ordres de Raverti, l'ajour de la loggia du premier étage noble ; entre 1425 et 1428 Niccolò Romanelli sculpte les chapiteaux des colonnes de la loggia supérieure, provenant de la maison Zen. « Il fait bien son devoir », note Marin Contarini dans son livre de comptes et il ajoute un quart de ducat à son salaire. Puis, en 1428, Romanelli sculpte quatre chapiteaux pour le fenêtrage du premier étage, tandis que Raverti sculpte le cinquième; Giovanni Bon travaille aux fenêtres et aux gouttières, au linteau de la porte de la berge, à l'ajour du portail; le couronnement, « le plus beau diadème qui ait jamais couronné la façade d'un palais vénitien », comme a écrit Pietro Paoletti, est aussi conçu et sculpté par lui.

Puis, en 1431 et en 1432, toute la façade est revêtue de marbre. Et enfin de 1431 à 1434, Jean Charlier, « Zuanne de Franza », un peintre français, établi à Venise depuis au moins 1405 et marié avec Franceschina, la fille du peintre et miniaturiste vénitien Marco Cortese, met la main à la décoration picturale de la façade : céruse à l'huile sur les créneaux de pierre istrienne, sur les arches et la corniche du couronnement; noir pour les fonds et sur les autres décorations extérieures de brocatelle. Et de l'or : de l'or sur les boules de pierre qui complètent les feuillages des créneaux, de l'or sur les roses de la frise qui souligne les corbeaux, les abaques et les feuillages des chapiteaux angulaires, dont les fonds, par contre, sont peints en bleu outremer; de l'or sur les lions sculptés par Bon sur les chapiteaux, de l'or sur les cimiers des arches des fenêtres, de l'or sur les fleurs de marbre. La « grande armoirie » des Contarini est peinte en or et bleu outremer; et grâce à l'œuvre de Charlier et à d'autres peintres, l'or enrichit de nombreuses pièces intérieures, somptueusement décorées pour les noces de Leonardo, fils de Marin Contarini, avec Francesca Morosini; pour celles aussi de Marin, veuf et qui se remarie en 1439 avec Lucia Corner, elle-même veuve de Giovanni Foscari et qui, le 8 mai 1440, lui donne un autre fils, Pietro. Les travaux, minutieusement et amoureusement suivis, notés soigneusement par Marin, ont duré au moins vingt ans.

Le palais Contarini fut tout de suite connu sous le nom de Ca' d'Oro, la Maison d'Or. Même à l'époque où la polychromie la plus effrénée régnait sur les façades des maisons, celle de Marin Contarini en était l'exemple limite. Marin Sanudo, le chroniqueur, raconte comment s'y déroula la grande réception pour les noces de la fille de Daniel Trevisan avec un autre gentilhomme de la même maison, le 30 août 1531. L'amphitryon était un oncle de la mariée, Marco Antonio Priuli : en moins d'un siècle, la descendance de l'homme qui avait réalisé avec autant de passion et autant de constance son rêve de pierre et de briques, s'était multipliée et dispersée. Au XVIIIe siècle, la propriété était divisée en vingt-quatre parts, distribués entre Marcello, Grimani, Zeno, Donà et Venier. En 1791, une expertise faisait état des conditions déplorables du palais : seuils brisés, murs crevassés, poutres pourries, balcons de pierre « défaits et tombants », colonnes chancelantes. La pluie et le vent entraient par les fenêtres sans vitres ni volets ; en somme, c'était un « immeuble abandonné de tous ». En 1802, un homme d'affaires, un certain Giacomo Pezzi, achetait la Ca' d'Oro comme « bien délabré ».

Puis, en 1846, le prince russe Alexandre Troubetzkoï, l'achetait à Moisé Conegliano de feu Beniamino. C'était un don que le prince destinait à Maria Taglioni, la danseuse « divine », la reine européenne du ballet. « Quelle légèreté ! Quelle force ! Quelle abondance de pas ! » écrivait le critique de la *Gazzetta di Venezia* le 25 avril 1845 à propos du ballet *La Fille du Danube* représenté par la Taglioni au théâtre Gallo à San Beneto. « Cet art, cette perfection de pas sont sans exemple... On dirait qu'elle dessine avec les pieds ; quelle musique, le rythme en est si parfait, ainsi que sa danse, qu'elle semble voler, portée par des ailes, tant elle se meut légère... ce que l'on admire le plus en elle est la grâce spontanée de ses pas... En cela son art est sublime. » Son succès avait été exceptionnel, « le public semblait devenu fou ». Il ne s'était pas contenté d'applaudir, mais avait frappé en rythme les rambardes des loges. Trois jours plus tard, quand la diva dansa *La Chasse de Diane*, le théâtre entra « en tumulte, en folie » : « Les applaudissements furent hurlés, tapés avec les mains et les pieds, les cannes frappaient les rambardes tandis qu'on agitait des mouchoirs. » La danseuse dut concéder non pas un, mais bien trois bis. Et ce climat d'enthousiasme s'était déchaîné partout où la Taglioni avait dansé. On disait que Troubetzkoï avait voulu lui donner la Ca' d'Oro parce que le tsar Nicolas Ier lui-même, despote rigide et sévère, n'avait pas su résister à Maria, quand elle lui avait demandé la grâce du jeune prince condamné à l'exil sibérien en tant que libéral (peut-être était-ce pour se faire pardonner ce passé que Troubetzkoï, devenu un partisan fanatique et réactionnaire de l'Autriche, se fera peindre son portrait en uniforme autrichien, aux côtés du fameux lieutenant feldmaréchal von Haynau, occupé à commander le bombardement de Venise).

La Taglioni devient une véritable collectionneuse de palais sur le Grand Canal. Elle possède le palais Busenello à Sant'Aponal, le palais Corner Spinelli à Sant'Angelo, le palais Giustinian Lolin à San Samuele, l'un roman vénitien, l'autre Renaissance, le troisième baroque. La Ca' d'Oro est un trésor de pierres en plus, à ajouter à ses fameux diadèmes, à ses célèbres colliers. Mais pour la Ca' d'Oro ce n'est pas l'occasion d'un renouveau, loin de là. Son état étant désastreux, Troubetzkoï fait appel à un architecte à la mode, le Ravennois Giovanni Battista Meduna, très estimé de la bonne société pour la restauration rapide du théâtre de la Fenice, dévasté par un incendie, et pour l'arrangement de la façade et le remodèlement de l'intérieur du palais Giovanelli sur le canal de Noale (où il reste encore de lui un petit escalier en colimaçon néogothique qui, aujourd'hui encore, ravit les fanatiques de l'architecture du siècle dernier). Nous pouvons dire sans mâcher nos mots que Meduna est un vandale; un quart de siècle plus tard, il va dévaster avec une restauration maladroite le flanc de la basilique de Saint-Marc. Meduna veut tout refaire, et pour refaire, il défait : une véritable tornade s'abat sur les ruines de la maison de Marin Contarini. La splendide margelle du puits de Bon est enlevée, l'escalier extérieur de la cour, construit par Raverti, est démantelé et jeté, les marbres, les pierres, les chapiteaux sont enlevés et substitués, de nouvelles fenêtres sont percées dans la façade... Puis la liaison entre la danseuse et Troubetzkoï s'interrompt; c'est une fin insolite, car le prince épouse la fille de sa maîtresse et de son mari légitime le comte de Voisin. Le palais passe aux mains du banquier Errera et, après avoir subi une nouvelle restauration, dans celles du marquis Tacoli qui le louera en appartements : dans les années quatre-vingt-dix du siècle dernier, deux personnalités de grande importance pour la vie de Venise figurent parmi les locataires, l'historien Pompeo Molmenti et une autre « divine », la comtesse Annina Morosini.

Molmenti, connu aujourd'hui pour son excellent livre à succès, la monumentale « Histoire de la vie privée à Venise », l'était alors surtout pour les furibondes polémiques qu'il avait soulevées au conseil communal de Venise et dans la presse nationale contre les projets d'éventrements et de démolitions que la commission, présidée par le comte Dante di Serego Alighieri (descendant par les femmes du grand poète), voulait mettre en œuvre pour rendre la ville plus moderne et plus « adéquate » aux nécessités indérogeables de la vie quotidienne. Comme il est arrivé maintes fois, même récemment, pour tant d'autres projets aussi casse-cou, toujours présentés comme une promotion du développement et de l'avenir de la ville, les projets de la commission Serego ne tenaient aucunement compte de l'opportunité d'épargner à Venise les horreurs et les dévastations qui, toujours au nom du progrès et du sens civique, avaient massacré irrémédiablement d'autres villes italiennes – à commencer par Florence – et qui avaient déjà eu lieu, effrayantes, à Venise même, d'abord pendant le bref règne de Napoléon, puis après l'annexion de la ville à l'Italie.

La véhémente polémique déclenchée par Molmenti avait suscité de vastes échos internationaux, et l'historien, nommé par la suite sénateur du royaume, devait rester jusqu'à sa mort le défenseur le plus influent de sa ville (mais également le plus détesté par ceux qui, de bonne ou de mauvais foi, auraient voulu modifier de façon irréparable le visage de Venise). Annina Morosini était sans aucun doute une des femmes les plus belles et les plus admirées du grand monde; parmi ses fervents adorateurs elle comptait l'empereur d'Allemagne Guillaume II. La comtesse et l'historien furent expulsés de leurs appartements au printemps 1894 : la Ca' d'Oro avait un nouveau propriétaire.

Plusieurs années plus tard, Molmenti, écrivant à Gabriele D'Annunzio, se réjouissait encore de cette expulsion. Car le personnage qui en était responsable, si l'on croit à la théorie de la transmigration des âmes, aurait pu être la réincarnation de Marin Contarini, tant il se dépensait comme lui avec amour, passion et un enthousiasme efficace, sans épargner ni argent ni sacrifices personnels pour la renaissance de la superbe demeure tellement saccagée. Homme de grande culture et d'intérêts variés, Giorgio Franchetti avait trouvé une raison de vivre dans la remise en état de la Ca' d'Oro, et il s'y était attelé avec une volonté acharnée, une intelligence éclairée et un goût instinctif. D'Annunzio, qui était un de ses grands amis et l'estimait beaucoup, a raconté les aspects, pour ainsi dire, héroïques, de ce travail de récupération conduit par Franchetti. Il désirait éliminer les horreurs, les superfétations et les rajouts amassés sur l'édifice original mais ne voulait pas s'embarquer dans une reconstruction arbitraire. Alors, après avoir vidé le palais, il s'était lancé en personne dans le travail de restauration. Prosterné, deux semelles de chaussures sous les genoux pour les protéger et pouvoir se déplacer, il travaillait chaque jour « couvert de sueur et de poussière de ciment », pendant des heures et des heures, à la mosaïque du rez-de-chaussée, qu'il voulait rendre semblable à celle de la basilique de Saint-Marc, en y faisant participer tous les amis qui venaient le voir. Gabriele D'Annunzio lui-même, des années plus tard, se souviendra d'avoir été lui aussi « agenouillé pendant des heures, comme un ouvrier, à poser dans le stuc des petits morceaux de porphyre et de serpentine », aux côtés de Franchetti.

Giorgio Franchetti avait l'intention de transporter dans la Ca' d'Oro sa magnifique collection d'art. Mais, déjà quand le palais n'était encore qu'un squelette, « de planches dangereuses, de murs grattés, de fenêtres sans volets », il avait placé sur « une sorte de glorieux tabernacle tout de marbres veinurés et roses » le joyau de sa collection, le superbe *Saint Sébastien* de Mantegna. Il avait fait même beaucoup plus : avec une opiniâtreté têtue, il avait récupéré chez des antiquaires du monde entier une grande partie de ce que Meduna avait jeté, à commencer par la grande margelle du puits, « le grand puits roux », comme l'appelle D'Annunzio. Il avait rebâti avec des fragments originaux l'escalier de Raverti et le grand portail vers la ruelle, avec « la fleur » de Romanello et les armoiries des Contarini sculptées aussi par Raverti; il avait reconstruit le crénelage mutilé, rétabli l'entrée, fermé les fenêtres arbitrairement ajoutées par le vandale Meduna. Son intention était que la Ca' d'Oro et la collection qu'elle aurait contenue devinssent propriété de l'État italien, ce qui arriva quand, incapable de supporter plus longtemps les douleurs atroces de la maladie qui l'avait frappé, il se suicida la nuit du 18 décembre 1922. La galerie Giorgio Franchetti, qui aujourd'hui accueille aussi les restes des fresques de Giorgione et du Titien enlevées de la façade du Fondaco dei Tedeschi et de celles de Pordenone récupérées dans le cloître de Santo Stefano, perpétue son nom tandis que ses cendres reposent sous un tronçon de colonne de porphyre dans l'entrée de *son* palais.

2. *Un doge aimé, un doge manqué*

Le palais gothique dont un flanc longe le campo Santa Sofia succède à la Ca' d'Oro et à l'ex-palais Pesaro, gothique lui aussi, qui n'existerait pas si l'on avait suivi les dispositions testamentaires de son propriétaire, le gentilhomme Girardo Sagredo, procurateur de Saint-Marc. Datées du 6 juillet 1738, elles prescrivaient que « la façade délabrée » devait être entièrement reconstruite « selon le dessin approuvé par monsieur Zendrini, professeur public, et créé par l'expert Temanza ». Mais cette œuvre ne devait jamais être réalisée. Et le palais a conservé sa façade gothique bien qu'à l'intérieur, le XVIIIe ait laissé son empreinte dans les stucs de deux maîtres du genre, Abbondio Stazio et Carpoforo Mazzetti-Tencalla, et dans ce grand escalier au-dessus duquel on voit, sale et noircie par l'humidité, la seule et unique composition héroïque d'un peintre promis à un grand succès, mais dans un genre totalement opposé : *La Chute des Géants*, de Pietro Falca, dit Pietro Longhi, qui reste un essai sans lendemain dans l'ensemble de son œuvre.

Peintre de la maison Sagredo, comme de plusieurs autres maisons patriciennes pour lesquelles il travailla abondamment (ses toiles les plus amusantes, *Le Rhinocéros, La Lettre du Maure, Le Géant Magrat*, furent exécutées pour le gentilhomme Giovanni Grimani dei Servi), Longhi nous a laissé un merveilleux portrait de la famille; ou plutôt de ce qui restait de la famille, car le procureur Girardo était mort sans enfants mâles et ici, dans la belle salle revêtue de riches tapisseries, il n'y avait que sa veuve, Cecilia Grimani Calergi, et leurs filles Marina, épouse du gentilhomme Andrea Pisani da Santo Stefano ainsi que Caterina, veuve d'Antonio Pesaro et épouse en secondes noces du gentilhomme Gregorio Barbarigo da Santa Maria Zobenigo, sans oublier deux petites-filles vêtues de blanc, Cecilia et Contarina Barbarigo, et son petit-fils Almorò Pisani habillé en petit homme, « à la hongroise », avec dolman, bottes, cimeterre et une petite perruque poudrée en tête.

Grande dame « jusqu'au bout des ongles * », comme on disait alors, d'un caractère impérieux et cinglant (elle n'était pas pour rien une arrière-petite-nièce des terribles frères Grimani Calergi da San

* En français dans le texte. *(N.d.T.)*

Marcuola), la procuratrice Cecilia tient entre ses bras un petit chien qui ne semble pas moins arrogant. Mais sa fille Marina ne lui cède en rien, la Pisani da Santo Stefano, beauté opulente, que l'on retrouve, habillée en Romaine comme son mari sur un plafond du palais Pisani ainsi que dans l'allégorie de la famille peinte par Giambattista Tiepolo sur le plafond de la salle de bal de la villa de Stra.

Le petit Pisani, peint en grand apparat dans le tableau familial, allait vivre vingt ans à peine. Une des deux enfants vêtues de blanc allait, elle, vivre bien plus longtemps. Il s'agissait de Contarina Barbarigo, celle-là même qui allait susciter une vive admiration chez le sévère et misogyne empereur Joseph II : mariée à un Zorzi, Marin Ier, unique héritier de la riche branche de San Severo, son union sera annulée pour « incapacité du mari », lequel se fera prêtre. Elle vivra jusqu'au début du siècle suivant, laissant tout son énorme patrimoine, avec le palais de Santa Maria Zobenigo sur le Grand Canal et la villa de Valsanzibio des monts Euganéens, à son cousin Marcantonio Michiel, celui-là même qui avait hérité d'une partie du patrimoine Corner della Regina. De sa mère, Caterina Sagredo, il reste un gracieux portrait au pastel fait par Rosalba Carriera, la tête coiffée d'un capricieux tricorne, le visage doux et intelligent. C'était une tendre beauté vénitienne et on la voit ici débarrassée de ce léger formalisme que la présence de sa mère, la procuratrice, lui imposait dans le portrait de Longhi.

Au moment où le peintre peignait ce groupe familial – un de ses chefs-d'œuvre – la bataille légale pour l'héritage du procureur Girardo faisait rage. Celui-ci, tout en laissant ses biens à sa femme et à ses filles, léguait le palais à la branche la plus riche de sa maison. Il s'agissait, certes, d'un acte insolite mais ce n'était pas un cas unique en son genre. En effet, s'il arrivait quelquefois que le dernier héritier d'une branche aisée de telle ou telle maison laissât sa propre demeure à la branche la plus pauvre pour qu'elle puisse se réenrichir et retrouver la dignité due à son nom, il était d'usage également qu'il lègue ses biens à la branche la plus riche afin qu'elle puisse en profiter et entretenir de façon adéquate le palais lié à la mémoire du nom. Le procurateur avait choisi cette dernière solution, et il s'ensuivit une longue dispute à coups de papiers timbrés et de copies authentifiées, du « relevé » patrimonial présenté aux dix sages de la Dîme et aux gouverneurs des Entrées, afin d'établir qui avait le droit d'habiter les salons de la Ca' Sagredo. Ce fut l'ex-branche de Santa Ternita qui l'emporta, alors qu'elle s'était déplacée depuis longtemps déjà pour s'installer sur les berges de Biasio : une branche qui avait donné un personnage de grande importance sur la scène du XVIIe vénitien, le procurateur Giovanni Sagredo, poète en Arcadie sous le pseudonyme de Ginnesio Gavardo Vacalerio.

Sans bouger de la Ca' Sagredo, nous devons faire un pas en arrière. Un des descendants de la branche des propriétaires du palais de Santa Sofia (liée aux autres par la gloire commune donnée par saint Gerardo Sagredo, moine et abbé de San Giorgio Maggiore, puis missionnaire et évangélisateur en Hongrie, où il avait trouvé le martyre, le 24 septembre 1047), Nicolò avait été élu doge le 2 février 1657. Il avait perdu deux frères, tombés en combattant contre les Turcs, et son troisième frère, Alvise, qui avait été sage du Conseil et membre du Conseil des Dix, devait finir sa carrière comme patriarche de Venise. Singulier et talentueux personnage qui avait gagné beaucoup d'argent dans le commerce du bois cadorin, enrichissant toujours plus sa famille déjà très riche, et qui avait dirigé personnellement ses exploitations montagnardes avant de passer à la diplomatie et à la carrière ecclésiastique.

Le doge aussi avait été un brillant diplomate et un collectionneur passionné d'art, « galant, courtois, honnête homme et chevalier... de stature menue et courbée, blanc de visage et de chevelure », « grand honnête homme et compagnon affable » mais trop amant de la « vie délicieuse » qui lui avait gâté la santé ; orateur brillant mais superficiel, « courtisan raffiné et intrigant », très habile dans les manigances politiques, tant et si bien qu'il avait été élu après un seul scrutin, manquant à une seule voix près l'unanimité car, selon la loi, son frère Alvise avait été exclu du vote.

Un homme de grand faste, qui avait somptueusement décoré, à ses frais, l'appartement ducal du palais et apparaissait en public vêtu « non pas de drap d'or mais de scintillantes étoiles, tant ses habits étaient riches ». Très généreux dans ses œuvres de bienfaisance, le doge s'était gagné une grande popularité. On écrivit sur lui des épigrammes qui formaient des anagrammes avec les lettres de son prénom et de son nom, transformant ainsi Nicolò Sagredo en *Dose con gloria*, doge avec gloire.

Aucun des candidats à sa succession ne pouvait se vanter de glaner autant d'affection ; pourtant Battista Nani était un politicien habile, de grande culture et d'un passé brillant, et Giovanni Sagredo avait un passé exceptionnel : il avait été sept fois sage du Conseil, avait représenté la Sérénissime à Londres sous Cromwell et à Paris au temps de la Fronde, et avait réussi à se faire aimer du jeune Louis XIV, de la reine mère, Anne d'Autriche, et du cardinal Mazarin, qui avait tenu à lui faire un don d'une grande valeur, à savoir une montre dont le boîtier était incrusté de diamants. De retour à Venise, Giovanni Sagredo avait été particulièrement brillant dans l'affaire Francesco Morosini : celui-ci, capitaine général à Candie, avait décidé qu'il était impossible de continuer la défense de la ville qui durait depuis vingt ans déjà et avait négocié avec le Turc un armistice qui en réalité était une reddition. Par conséquent, l'avogador du Commun, Antonio Correr, l'avait incriminé pour n'avoir pas respecté les instructions du Sénat et pour avoir mal géré les forces armées et les moyens mis à sa disposition. Le plaidoyer de Sagredo avait contribué à la réouverture de l'instruction par un inquisiteur extraordinaire, et conduit à la pleine absolution de Morosini.

Il y avait, semble-t-il, une forte rivalité et peut-être même une certaine rancœur entre Nani et Sagredo. Le fait est que, durant les complexes votes préliminaires qui précédaient la désignation des quarante et un électeurs du doge, faites en partie par bulletins de vote et en partie par tirage au sort, les partisans de Battista Nani furent quasiment éliminés et ceux de deux autres candidats, Alvise Mocenigo et Antonio Grimani subirent un « effondrement considérable » ; de telle manière qu'à « l'excellentissime Quarante-et-un [*sic*] » furent élus vingt-neuf partisans de Sagredo, quatre de plus que les vingt-cinq nécessaires pour l'élection au premier scrutin. Aussitôt, une foule de gens, bateliers pour la plupart et « barons de places » (traîneurs), se mirent à crier sur la Piazzetta qu'ils ne voulaient pas de Sagredo et à jeter des pavés aux gondoliers des bacs qui, eux, criaient « vive Sagredo ! ». Entre-temps, dans la salle du Conseil majeur, où l'on faisait une pause en attendant la session qui devait approuver la liste de quarante et un électeurs, les partisans des rivaux de Sagredo rôdaient en disant que celui-ci était « haï du peuple » ; quelqu'un s'était montré à la fenêtre en agitant son mouchoir pour exciter la foule qui protestait. Ils n'étaient pas plus « d'une centaine de va-nu-pieds, à qui deux personnes, enveloppées dans de grandes capes, donnaient de l'argent », mais la propagande avait eu son effet; au vote qui s'ensuivit, le « Quarantum » obtînt moins de la majorité des voix et ne fut donc pas approuvé. Les onze qui avaient été tirés au sort pour désigner les quarante et un furent bons pour en choisir d'autres et ainsi, faute de concurrents, c'est Alvise Contarini qui fut élu.

L'impopularité pouvait donc coûter la « corne » ducale. Le protagoniste et victime de cet épisode ne va pas rester longtemps en marge, l'année suivante il va être élu dans une commission de cinq « correcteurs » appelés à réformer une fois de plus le Conseil des Dix, il sera quatre fois sage du Conseil et mourra encore en fonction. Peut-être qu'une certaine dose de philosophie lui est venue, non pas de ses recherches historiques auxquelles il se dédiait, mais plutôt de la littérature de plaisir, qu'il cultivait, comme nous l'avons dit, sous le pseudonyme de Ginnesio Gavardo Vacalerio. Sous ce nom il avait publié, dix ans avant l'incident, *L'Arcadie sur le Brenta ou De la mélancolie désorientée*, recueil de nouvelles et de petits poèmes, « de calembours et de facéties ». A l'entrée du palais des Doges, dans un long couloir qui mène à la porte della Carta et tant qu'un fonctionnaire zélé n'ordonnera pas un bon nettoyage des murs, il reste une inscription de vernis noir, surmontée d'une petite corne ducale : « W W Battista Nani K. Proc. per merito » « vive, vive messire Battista Nani, chevalier et procurateur, élu grâce à ses mérites ». Il s'agit du slogan électoral d'un autre candidat malchanceux au trône ducal.

3. *Galilée et la Sérénissime*

« Je suis gentilhomme vénitien, et n'ai jamais usé du nom de lettré; j'ai bien aimé et protégé les érudits, mais n'entend pas avantager mes possibilités ni acquérir des louanges et de la célébrité à travers une réputation de connaissance de la philosophie et des mathématiques, mais plutôt par la bonne administration des magistrats et du gouvernement de la République, à laquelle je me suis appliqué dans ma jeunesse, en suivant l'exemple de mes aînés qui, tous, s'y sont consumés jusqu'à leur vieillesse. Mes études se sont tournées et appliquées à l'apprentissage de ces choses que, comme chrétien je dois à Dieu, comme citoyen à la patrie, comme noble à ma maison, comme être social à mes amis et comme honnête homme et véritable philosophe à moi-même. Je passe mon temps à servir Dieu et la patrie, et étant libre des problèmes domestiques, j'en utilise une bonne partie en conversations, au service et pour la satisfaction des amis. Tout le reste, je le dédie aux commodités et à mes goûts ; et si quelques fois je m'adonne à la spéculation des sciences, que Votre Seigneurie ne me croie pas en concurrence avec aucun des professeurs de celles-ci, mais enquêtant librement, délivré de toute obligation et affection... » Cet autoportrait est de Gian Francesco Sagredo, oncle du doge Nicolò. Les traits de caractère qui ressortent de ce texte, à commencer par un patriotisme fervent, caractéristique d'une grande majorité sinon de tous les patriciens de l'époque, évoquent une sorte de stéréotype du grand seigneur humaniste, dévoué à la compagnie d'amis choisis et à l'étude honnête, pratiquée pour le seul plaisir. Mais on peut évaluer vraiment le personnage grâce au *Dialogue des systèmes maximaux* de Galileo Galilei, alias Galilée, qui le lui dédie et dont Sagredo est le personnage principal. Et Galilée n'était certes pas homme à s'adonner aux flagorneries faciles dans des œuvres qui lui étaient particulièrement chères, comme ce fameux *Dialogue* qui allait lui procurer tant d'inquiétudes et d'ennuis.

Durant son long séjour à Venise et à Padoue en tant que professeur de l'illustre collège padouan, université de l'État vénitien (les dix-huit meilleures années de sa vie, écrira-t-il dans sa vieillesse), il ne se lia avec personne aussi intimement et profondément. C'était très compréhensible. Galilée avait été introduit, avec tous les honneurs possibles, dans le cénacle qui se réunissait sur le Grand Canal, chez l'historien Andrea Morosini, à San Luca, cénacle fréquenté par frère Paolo Sarpi, son disciple préféré et futur biographe, par frère Fulgenzio Micanzio, et beaucoup d'hommes politiques en vue, parmi lesquels deux futurs doges, Leonardo Donà et Nicolò Contarini, champions du parti des « jeunes » et partisans d'une politique dynamique, indépendante et laïque. Tous hommes de premier ordre, mais très engagés dans tous les sens du terme, personnes influentes et importantes, chargées d'honneur et de devoir, comme Pietro Duodo, qui avait confié à Galilée l'éducation de ses enfants et, alors qu'il était réformateur de l'université de Padoue, l'avait grandement protégé. Gian Francesco Sagredo était lui aussi très proche de frère Paolo et des « jeunes », tel Benedetto Zorzi, qui avait soutenu Galilée dès ses débuts padouans et possédait deux qualités qui plaisaient particulièrement à l'illustre savant : la jeunesse et l'indépendance, non seulement matérielle et politique, mais aussi intellectuelle, une liberté d'idées qui lui convenait parfaitement.

Et voici que Sagredo devient l'ami de Galilée pour de longues discussions scientifiques, sur lesquelles il était si porté, mais aussi pour les joyeuses digressions des plaisirs de la table, arrosées de « tasses bien pleines de bonne liqueur froide et mousseuse » qui plaisaient tant au maître, trop même. Ils se retrouvaient aussi dans le goût des plaisanteries épistolaires de mauvais genre, obstinément défendues au détriment de certains présomptueux pseudo-mathématiciens, ou de révérends pères de la Compagnie de Jésus qui ne plaisaient ni au maître ni à l'élève. Quand, par la suite, Galilée acceptera l'offre des Médicis et que, pour s'établir à Florence, il donnera sa démission de la chaire de Padoue, ce sera Sagredo qui soulignera avec une amicale franchise les raisons qui lui font penser qu'il est en train de commettre une grave erreur. C'est vrai, les Républiques sont difficiles, comme Galilée lui-même l'avait écrit, même quand elles sont généreuses et brillantes, car elles n'ont pas un prince unique à qui se référer alors qu'à Venise « on avait le pouvoir sur ceux qui commandent et gouvernent les autres, et vous n'aviez qu'à vous servir vous-même ». Les princes « prennent [pour] un temps goût à certaines curiosités; mais, souvent appelés par un intérêt pour des choses plus importantes, ils tournent leur âme vers d'autres... » Abandonné par les Médicis aux persécutions du Saint-Office, lequel ne veut rien savoir de ses théories héliocentriques, et veut affirmer, contre toute logique, au nom du Verbe des textes bibliques, que la Terre ne tourne pas, Galilée se sera certainement souvenu avec amertume des conseils de son ami. Inutile de dire que l'histoire ne se bâtit pas avec des « si », mais il est fort probable que si Galilée était resté à Padoue, la Sérénissime l'aurait défendu avec l'obstination avec laquelle elle avait soutenu un autre personnage, que Galilée trouvait franchement antipathique, son collègue Cesare Cremonini da Cento, accusé d'avoir nié l'immortalité de l'âme. La Sérénissime se faisait un point d'honneur de soutenir coûte que coûte les membres du corps enseignant du Collège padouan.

A la célèbre cérémonie de présentation de la fameuse longue-vue, conçue par Galilée, dans la chambre du clocher de Saint-Marc, le 21 août 1609, Gian Francesco n'était pas présent. Il était loin, consul de la République à Alep. On y vit, par contre, dans le rôle de réformateur du Collège de Padoue, pour ainsi dire ministre de l'Éducation, un autre futur doge, Antonio Priuli, qui nous a laissé une description très vivante de l'expérience. Il y avait aussi un frère de Gian Francesco, Zaccaria : un politicien obtus qui, quand Gian Francesco mourra célibataire, le 5 mars 1620, s'empressera de jeter tous ses instruments scientifiques de peur qu'ils ne tombent aux mains de ses fils, qui ne pouvaient qu'avoir les idées gâtées par toute cette ferraille inutile. Raisonnement digne d'un personnage qui, nommé provéditeur en Terre Ferme pendant la guerre contre les Impériaux en 1630, se distinguera par la rapidité de sa fuite, devançant de plusieurs journées ses propres troupes, transformant ainsi en déroute un fait d'armes malheureux et y perdant, outre l'honneur, la pourpre de procurateur de Saint-Marc, que lui retirera le Sénat, tout aussi rapidement.

4. *Longhi et la « petite dogaresse »*

L'intuition et la pénétration psychologique du portraitiste Pietro Longhi ne s'étaient pas seulement exercées sur la famille Sagredo. Parmi les autres portraits collectifs du peintre, il en est un, en effet, qui représente une autre famille. « Le pinceau qui cherche la vérité » de Longhi (la définition est de Carlo Goldoni qui considérait sa propre muse comme « sœur » de l'art du peintre) avait fixé sur la toile le gentilhomme Marcantonio Michiel et son épouse Giustina Renier, fille du fils aîné de l'avant-dernier doge, ainsi que leurs deux petites filles, destinées à épouser plus tard, l'une un Martinengo da Barco, famille de Brescia inscrite au patriciat vénitien depuis longtemps, l'autre un Bernardo. C'était, sur le Grand

Canal, la famille voisine des Sagredo, elle habitait un grand palais dont le plan originel était probablement roman-vénitien mais qui avait été profondément remanié à des époques successives. Ce palais était celui de Michiel dalle Colonne.

Le portrait de la famille Michiel, aujourd'hui exposé à la pinacothèque Querini Stampalia à côté de celui des Sagredo, est très différent de ce dernier. Autant le portrait des Sagredo veut être pompeux, autant celui des Michiel veut être familial, sans façons. Marcantonio est en manches de chemise, assis auprès de Giustina qui porte le même habit d'intérieur tout simple que portent les deux enfants poussées en avant par la gouvernante, elle aussi vêtue de la même façon. En comparaison avec les Sagredo, c'est une famille moderne ; malgré leur richesse et leur position élevée, les deux Michiel sont des gens vifs, actifs, pleins d'intérêts. Marcantonio est un politicien intelligent et un parlementaire consciencieux : pendant les tristes journées proches de la fin de la République, il sera l'un des rares qui parleront courageusement au Sénat, et qui tenteront, bien que sans succès, d'endiguer la débâcle. Giustina est une femme cultivée, attentive : une trentaine d'années plus tard, elle se fera une réputation bien méritée de lettrée, basée sur la publication d'une œuvre écrite avec une grande vivacité et une érudition notoire, un essai sur *L'Origine des fêtes vénitiennes,* riche d'informations de première main sur les fêtes civiles et religieuses du temps de la Sérénissime.

Le doge Renier, devenu veuf, s'était remarié, mais sa nouvelle épouse, la très belle Margherita Dalmet, bien que n'étant pas, comme l'insinuaient les mauvaises langues, une ancienne funambule, ne sortait certes pas du moule dont on tire les dogaresses. Aussi la très jeune Giustina avait pendant des années occupé la fonction de *dosetta*, c'est-à-dire « petite dogaresse », dans les innombrables cérémonies plus ou moins officielles ; et en tant que telle elle avait participé en protagoniste à la majorité des célébrations qu'elle décida de décrire plusieurs années plus tard. Le livre remporta du succès, et contribua beaucoup au processus de revalorisation de la défunte République, condamnée par la propagande française, par la ferveur jacobine de la nouvelle bourgeoisie et par les adeptes du romantisme ténébreux, à l'injuste *damnatio memoriae*. Le processus avait surtout investi le monde scientifique, et il est significatif que l'un de ceux qui l'avaient ressenti et promu avec le plus d'enthousiasme fût justement Daniele Manin, l'avocat patriote qui devait être plus tard le condottiere de la révolution de 1848 et de la résistance à outrance contre les Autrichiens entre 1848 et 1849. Mais dans les premières décennies du siècle dernier, la « légende noire » tenait le haut du pavé, issue d'une lecture plus que désinvolte de documents d'authenticité douteuse et, aussi, d'une très habile dialectique menée par un historien français, le comte Daru. Il est facile de comprendre combien, pour la petite-fille d'un doge tenue sur les fonts baptismaux par le plus célèbre doge du XVIIIe siècle, Marco Foscarini, devenue ensuite l'épouse d'un sénateur vénitien dont la famille pouvait en compter trois, ces calomnies, avalisées avec ferveur et largement diffusées par des savants plus ou moins connus, pouvaient être ressentis comme autant de coups de poignard.

Très belle dans sa jeunesse et brillante même après que sa beauté s'en fut allée et que fussent survenues les infirmités de l'âge, à commencer par la surdité, Giustina Renier Michiel n'avait jamais gardé pour elle son indignation et ne l'avait pas épargnée non plus aux visiteurs de qualité qui fréquentaient le salon qu'elle tenait dans sa ravissante « maison de compagnie », de San Moisé. On y voit encore des peintures allégoriques qu'elle avait commandées elle-même à Giovanni Scajaro. Chateaubriand en savait quelque chose, car elle avait contesté, en parfait français, son affirmation selon laquelle Venise était « une ville contre nature ».

5. *La collection du consul*

Après un autre palais Michiel, qui a gardé l'appellation « dal Brusà », le Brûlé, à cause d'un incendie qui faillit le détruire entièrement en 1774, « par incurie d'une servante », apparaît, à la confluence du canal des Santi Apostoli, le palais Guillon Mangili, ex-Valmarana, agrandi en 1784 par le comte Mangili qui en avait confié l'agencement et la décoration internes à Giannantonio Selva, l'architecte de la Fenice.

C'était un vieux palais Balbi, dont la façade avait été réalisée dans le style néo-classique par Antonio Visentini, dont le nom est indissolublement lié à une série de gravures d'après Canaletto, un superbe recueil de vues du Grand Canal, *Prospectus Magni Canalis Venetiarum,* imprimé en 1742 par les soins et aux frais de la personne qui avait fait refaire le palais : Joseph Smith, consul de Sa Majesté britannique à Venise, banquier et marchand d'art, à qui les plus prestigieuses collections anglaises, sans oublier la collection royale, doivent nombre des plus beaux tableaux qu'elles possèdent.

Joseph Smith, né aux alentours de 1674, était venu au début du XVIIIe siècle pour être employé comme banquier par la compagnie Williams. En ce temps-là, il y avait encore à Venise plusieurs hommes d'affaires anglais qui, outre leurs opérations bancaires, commerçaient en vin, blé, poisson séché et, surtout, en raisins secs, l'ingrédient le plus recherché pour la préparation des traditionnels puddings de Noël. La société Williams & Smith avait été très active. Elle mena, entre autres, à bon terme un énorme financement de deux cent cinquante mille livres sterling, destinées au prince Eugène de Savoie. Resté seul titulaire de la société, Smith avait commencé à s'intéresser au marché de l'art, tout d'abord comme intermédiaire pour le compte des collectionneurs anglais de livres rares, puis finalement en s'impliquant directement dans les négociations et le commerce. En 1744, il avait réussi à succéder à M. Neil Brown comme consul de Sa Majesté britannique et s'était fait recevoir en grande pompe au Collège pour présenter ses lettres patentes ; il avait aspiré, en vain, à la charge de résident diplomatique, ministre plénipotentiaire du Royaume-Uni, mais la charge consulaire, si elle lui donnait moins de lustre, lui apportait une quantité d'avantages. D'ailleurs, comme consolation de n'avoir pas obtenu ces hautes fonctions, il allait tout de même les revêtir par intérim pendant quelques mois, juste avant sa mort. En effet, il avait fini par épouser en secondes noces, à l'âge de quatre-vingts ans, la sœur du ministre résident en charge, John Murray (un « infâme individu », selon lady Mary Wortley-Montagu, auquel il ne fallait pas se fier, « fût-ce pour changer un sou » ; Casanova le connaissait bien et nous a laissé des informations détaillées sur ses habitudes sexuelles). La jeune femme était « une belle vierge sur les quarante ans », et les mauvaises langues soutenaient que Murray, qui détestait cordialement le consul Smith, la lui avait donnée dans l'espoir de mettre la main sur un patrimoine consistant.

En premières noces, le consul avait épousé une cantatrice, Catherine Tofts, connue pour ses brillants succès dans les opéras londoniens, et plutôt bien nantie pécuniairement. Quand la pauvre femme, très appréciée comme concertiste par la bourgeoisie vénitienne, était passée de vie à trépas, le veuf, après l'avoir accompagnée au cimetière protestant du Lido avec un cortège de vingt-cinq gondoles, chacune portant quatre torches flamboyantes, avait reporté ses attentions sur Giustiniana Wynne, que nous avons déjà rencontrée alors qu'elle était éperdument amoureuse d'Andrea Memmo, lui-même fidèle assidu de la bibliothèque Smith.

Giustiniana raconte que le consul avait l'habitude d'enlever une bonne dizaine d'années à son âge véritable et que, lors de ses visites à la villa des Wynne, il essayait de se comporter comme un jeune homme, rivalisant avec les autres au tir à l'arc. Il avait depuis quelque temps des difficultés financières, mais ses ressources patrimoniales devaient tout de même être très importantes car elles comprenaient, outre la bibliothèque d'énorme valeur et la magnifique collection d'art, l'imprimerie et la librairie Pasquali, toutes deux célèbres.

Si la bibliothèque, illustrée par un luxueux catalogue naturellement édité par Pasquali sous le titre latin *Bibliotheca smithiana,* et achetée par le roi George III en 1762 (elle forme maintenant au British Museum la base de la King's Library), était riche de codex miniaturisés et d'éditions précieuses, le fonds éditorial Pasquali était d'une telle importance que le vieux consul en obtint, en le vendant, la coquette somme de quatre-vingt-dix mille ducats. Sous la direction personnelle de Smith, en effet, les éditions Pasquali avaient publié une grande quantité de textes essentiels, autant pour leur contenu que pour l'élégance de l'imprimerie et des gravures. Il y avait de grandes œuvres d'érudition, humanistes et scientifiques (parmi les amis du consul on comptait aussi le savant de réputation internationale Giovanni Poleni), des textes encyclopédiques, des œuvres destinées à durer dans le temps, comme les *Annales d'Italie* de Ludovico Antonio Muratori. On y trouvait des livres d'auteurs à la mode comme Francesco Algarotti et Apostolo Zeno, des œuvres en français (la langue internationale de l'époque) comme le *Grand Dictionnaire historique et critique* de La Martinière, en neuf volumes in-folio, et même l'œuvre complète de Dante Alighieri, comprenant *La Divine Comédie* en trois volumes : six tomes en tout, exquisement décorés de motifs ornementaux dessinés par Antonio Visentini. Les rapports d'amitié et de commerce entre Smith et Visentini avaient donné lieu à une collaboration étroite de l'artiste avec l'imprimerie Pasquali, collaboration d'autant plus appréciée par le consul qu'il s'était déjà servi avec succès de Piazzetta et de Novelli car à Venise l'activité éditoriale était si intense qu'il devenait très difficile de s'assurer le travail d'un artiste autrement que par un véritable accord d'exclusivité.

Quant aux collections d'art, elles n'étaient pas nées seulement d'un bon flair et d'une habileté de connaisseur, mais aussi des rapports qui s'étaient instaurés entre lui et certains artistes pour lesquels il avait fait fonction d'agent ou, comme l'on dirait aujourd'hui, de relations publiques. Le plus important d'entre eux était sans aucun doute Canaletto, Giovanni Antonio Canal, à qui le consul avait commandé la merveilleuse série de vues du Grand Canal dont il avait fait réaliser les gravures par Visentini, ainsi que des dizaines de tableaux qu'il plaça dans les châteaux et les villas des riches Anglais, lesquels le préféraient de loin à Giambattista Tiepolo. A commencer par les vingt-quatre vues de Venise que l'on peut encore admirer dans la résidence du duc de Bedford, Woburn Abbey. Longtemps auparavant, Smith avait déjà participé au lancement international d'une artiste qui avait eu beaucoup de succès, Rosalba Carriera ; et il avait vendu à l'étranger des toiles de Marco et Sebastiano Ricci, dont il était grand ami, de Francesco Zuccarelli qui, sur son conseil, était allé travailler en Angleterre, de Gregorio Lazzarini, de Cignaroli, et de Giambattista Piazzetta, dont Fragonard avait vu chez lui sa *Madone et saints en prière* qu'il avait copié. Il y en avait bien d'autres encore...

Mais il ne faut pas croire que le consul ne collectionnât que des œuvres d'artistes qui étaient ses amis ou dont il s'était occupé comme marchand. Dans les ventes d'autres collections, comme celle de Zaccaria Sagredo, richissime d'œuvres flamandes, il avait acheté des toiles de toutes les écoles (il y avait même un Vermeer, la *Femme à l'épinette* qui se trouve maintenant à Buckingham Palace). On s'en aperçut quand, désormais âgé et désireux d'assurer des années de tranquillité à sa femme et à lui-même, il réussit à vendre au roi George III, avec l'aide de lord Bute, un client fidèle devenu Premier ministre, une grande partie de sa collection pour vingt mille livres sterling : une opération qui a fait écrire qu'après tout, malgré sa folie et les erreurs de son règne, erreurs qui entraîneront la sécession des colonies américaines et la naissance des États-Unis, le roi peut quand même se louer de quelques mérites envers la nation britannique.

Après la vente, qui apporta, entre autres, à Windsor et à Londres, cinquante-trois toiles et cent quarante-deux dessins de Canaletto, l'album des caricatures de Ricci et d'Anton Maria Zanetti, l'autoportrait et l'*Hiver* de Rosalba Carriera, mais aussi un Giambellino et deux très beaux Longhi, il restait sur les murs du petit palais du Grand Canal (que le consul avait acheté en 1740) suffisamment de toiles, de bronzes, de miniatures et d'objets d'art pour alimenter, après sa mort, deux jours de vente aux enchères chez Christie's au bénéfice de la veuve.

Pour qui aurait envie d'aller à la chasse aux fantômes sur le Grand Canal, le petit palais du consul Smith en a en réserve de singuliers. Des Anglais avant tout, comme ces jeunes gens de familles aristocratiques ou de la grande bourgeoisie qui faisaient, avec plus ou moins d'enthousiasme, le « grand tour » de l'Europe continentale et finissaient par commander à des paysagistes vénitiens ou autres des souvenirs de voyage qu'ils rapportaient en Angleterre.

La vogue des artistes italiens avait généré une autre catégorie de personnes, les négociateurs et les pourvoyeurs d'œuvres d'art et d'artistes : dans la maison Smith était passé ainsi Owen McSwinny, imprésario théâtral ruiné, devenu négociateur et marchand d'art, qui avait envoyé en Angleterre plusieurs œuvres de Canaletto, parmi lesquelles les deux vues achetées par le comte de March, puis par le duc de Richmond, et qui se trouvent encore à Goodwood, dans les collections de la famille.

Il est facile d'imaginer que le petit palais à l'angle du canal des Santi Apostoli a été assidûment visité par les personnalités de la culture vénitienne qui se faisaient éditer par l'imprimerie Pasquali ou qui achetaient des livres dans la librairie du même nom. Le consul se piquait de pouvoir vendre des œuvres toutes nouvelles et peut-être même mal vues par la censure vénitienne, pourtant bien conciliante (elle avait compté parmi ses rangs des personnages qu'on n'aurait pu soupçonner de bigoterie tels que le père Lodoli et

Gasparo Gozzi). On y voyait aussi passer beaucoup d'artistes comme Rosalba Carriera, encouragée à se spécialiser dans le pastel (grâce auquel elle allait connaître une vogue et une notoriété inégalées) par Christian Cole – secrétaire de lord Manchester – lui-même pastelliste de talent et qui, devenu résident britannique à Venise, avait rencontré secrètement, précisément chez Smith, Andrea Tron, en partance pour Londres comme ambassadeur de la Sérénissime.

Et Canaletto? Ce personnage, dont nous connaissons le visage surtout grâce à Visentini qui l'a dessiné pour la couverture des vues du Grand Canal publiées par Smith, devait être une légende vivante dans le monde anglais. A tel point que, durant son premier séjour londonien de 1746 à 1750, au cours duquel il peignait des vues de Londres pour le duc de Northumberland et pour le prince Lobkowitz, ainsi que la série de Badminton Hall pour le duc de Beaufort, un commérage dû à une prétendue déchéance de son style dans la facture de ses vues vénitiennes déclencha la rumeur qu'il n'était pas le vrai « Cannalletti de Venise » mais un imposteur qui se faisait passer pour lui. Il avait dû faire publier dans les journaux un avis invitant le public à venir admirer la vue de St James'Park, « peinte par lui », chaque jour, de neuf heures du matin à trois heures de l'après-midi, ou de quatre heures à sept heures, dans ses appartements, chez M. Wiggan à Silver Street, Golden Square (la maison existe encore, au 41, Beak Street, près de Regent Street). Et, en 1750, il arriva encore que John Hinchliffe, futur évêque de Peterborough, voyant un petit bonhomme (*a little man*) faire une esquisse du clocher de Saint-Marc s'exclamât : « Canaletti ! » comme devant une révélation. Le peintre, d'ailleurs, n'était pas d'une extrême modestie. Déjà, en 1727, McSwinny écrivait que c'était un « type excentrique », qui changeait chaque jour le prix de ses œuvres, et qu'il fallait être attentif à ne pas trop sembler les désirer car il était capable de hausser encore les tarifs des tableaux de moindre qualité. Face aux gains fantastiques qu'on lui attribuait, et qui sont en partie vérifiés, le misérable inventaire des objets trouvés dans sa maison après sa mort est surprenant : un petit lit avec deux matelas, une paillasse et deux couvertures, six paires de chaussettes de coton rapé, cinq bonnets de nuit, une vieille cape écarlate, quelques autres broutilles, plus un capital de 1666 ducats en monnaie et 1222 ducats investis à cinq pour cent, outre les dots de ses sœurs. Peu, très peu pour un « talentueux et réputé professeur », « peintre célèbre par son honnêteté et sa vertu », comme le définissait le compte rendu de son élection comme membre de l'Académie de peinture et de sculpture de Venise, le 11 septembre 1763, par dix voix contre quatre (mais il s'était présenté, huit mois plus tôt, dans la vague qui avait vu la victoire de Francesco Zuccarelli, Pietro Gradizzi et Francesco Pavona, et il avait été battu de manière retentissante).

6. *Un tourisme de rois*

Aimé par John Ruskin, qui le considérait comme « le plus original et parfait » édifice civil vénitien du XIIIe siècle, le palais da Mosto a été encore plus adulé par l'esthétisme décadent du début de notre siècle. Un des représentants le plus estimé de ce style, Mario De Maria, *Marius Pictor*, grand ami de D'Annunzio, qui l'appréciait au-delà des mots (« le lunatique et divin peintre Marius De Maria qui, certes, s'est accouplé avec la lune tout comme l'Empereur ») en a fait le théâtre de ses représentations picturales les plus folles, surréalistes avant la lettre. Une plaque rappelle qu'ici est né, en 1432, de Giovanni Paolo da Mosto et de Zanetta Querini, Alvise da Ca' da Mosto (cet usage vénitien de s'appeler quelquefois « da Ca'... » en faisant suivre le nom de famille, ce qui signifie pour ainsi dire « de la lignée des da Mosto », lui a joué le mauvais tour de le faire connaître sous le nom de Cadamosto, un nom qui n'a jamais existé), célèbre navigateur qui, aux commandes d'une caravelle fournie par l'infant du Portugal, Henri le Navigateur, a exploré les côtes occidentales de l'Afrique, le Sénégal, les Canaries. Plus tard, avec le Génois Antoniotto Usodimare, il découvrit les îles du Cap-Vert. Les da Mosto de sa lignée habitèrent le palais jusqu'à la fin du XVIe siècle ; puis, à partir de 1661, il fut occupé par l'auberge au « Lion Blanc », tenue par un certain Zuanne Giarin, qui payait le loyer considérable de 456 ducats par an aux propriétaires Contarini et Dolfin. En 1712, l'auberge est dirigée par Giovanni Dumas (et le loyer est monté à 610 ducats) ; Dumas est toujours là en 1740 quand, désormais, l'hôtel est auréolé d'une solide réputation, en vertu de laquelle, Joseph II, fils de Marie-Thérèse d'Autriche et empereur du Saint Empire romain, y séjournera deux fois, refusant l'hospitalité officielle de la République, en 1769 et en 1775.

Une statistique de 1773 enregistrait à Venise quarante-huit loueurs de chambres et quarante-huit aubergistes. En 1785, un almanach citait treize « auberges principales », c'est-à-dire des hôtels de première catégorie. Parmi celles-ci, six se trouvaient sur le Grand Canal. A San Polo il y avait l'hôtel Royal, où étaient descendus « beaucoup de princes », dont Sa Majesté le roi de Suède : c'était un « beau palais sur le Grand Canal, avec toutes les commodités ». « L'Écu de France » et « L'Imperator » se trouvaient sur le quai del Carbon, et le premier se flattait aussi de recevoir nombre de clients princiers. Chez « Monsieur Petrillo », dans le quartier des Santi Apostoli, descendaient surtout les Anglais, et c'était un hôtel qui comptait « très justement parmi les premiers », comme le « San Giuseppe », près du bac de San Felice, « un beau palais où les étrangers sont bien traités ». Mais le « Lion Blanc », à Santi Apostoli, était renommé pour « les nombreux souverains qui y avaient séjourné ».

C'est Voltaire, dans un chapitre de son *Candide* daté de 1759, qui nous raconte que les rois fréquentaient les hôtels vénitiens. Le héros, avec son ami et philosophe Martin, dîne à la « table d'hôte » * avec six inconnus, venus à Venise pour jouir du Carnaval. En entendant leurs domestiques les appeler tous « Majesté », il croit à une farce, mais les six se présentent l'un après l'autre. Ce sont tous des monarques détrônés : le grand sultan Achmet III de Turquie, le tsar Ivan, le prétendant au trône d'Angleterre Charles Édouard Stuart, deux ex-rois de Pologne (l'un est Stanislas Leszczinski, devenu duc de Lorraine) et le sixième, un aventurier corse qui se fait appeler le roi Théodore. Plusieurs souverains régnants passaient et passeront continuellement dans les hôtels vénitiens, et pas seulement dans ceux ouvrant sur le Grand Canal (l'auberge « A la Reine d'Angleterre », au pont des Fuseri, était elle aussi très cotée. Reconstruite, elle a survécu presque jusqu'à nos jours, sous le nom d'hôtel Vittoria). Il semble de plus que ces auberges ne fussent pas chères : d'après une lettre de Caterina Dolfin

* En français dans le texte. *(N.d.T.)*

Tron à Gian Galeazzo Serbelloni, en 1784, nous savons qu'à « L'Écu de France », on payait seize lires par jour, tandis qu'à l'hôtel situé en face et qui appartenait à l'aubergiste de la « Reine d'Angleterre », on pouvait avoir « un bel appartement, bien propre, avec beaucoup de chambres, des lits, du linge et tout le nécessaire pour l'usage des chambres », pour douze sequins par mois. Qui en avait envie pouvait cuisiner pour son propre compte sinon, « avec un accord honnête », c'était l'hôtel qui s'en chargeait.

Peut-être que la nouvelle des deux séjours vénitiens de l'empereur Joseph arriva jusqu'à Saint-Pétersbourg et fit choisir le « Lion Blanc » à Paul Petrovitch, tsarévitch et héritier du trône de toutes les Russies, et fils aîné de la Grande Catherine (il deviendra tsar à la mort de sa mère sous le nom de Paul Ier et son premier geste de souverain sera de faire exhumer la dépouille de son père, Pierre III, que sa mère avait fait éliminer, et de couronner le crâne paternel avec la couronne impériale), accompagné de son épouse Marie Féodorovna. Le couple voyageait sous le pseudonyme de comtes du Nord, mais leur incognito était tout aussi relatif que celui du roi Gustave III de Suède, qui se fit appeler comte de Haga et fut en réalité accueilli et fêté avec une splendeur extraordinaire. Aussi, quand ils arrivèrent de Marghera, le 18 janvier 1782, à bord de la péotte du procurateur Francesco Pesaro, furent-ils encerclés par « un nombre infini » de gondoles et d'embarcations de tous genres, et une foule immense, toujours en bateau, se massait le long du Grand Canal, suscitant leur émerveillement.

Ce furent Pesaro et un autre gentilhomme de grand lignage, Giovanni Grimani da San Polo, qui les accompagnèrent, le soir même, le long du Canal, jusqu'au Casino des Philharmoniques, une partie des Procuratie Nuove transformée depuis longtemps en un cercle luxueux, où l'on donnait des bals et des spectacles musicaux. Là, avec deux cents domestiques en habit de gala de velours bleu et or, la fine fleur du patriciat les attendait : quatre-vingts dames et autant de cavaliers, dans le traditionnel costume masqué, « domino et loup », mais à visage découvert. On avait dit aux comtes qu'on les emmenait « surprendre la noblesse qui attendait dans les salons des Philharmoniques pour aller au théâtre » ; et ce devait, certes, être une surprise, car on y trouvait les plus belles femmes et les plus beaux bijoux de Venise. Cela dit, les désaccords et les offenses entre les nobles invités surgirent immédiatement, premièrement parce qu'à peine entrée, la grande-duchesse demanda où se trouvait la célèbre Contarina Barbarigo Zorzi (Joseph II lui en avait parlé), laquelle, comme par hasard, était en voyage, ensuite parce que l'on avait pris la gente dame Andriana Foscarini pour faire les honneurs de la maison, et beaucoup s'en offusquèrent pensant être davantage dignes de cette tâche. Les plus furieuses étaient Bettina Michiel née Gradenigo, la procuratrice Giovanelli, Lucrezia Morosini da San Tomà et sa sœur, Elisabetta, épouse du comte Silvio Martinengo, sans oublier Giustiniana Pisani, et les deux sœurs Pesaro, épouses Gradenigo et Manin : toutes très belles, toutes indignées au point que certaines quittèrent la fête, au pied levé.

Nous ne tiendrons pas la chronique de ces journées de fête : Gustiniana Wynne l'a déjà fait (et c'est la troisième fois que nous la rencontrons) dans un livre de circonstance, un *instant book*, comme cela s'appelle maintenant, publié avec rapidité. Il y eut, entre autres, un souper au théâtre San Beneto, illuminé « fantastiquement » par des chandelles et décoré de soie bleu ciel et de franges d'argent; un grand bal eut ensuite lieu, durant lequel la tsarevna dansa le menuet avec le procurateur Pesaro. Elle en profita pour lui confier l'avoir dansé deux fois seulement auparavant, l'une avec le roi de Pologne et l'autre avec l'empereur Joseph II. Les comtes du Nord visitèrent l'Arsenal, guidés par Angelo Emo, dont leur avait parlé Joseph II avec beaucoup de considération, et les verreries de Murano ainsi que le « collège de restauration » institué par la République grâce aux soins du « directeur des peintures publiques », Pietro Edwards; ils assistèrent à un ballet et à une comédie et, de nouveau au Casino des Philharmoniques, à une « cantate » des jeunes filles des conservatoires, ces institutions de bienfaisance où les enfants trouvées et les orphelines étaient initiées à la musique sous la houlette de maîtres tels que Vivaldi, Porpora, Galuppi. La « cantate », illustrée, ainsi que le souper au théâtre, par l'amusant peintre chroniqueur Gabriel Bella dans deux de ses toiles conservées à la pinacothèque Querini Stampalia, a été peinte de façon magistrale par Francesco Guardi dans un tableau qui se trouve maintenant à la pinacothèque de Munich, en Bavière. Il y eut en fait deux « sommets » au cours de la visite : deux fêtes sur la place Saint-Marc, avec la « chasse » au taureau, le défilé des chars allégoriques, et la régate sur le Grand Canal. Pour le cortège sur le Grand Canal, il y eut la participation de treize *bissones* superbement décorées, et quatre *malgarottes*, sorte de bissones plus élancées, également décorées avec goût et fantaisie. La tsarevna tira au sort les numéros des régatiers et elle assista à la seconde phase de la régate – celle réservée aux embarcations à deux rames – depuis les fenêtres du palais Mocenigo « Maison Neuve », où la recevaient le chevalier Alvise II Zuanne et sa femme Cattina (Caterina) Loredan, héritière de la grande lignée ducale des Loredan da Santo Stefano. Elle ne fut pas avare de compliments envers la maîtresse de maison pour l'élégance de ses boucles d'oreilles et de ses colliers, disant qu'elle avait beaucoup de bijoux elle-même mais qu'elle n'avait jamais vu de perles aussi extraordinaires. Le tsarévitch, de son côté, voulut offrir un prix spécial à l'un des régatiers qui était tombé à l'eau juste avant la ligne d'arrivée.

Après la grande fête sur la place, les comtes du Nord étaient rentrés au « Lion Blanc » et avaient manifesté leur reconnaissance à Francesco Pesaro et Giovanni Grimani, en offrant au premier une boîte en or incrustée de brillants, au second « une boîte de valeur moins élevée ». Ils voulurent offrir « une précieuse boîte en or » à Baldassarre Galuppi, le Buranello (de Burano), compositeur et chef d'orchestre. Puis ils s'en allèrent en grande pompe, laissant derrière eux un tourbillon de commentaires, de commérages, de potins et de ragots. Sur le grand-duc, qui « était très laid, enfantin, inexpérimenté et sans manières » (il finira étranglé par une conjuration d'officiers après quelques années de règne). Sur la grande-duchesse, qui avait « une belle taille, était plantureuse avec une poitrine trop forte, un physique trop allemand, des dents gâtées, et une vue très courte », mais qui semblait « avoir beaucoup de sentiments et de talent ». Sur cette fine mouche de Contarina Barbarigo, que l'on disait partie de Venise exprès pour avoir la satisfaction de se faire rappeler comme c'était déjà arrivé, car la grande-duchesse avait déclaré tout net qu'elle voulait absolument la voir. Sur le grand bal de gala qui était trop bondé car, « par politique », l'invitation avait été faite à tous les membres du Conseil majeur, et une nuée de nobles *barnabotti* s'y était ruée, en costumes, ravis de pouvoir participer et écornifler. Sur le prince Saltikov, un des nombreux amants de la Grande Catherine, qui accompagnait le couple et avait exprimé la plus vive satisfaction de son gouvernement et ses meilleurs souhaits pour une future collaboration russo-vénitienne... Quand, à la fin de la fête sur la place, la foule cassa les cordons et envahit celle-ci, tenue en respect par quelques ouvriers de l'Arsenal, quelqu'un de la suite impériale déclara qu'en Russie il aurait fallu au moins l'artillerie pour maintenir l'ordre.

VIII

Les délices du Rialto

1. *Un redoutable observateur*

De la fenêtre de la maison de messire Domenico Bollani, un peu après le palais Da Mosto, Pietro Aretino, l'Arétin, profite de son séjour « dans l'endroit le plus digne du Grand Canal ». De sa fenêtre, le regard arrive, sur la droite, jusqu'aux Beccarie et à la Pescaria, à gauche, jusqu'au Fondaco dei Tedeschi et au pont. Juste en face il y a le Rialto, grouillant « d'hommes d'affaires ». Là, dit l'Arétin, « j'ai les vignes dans les chalands, la chasse au gros et aux oiseaux dans les échoppes, les potagers sur les places » : c'est l'Erbaria où à l'aube, quand les barques arrivent, le Canal est couvert « de toutes sortes de choses qui s'égrènent le long des saisons ». Beau spectacle que de voir les débardeurs transporter « les énormes quantités de fruits et de légumes » vers les lieux où ils seront vendus. Et puis, il y a « le spectacle des vingt ou vingt-cinq bateaux à voile, chargés de melons, et qui, tous ensemble, forment comme une île vers laquelle la foule accourt pour calculer, humer, peser ». Et passent « les belles dames reluisantes de soieries, d'or et de bijoux, splendidement installées sur leur *trasto* » : ce sont les *novices*, les promises, qui se promènent le long des canaux de la ville assises sur le *trasto*, la petite banquette de la gondole à l'extérieur du *felze* (la tente) pour se faire admirer de tous, et le petit peuple les applaudit, à moins que les gondoliers aient oublié d'enfiler les traditionnelles chausses écarlates. L'Arétin, alors, éclate de rire « tandis que les cris, les sifflements et les quolibets des bateliers fusent derrière celles qui se font porter par des serviteurs sans chausses écarlates ». Et il y a encore plus de rires quand, dans la confusion de la circulation, une barque pleine d'Allemands à peine sortis d'une taverne, chavire « au cœur du froid ». « Mais pour que rien ne manque au plaisir des yeux », continue messire Pietro, « voilà que j'aperçois sur un côté les oranges qui éclairent de leur couleur la base du palais des camerlingues » : c'est la Naranzeria, l'Orangerie, le marché des oranges et des fruits exotiques qui s'étend le long du beau palais Renaissance où se trouvent les bureaux des magistratures financières des camerlingues du Commun et des gouverneurs des Entrées. Gratifié par l'excellent voisinage du quartier de San Giovanni Grisostomo, l'écrivain n'oublie pas « la fierté qui le soulève jusqu'au ciel » quand passe le Bucentaure, avec son chargement d'hôtes illustres, ni le passage des embarcations, ni les fêtes, qui fait triompher la partie du Canal dominée par *sa* vue ». « Mais où donc restent les petites lumières qui, tard dans la nuit, semblent des étoiles éparpillées », les petits lampions des étals « qui vendent le nécessaire pour nos déjeuners et nos soupers »? Et « les musiques qui la nuit me chatouillent les oreilles de l'harmonie de leurs sons »?

Il fallait une personnalité volubile comme la sienne pour décrire avec autant de vie le tintamarre, la confusion, la liesse de ce tronçon du Canal. Nous sommes en 1537, et l'Arétin habite la maison Bollani depuis huit ans déjà. Il y habitera quinze ans encore et, quand il déménagera en 1551, il ira s'installer à peine un peu plus loin, après le pont de Rialto sur le quai del Carbon, toujours sur le Grand Canal. Il ne s'en lasse jamais, tant le spectacle dont il jouit est toujours nouveau et différent. En mai 1544, il écrit une autre lettre, cette fois-ci au Titien, l'ami, « compère, et plus que frère ». C'est une lettre insolite, presque lyrique. L'écrivain est malade, il a soupé seul, il se sent déprimé et s'est appuyé au rebord de la fenêtre « pour regarder l'admirable spectacle que faisaient les infinies embarcations, lesquelles, aussi pleines d'étrangers que de citadins, recréaient ce même Grand Canal, lui-même créateur de chacun de ceux qui le sillonnent ». Il y a encore une petite régate, et la foule s'est arrêtée pour la regarder, sur le pont de Rialto, sur la berge du palais des Camerlingues, à la Pescaria, au bac de Santa Sofia, au palais Da Mosto. Et l'écrivain, fatigué, regarde en l'air, et découvre un jeu merveilleux d'ombres et de lumières, de couleurs et de nuages; sous le soleil qui descend, les toits voisins semblent brûler « des flammes du feu solaire », tandis que les autres sont déjà entre le gris et le noir; les plus lointains rougeoient « de minium pas trop lumineux ». « Dans certains coins apparaissait un vert bleuté, et dans d'autres, un bleu verdâtre totalement animé par les bizarreries de la nature, maîtresse des maîtres. » Face à une telle explosion de couleurs, l'Arétin a l'idée d'invoquer le Titien : « Oh, Titien, où êtes-vous donc? Par ma foi, si vous aviez peint ce que je vous raconte, vous auriez induit les hommes à la stupeur, autant que cela me confondit... »

Le spectacle du Grand Canal est donc un prétexte pour, une fois de plus, louer la peinture et le grand art de l'illustre ami. Avec lui, comme avec Jacopo Sansovino, venu lui aussi à Venise après la catastrophe du sac de Rome pour ne plus jamais en repartir, se forme une amitié inébranlable, qui durera jusqu'à la mort de l'Arétin, survenue bien avant celle des deux autres. Pour promouvoir ses amis, l'Arétin est infatigable : grâce à lui, à Bologne où se célèbre la réconciliation entre Clément VII et Charles Quint, le Titien peut s'approcher de l'empereur et, pour la première fois, en faire le portrait. Il deviendra ensuite le portraitiste officiel avant d'être le fournisseur d'innombrables toiles pour son fils Philippe II. Et c'est encore grâce à l'Arétin que, quand s'écroule la voûte de la bibliothèque de Saint-Marc et que Sansovino qui la construisait est incriminé pour le désastre, les plus grandes personnalités, à commencer par l'empereur lui-même, s'évertuent à supplier la clémence de la Seigneurie. Cela dit, il y a de bonnes raisons de soupçonner que l'Arétin, le Titien et Sansovino aient décidé du sort plus ou moins chanceux de nombre d'artistes très connus du XVIe siècle au cours d'innombrables soupers, dans la belle demeure Bollani sur le Grand Canal.

L'Arétin s'était établi dans la maison Bollani deux ans à peine après être arrivé à Venise en passant par Mantoue. A Rome, malgré tous ses succès, il n'avait pas eu la chance qu'il espérait. Il avait bien commencé, en fréquentant les artistes les plus en vue, Raphaël, Sebastiano del Piombo, mais son redoutable talent de critique au vitriol lui avait procuré beaucoup d'ennemis, et même après que son protecteur, le cardinal Jules de Médicis, fut devenu le pape Clément VII, beaucoup de gens lui en voulaient, à commencer par monseigneur Giovanni Maria Giberti, qui allait devenir le champion de la réforme catholique et l'évêque exemplaire de Vérone, mais qui, en attendant, avait tenté de le faire poignarder.

Certaines de ses bravades, comme les seize sonnets licencieux qu'il avait composés pour commenter les dessins érotiques de Giulio Romano (gravés par Marcantonio Raimondi qui fut pour cela emprisonné par le pape, et relâché sur son intercession), lui avaient certes fait du tort. Mais ils lui procurèrent aussi une retentissante célébrité, qui n'était pas pour déplaire à ses nouveaux protecteurs, Giovanni dalle Bande Nere, qu'il vénérait, et Federico Gonzaga. Malheureusement Giovanni mourut et, bien que ne sachant pas que Gonzaga fût en train de négocier son élimination avec le pape, il ne se fiait pas complètement à lui. Venise était la seule et unique puissance européenne qui pouvait, d'une part se moquer éperdument du pape et des monseigneurs de la Curie, de l'autre c'était aussi le plus grand centre éditorial d'Europe. Ce facteur dut être déterminant pour un homme qui vivait de sa plume et qui, par sa plume, espérait s'enrichir. Ainsi, en avril 1530, put-il écrire précisément à Federico Gonzaga : « Il y a ici peu d'étrangers, comme moi honorés; j'occupe une maison sise sur le Grand Canal, commodément fournie, je donne du pain ainsi que des vêtements semblables aux miens à cinquante serviteurs... » Il ne devait plus jamais partir.

C'est ici, dans la maison Bollani, que le terrible Pietro écrit ses œuvres, sacrées et profanes; c'est ici qu'il rédige sa correspondance torrentielle qui englobe tous les puissants de la terre, pour les flatter, les rabrouer, leur faire du chantage, et aussi pour traiter des thèmes touchant à la haute diplomatie. Ils y passent tous, l'empereur Charles Quint et François Ier de France, le pape Clément, le duc de Mantoue, et le marquis de Monferrato, le duc de Ferrare et le duc d'Urbin, le cardinal de Lorraine et le cardinal Hippolyte de Médicis, le prince de Bisignano et le duc de Bracciano, le marquis del Vasto et le connétable de Montmorency. Et de tous arrivent à Pietro, de plus en plus gros, sanguin et barbu – comme nous le voyons dans les deux fastueux portraits peints par l'ami Titien – des lettres et des chaînes en or, des bourses de monnaies d'or, des pensions, et des charges; pour le récompenser, pour qu'il se tienne tranquille, pour le faire parler, pour le faire taire.

Naturellement, dans sa correspondance et dans ses amitiés, il garde une place importante pour les grands de la culture vénitienne et de Vénétie, comme Pietro Bembo qui incarne un idéal poétique contraire au sien, celui de la plus haute tradition héritée de Pétrarque. Sa muse est noble, cultivée, élevée, rare. Tandis que le « poète » Arétin, prosateur et auteur de théâtre, se laisse volontiers aller aux plaisirs les plus grossiers. Autour de lui se forme alors un cercle de nobles gentilhommes vénitiens en veine d'obscénité, poètes de perversions et de farces de lupanar, dont le chef de file est messire Lorenzo Venier, frère d'un des plus illustres propagateurs du style bembesque et pétrarquesque, le sénateur Domenico.

Outre les pompeux sénateurs qui viennent jouir de son bavardage médisant, désacralisant, rendu plus savoureux encore par son rude dialecte toscan et par les ragots et les médisances sur le monde des puissants avec lesquels il correspond, la Ca' Bollani est assidûment fréquentée par les représentants les plus en vue de la florissante catégorie des courtisanes : une race qui a pris racine et qui a poussé en Italie entre Rome et Venise, à l'ombre des plaisirs charnels et raffinés de la Renaissance, et qui à Venise a rejoint les sommets de la notoriété et de l'élégance. La maison de l'Arétin est devenue, comme il le dit lui-même, un port de mer : « Chez moi arrivent Turcs, Juifs, Indiens, Français, Allemands et Espagnols... J'ai l'impression d'être devenu l'oracle de la vérité, car chacun me vient conter le tort que lui a fait tel prince ou tel prélat, c'est ainsi que je suis le secrétaire du monde... », écrit-il en 1537. Mais si une solennelle lecture de son *Dialogue d'Amour* est présidée par un lettré sérieux et compassé tel que le padouan Sperone Speroni, c'est un joyeux souper intime fait « d'un couple de faisans et de je ne sais quoi d'autre » qu'il partagera avec le Titien et Dame Angela Zaffetta. Cette dernière est une courtisane de toute première réputation et victime d'une satire de Lorenzo Venier, qui se vante de l'avoir contrainte par jeu (peut-être seulement en imagination) à avoir des rapports sexuels avec trente et un amants en une seule nuit. Mais, en même temps, elle a reçu une lettre de louanges passionnées de l'Arétin, dans laquelle les vertus féminines et courtisanes sont exaltées avec intensité et enthousiasme : « Je vous offre la palme de celles qui ne furent jamais, car vous, plus que toute autre, avez su poser sur le visage de la lascivité le masque de l'honnêteté, vous procurant biens et louanges par les voies de la sagesse et de la discrétion... Vous partagez si bien les baisers, les caresses, les rires et les voluptés, que l'on n'entend ni querelles, ni jurons, ni doléances d'aucun... Vous caressez les vertus et honorez les vertueux... »

2. *Grandes courtisanes et petites vertus*

De ses fenêtres, en se penchant un peu et en regardant l'autre rive vers sa droite, l'Arétin aurait peut-être pu voir, juste après la Pescaria, le quai de l'Olio débordant de foule, où les embarcations affectées au transport de l'huile déchargeaient leur marchandise. Ici avaient leur siège les façonneurs, chargés de mesurer la contenance des tonneaux d'huile, ici aussi débouchait l'importante et large rue des Tonneliers, où tenaient boutique une grande partie des artisans qui fabriquaient les tonneaux à huile et à vin (mais la majorité de ces derniers, dits *barileri*, fabricants de barils et de barriques, avaient leurs échoppes dans le quartier de San Silvestro). Pour garantir la qualité et le prix, pour éviter le frelatage, la pénurie, l'accaparement et les spéculations, l'huile d'olive était soumise au contrôle sévère de la magistrature des officiers de la Ternaria. Elle siégeait à Rialto et surveillait la fabrication et le commerce d'une quantité d'autres produits, y compris les fromages que l'on vendait à la Casaria (Fromagerie), le saindoux, la panne et d'autres graisses, telles que l'huile de lin, produite en ville par les *pestrini*, ces boutiques qui cumulaient l'activité de pressoir et la vente de produits laitiers.

En fait, le quai de l'Olio interrompait la longue enfilade aristocratique des palais et anticipait, dans sa vivacité et son brouhaha laborieux et populaires, la grandiose corrida de Rialto, que notre ami l'Arétin ne se lassait pas de regarder. Mais s'il avait pu allonger le cou et regarder au-delà du quai de l'Olio, au fond de la rue dei Botteri, il aurait trouvé de quoi s'amuser dans un genre dont il se piquait d'être expert : n'avait-il pas écrit, outre les « Plaisantes Comédies », les « Stances militantes » et amoureuses, outre « Les Livres Chrétiens » et autres essais moralisateurs, « Les Perspicaces Dialogues Putassiers », les « Raisonnements », y compris celui de

Nanna, qui enseignait à sa fille Pippa, « comment être Putain »? La rue dei Botteri, en effet, se terminait aux Carampane : les maisons qui furent de la famille (disparue) des patriciens Rampani, où habitaient la majorité des prostituées.

Pas toutes, bien sûr. Quelques années avant l'Arétin, les statistiques parlent de non moins onze mille « femmes publiques », et il n'y a aucune raison de penser qu'une fois passées les années orageuses des guerres du début du XVIe siècle, celles-ci aient diminué. Les femmes de mauvaise vie avaient tendance à se disperser dans toute la ville, et les efforts de l'État, qui aurait voulu les concentrer dans un quartier clos, celui de Castelletto dans le quartier de Rialto, avaient maintes fois échoué lamentablement. D'autre part, même dans ces années de grande richesse, ou plutôt, surtout dans ces années-là, Venise était un des plus grands centres d'attraction d'Occident, avec un flux continu de marchands, de pèlerins en route pour la Terre sainte, de négociants en tous genres (il n'y avait pas seulement Rialto, il y avait un autre centre commercial tout aussi important, avec des entrepôts à grains, des poissonneries et des boucheries à Saint-Marc), et l'inévitable accompagnement de marins, d'aventuriers, de curieux, de touristes et de délinquants. Tout cela était fait pour alimenter les industries d'exploitation de l'étranger, y compris la prostitution.

Certes, aux Carampane, même en cherchant longtemps, on n'aurait jamais trouvé les dames qui égayaient la table de l'Arétin et de ses illustres invités, la Zaffetta et Pierina Ricci, Caterina Sandella et Angela Serra, ni aucune des deux cent dix autres incluses dans le « Catalogue de toutes les principales et les plus honorées courtisanes de Venise, leur nom et celui de leur *pieza* [entremetteuse], les chambres où elles logent... ainsi que le nombre de deniers qu'ont à payer ces gentilshommes, et autres qui désirent entrer dans leurs grâces ». Ce catalogue était dédié à la « très magnifique et courtoise dame Livia Azalina, princesse de toutes les courtisanes vénitiennes ». On n'aurait pas trouvé non plus celles énumérées dans le « Tarif des Putains de Venise » écrit en vers et composé probablement par Lorenzo Venier : Tullia Lombardo, « d'or et de terres riches », Lucrezia Squarcia qui se donnait des airs de poétesse « portant souvent le petit Pétrarque en main », Tullia d'Aragona, la célèbre Tullia qui avait eu tant de succès à Rome et qui, elle, était vraiment devenue poétesse. Tant de dames pour lesquelles, à « vouloir l'amitié de toutes », il fallait non moins de mille deux cents ducats d'or, et qui posaient, nues, pour les plus grands peintres (qui sait combien de Vénus, de sainte Madeleine et de sainte Suzanne se retrouvaient dans ces catalogues!). En fin de carrière, elles avaient généralement la chance d'épouser un patricien, comme Cornelia Grifo, « somptueuse et très belle prostituée » qui prenait quarante écus pour chaque prestation (le « Tarif » commentait, méprisant : « mais ceci est bien malhonnête denier/et peut-être, meilleur choix dans les bordels/a-t-il pour deux sous, celui qui porte le panier ») et qui, riche de milliers de ducats, célébrait à San Giovanni di Torcello son mariage avec le gentilhomme Andrea Michiel, ce qui était « grande vergogne pour la noblesse vénitienne ».

Non, non, le quartier des Carampane n'était pas fréquenté par ces courtisanes « honorées » qui ne vendaient pas seulement de l'amour, mais aussi une compagnie agréable ainsi que, souvent, de la musique, de la culture, de la poésie, telle Veronica Franco qui, au contraire de Tullia d'Aragona qui avait écrit des rimes édifiantes, avait chanté l'amour et le plaisir avec une sensualité franche et directe. On y trouvait plutôt des filles de joie de la plus basse espèce, celles qui, selon Cesare Vecellio, auteur d'un livre sur les *Habits antiques et modernes* publié en 1590, traînaient « dans des lieux infâmes » et s'habillaient souvent plus en hommes qu'en femmes, portant à même la peau « une camisole d'homme », et beaucoup d'entre elles, « des culottes d'homme ». Elles se postaient dans l'encoignure de leur porte « pour racoler à la tire les vieux oiseaux qui passent », chantant « des chansonnettes d'amour, mais sans grâce », d'une voix rauque. Il leur était interdit (ainsi qu'aux courtisanes) de porter de l'or, de l'argent, de la soie ou des bijoux, ni de se couvrir la tête d'un mouchoir blanc (elles pouvaient par contre porter des mouchoirs et des chausses jaunes), en somme, il leur était interdit de s'habiller comme des jeunes filles de bonnes familles, ou des épouses, ou des veuves, et de fréquenter les églises aux heures de pointe. Sauf que les courtisanes réussissaient presque toujours à déjouer les dispositions des provéditeurs aux Pompes, en particulier pour les bijoux, tandis que nombreuses étaient les prostituées communes qui, pour le même motif, n'échappaient pas à la loi, les Anzolette, les Camillette, les Marine, les Luciette, les Franceschine et les Zanette, les « Frioulanes » et les « Albanaises », les « Petites Turques » et les « Romaines » et les « Padouanes » mises encore et encore à l'amende, mais toujours prêtes à de nouvelles infractions.

La loi tend encore à exclure les filles de joie du Grand Canal. Il leur est interdit d'y habiter, « que ce soit dans leur propre maison ou en location » ; et de se promener « à l'heure de la fraîcheur, que ce soit en gondole à deux ou à une rame ». Cela dit, la loi obligeait les prostituées de toutes catégories à utiliser la gondole comme moyen de transport si elles étaient accompagnées, sans *batticopo,* c'est-à-dire sans le drap qui refermait avec élégance le *felze* dans sa partie arrière, cela afin d'éviter que le *felze* ne devienne une confortable chambre à coucher. C'est en effet ce qu'elles avaient réussi à faire en 1578, quand elles se promenaient sur le canal de la Misericordia, alors très en vogue, avec le *batticopo* hermétiquement fermé devant et derrière dans un but qu'il est facile d'imaginer. Pour mélancolique et dangereuse que fût leur condition (bien que la Sérénissime ait toujours été très dure avec les *bertoni,* les souteneurs, les maquereaux) dans une ville aussi vivante et violente, où les rixes étaient à l'ordre du jour et explosaient entre jeunes, surtout pour les beaux yeux de telle ou telle catin, il faut reconnaître que ces filles, même si elles n'étaient pas arrivées au sommet de l'art et de la gloire courtisanes, avaient « cet esprit immodéré et ensorcelant » que leur attribue, dans un de ses essais, Giovanni Scarabello. La petite catin effrontée de Murano, Lucieta, « la Grecque », est un personnage digne de l'Arétin le plus effréné. Scarabello lui-même raconte qu'en 1610 elle s'était habillée en moine, et qui plus est, en moine dominicain, l'ordre de l'Inquisition. Elle se promenait dans l'île en disant aux hommes qu'elle rencontrait qu'ils pouvaient venir à confesse et qu'elle les aurait absous : et « elle distribuait des absolutions d'une main dont les doigts formaient des cornes * ».

* En Italie, signe très injurieux qui peut aussi bien signifier que l'on traite le destinataire de cocu ou qu'on l'envoie... au diable. *(N.d.T.)*

3. *Un centre d'affaires*

Rialto commence au-delà du canal des Beccarie (boucheries) : le cœur commercial de Venise, le ventre de Venise, la « Wall Street » de la Sérénissime. C'était là que cohabitaient, dans l'harmonie la plus confuse et la plus bruyante, toutes les activités économiques des plus grandes aux plus modestes, les banques et les volaillers, l'Erbaria (le marché aux légumes) et les assureurs maritimes, l'Entrepôt des farines et la magistrature de la Ternaria de l'huile, la Casaria (fromagerie) pestilentielle et la Drapperia où étaient exposées les étoffes les plus précieuses – celles dont Giovanni Bellini dessinait les motifs décoratifs. Le scintillement des bijoux de la ruga degli Oresi (rue des Orfèvres) ; la ruga degli Spezieri, avec les boutiques des apothicaires et les mille médicaments absurdes du bon vieux temps, la calle Occhialera (rue des Lunetteries), celle des Tonneliers, celle des marchands d'amandes, de la Boulangerie, de la Corderie, de l'Orangerie. Et la calle della Stadera (balance) où se trouvait le poids public. Le palais des Camerlingues, celui des Dix Sages de la Dîme, et la maison où siégeaient les Cinq de la Paix pour calmer les rixes et les baroufs. Enfin, sur la berge du Grand Canal, les longues, froides et monotones Fabbriche Nuove, construites par Sansovino, pour abriter les bureaux des différentes magistratures, mais aussi des échoppes, des entrepôts qui, aujourd'hui, sont le siège de la Cour d'assises et des tribunaux.

Il y a à Rialto tout un enchevêtrement de rues et de ruelles aux noms singuliers, rue du Singe, des Deux-Maures, du Bœuf et rue de l'Esturgeon, rue du Soleil et celle de la Madone, rue de Vienne, de la Donzelle, des Deux-Épées, de la Cloche... Ce sont des noms de tavernes et de gargotes, et il est très difficile pour nous de faire la différence entre ces deux termes qui, en général, désignaient plutôt des hôtels que des débits de boisson. On y trouvait à l'intérieur une salle et une cuisine au rez-de-chaussée, et de dix à quarante chambres dans les étages. A Rialto en 1320, il y en avait sept, une appartenant à l'État, quatre à des nobles, et deux aux monastères de San Servolo et San Lorenzo. Toujours au XIVᵉ siècle, il y avait à Rialto les tavernes de la Colonne, de la Citrouille, de l'Ours, du Chameau, de l'Écrevisse ; un document de 1341 parle de l'auberge de la Cloche, un autre de 1360 parle de celle de la Biche (il est intéressant de rappeler que l'hôtel Cavalletto, à Saint-Marc, qui existe toujours, est connu depuis 1370). Les enseignes des auberges vénitiennes s'inspiraient de tout le règne animal (Singe, Biche, Serpent, Lion, Cheval, Paon, Coq, Bœuf, Chameau, Écrevisse), du ciel (Étoile, Lune), des objets (Épée, Chapeau, Melon, Citrouille, Vase), des personnes (Pèlerin, Donzelle), du sacré (Agnus Dei, Ange) et de la fantaisie (Sauvage). Bien sûr, pendant les siècles d'affluence, il y avait abondance de tavernes malfamées à Rialto, mais toutes ne l'étaient pas, et la clientèle était si nombreuse qu'elle rendait, déjà à l'époque, l'activité hôtelière très rentable. Marino Sanudo le jeune, l'infatigable chroniqueur qui, pendant quarante ans, de la fin du XVe siècle à 1536, a recueilli en cinquante-huit volumes in-folio tous les événements politiques et de la vie quotidienne de Venise, raconte que lui et les siens possédaient une auberge à Rialto, à la Pescaria Nova, à l'enseigne de la Cloche, avec de nombreuses boutiques au rez-de-chaussée : « lieu petit », mais qui rendait huit cents ducats de location par an et dont la seule auberge en payait deux cent cinquante, « ce qui est plus que ne paie le premier palais de la ville ».

Les hommes d'affaires continuaient à se réunir à Campo San Giacometto où se trouvait la loge des marchands avant la nuit fatale du 9 au 10 janvier 1514 quand un terrible incendie dévasta toute l'île rialtine. Et là, avant que la Sérénissime ne fonde une banque d'État (le Banco Giro), siégeaient derrière leur *banco* (comptoir) les patrons des « bancs d'écrit » auxquels, malgré les faillites fréquentes dues souvent à l'excessive pression fiscale, s'adressaient beaucoup de grosses compagnies et beaucoup de princes étrangers pour des prêts et des gestions de capitaux. L'activité bancaire apportait elle aussi sa contribution au spectacle de la vie quotidienne, car ouvertures et fermeture de banques, suspensions et reprises, liquidations et autres opérations importantes étaient le prétexte pour tout un cérémonial chorégraphique et coloré. Quand, à la suite de la création du Banco Giro et de la loi du 24 janvier 1568 selon laquelle les « bancs d'écrit » auraient dû fermer dans les trois années à venir, le « banc » Vettor Correr et frères décida, le 17 octobre 1569, de régler ses comptes et de fermer, une messe solennelle fut chantée en l'église de San Giacometto en présence de la Seigneurie et « toute la matinée, on entendit résonner les fifres ». Le banc était orné de tapisseries et de tentures de soie ; on servit un banquet de trois cents couverts, « avec grand étalage de monnaies d'or ».

L'incendie, qui avait rasé une quantité d'échoppes et de boutiques, de maisons et de taudis agglomérés avec la densité d'une *casbah* orientale, avait été l'occasion de reconstruire totalement le quartier, ce qui lui avait donné un air de plus grande dignité. Il y avait eu un concours, gagné par Antonio Abbondi, dit le Scarpagnino, auquel nous devons le grand édifice appelé les Fabbriche Vecchie, qui va du Grand Canal à la rue de San Giovanni (où se trouve l'église de San Giovanni Elemosinario et son magnifique retable du Titien). Cent treize mètres de long, avec les grandes arcades de la Drapperia. L'aire de Campo San Giacometto aussi avait été remis en état et embelli, avant que Sansovino ne lui donne son aspect actuel. Mais, quand il avait fallu reconstruire en pierre le vieux pont de bois, amovible au centre pour permettre le passage des grands mâts des navires et des galères, Andrea Palladio, qui avait présenté un projet de pont à trois arches (représenté par un des *Caprices* de Canaletto, à la Galerie nationale de Parme), avait projeté aussi une restructuration symétrique de Campo San Bortolomio et ses alentours ainsi que de l'aire au-delà du pont. Un projet dont nous ne savons même pas si l'auteur entendait vraiment le porter à terme, et qui fut rendu vain par tous les renvois que subit la reconstruction du pont et par la décision finale : le reconstruire, en pierre, oui, mais à une seule arche selon le projet d'Antonio da Ponte, « protoarchitecte » des excellentissimes provéditeurs au Sel, auxquels incombait la direction statique et esthétique des édifices publics de Rialto et de ses alentours.

Sur la berge du Grand Canal, juste après le canal des Beccarie, on voit aujourd'hui l'édifice néo-gothique construit en 1907 par Domenico Rupolo et Cesare Laurenti à la place de l'affreux hangar que la tristement célèbre commission Serego Allighieri avait décidé de faire construire pour couvrir le marché aux poissons. Derrière, l'actuel marché aux poissons au détail donne sur le Campo delle Beccarie, lieu de robustes beuveries des poissonniers et des courtiers. Les ruelles adjacentes sont les résidus d'un vieux Rialto qui possédait et conserve encore, dans les impasses, dans les barbacanes

PROSPETTO
del
Canal Grande
di
VENEZIA
Lato Sinistro

Isola di S. Giorgio Maggiore e Porto Franco — Dogana di Mare o di Transito — 1

Seminario Patriarcale — Tempio di S. M.ª della Salute — Traghetto di S. Gregorio — 2

3 — Dario — Venier — Da Mula — Barbarigo — Traghetto di S. Vio — 3

Loredan — Balbi-Valier — Manzoni — Brandolin — I. R. Accademia delle Belle Arti — T.º della Carità — Querini — 4

Gambara — Contarini dagli Scrigni — Cozzi — T.º a S. Barnaba — Rezzonico — 5

Giustiniani Giustiniani Giustiniani ora Schiavoni Foscari Balbi in volta di Canale Angarani Grimani 6

T.° di S. Toma Persico Tiepolo Pisani Barbarigo della Terrazza Cappello 7

Grimani Dubois Bernardo T.° della Madonnetta I. R. Comm.° Sup.re di Pol.a del Ses.re S. Polo Donà Tiepolo Businello 8

Traghetto a S. Silvestro Rinaldi T.to sulla Riva del Vin Corroni Tollotti e Padovan Riva del Vin 9

Scala verso la Riva del Carbon — Scala verso il T.° del Buso

Barbarigo Ala delle Fabbriche Vecchie di Rialto Ponte di Rialto (da S. Bortolammeo) Palazzo Camerlinghi ora dell' I. R. Trib. d' Appello Fabbriche Vecchie di Rialto in Erbaria ora Residenze degli II. RR. Tribunali Civile e Mercantile Fabbriche dette Nuove — Traghetto alle 10

sul Canal Grande
Fabbriche
Pescaria
Traghetto in Pescaria
T.to in Calle dei Botteri
Topan
11

Corner della Regina
Pugnalin
Pesaro
Foscarini
Chiesa e T.to di S. Stae
(S. Eustachio)
Contarini
12

Duodo
Balbi Valier
Tron
Capovilla
Fondaco de' Turchi e Traghetto
Correr
13

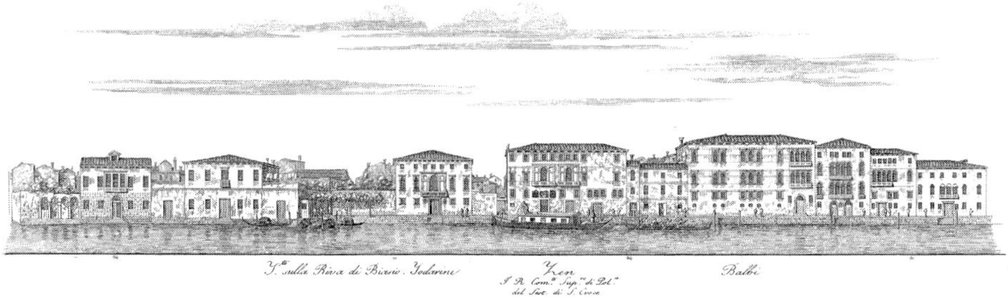
T.to sulla Riva di Biasio
Todarini
Zen
I. R. Com.to Sup.re di Pol.a
del Sest. di S. Croce
Balbi
14

S. Simeone Profeta
(S. Simon Grando)
T.to all'Altanella
15

PROSPETTO
del
Canal Grande
di
VENEZIA
Lato Destro

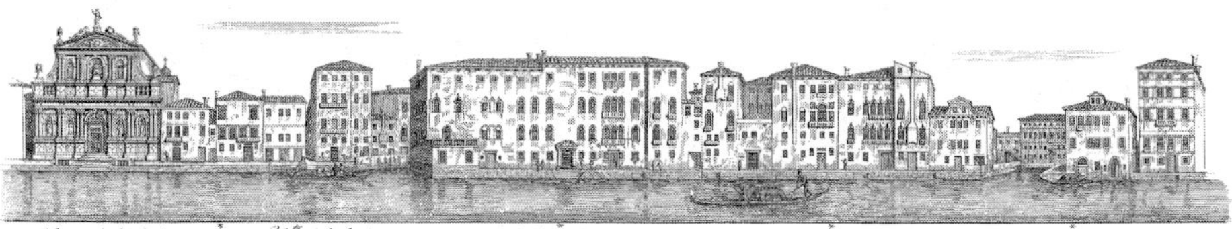

Chiesa degli Scalzi *T.tto agli Scalzi* *Calbo — Crotta* 22

Flangini *Chiesa di S. Geremia e Traghetto* *Imboccatura di Cannaregio* 23.

Contarini *Gritti* *Martinengo* *Chiesa e Traghetto di S. Marcuola* (S.S. Ermagora e Fortunato) 24.

Vendramin Calergi *Marcello* *Erizzo* *Piovene* *Emo* *Traghetto alla Maddalena* *Molin ora Querini* *Barbarigo* *Catanco* 25

Grimani ora Dalla Vida *Boldu* *T.tto a S. Felise* *Rech* *Contarini* *Cà Doro ora Conegliano* 26

Sagredo — T.to di S. Sofia — Micheli dalle Colonne — Micheli del Brusà — Mangilli Valmarana — Traghetto del Leon bianco — 27

Corte Remera — Coran — Fondaco de Tedeschi ora I. R. Dogana — 28

T.to del Buso — Scala verso il Palazzo Camerlenghi — Scala verso la Riva del Vin — Ponte di Rialto (da S. Jacopo) — Manin — Bembo — Riva del Carbon — 29

Enrico Dandolo ora Albergo delle Stelle di Francia — T.to del Carbon — Loredan ora L'Apollinea — Farsetti ora Residenza Municipale — Albergo R. del Leon Bianco — Grimani ora I. R. Direzione delle Poste — Cavalli — Martinengo — T.to — 30 a

T.to a S. Benedetto — Benzon — Curti — Corner-Spinelli — T.to Garzoni — 31

Corner
Palazzi della Famiglia Mocenigo
Charmet
Contarini
Moro-Lin
32

Grassi
Chiesa e T.to di S. Samuele
Malipiero
Cà del Duca
Giustinian Lolin
33

T.to S. Vidal
(S. Vitale)
Cavalli
Barbaro
Pisani e Foscolo
Stecchini
T.to S. Maurizio
alla Calle del Doge
34

Corner della Ca Grande
ora
I. R. Delegazione Provinciale
Barbarigo
T.to S. M.a Zobenigo
(S. M.a del Giglio)
Gritti
Fini
35

Manolesso-Ferro
ora Armano
Contarini-Fasan
Micheli
ora Alvisi
T.to S. Moisè
Tiepolo
ora Zucchelli
Emo
ora Treves
36

Giustiniani ora Grande Albergo l'Europa — T.° del Ridotto — Erizzo — I. R. Magistrato di Sanità Marittima — Giardino del Palazzo Reale — 37

R.ª Zecca — Ala del Palazzo R.° — Traghetto per la Giudecca — Piazzetta — Palazzo Ducale — Traghetto per S. Zorzi — Ponte { della Paglia / dei Sospiri } — Prigioni — T.° per Chioggia — 38.

Bernardo, Nani-Mocenigo Grande Albergo Reale di Giuseppe Danieli — Ponte del Vin — Riva degli Schiavoni — I. R. Capitanato del Porto — 39

Ponte della Pietà — Chiesa ed Ospizio della Pietà — Ponte del Sepolcro — Abitazione del Petrarca — Caserma del Sepolcro — Riva degli Schiavoni — 40

Riva — Ponte della Cà di Dio — Degli — I. R. Intendenza delle Sussistenze Militari — Schiavoni — 41

saillantes, dans la foule des ruelles aux noms de professions disparues, dans les scélératesses oubliées, quelque chose de l'atmosphère du temps passé. Ici la pioche a creusé, sous le règne de Napoléon, empereur des Français et roi d'Italie, au grand dam des antiques boutiques et des ruelles d'artisans aujourd'hui disparus; telle la « ruga sartorum », par exemple, la rue des Tailleurs, qui commençait du côté opposé à l'église de San Giovanni, ou la rue des fourreurs, et celle des savetiers « de vieil ouvrage ». Elle a détruit la petite église de San Mattia di Rialto, épicentre de cette fourmilière grouillante.

Le grand édifice qui s'appela un temps les Beccarie et qui donne sur le Campo est un reste de la « Ca' Granda », la « grande maison », des Querini. Elle arrivait certainement jusqu'au Grand Canal, si c'est vraiment de là que tomba à l'eau ce diable de mauvais sujet, frère Alberto, qui de « voleur, maquereau, faussaire et homicide » était devenu un grand prêcheur et qui, comme le raconte Boccace dans la quatrième journée du *Décaméron*, avait séduit « une jeune femme, sotte enfant, nommée madona Lisetta da Ca' Quirino, épouse d'un grand marchand, parti avec ses galères, en Flandre », en lui faisant croire qu'il était l'ange Gabriel, pour en jouir selon son bon plaisir, en profitant de sa vanité et de sa stupidité. Grande famille, et grands marchands, ces Querini della Ca' Granda, capables de prêter de l'argent aux princes et aux rois, emportés par une affaire que les historiens modernes analysent de façon différente, mais qui marque l'évolution de la politique et de la vie vénitiennes de manière définitive : le complot et le soulèvement de 1310, commandé par Baiamonte Tiepolo, « le grand cavalier », neveu et petit-neveu de deux grands doges, et par le puissant clan des Querini « de casa mazor ».

Dans cette histoire, le Grand Canal incarne ce que le Rubicon représenta dans l'histoire d'un autre condottiere aristocrate, projeté vers un pouvoir absolu et total : Jules César. Mais « le grand cavalier » ne lui ressemblait absolument pas, si ce n'est par son ambition, soit qu'il voulût (quand il se présentait en armes, au pied du pont de Rialto, demandant le passage) rouvrir par la force un jeu démocratique désormais faussé et emporté par les siècles, soit, ce qui semble plus crédible, qu'il désirât se frayer le chemin d'une seigneurie personnelle. Il s'attendait pour cela, comme c'était arrivé dans d'autres villes d'Italie, au soutien des catégories émergentes d'artisans, de petits industriels, de marchands ne faisant pas partie de la noblesse. Car celle-ci, après avoir ouvert les portes à tous ceux qui pouvaient se le permettre, s'était refermée sur ses privilèges d'appartenance héréditaire au Conseil majeur, l'assemblée souveraine : et cela officiellement, car, de fait, le « barrage du Conseil majeur », comme l'opération sera appelée plus tard, dans la tradition vénitienne, était déjà opérationnelle depuis très longtemps. Baiamonte, qui avait ses maisons loin de là, avait voulu partir justement de Rialto, où au contraire étaient profondément enracinés ses amis et complices Querini « de casa mazor ».

Ainsi, « en l'an mil trois cent et dix / au milieu du mois des cerises / Baiamont / passa le pont » : avec armes et bagages, à pied et à cheval, les insurgés traversèrent le Grand Canal, se dirigeant vers Saint-Marc, vers le palais des Doges. Le flot des rebelles envahit le long serpent des Mercerie et le destin voulut qu'il perdît du temps en s'arrêtant à Campo San Zulina, où verdoyait un sureau. Il paraît alors qu'une petite vieille du nom de Giustina Rossi, réveillée par le bruit, ouvrit sa fenêtre d'un coup, faisant tomber un pesant mortier sur la tête du porte-drapeau des révoltés. Légende? Peut-être pas, car, jusqu'à la fin de la République, presque cinq cents ans plus tard, les héritiers de Giustina occupaient encore la maison et accrochaient chaque année l'étendard commémoratif qui est maintenant conservé par le Musée civique Correr. La rébellion fut matée, Baiamonte et plusieurs Querini partirent en exil, d'autres conjurés furent pendus, et une magistrature provisoire de dix membres fut nommée pour enquêter sur les raisons et les modalités de la conjuration, punir les responsables et les complices et empêcher de dangereux retours de flamme. C'est ainsi que naquit le Conseil des Dix, destiné à durer jusqu'en 1797.

Et le pont? Le pont resta le seul et unique à enjamber le Grand Canal jusqu'à la moitié du siècle dernier. Un chroniqueur rappelle que, déjà en 1488, un homme politique destiné à se distinguer par ses capacités et son intelligence, messire Luca Tron, à l'époque jeune provéditeur du Commun, avait proposé au Conseil majeur de construire deux autres ponts sur le Grand Canal, l'un à la Carità, où se trouve aujourd'hui le pont de l'Accademia, un autre à Santa Sofia, en correspondance de l'actuel marché aux poissons. « Mais tout le Conseil se riant de cela », la proposition ne fut même pas mise aux voix.

Quant aux infinies disputes et diatribes qui précédèrent et accompagnèrent la construction de l'actuel pont de Rialto, il faut rappeler que l'un des arguments les plus forts contre la formule à plusieurs arches se basait sur les dommages qu'un ou deux piliers en plus auraient pu provoquer à la libre circulation des eaux, au vivifiant mouvement des courants et donc de l'équilibre, non seulement du Grand Canal mais de toute la lagune. La Sérénissime mènera une bataille sans merci, tout au long de sa longue existence, pour la défense de la lagune, élément vital de la ville : port, bastion réserve alimentaire et cordon sanitaire. Différentes magistratures s'en occupaient depuis les juges du Public jusqu'aux provéditeurs au Sel, aux sages et aux magistrats des Eaux. Puis, au XVIe siècle, on créa une sorte de supercommission qui rappelait déjà par son nom l'autorité et l'importance dont elle était investie : le Collège solennel des Eaux, dont faisait partie le sommet même de l'État, le doge en personne, la Seigneurie, les six sages du Conseil, les cinq sages de Terre Ferme et les trois chefs du Conseil des Dix. Plus les trois sages des Eaux, un certain nombre de sénateurs élus et, du moins dans un premier temps, tous les procurateurs de Saint-Marc présents et disponibles en ville. Et, si la juridiction sur la viabilité citadine et sur le réseau des ruelles, des ponts et des canaux, relevait de la compétence des provéditeurs du Commun, le Collège solennel contrôlait le Grand Canal, qui restera ensuite aux sages des Eaux.

4. *Embouteillages*

Que de préoccupations ce fameux Grand Canal donnait-il à la République, quand de temps à autre des petites plages apparaissaient, ici et là, le long des berges. Et il n'avait aucunement suffi de détourner, à Lizza Fusina, l'embouchure du Brenta que déjà, au XIVe siècle, l'on tenait pour responsable de ces ensablements. Les excavations, en réalité, étaient une constante nécessité et se répéteront régulièrement jusqu'à la fin de l'indépendance vénitienne. Pour en payer les frais on avait, en 1541, instauré un impôt sur toutes les propriétés immobilières donnant sur le Canal, sur ceux qui y confluaient et sur les rues qui y débouchaient directement ; plus tard, la contribution obligatoire fut étendue aux propriétaires des embarcations habituellement amarrées sur le Grand Canal, aux bacs, aux plates-formes des teinturiers et des charbonniers qui y exerçaient leur activité.

Consciente de la vérité du dicton « *Palo fa palùo* » (« un pilot suffit pour transformer une partie de la lagune en marécage »), la Sérénissime déclara la guerre aux poteaux, jalons et pilotis, sans distinction de personne, pas même pour le richissime patricien Andrea Corner ni le très riche citoyen Riccardo Malombra, que l'on obligea brusquement, en 1450, à retirer tout le pilotage planté dans le Grand Canal pour l'édification des fondations des palais qu'ils se faisaient construire. Les riverains sont perpétuellement invités à retirer tous les pilots d'amarre qui dépassent de plus d'un demi-pied de la façade des habitations ; près des pontons, poteaux, remises à bateaux et autres constructions sur pilotis sont incessamment prétextes à des amendes, et comme beaucoup font de la résistance, en ordonne des démolitions forcées, tandis que ceux qui s'obstinent encore sont menacés. Les nobles, d'une année d'exclusion du Conseil majeur, les autres de six mois de prison.

Une sévérité tout aussi draconienne est en vigueur envers qui jette dans le Canal des gravats, des décombres et autres ordures. Les gravats doivent être déposés à la Motta di Sant'Antonio, qui sont aujourd'hui des jardins publics, où l'on fait des travaux d'assainissement, les ordures dans les *ruelles sales* ou dans les *scoazzere*, des caissons à ordures emportés par les *burchieri da rovinassi*. Pour les coupables, il y a des amendes à partir d'un ducat, et pour les cas les plus graves, le fouet : en 1538, une servante de la maison Priuli en goûtera pour avoir jeté dans le canal de Santa Sofia, près de sa confluence avec le Grand Canal, un panier entier de saletés. Les nettoyeurs de quartiers et la police veillent attentivement.

En 1551, sur mandat du Collège solennel, le sage Nicolò Zen fait un rapport détaillé sur les conditions du Grand Canal. Il le trouve très embourbé mais, surtout, embouteillé par la circulation : « Notre bonne ville, qui par la grâce de Dieu s'est tant accrue [...] fait se multiplier barges, nefs et gondoles, en quantité que le Canal en est grandement empêché ». Il faut alléger la circulation, déplacer les débarcadères des bateaux en provenance de Fusina, de

Chioggia, du Frioul et des territoires trévisans. Les grands navires ne pourront plus accoster au môle de la Piazzetta et n'entreront plus dans le Grand Canal sans un permis écrit du magistrat des Eaux. Le principal accusé de tous ces problèmes est le Rialto. Au XVIe siècle, les mesures administratives et conservatoires pleuvent sur qui y travaille près des berges. On renouvelle encore et encore l'interdiction pour les plus gros bateaux, chalands, bachots, barges, radeaux, d'amarrer par le travers. On institue des accostages à l'heure, avec de grosses amendes pour qui dépasse le temps consenti. A Rialto, barques et bateaux amarrent en double ou triple file, bien que les grosses embarcations en provenance de l'Istrie et de la Dalmatie accostent nombreuses au quai des Esclavons, comme les bachots lombards et les barges de moulins qui se serrent surtout le long des entrepôts de farine à Saint-Marc et, toujours, à Rialto. Près du pont où stationnent les bateaux de Padoue, les sages des Eaux autorisent en 1662 le stationnement de douze péottes, grosses embarcations de transport, envoyant les autres s'amarrer du côté opposé, entre le bac de Ca' Da Mosto et celui de Santa Sofia. Entre 1623 et 1729, ils redistribuent les points d'amarrage des *peate* (non pas *peote : peate*, les énormes barges à rames que l'on utilisait jusque dans les années cinquante, avant la motorisation générale, pour transporter les cargaisons encombrantes) et des innombrables barques provenant de tous les coins des colonies et des territoires vénitiens : celles de Vicenza et de Portogruaro, celles de l'école de San Pietro de Chioggia et celles de l'école des marins de Capodistria, celles des « nations » : « catarines », de Cattaro, et « sabenzanes », de Sebenico; celles d'Este et de Portobuffolé, de l'île de Pag et de Pordenone, de Spalato et de Biancade, d'Isola di Istria et de Piove di Sacco... Une véritable armée, qui oblige encore le Sénat, en 1730, à recommander aux magistrats des Eaux de faire quelque chose pour organiser « la multitude d'embarcations... qui encombrent le Grand Canal, empêchant la libre circulation des gondoles de la Dominante ». Même si le marché de Rialto est désormais en pleine décadence, l'endroit grouille toujours. Dans *La Jeune Fille de bien*, Goldoni a décrit de manière très suggestive la scène de l'arrivée, juste avant l'aube, des embarcations des maraîchers de Pellestrina et de Chioggia, chargées de tous les produits qu'encore aujourd'hui, de moindre manière, on vend sur les comptoirs de l'Erbaria.

5. *Fêtes et débauches à Rialto*

Tout comme les vieilles Halles, avant que le « ventre de Paris » ne soit transféré à Rungis, loin du centre, l'Erbaria avait une vie parallèle à celle, industrieuse et laborieuse, des bateliers, porteurs, vendeurs, acheteurs en gros et au détail. Un personnage, que nous avons déjà rencontré en passant et dont on ne peut nier la vénitianité (bien qu'il ait passé une grande partie de sa vie loin de Venise, dans tous les coins d'Europe), a vécu un moment crucial de son existence aventureuse ici, au milieu des citrouilles de Chioggia, des artichauts du Lido, des herbes de San Piero in Volta. Cette nuit-là, Giacomo Casanova avait perdu cinq cents sequins sur parole. Il était énervé et avait besoin de se calmer. Après s'être promené une demi-heure dans l'Erbaria, il rentre chez lui et, croyant tout le monde au lit, prend ses clefs pour ouvrir. Mais la porte est ouverte et la serrure brisée. Tous sont levés, en grande agitation. « Missier grande », le chef de la police en personne, avec une foule d'argousins, a forcé la porte et perquisitionné la maison en disant qu'il cherchait un coffre de marchandises de contrebande... L'aventurier se couche, mais ne peut dormir ; il va au palais de son protecteur, Matteo Giovanni Bragadin, qui lui conseille de partir au plus vite : « peut-être, lui dit-il, cette perquisition nocturne, faite pour un motif inexistant et en ton absence, n'est-elle qu'un avertissement pour te donner le temps de fuir ? ». Mais Casanova ne s'en va pas, il demande un délai pour sa dette de jeu, rentre à la maison, va se coucher... Et le matin suivant, se retrouve avec « Missier grande » dans sa chambre, venu le prendre pour l'emmener sous les Plombs, par ordre du Tribunal suprême des inquisiteurs d'État.

Il devait rester loin de Venise et de l'Erbaria pour de longues années, du 1er novembre 1756, date de sa rocambolesque évasion des Plombs, au 18 septembre 1774. Ses mémoires ne nous disent pas s'il retourna à Rialto avant de repartir pour toujours. Nous verrons plus loin, le long du Canal, les personnes et les raisons auxquelles Giacomo attribue son arrestation et son malencontreux séjour dans les combles du palais des Doges.

L'habitude souvent renouvelée qu'avait le beau monde de se déchaîner à Rialto était de l'histoire ancienne. Et non seulement à cause de la présence de nombreuses tavernes où tous, riches et pauvres, allaient souper le soir. Marin Sanudo, qui écrivait au XVIe siècle, siècle particulièrement bon vivant, raconte une quantité d'épisodes plutôt mouvementés. Comme quand, le soir du 16 février 1533, en attendant que l'on prépare les tables du souper, les « Compagnons » de la Chausse qui, jusque-là, avaient dansé au palais Corner à San Polo pour fêter les noces de Piero Morosini da San Cassiano avec la fille du richissime Giovanni Corner, partirent en courant, lançant des quolibets et des plaisanteries, vers Rialto avec cinquante dames qui avaient participé au bal. L'une s'étala de tout son long, l'autre perdit sa coiffe et « resta en cheveux », d'autres égarèrent les médailles cousues à leurs bonnets, « qui eut un dam, qui un autre ». Ce qui n'empêcha pas la joyeuse et bruyante brigade de revenir à Ca' Corner au son de trombes et de fifres pour se mettre allégrement à table.

Une autre fois, le 27 janvier 1509, un groupe de riches jeunes patriciens partis chasser sur les terres de Ferrare (il y avait Giovanni Pisani « dal Banco », Giovanni Foscari, Piero Soranzo, Andrea Lion, Andrea Navager) avait fait pendre leur tableau de chasse à Rialto « afin que tous le vissent » : quatre cerfs, dont deux très grands, un sanglier et seize « petits cerfs et chevreuils ».

Les passe-temps de Casanova et de la bande de voyous avec qui il s'amusait à vingt ans, quand il vivait en vaurien et gagnait quelques deniers en jouant du violon, étaient beaucoup moins innocents. C'est lui-même qui raconte comment la bande, guidée par un patricien, Giorgio Balbi da Santa Giustina (qui allait finir entre les mains de la justice pour des motifs autrement plus sérieux que ceux de Casanova), avait enlevé une jeune femme rencontrée dans une taverne à Santa Croce et comment, après avoir expédié le mari à San Giorgio Maggiore grâce à un subterfuge, ils l'avaient emmenée à Rialto, à l'auberge des « Do Spade » (les deux épées). Là, tous avaient profité d'elle, l'un après l'autre, sauf le frère de Giacomo Casanova, Francesco, qui avait déclaré se sentir mal.

« Les Deux Épées » avait plus d'un méfait à son actif, et le plus terrible avait été celui qui, en 1681, avait coûté la vie à sa propriétaire, Camilla Perazzo, une belle veuve de trente ans, étranglée, pour l'empêcher de crier, par un Napolitain, un certain Griffini, complice du patricien Benedetto Contarini qui, follement amoureux d'elle, avait voulu la violer. Le patricien avait réussi à s'enfuir et avait été condamné par contumace. Mais, deux ans plus tard, le podestat de Bergame avait informé la Seigneurie que, dans les eaux du lac d'Iseo, l'on avait retrouvé le cadavre du sieur Beneto Contarini, « noyé par pauvreté » : il ne portait ni pourpoint ni chemise. Qui sait combien de temps il avait erré comme un animal traqué.

Les chroniques évoquent l'auberge de la Cloche, près du marché aux poissons, vers le Grand Canal (auberge qui permettait à Marin Sanudo de vivre dignement), et des événements bien moins dramatiques. Tel celui du 26 janvier 1508 : une des Compagnies de la Chausse, celle des « Éternels », avait été invitée à déjeuner chez messire Lunardo Grimani, à l'occasion des fiançailles de sa fille avec le seigneur Alvise Morosini, sociétaire de la Compagnie, qui avait beaucoup renâclé pour offrir le souper à ses compagnons selon les statuts des Compagnies. Le repas ne valait rien et les compagnons ainsi « maltraités », vêtus en grande pompe, vinrent à Rialto vers les onze heures du soir, ayant fait un tas de bêtises au palais Grimani et après y avoir pris deux grands bassins d'argent. Ceux-ci furent portés en procession burlesque par deux célèbres bouffons, Stefano et Domenico Tagliacalze. En plein quartier de Rialto, les crieurs publics et les compagnons proclamèrent que, ayant été mal accueillis à dîner sans même pouvoir amener avec eux la moindre dame, ils avaient pris les bassins pour pouvoir bien souper de leur côté. Et, de fait, ils les donnèrent en gage à l'aubergiste de la Cloche, « où ils soupèrent finement ».

Dans sa *Venise ville bien noble et singulière*, Francesco Sansovino, fils de Jacopo, s'attarde sur les descriptions des fêtes à Rialto à l'occasion de la victoire de Lépante. Le « ciel de drap bleu turquin » tendu d'un bout à l'autre des arcades de la Drapperia, les boutiques recouvertes de richissimes tentures, les Fabbriche Nuove « depuis le pont jusqu'à la rue », décorées de fin drap écarlate, de tableaux épiques, de portraits; les boutiques des armuriers qui exposaient des peintures de Giambellino, de Giorgione, de Raphaël, de Sebastiano dal Piombo, de Michelange, du Titien, de Pordenone; la messe célébrée à San Giacomo di Rialto « avec des musiques merveilleuses », la procession au son de fifres, « trompettes évasées » et tambours, « et une longue file de prêtres, chantres et marchands ». Et la splendide illumination nocturne et autres festoiements qui continuèrent pendant plusieurs jours. La même année, d'ailleurs, on supprima les *mude*, convois escortés de galères marchandes qui parcouraient les mers depuis des siècles en direction de l'Orient, à Constantinople, à Trébizonde, en Syrie, en Égypte, dans les pays du Maghreb, et en Occident, jusqu'à Londres, Southampton et Bruges. Et pendant toute cette période, Rialto avait été le théâtre d'une autre cérémonie périodique bien plus lourde de signification immédiate et matérielle, la vente à l'encan des galères : l'État, qui en était propriétaire, mettait aux enchères la soumission des embarcations, et, tout de suite après, les *patrons* qui se les étaient adjugées « mettaient comptoir » pour recruter rameurs et marins. Mais, si la victoire de Lépante était due surtout aux galères et aux galéasses vénitiennes, la grande époque des galères marchandes était désormais révolue au profit des navires arrondis, qui, en général, appartenaient à des particuliers.

La disparition des galères marchandes du Grand Canal allait devenir un élément décisif en faveur de la construction du pont en pierre. Les temps à venir verront s'amoindrir inexorablement la marine marchande vénitienne, même si les exigences de la défense contre des ennemis toujours plus puissants et aguerris maintiendront en pleine efficience une formidable marine militaire jusqu'au début du XVIIIe siècle.

6. *La fin de l'Arétin*

Depuis la Ca'Bollani, on voit bien la façade du Fondaco dei Tedeschi, séjour obligé et privilégié des marchands allemands, autrichiens, bohèmes, flamands et de toute autre terre sujette de Sa Majesté l'empereur du Saint Empire romain germanique. C'est un dépôt de marchandises, un centre financier, mais aussi un hôtel et un lieu de réunion pour artisans et artistes : comme Albrecht Dürer, le grand peintre, qui, bien que se plaignant des maîtres de la peinture vénitienne chez qui il percevait une certaine dose de jalousie et de « mafiosité », jouissait comme peu d'autres du privilège de séjourner dans une ville où un peintre était considéré comme un artiste et non *ein Schmarozer*, un pique-assiette, comme cela arrivait au-delà des Alpes.

Le Fondaco avait brûlé les 27 et 28 janvier 1505 et, quelques jours plus tard, la Seigneurie avait déjà pris la décision de le reconstruire « vite et superbe ». En 1508 c'était fait. Pour en décorer la façade, on appela un grand maître, Giorgione, qui, trois arbitres nommés par Giovanni Bellini (l'un d'eux était Vettor Carpaccio) ayant donné leur avis favorable, accepta comme rétribution équitable et satisfaisante la somme de cinq cents ducats des excellentissimes provéditeurs au Sel. Le Titien avait travaillé avec lui, sans doute à l'âge de dix-huit ans, et en était certainement à ses premières armes. L'édifice grandiose était à peine terminé que déjà Marin Sanudo apercevait dans la cour les garçons des marchands allemands s'affairer à lier des ballots de marchandises.

Le Fondaco dei Tedeschi était un des piliers du grand commerce vénitien dont la société allemande était, sinon le principal client, du moins un des plus importants. Dans les bureaux du Fondaco (deux cents pièces, selon Francesco Sansovino), toutes les grandes maisons commerciales et financières de l'Empire étaient représentées, la plus importante étant celle des Fugger. L'un d'eux, Christophe, avait financé le voyage à Venise de Dürer, afin qu'il peignît le retable de la *Fête du Rosaire* pour l'église de San Bortolomio (le retable, porté à Prague par l'empereur Rodolphe II, a été remplacé par une *Annonciation* de Hans Rottenhammer). Il faut dire qu'il y avait des Allemands un peu partout en ville : orfèvres, joailliers, imprimeurs, cordonniers (les *Caleghèri todeschi* constituaient même un *colonello*, un rameau du Grand Art des Cordonniers), libraires. Certains faisaient souvent fortune et, quelquefois, finissaient même par accéder à l'Olympe de la société vénitienne : le Conseil majeur, le patriciat. Ainsi les Widmann, Carinthiens de Villach, dont le chef de file, Giovanni, venu à Venise pour travailler au Fondaco en 1586, avait su si bien gérer ses propres affaires qu'à sa mort il laissa un patrimoine énorme d'un million deux cent mille ducats, ce qui permit aux fils d'offrir en 1646 les cent mille ducats requis pour obtenir l'agrégation. A la chute de la République, c'est un Widmann qui recouvre la haute charge de provéditeur général « da Mar », commandant suprême de la flotte vénitienne; et ce ne sera pas entièrement sa faute si cette flotte sera incorporée en un clin d'œil à la flotte française, fournissant, entre autres, la frégate à bord de laquelle Bonaparte rentrera avec une rapidité foudroyante, après la campagne d'Égypte.

Non loin du Fondaco dei Tedeschi et du pont de Rialto, le quai del Carbon (charbon) semblait continuer les fonctions commerciales du Rialto voisin, tout comme le quai del Ferro (fer) qui le précède et qui est, aujourd'hui, un chaos indescriptible de débarcadères de bateaux à vapeur, de tavernes et de brasseries. Jusqu'à « l'avenue » Mazzini qui longe le flanc du palais construit par Sansovino pour les Dolfin, et dont le doge Manin, qui y mourut en 1802, aurait voulu faire son propre palais si les événements qui allaient culminer dans la chute de la République n'avaient pas eu lieu. C'était une obsession des administrateurs civiques des premières décennies, après le rattachement de Venise à l'Italie, que de baptiser « avenues » au lieu de *calli* ou *calli larghe*, les rues inutilement spacieuses : avenue Vendidue Marzo, avenue Vittorio Emanuele II, qu'ils avaient regrettablement fait creuser, à l'instar des *percées* parisiennes du baron Haussmann, dans le tissu urbain millénaire de la ville.

A pied, de San Giovanni Grisostomo en allant vers sa nouvelle maison sur le quai del Carbon, messire Arétin aurait rencontré, juste aux pieds du Fondaco et du pont, un bac qui justifiait pleinement les accusations de Coryat, selon qui ces gondoliers étaient « des gredins, des scélérats plus vicieux et licencieux de toute la ville ». Ce bac aurait très bien pu trouver sa place dans les pages les plus amusantes des *Raisonnements* : le bac del Buso (trou). L'érudit Giuseppe Tassini qui, pour sa part, ne dédaigne en rien les détails arétiniens, raconte que quelqu'un, « prenant le mot *buso* dans son sens obscène », affirmait qu'à une époque, « le gouvernement de la République, ayant banni de Venise toutes les péripatéticiennes, avait dû par la suite les rappeler en raison des graves désordres qui s'ensuivirent. Quand ces dernières revinrent, pour rentrer dans leurs habitations de Rialto, elles passèrent le canal en troupeaux, par ce bac, qui fut alors baptisé par le petit peuple du nom qu'il porte ». Et il ajoute que tout cela semble confirmé par une carte de Venise de 1697, sur laquelle ce bac est appelé « le bac des souteneurs ».

Juste avant la jolie maisonnette gothique, appartenant à messire Leonardo Dandolo, que l'on voit encore aujourd'hui sur le quai del Carbon, au-dessus du vieux café des Omnibus (celle que louait l'Arétin pour soixante ducats l'an, régulièrement payés pour lui par le duc de Florence), il y avait, et il y a toujours, le grand palais gothique de la famille Bembo. C'est un fait curieux que, sur ce quai où jusqu'à la fin du siècle dernier l'on voyait encore les échoppes des charbonniers, se côtoyassent les deux personnages les plus en vue du monde littéraire du XVIe siècle : lui, l'Arétin, et Pietro Bembo, pour lequel même un disputailleur tel que l'Arétin se sentait en devoir de manifester dévotion et respect.

Le cardinal poète n'était pas né et n'habitait pas là, il appartenait à une autre branche de son ancienne famille, une des quatre « évangélistes » qui, parmi les « maisons anciennes » du patriciat, arrivaient par ancienneté juste après les douze « apostoliques » ayant participé, selon la légende, à l'élection du premier doge. La branche de San Salvador à laquelle appartenait le palais, du moins en partie, depuis le XVIe siècle, est citée dans le code marcien intitulé *Cas malheureux, fins et morts de Nobles Vênitiens* avec une sorte d'insistance sinistre : le premier Lorenzo, pendu en 1585 pour « avoir entamé la caisse de l'Octroi du Vin », puis son neveu Francesco, décapité en 1599 « pour avoir révélé les secrets de la République ». Au siècle suivant un Pietro Bembo du quai del Carbon, arrière-petit-neveu des précédents, se retrouva dans les mains de la justice « à cause des grandes extorsions » commises à Santa Maura, où il était provéditeur. Plus chanceux que les deux autres, jugé par le Sénat, il se trouva finalement acquitté par une seule voix, après un long emprisonnement.

Il semblerait que cette lignée des Bembo fût particulièrement tarée s'il est vrai que, comme le déclare le compilateur inconnu des *Cas malheureux*, entre le début du XVIe et la moitié du siècle suivant, on pouvait compter au moins cinq Bembo difformes : Lorenzo, Francesco et Zuanne Maria, boiteux de naissance, Domenico bossu, et Piero « terriblement gracile ». Une impression de fin de race comme on n'en voit dans aucune des autres familles patriciennes, malgré les constants mariages consanguins.

Ici, à Ca' Dandolo, les cris et les appels des charbonniers qui accostaient difficilement leurs barges au quai, n'arrivaient pas aux oreilles du vieil Arétin de manière aussi joyeuse et vivace que ceux des maraîchers et des vendeurs de fruits qui par-dessus le Canal arrivaient à Ca' Bollani. Par contre, le voisinage n'était ni moins noble ni moins plaisant que celui de San Giovanni Grisostomo, tant étaient près les palais de grands seigneurs tels que les Corner

Piscopia et les Dandolo. Et, au-delà de l'eau, il y avait le va-et-vient bigarré des chalands de moulins, qui déchargeaient les farines au Fondaco de Rialto, marchés généraux des farines et du grain sous la directe supervision des officiers au Froment et sous la haute direction du magistrat des Céréales. Messire Pietro tient toujours la vedette, le pape Jules III l'a traité avec beaucoup d'égards et quand son ami Titien en 1550, à Augsbourg, lui fait part de son désir de porter le chapeau cardinalice, l'empereur Charles non seulement ne rit pas, mais laisse entendre que, peut-être, qui sait... Seulement, cinq ans après, l'empereur, qui l'avait tant admiré au point de le faire chevaucher à sa droite, sort brusquement de scène et se retire, « mort à la vue avant qu'au cimetière », dans le lointain monastère de Yuste au fin fond de l'Estremadure. Quant au roi François Ier, le « roi courtois » qu'il n'avait pas servi quand celui-ci l'avait « adoré », car il n'avait jamais suffisamment délié les cordons de sa bourse (il lui avait pourtant donné une chaîne d'or qui, à sa mort, sera brisée et distribuée aux pauvres), il était mort depuis longtemps.

A Ca' Dandolo, l'Arétin flaire le vent. Son flair était proverbial ; il lui avait fait même prévoir le sac de Rome. Et maintenant, avec le Concile œcuménique réuni à Trente pour jeter les nouvelles bases de la réforme catholique, avec le pape Paul IV Carafa, protecteur austère et intransigeant de la Sainte Inquisition, il sent venir le moment où l'appellation de « divin », que lui avait donnée un poète tel que l'Arioste, laissera la place à des épithètes violemment contraires.

En somme, une légende hostile va naître, qui ne respectera même pas les circonstances de sa mort. Mort sur laquelle le vent de la Contre-Réforme brodera des détails infâmes, conformes au nouveau mythe : on raconta qu'il s'était fracassé l'occiput en tombant de sa chaise, pris de rire au récit des aventures de ses sœurs, putains dans un bordel d'Arezzo ; qu'ayant reçu l'extrême-onction il l'aurait commenté moqueusement par ces vers : « Gardez-moi des souris, maintenant que je suis oint ! » Il est vrai que c'était une de ses habitudes de se jeter en arrière en riant à gorge déployée, il l'avait raconté lui-même à Giovanni Bollani dans une de ses lettres. Mais ses sœurs, désormais aussi vieilles que lui, n'avaient rien à voir dans « sa mort subite, bas d'une chaise », dont parle le curé de

San Luca. Il s'agissait, en réalité, d'« un coup de canon d'apoplexie » qui l'avait emporté le 21 octobre 1556, après que (le curé le certifiait solennellement), lors du précédent jeudi saint, il s'était – enfin – confessé et avait reçu la communion « en pleurant maintes larmes ». Au lieu des belles pécheresses qui avaient égayé ses banquets à Ca' Bollani, il y avait pour l'assister et lui tenir compagnie sa fille Adria (qu'il avait eue, c'est vrai, d'une courtisane, Caterina Sandella), qu'il avait aimée avec une délicatesse lui inspirant les lettres les plus poétiques et sincères. Mariée avec mille ducats de dot mais mal mariée, elle était revenue vivre chez son père et prendre soin de lui avec amour. Il avait eu une autre fille, Austria, de la Zaffetta, justement, et il l'avait aimée elle aussi avec beaucoup de tendresse. Le « fléau des princes » sans scrupules cultivait au fond de son cœur une tendre vocation paternelle.

Il était à peine mort que les chacals se déchaînaient. On dit tout de suite qu'il n'avait laissé « aucun désir ou douleur chez aucun homme de bien » : lui, que tous se disputaient comme invité et comme correspondant, lui qui avait été l'ami des grands lettrés de son temps, de Navagero, Speroni, Varchi, Firenzuola, Bernardo Tasso, dit le Tasse, de la douce Veronica Gambara, de la très vertueuse Vittoria Colonna. Plus tard, on écrira qu'il mourut pendu; peu à peu la mémoire abandonne les comédies, les tragédies, les compositions religieuses, et garde en vie seulement les *Raisonnements*, les rimes licencieuses, et ces « sonnets luxurieux » maudits, des commentaires en forme de poésies aux gravures de Raimondi, et évoquant les positions que sœur M. M., une des petites nonnes guillerettes de Murano, aimée par Casanova, trouvait « impossibles et insipides », alors que lui, l'athlétique et insatiable Casanova, les considérait comme le sommet de la fantaisie érotique.

IX

La dogaresse et le financier

1. *La première femme docteur*

Le fantôme du défunt Arétin aurait été pris de son fameux fou rire homérique et contagieux s'il avait pu lire ce que les chroniques racontent des aventures amoureuses du procurateur Giovanni Battista Corner Piscopia. Il était l'héritier de la branche d'une famille qui, au XIVe siècle, avait acheté le palais vénéto-byzantin connu aujourd'hui sous le nom de Ca' Loredan, sur le Grand Canal à San Luca, palais qui avait appartenu à Federico Corner, l'homme le plus riche de Venise. Selon une estimation de 1379, le patrimoine imposable de Federico s'élevait à soixante mille lires, vingt mille de plus que son cousin Federico da San'Aponal, vingt-deux mille de plus que Michele Morosini, grand propriétaire et spéculateur immobilier, futur doge.

Avec ses frères, Federico Corner gérait de grosses entreprises commerciales et industrielles, et en 1366, toujours avec eux, ainsi qu'avec messire Vido Leon dai Santi Apostoli il avait concédé un énorme prêt au roi de Chypre Pierre II de Lusignan ; le roi, somptueusement reçu au palais du quai del Carbon, lui avait offert le fief de Piscopi, ou Piscopia, une des rares terres de Chypre sans problèmes d'eau douce. Les Corner avaient investi de fortes sommes dans des plantations de canne à sucre et dans le matériel pour l'élaboration de produits dérivés, très recherchés aussi comme médicaments. En outre, le roi Pierre avait conféré à Federico Corner le titre fort prestigieux de chevalier de l'ordre de l'Épée, et Federico avait fait sculpter sur la façade du palais les décorations héraldico-allégoriques que l'on y voit encore, la Justice et la Force, David et Goliath, le blason des Lusignan, écartelé de Chypre, de Jérusalem et d'Arménie, le sien avec l'épée de l'ordre posée en pal et la devise « Pro tuenda integritate ».

Et voilà que son descendant direct, Giovanni Battista précisément, devenu procurateur de Saint-Marc en 1649, par un « gracieux déboursement » de vingt-cinq mille ducats comme frais de guerre, mettait en péril une formidable position sociale solidement stratifiée dans le temps et les alliances, tout cela à cause d'un mariage absolument inacceptable. En effet, la mariée venait de la Valsabbia, dans le Bergamasque, une zone lointaine et presque inaccessible des territoires vénitiens de Lombardie, et elle avait bien évidemment suivi le parcours de tant de « paysannes perverties * », s'il est vrai, comme le note l'érudit Emanuel Cicogna en marge du code des généalogies patriciennes de Barbaro, « qu'elle avait été promenée entre les bordels et les courtisanes les plus infimes ». Elle s'appelait Zanetta Boni ou Bonis et, selon un autre code de la bibliothèque Correr, avait « tant d'artifices naturels ou surnaturels », qu'elle avait mené par le bout du nez le procurateur, qui « par ailleurs était fier et résolu » (il devait être aussi d'une grande arrogance, vu qu'en 1656 le magistrat des Eaux l'expédiait en prison « pour impertinence »), au point de se faire épouser par lui. Une fois mariée, elle se faisait appeler procuratrice et était très jalouse de son rang, bien qu'aucune dame de la bonne société ne la fréquentât. En outre, elle était « extravagante et orgueilleuse » et « malmenait chacun ». Et toute la morgue et la puissance du procurateur n'avaient pas suffi pour que les avogadors du Commun, gardiens du Livre d'or du patriciat, acceptassent de transcrire ce mariage ; avec comme résultat que leurs deux enfants mâles, Francesco et Girolamo, s'étaient retrouvés exclus du Conseil majeur, et donc du patriciat.

A cette époque, dans cette société, c'était une affaire grave et le procurateur avait cherché à éliminer l'inconvénient en tentant, pour ses fils, la voie de l'agrégation « par deniers », ouverte en 1646 pour faire face aux frais de la guerre contre les Turcs. Mais le Sénat et le Grand Conseil, généralement trop coulants envers les requêtes

* En français dans le texte. *(N.d.T.)*

et les contributions de ce genre, se montrèrent très réticents pour les fils de Zanetta Boni. La première fois en août 1659, le Grand Conseil refusa, par une avalanche de voix, la supplique du procurateur ; elle la rejeta encore peu après. Cinq ans plus tard, une nouvelle supplique, rédigée en termes pathétiques, fut à nouveau repoussée de façon retentissante. Ce ne fut que le 1er mars 1664 que les deux garçons Corner Piscopia furent enfin acceptés, avec une majorité peu flatteuse, contre une somme de cent cinq mille ducats.

Ce fut la fille, Elena Lucrezia, qui apaisa les chagrins du procurateur et racheta l'honneur de la famille. Il faut dire que parmi tous les défauts du procurateur il n'y avait pas les préjugés qui de son temps avaient tendance à exclure les femmes de la culture et des études. C'était lui-même un homme cultivé et il avait enrichi le palais sur le Grand Canal d'une importante bibliothèque ; Dom Giustiniano Martinioni, le continuateur de la *Venetia* de Sansovino, la décrit comme « grandement estimable... par la quantité, par les matières, spécialement historiques et politiques, dont ce gentilhomme est très studieux ». Aussi, quand le confesseur de la maison, Giambattista Fabris, helléniste, philosophe et spécialiste d'Aristote, avait fait remarquer que la petite Elena Lucrezia semblait très portée sur les études classiques, il lui avait fait apprendre le latin et le grec, la confiant, quelque temps plus tard, à Alvise Ambrogio Gradenigo, Crétois, « gardien » de la bibliothèque de Saint-Marc et érudit de vaste renommée.

Comme si cela ne suffisait pas, Elena Lucrezia étudie aussi la musique et les mathématiques. Le mathématicien Carlo Rinaldini, qui avait enseigné à Pise et à Padoue, se trouvant à raisonner avec elle des œuvres d'Archimède, reste en admiration devant sa connaissance parfaite, non seulement de sa propre discipline mais aussi du français, de l'espagnol, de la dialectique, de la philosophie, de la théologie et jusqu'à l'astronomie (le biographe Antonio Lupis commentait : « Son esprit, qui n'était que lumière, trouva dans ces resplendissants incendies, souverains du firmament, sa propre habitation »). Elle discute en hébreu avec les rabbins du Ghetto et, à dix-sept ans, elle est déjà célèbre, admirée et recherchée par les lettrés les plus connus non seulement d'Italie, mais de Genève et de Zurich d'où lui arrivent louanges et dédicaces d'œuvres érudites.

A trente et un ans, Elena avait soutenu, au palais Corner Piscopia, une discussion solennelle de philosophie, en latin et en grec devant un public nombreux et choisi. Nombreux aussi étaient les sénateurs ; et les dames, qui très évidemment avaient décidé d'oublier la désagréable présence de Zanetta Boni. Après la discussion, à la requête de tous, Elena avait chanté : « avec tant de vertus, de Grâce et de Modestie » en grec, ancien et moderne, en français, espagnol, latin et italien à l'admiration générale. Mais, malgré le succès de ces manifestations, de ses compositions écrites et de la correspondance qu'elle entretenait avec les personnalités les plus disparates, elle avait renouvelé ses vœux de chasteté, faits depuis sa toute petite enfance et était devenue oblate bénédictine, affirmant vouloir vivre chez elle la vie religieuse qu'on ne lui permettait pas de vivre au couvent.

L'histoire compliquée de sa thèse de doctorat semble confirmer que la pauvre femme a été véritablement passionnée de lectures et d'études et non de ces exhibitions retentissantes auxquelles son père, si fier d'elle, la poussait. Elle était de nature modeste, timide même, rougissant facilement en public (Zanetta Boni le lui reprochait bien) ; ces démonstrations publiques, tant souhaitées par le procurateur, lui provoquaient « répugnance extrême », et disait-elle, lui raccourcissaient la vie.

Le 18 novembre 1677, les excellentissimes réformateurs de l'université de Padoue donnaient les instructions nécessaires aux recteurs vénitiens de la ville afin que la cérémonie de « Maîtrise de Doctorat en sainte Théologie », à laquelle Elena aspirait, fût célébrée « dans la Bibliothèque publique ou autre salle plus confortable, car l'on pouvait prévoir, étant donné l'exceptionnalité de l'occasion, une extraordinaire participation du public ».

Elena y aspirait-elle vraiment ? Ou était-ce simplement l'ambitieux dessein de son père ? Par ailleurs, il y avait un mais, représenté par l'évêque de Padoue, chancelier de la faculté de théologie : le cardinal Gregorio Barbarigo, aujourd'hui vénéré comme saint (il fut canonisé par Jean XXIII) qui, bien qu'homme de grande culture et d'intelligence ouverte, avait été totalement interloqué par la requête du père d'Elena. L'évêque écrivait qu'il n'avait rien contre une maîtrise de philosophie. Mais qu'une femme voulût obtenir le titre de docteur et maître en sainte théologie, et donc l'enseigner, était une chose inimaginable. Quant à ce que proposait le procurateur Corner, comme autre possibilité, de donner la maîtrise à sa fille, de « l'appeler Maîtresse, et de ne pas lui donner licence d'enseigner, au contraire, d'expressément le lui prohiber », c'était une véritable sottise. De toute manière, une université qui aurait conféré un titre de docteur en théologie à des femmes était une chose qui aurait fait « rire toutes les autres universités et fait perdre sa réputation à celle de Padoue ». « Ce matin », écrivait Barbarigo à son père, « j'ai rencontré un ami évêque français, et je lui ai posé quelques questions à ce sujet : il s'est mis à rire sans pitié. » Non pas qu'Elena ne le méritât point, poursuivait Barbarigo, elle est « digne de chaque Maîtrise quand ne s'y oppose pas son sexe, qui seul lui empêche l'accession à une chaire... » L'évêque offre une solution de compromis : que l'on confère à Elena le titre que le concile de Trente attribue « aux hommes pour devenir évêques », celui de « licencié », qui veut dire « apte au doctorat ».

Mais le procurateur bombarde l'évêque de lettres, et de lettres impertinentes : « Il s'échauffe et s'entête de plus en plus », écrit Barbarigo. Le cardinal répond : ce n'est pas lui, c'est saint Paul qui dit que les femmes ne peuvent pas enseigner la théologie ; qu'Elena fasse une belle dispute, « une action publique, à laquelle assistera l'Université qui lui donnera alors une Attestation de sa grande vertu, la louant amplement et déclarant qu'à son devenir Maîtresse, nul autre ne s'oppose que son sexe féminin ». Le procurateur tempête encore et encore, Elena voudrait que l'on ne parlât plus de maîtrise en sainte théologie, mais le mathématicien Rinaldini se donne un mal fou, il s'est procuré un avis favorable de la Sorbonne et a fait écrire un docte mémoire par un théologien padouan favorable au doctorat des femmes, dans lequel il réussit à démonter les arguments de saint Paul. A la fin des fins, ce sont les réformateurs de l'université qui décident : Elena va prendre son doctorat en Philosophie ; que les recteurs s'occupent du « décorum et des honneurs » de la cérémonie.

Ainsi, le 25 juin 1678, dans la cathédrale de Padoue, bondée de façon invraisemblable, Elena Corner Piscopia, apeurée, angoissée, perdue, récite sa dissertation de maîtrise sur un passage d'Aristote, et Rinaldini, après une ample relation en latin, lui présente les insignes doctoraux : le livre, l'anneau, le manteau d'hermine, la couronne de laurier. Quelques jours plus tard en tant que *Magistra et Doctrix*, elle est invitée à faire partie de la commission de maîtrise de deux jeunes gens. De tous les coins pleuvent les félicitations, les poésies de circonstance, les estampes représentant la doctoresse : les Académies padouanes organisent séances et cérémonies. Mais il y en a qui ronchonnent, comme un certain professeur Gaspare Ottaviano Cantù qui, dans un feuillet retrouvé deux siècles plus tard par le père de Santi, affirme qu'Elena « fit son intervention dans la chapelle de la Madone du Dôme... au beau milieu d'une confusion et d'un désordre jamais plus répétés... elle perdit le fil... dans chacune des deux fonctions... en somme elle fut faite docteur par elle-même de par elle-même... on la couronna de fleurs... et ainsi, en carrosse, elle se porta en son palais al Santo, triomphante de ses folies ».

Quoi qu'il en soit, pour la première fois dans l'Histoire, une femme avait reçu le titre de docteur. Ça n'est pas rien. Même si le procurateur Corner Piscopia, quelques mois plus tard, écrira une longue lettre de fière opposition à la candidature d'une autre femme, une jeune Française, Carla Gabriella Patino, fille d'un célèbre professeur de médecine de l'Université padouane, qui aspire à prendre elle aussi sa maîtrise de philosophie. Pour la vanité paternelle, Elena doit rester un exemplaire unique au monde. En fin de compte, ce qui est certain, c'est que le procurateur se soucie de la condition féminine comme d'une guigne.

Elena mourra à trente-huit ans, non pas au palais du quai del Carbon, mais dans celui que sa famille possédait à Padoue. Sa santé, déjà très délicate, n'avait certes pas été améliorée par tant d'études et d'émotions. Elle eut de belles funérailles dans la basilique de Santa Giustina et un grandiose monument funèbre dans celle du saint. Ce dernier, considéré encombrant, fut démoli en 1727; seul son buste est resté à sa place.

2. *Plus nobles que les Montmorency...*

Il y a un passage des *Trois Mousquetaires* d'Alexandre Dumas père, dans lequel Athos, le plus mystérieux des trois, racontant la tragique histoire du comte de La Fère, qui en fait est la sienne, veut souligner avec emphase le très haut rang social et l'extraordinaire noblesse de sang du personnage : « Il était noble comme un Dandolo, comme un Montmorency... » L'empereur François Ier qui sans aucun doute fut un plus grand héraldiste que Dumas et qui avait une très haute opinion de sa personne et de sa lignée, fit taire certains courtisans qui ricanaient de l'amiral comte Silvestro Dandolo, petit de stature et, comme beaucoup de patriciens vénitiens, doté d'un grand nez, en leur disant : « Laissez-le donc en paix, car de nous deux, je crois bien que c'est lui le plus noble. »

La célébrité de la grande famille des Dandolo a donc traversé les siècles et les frontières. Le mérite en revient surtout au doge Enrico, le condottiere de la quatrième croisade, le conquérant de Constantinople, l'homme qui avait refusé la couronne de l'Empire byzantin, convaincu que son rang, au sommet de la plus grande puissance méditerranéenne, était bien au-dessus de n'importe quelle couronne impériale.

Venise est depuis longtemps dans une phase d'extraordinaire grandeur. Depuis qu'aux alentours du fatidique an mille Pietro Orsoleo II a soumis l'Istrie et la Dalmatie, a chassé les Sarrasins des Pouilles et qu'il s'est garanti une « bulle d'or » des empereurs de Byzance qui donne aux Vénitiens de très spéciales conditions de privilège dans les territoires de l'Empire, l'ascension de la Sérénissime a été constante. En 1177, le doge Sebastiano Ziani est le promoteur du rôle de médiatrice et de pacificatrice de la République dans le long conflit entre les deux plus grandes puissances du monde occidental, le pape et l'empereur du Saint Empire romain germanique. A Byzance, dit-on, il y a plus de Vénitiens qu'à Venise ; leur présence est si dominante et si despotique, si bien soutenue par les croisières périodiques de la flotte vénitienne, la plus puissante de la Méditerranée, qu'en 1171 l'empereur Manuel, sur un coup de tête, ordonne la capture de tous les citoyens vénitiens présents dans l'empire.

Or, au début du nouveau siècle, les princes occidentaux qui veulent reprendre la croix et partir à la libération des Lieux saints, depuis longtemps retombés entre des mains musulmanes, se sont adressés à Venise pour se faire conduire par mer, en armes vers ces destinations lointaines et infidèles. Mais, face à l'insolvabilité des croisés, Venise a d'abord transformé le contrat de transport en un accord de participation, puis a obtenu de ceux-ci une aide militaire pour la reconquête de la très chrétienne Zara qui s'est rebellée. Enfin, bien qu'elle ne l'ait pas proposé, elle a favorisé la déviation de la croisade vers un objectif qui n'a rien à voir avec les motivations de celle-ci : vers Constantinople, où un règlement de comptes dynastique a poussé le jeune prétendant, Alexis Comnène, à demander aux croisés de le remettre sur le trône avec le mirage de gains mirobolants.

On dit que le principal auteur de cette opération fut le doge. Enrico Dandolo est très vieux, aveugle, mais il se comporte avec audace, autorité et décision. Bien que Venise n'ait pas promu la déviation sur Constantinople, c'est lui qui la dirige. Et quand la cité impériale se rebelle contre les croisés et contre l'empereur qu'ils lui ont imposé, c'est sous son égide que Venise récolte les plus grands avantages de l'épouvantable sac de la plus riche métropole européenne et du successif partage de l'Empire byzantin.

L'admiration sans bornes des chroniqueurs et des historiens des croisades a construit un personnage mythique, auquel l'âge avancé et la cécité ont ajouté une grandeur légendaire. En réalité, Enrico Dandolo n'est plus le monarque qu'avait été Pietro Orsoleo II. Le maréchal de Champagne, Geoffroy de Villehardouin, qui était un des chefs de la croisade et allait en devenir le chroniqueur le plus important, le décrit, au cours des différentes rencontres qu'ils eurent au palais des Doges, toujours entouré de ses conseillers, le Conseil mineur qui limite les pouvoirs du doge et qui, avec lui, forme la Sérénissime Seigneurie. Mais il est indubitable que c'est un doge qui sait se servir des moyens constitutionnels dont il dispose ; d'ailleurs, dans les moments difficiles du conflit, c'est lui qui commande, brandissant le gonfanon de Saint-Marc, incarnation de toutes les qualités les plus redoutées et respectées de la grande chevalerie médiévale.

C'est ici, à San Luca, que le doge Enrico aurait voulu son palais, donnant sur le Grand Canal. Certains pensent que l'actuelle cour du Théâtre, aujourd'hui défigurée par le haut mur grisâtre du nouveau théâtre Goldoni, pourrait être le reste de la cour du palais. Si la mort ne l'avait pas cueilli à quatre-vingt-treize ans, tandis qu'il chevauchait avec l'armée impériale, d'Adrianopolis à Rodosto, sous la pression des troupes du tsar des Bulgares qui avaient capturé le roi Baudouin, cet homme formidable aurait probablement rapporté ici sa part de butin de la « cité qui sur toute autre était souveraine ». En visitant le trésor de Saint-Marc et le célèbre quadrige de bronze, on peut imaginer quel fabuleux butin il avait envoyé à Venise.

La tradition désigne comme sien le beau palais vénéto-byzantin juste à côté et connu par le nom des propriétaires successifs comme Ca' Farsetti. Mais la tradition est démentie par un autre doge Dandolo, Andrea, qui, léguant ce palais à son fils Fantino, après l'avoir acheté lui-même, précise qu'il se « trouvait non loin » de celui du doge Enrico.

Andrea, le doge Andrea, le dernier à être enseveli dans Saint-Marc, où on le voit gisant sur sa belle arche gothique dans le baptistère, bien que différent de son prédécesseur, n'était pas un homme de peu. Il était né en 1306, avait étudié à Padoue et fait une carrière politique très rapide. A l'âge de trente ans, il était déjà procurateur de Saint-Marc, non par deniers mais par mérite, et il n'avait pas encore trente-sept ans quand il monta sur le trône ducal, battant de peu un autre politicien de premier rang et de grande ambition, son futur et malchanceux successeur, Marino Falier. On a dit qu'il avait eu à son avantage la grande autorité de sa famille, qui avait déjà compté deux autres doges à part Enrico : Giovanni et Francesco, appartenant à d'autres branches de la très antique famille, une des douze « apostoliques ». Mais peu de personnages de son temps avaient été entourés d'autant d'estime et de sympathie : « Juste, amant de la patrie, à laquelle il avait apporté de grandes amitiés, d'intelligence brillante, et d'éloquence efficace », ainsi le définissait Pétrarque qui le connaissait bien. Le peuple l'appelait « *contesin* », le jeune comte, ou encore « *cortesan* », terme qui en vénitien désigne une personne courtoise et affable, ou encore, « *conte di virtù* », comte de vertu. On racontait qu'Isabella Fieschi, la femme de Luchino Visconti, seigneur de Milan en visite à Venise en 1347, était tombée éperdument amoureuse de lui. C'était vraiment un homme de grande culture, un humaniste qui entretenait des relations avec les plus grands lettrés et juristes d'Europe, un érudit qui étudiait avec amour les chroniques et les documents vénitiens et qui, avec passion et compétence, s'était dédié au récit de l'histoire de Venise dans deux œuvres, deux chroniques très discutées, mais qui restent fondamentales. Malheureusement pour lui, il était devenu doge à une période très difficile. L'année de son élection, tout allait bien, le prix de marché des coupons d'emprunts d'État dépassait celui de leur émission, mais à peine deux ans plus tard, Zara, influencée par le roi de Hongrie, se rebellait pour la septième fois, puis, après un tremblement de terre désastreux, l'épouvantable épidémie de « peste noire » s'était déclarée, décimant trois cinquièmes de la population. Gênes, l'éternelle rivale, avait entraîné Venise dans une ultérieure longue guerre, y mêlant les Visconti, puissants seigneurs de Milan ; et la campagne navale qui incendiait l'Adriatique et la Ionie avait mal commencé. Comme toujours dans ces cas-là, la population, exaspérée par tant de malheurs, s'en prenait au doge. Et celui-ci qui, à juste titre, était opposé à la paix à n'importe quel prix, comme la lui suggérait, entre autres et en de très nobles termes, son ami Pétrarque, était accusé d'être un belliciste. Il mourut dans l'amertume à seulement quarante-huit ans, en 1354, pleuré par ses amis et les nombreuses personnes de grande culture dont il s'était entouré.

Il avait épousé une Morosini, Francesca, et une autre Morosini de la branche du doge Marino, plutôt désargentée (sa dote consistait en cinquante et une lires et six sous de gros deniers), avait épousé son deuxième fils, Leonardo, à qui le doge léguait par testament mille ducats d'or. Fantino, son fils aîné, héritier du palais, avait, lui, épousé Beriola Falier, nièce du successeur de son père sur le trône ducal, qui lui avait apporté une dote de trois mille lires de gros deniers. Tous deux allaient faire carrière, Fantino comme écrivain et homme de culture, Leonardo comme éminent diplomate, plusieurs fois en lice pour l'élection ducale. Plus tard, le fils de Leonardo, Fantino, deviendra évêque de Padoue et légat du pape Eugène IV. Mais la culture était dans le destin du palais, en partie détruit par un incendie dans la nuit du 3 décembre 1524 (il n'y eut pas de victimes, bien qu'il fallût peiner pour sauver un Dandolo qui « était fou et ne voulait pas s'en aller »), et toujours propriété d'une branche collatérale de la famille. Il fut acheté ensuite, en 1669, par Anton Francesco Farsetti, chef d'une famille toscane rattachée « par deniers » au patriciat quatre ans auparavant, bien moins ancienne et illustre que les Dandolo mais richissime et tout aussi engagée qu'eux sur le front de la culture et des arts.

Les Farsetti s'étaient dédiés avec application au collectionnisme et au mécénat. Filippo Vincenzo Farsetti, qui s'était fait prêtre pour éviter les embarras de la politique, avait voyagé dans presque toute l'Europe, longuement séjourné à Paris et réuni une collection de moulages et de reproductions de statues antiques et modernes, mais surtout grecques et romaines, faits par des artistes de valeur. Et dans son palais sur le Grand Canal, il les avait mis à la disposition des jeunes étudiants en sculpture, salariant aussi un sculpteur afin qu'il aidât dans leurs études les plus méritants. Parmi ceux-là il y avait eu Antonio Canova. L'abbé, qui s'était aussi fait construire, à Santa Maria di Sala dans l'arrière-pays, une villa grandiose pour laquelle il avait fait venir expressément des colonnes de fouilles romaines, avait dépensé pour l'ensemble un million de ducats, ce qui équivaut à plusieurs milliards d'aujourd'hui. Son cousin et héritier, Daniele Filippo, connaisseur de musique et mécène de peintres, avait voulu devenir peintre lui-même. Il avait étudié avec Giuseppe Angeli et, tout compte fait, réussi à devenir un peintre de bonne qualité. Son frère Tommaso Giuseppe voyagea beaucoup et, après avoir séjourné longtemps à Paris, était entré dans l'ordre de Malte et en était devenu bailli ; c'était un poète, auteur tragique et surtout un bibliophile très raffiné. A sa mort en 1791, il laissera à la bibliothèque de Saint-Marc 1 650 volumes de très grande valeur qui s'y trouvent toujours.

Daniele Farsetti, qui était bon ami de Gasparo et Carlo Gozzi, avait été avec eux parmi les fondateurs d'une académie burlesque, celle des Granelleschi qui, débutant sur des intentions ouvertement satiriques et conviviales, allait devenir « chose sérieuse et occasion de bonne littérature ». Son fils, Antonio Francesco, avait hérité des talents paternels ainsi que de sa fortune, studieux de botanique, et lui aussi fondateur d'une académie littéraire. Mais quand en 1787, à vingt-sept ans, il s'était trouvé à la tête d'un patrimoine fabuleux, il s'était révélé surtout comme un gaspilleur de telles proportions que, même durant ce XVIIIe siècle de dissipation, il eût été difficile d'en trouver un autre à sa hauteur.

Le bailli, son oncle, avait tout essayé pour éviter une catastrophe qui aurait emporté la bibliothèque, la pinacothèque et tous les merveilleux objets accumulés avec amour à la Ca' Dandolo à Santa Maria di Sala ; il invoqua l'intervention des inquisiteurs de l'État, il se maria même, après avoir obtenu une dispense de ses vœux, mais ne réussit pas à avoir une descendance. Puis, sentant venir sa fin, il mit ses propres richesses à disposition du Conseil noble de la ville de Padoue, afin qu'il désignât un héritier, avec obligation pour le désigné d'assumer le nom de Farsetti. En vain. Antonio Francesco Farsetti liquida la bibliothèque. Puis il tenta de vendre aussi le musée de famille mais n'y réussit pas grâce à l'intervention des autorités. Mais, à la chute de la République, la plus grande partie de son immense patrimoine emportée par les sombres vicissitudes économiques de cette période, il dispersa, ici et là, à des prix ridicules, les plus belles toiles de la pinacothèque. Plus tard, il offrit les statues à Paul Ier quand il émigra à Saint-Pétersbourg en quête de fortune mais où, au contraire, il mourut pauvre et plein de dettes, en 1808. Au palais Farsetti ne restèrent que les moulages en plâtre, qui furent par la suite achetés par l'empereur d'Autriche pour en faire don à l'Académie des beaux-arts.

Comme le palais Corner Piscopia-Loredan, devenu « l'Hôtel de la Ville » avant d'être acheté par la mairie, la Ca' Dandolo-Farsetti subit aussi l'humiliation de devenir un hôtel, « à l'enseigne de la Grande-Bretagne ». Il était encore en possession de la veuve d'Antonio Francesco, Andriana Da Ponte, et ce fut elle qui le vendit à la mairie de Venise pour cent mille livres autrichiennes, en 1826.

3. *Le couronnement de la dogaresse*

En septembre 1557 on avait célébré en grande pompe l'intronisation de la dogaresse Zilia Dandolo, épouse du doge Lorenzo Priuli, élu le 14 juillet 1556. Quatre-vingt-six ans étaient passés depuis la dernière « entrée » solennelle d'une dogaresse ; la dernière couronnée avait été Dea Morosini, épouse du riche Nicolò Tron, pour laquelle la cérémonie avait été plus ou moins routinière : la fête des Arts de la ville, le *Te Deum* dans la basilique, la visite de la salle del Piovego, où le doge et la dogaresse auraient été exposés à leur mort, durant trois jours, en habits de gala. La rencontre avec le patriciat dans la salle du Grand Conseil et la prise de possession des appartements privés du palais des Doges, tout cela avait été géré en grande solennité. Depuis lors, des années difficiles étaient passées, des décennies de guerres et d'acrobaties diplomatiques aux termes desquelles la Sérénissime, territorialement consolidée en Italie et économiquement encore prospère, poursuivait une politique d'image dont le faste et la grandeur des cérémonies publiques étaient une composante importante. Les réjouissances pour Zilia Priuli Dandolo avaient donc été particulièrement fastueuses, et une grande partie de celles-ci avaient eu pour théâtre le Grand Canal, sur lequel, tandis qu'avait lieu une régate d'embarcations à plusieurs rames appelées *fisolere*, les « Arts » dansaient au son des fifres à bord de canots décorés. Le plus beau de tous, aux dires de Sansovino, était celui des orfèvres, accompagné de quatorze gondoles drapées de damas cramoisi. La dogaresse s'était embarquée sur le Bucentaure à San Barnaba, où habitait son beau-frère Girolamo Priuli, futur doge lui aussi, accompagnée de deux cent trente-cinq jeunes demoiselles vêtues de satin et de damas blanc avec des perles « d'extrême grosseur et beauté », de vingt et une matrones vêtues de noir et d'une foule de notables. Le cortège avait parcouru le Canalazzo au son des cloches et dans le vacarme de l'artillerie, et, entre la Piazzetta et la place Saint-Marc, s'en était suivie une véritable apothéose.

Vingt-deux ans plus tard, le 26 avril 1595, après un conclave de vingt-quatre jours, soixante et onze votes et deux admonitions solennelles de la Seigneurie aux électeurs, le procurateur de Saint-Marc Marino Grimani accédait au trône ducal. C'était la deuxième fois au cours d'un siècle qu'un Grimani était élu doge. Le premier avait été Antonio, le richissime marchand qui, élu capitaine général « da Mar » principalement parce qu'il avait les possibilités financières d'anticiper les importantes sommes nécessaires pour payer les équipages, avait subi une désastreuse série de défaites contre les Turcs dans les eaux du Péloponnèse méridional. A cause de cela, il avait été jugé, condamné, exilé mais, le temps passant, était revenu dans sa patrie pour être élu, à quatre-vingt-sept ans, à la suprême dignité de l'État.

Après les débâcles subies dans les eaux du Zonchio et de la Sapienza, Antonio Grimani avait été submergé par une vague violente d'impopularité. Marino, au contraire, avant d'être finalement élu par les électeurs reluctants, l'avait été par les cris de la population qui, durant tout le conclave, courait dans les rues en agitant des drapeaux et en criant « Vive Grimani ». A peine avait-on appris son élection qu'une foule en folie avait dévasté les échoppes construites sur la place Saint-Marc pour la traditionnelle foire de l'Ascension et après avoir hurlé à gorge déployée « Vive Grimani qui grossira les pains! » elle avait mis le feu à tout sur son passage.

Tout au long de la Renaissance, les Grimani se disputeront la première place pour ce qui est de la fortune avec les Corner. Mais peu d'autres familles peuvent rivaliser avec eux, même de loin, pour ce qui est du mécénat et du goût. En ce qui concerne la richesse, le palais que le père du doge Marin, le procurateur Girolamo, s'était fait construire sur le Grand Canal à San Luca, exprimait une hautaine magnificence : projeté par Michele Sanmicheli, Véronais, génial constructeur de forteresses, masse grandiose, solennelle, angoissante même par son gigantisme, insolite pour Venise et le Grand Canal. Mais pour ce qui est du collectionnisme le plus raffiné, de la pratique d'un dilettantisme seigneurial ennobli par le goût, de la richesse justifiée et honorée par la fantaisie et la vivacité intellectuelles, le véritable monument est l'autre palais Grimani, qui cache sa propre entrée à Castello, près de Santa Maria Formosa, dans une ramification de la populaire ruga Giuffa : en majeure partie construit par un prélat aux grandes connaissances architectoniques, Giovanni Grimani, petit-fils du doge Antonio et neveu du magnifique cardinal Domenico et pères des collections du Musée de Saint-Marc.

Fut-ce vraiment « la ville tout entière », comme le voudrait le chanoine Stringa, continuateur de la *Venise* de Sansovino, qui insista pour que le doge Marino « se résolût enfin », à deux ans de son élection, « à faire couronner son épouse »? Ou bien fut-ce la dogaresse Morosina, une Morosini de lignage très antique et ducal, à l'exiger? Quoi qu'il en soit, une occasion supplémentaire de montrer sa munificence et la grandeur de sa maison ne devait certes pas déplaire à un doge qui, le jour de son élection, avait distribué un sac de farine et une bassine de vin à chacun des pauvres qui s'était présenté aux bacs du Canalazzo et qui avait vidé sur la place trois bassins d'argent de monnaie en les jetant au peuple. Les fêtes célébrées pour Morosina Grimani Morosini furent telles que jamais avant ou après on en vit d'égales. C'était en mai 1597 : deux siècles exactement avant la chute de la République et la fin de tout.

Le 4 mai donc, vers les dix-huit heures, la Seigneurie et soixante sénateurs, escortés par les *commandadori* aux bérets écarlates, par les secrétaires et les chanceliers ducaux, grand chancelier en tête, et par les écuyers du doge, sortirent par la porte della Carta du palais des Doges, et, passant sous les arcades de la Vieille Bibliothèque, allèrent s'embarquer sur le Bucentaure. Celui-ci, accompagné par les *peatoni ducali*, les grosses barges d'État richement ornées, s'achemina vers le Grand Canal, en direction du palais Grimani, au son des salves d'artillerie, des trombes et des tambours.

Arrivés au palais, le cortège officiel débarqua, monta les escaliers et arriva au *portego*, la grande salle centrale de l'étage noble, où attendait la dogaresse, entourée de la femme de l'ambassadeur impérial, des épouses des procurateurs de Saint-Marc : Soranzo, da Lezze, Paruta et Nani, ainsi que de celle du grand chancelier. Il y avait aussi la sœur de Morosina, Angela, qui avait épousé Almorò Grimani, frère cadet du doge, chevalier et procurateur de Saint-Marc, et ses filles, Laura, mariée avec Nicolò Corner « de la Ca' Granda », Beatrice, nonne, Maria veuve d'Alvise Grimani et de Nicolò Molin et mariée en troisièmes noces avec Onfré Giustinian, et Donata Tiepolo; il y avait aussi les nièces. Et toutes allèrent à la rencontre du *chevalier du doge*, le grand chambellan avec sa suite d'écuyers. Devant le groupe des dames marchaient six demoiselles « avec le Nain et la Naine » : Lucieta et Lorenzo di Savi, qui participeront à toutes les fêtes au premier rang, et que la dogaresse n'oubliera pas dans son testament.

« Après qu'ils se furent rencontrés sur les marches », la dogaresse retourna s'asseoir et tint un petit discours, remerciant « avec des paroles douces et courtoises lesdits maris ». Elle prêta ensuite le serment d'observer la « promission ducale » avec tous les devoirs et les obligations qui la concernaient, et offrit aux six conseillers ducaux et au grand chanchelier sept bourses d'or et une médaille à son effigie.

« En bel ordre », le cortège, auquel s'étaient jointes la dogaresse et sa suite, prit place sur le Bucentaure, sauf les sénateurs et les écuyers qui se placèrent sur les *peatoni ducali*. Et le Bucentaure reprit sa route, accompagné par les embarcations des Arts et par « un vaisseau, comme l'on n'en vit jamais de plus admirable », qu'un groupe de quarante nobles qui y avaient pris place avait fait construire ; deux galères le précédaient, une nuée de gondoles et d'autres embarcations le suivait, et un nombre incalculable « d'hommes et femmes et enfants et fillettes » remplissaient les balcons, les fenêtres, les rebords, les mansardes et les miradors le long du Canalazzo. Près de la colonne surmontée du lion ailé, sur le quai de la Piazzetta, la dogaresse et le cortège débarquèrent grâce à un pont flottant. L'Art des Bouchers avait fait construire un arc de triomphe magnifiquement décoré. En regardant les tableaux d'Andrea Vicentino et d'autres peintres, exposés parmi la collection du Musée civique Correr et ailleurs, on peut se faire une pâle idée de ce qu'étaient ces décorations et des autres phases de la fête qui dura plusieurs jours.

La description des réjouissances pour Morosina Grimani a bien demandé au diligent chanoine Stringa vingt-quatre pages serrées in-octavo. Il suffit de dire qu'outre la cérémonie du couronnement il y eut celle de la remise de la Rose d'Or, distinction de grande importance concédée à la dogaresse par le pape Clément VIII, et qu'après cette dernière célébration, il y eut une solennelle « fête de guerre navale des Anglais » dans le bassin de Saint-Marc et plusieurs régates qui donnèrent « grand plaisir » à la multitude populaire.

Marino et Morosina ont été représentés maintes et maintes fois par peintres et sculpteurs ; au palais des Doges, il y a, entre autres, un tableau de Gabriele Caliari avec le doge qui reçoit l'ambassade du shah de Perse Abbas le Grand, venu à Venise l'année de l'apothéose de Morosina. Morosina gît, immobile dans le marbre du monument funéraire construit pour elle et son mari à San Giuseppe di Castello. Mais son portrait le plus fidèle est sans doute celui du Musée Correr, attribué à Jacopo Palma le Jeune : une femme d'âge mûr, aux cheveux tirés sous la corne ducale, au visage potelé de ménagère, aux yeux soupçonneux, au nez un peu écrasé, avec des mains courtes et grosses, bref, une brave femme, que l'on a du mal à imaginer au centre d'une des plus grandes fêtes qui aient jamais été données pour une femme, pour une princesse.

On sait beaucoup de choses d'elle, mais rien ou presque pour ce qui est du privé, des sentiments, de la vie en somme : il n'y a que le testament et l'oraison funèbre récitée en janvier 1613 par Giovanni de' Conti, une flopée de banalités fondées sur le contraste entre les fastes d'un temps et la mélancolie funèbre. On en sait un peu plus du doge : il aimait Morosina d'un amour sincère et profond, car dans son testament il l'appelle « notre bien-aimée et cordiale sœur qui dans tous nos tourments nous a toujours été de grande consolation, de soulagement et d'aide » (ce n'était donc une femme ni médiocre ni égoïste) ; ses dépenses pour lui-même et pour Morosina (qui avait des biens propres et qui, entre autres, avait fait frapper une médaille d'argent à son effigie, distribuée à tous les patriciens du Conseil majeur), entre les somptueux banquets, pour lesquels il était célèbre, et le mécénat envers les sculpteurs et les peintres, en particulier Leandro Bassano, avaient été énormes et avaient bien diminué ses richesses pourtant importantes. Il était d'ailleurs propriétaire de la vieille auberge de l'Esturgeon, à Rialto. Il avait une belle villa sur le Brenta près de Padoue, et avait obtenu de la Seigneurie la permission d'y séjourner quelques jours, deux ou trois fois par an. Il n'avait pas eu d'enfants mâles de Morosina et la descendance de sa lignée, qui existe toujours et qui fut illustrée dans le courant de notre siècle par Filippo Grimani, maire émérite de Venise pendant la Grande Guerre, fut continuée par son neveu Piero, fils d'Almorò. En fait, nous savons très peu de choses de ces deux personnages si importants et si célébrés à leur époque. Trop peu de choses, comme pour beaucoup des habitants plus ou moins illustres, des berges du Grand Canal.

4. *Comte Volpi, grandeur et misère*

Le palais d'une des branches de la très antique et illustre maison « apostolique » des Contarini ne donne pas sur le Grand Canal mais sur le canal du vieux théâtre San Beneto. C'est là que nous avons vu se célébrer en grande pompe la venue des comtes du Nord. Une branche qui se vantait de descendre de Domenico, doge de 1042 à 1071, et qui a donné naissance à un deuxième Domenico, élu doge à son tour le 16 octobre 1659 : aimé autant que Marino Grimani (que ce fut un brave homme en témoignent les brèves notes de journal qu'il a laissées), et non seulement du petit peuple mais, chose bien plus difficile, même du patriciat, plein de morgue et de suffisance, toujours prêt à critiquer. Un voyageur français dit avoir entendu un petit groupe de jeunes gentilshommes s'exclamer, en le voyant passer en procession sur la place Saint-Marc, le dimanche des Rameaux : « Il est vraiment adorable, ce vieillard ! »

La dernière descendante de cette lignée devait être du même moule, Polissena Contarini Da Mula, deuxième femme d'Alvise Mocenigo da San Stae, et fils du doge Alvise IV. Giovanni Rossi en est témoin et il relate dans ses mémoires inédits qu'elle « consuma toutes ses rentes annuelles, et une richesse immense en or, argent, deniers, pierres précieuses et objets royaux, pour aider les malheureux » : en cela émule de son mari, qui avait dépensé cent trente mille ducats pour secourir les habitants de Spalato, torturés par la peste.

De ce côté-ci du Grand Canal, nous ne rencontrons plus de doges jusqu'au palais Mocenigo à San Samuele, si ce n'est pour le surnom de doge que l'on avait donné et qui s'adaptait parfaitement à la personne de Giuseppe Volpi di Misurata, propriétaire du palais ex-d'Anna, ex-Viaro, ex-Martinengo, qui étire sa longue façade sur le Grand Canal, juste avant le bac de San Beneto. Ce surnom lui allait très bien physiquement aussi, sa silhouette rondelette lui conférait une allure digne, un peu solennelle, sa barbiche blanche, en pointe, à la Pantalon de' Bisognosi *, ressemblait à celles de tant de vrais doges, qui avaient ou n'avaient pas été comme lui, de grands marchands. Et, comme les doges de la Sérénissime, il fut entouré, durant sa vie, et encore maintenant, quarante-sept ans après sa mort, de médisances, de discussions, de polémiques et, en même temps, de louanges et de regrets. Comme il convient à un protagoniste, *le* protagoniste d'une extraordinaire saison d'activités d'entrepreneur, vécue par Venise entre la fin du siècle dernier et la Deuxième Guerre mondiale, une parenthèse dans l'éternelle prostration économique commencée avec la chute de la République.

Il était né à Venise le 17 novembre 1877 et il mourut à Rome exactement le même jour, soixante-dix ans plus tard, le 17 novembre 1947. Son père, un bon ingénieur qui habitait du

* Personnage âgé de la commedia dell'arte. Généralement père, ou oncle, ou prétendant de la jeune première, et victime des facéties d'Arlequin, il représentait une sorte de marchand vénitien. *(N.d.T.)*

côté de Santa Maria dei Frari, était un amateur passionné d'érudition vénitienne. Mais lui, « Bepi » Volpi, à peine avait-il passé son bachot qu'il était déjà directeur d'une compagnie d'assurances. A vingt-deux ans il donnait des consultations au gouvernement hongrois en matière de commerce extérieur. Et c'était encore un jeune homme entre vingt-six et trente-deux ans quand, avec l'appui de quelques notables qui avaient compris son talent, il lançait une série d'initiatives qui allaient de l'institution du monopole des tabacs dans le royaume du Montenegro à la fondation d'une compagnie pour l'exploitation des ressources minières des Balkans, de la construction du port d'Antivari à la création de la Compagnie adriatique d'électricité. L'année de la naissance de ce futur géant hydroélectrique, il avait juste vingt-huit ans.

Un tel esprit d'initiative lui avait valu, dans l'envieux microcosme vénitien, des médisances féroces : on disait qu'il vendait des œufs pourris aux Albanais, des cochons malades aux Serbes. Mais cela lui avait aussi valu l'attention de Giovanni Giolitti, le président du Conseil qui avait promu et déclaré la guerre contre les Turcs en 1911. En homme pragmatique qu'il était, Giolitti avait pensé que, pour négocier la paix avec les Turcs, il fallait quelqu'un qui les connût à fond, et à qui objectait les ragots qui attribuaient à Volpi une certaine témérité dans les affaires, il répondait en souriant : « Peut-être, mais ceux-là sont des Turcs. » A Istanbul d'abord, puis à la table de la conférence qui allait se conclure par le traité d'Ouchy, Volpi avait manœuvré avec l'assurance d'un Vénitien du temps de la Sérénissime, en diplomate consommé et en marchand sagace. En conclusion le traité négocié par lui apportait à l'Italie la Libye et le Dodécanèse. Giolitti avait vu juste.

Aussi, Giolitti avait encore pensé à lui comme gouverneur de Libye. Et cette fois encore, le choix s'était démontré juste. Le roi qui avait déjà conféré à Volpi le titre de comte en 1920 lui avait ajouté l'attribut nobiliaire « di Misurata », qui avait provoqué de nouvelles railleries entre le café Florian et le café Lavena, mais qui récompensait une action courageuse telle que l'occupation de Misurata Marina, commandée personnellement par Volpi.

Puis étaient arrivées les années du fascisme. Volpi avait adhéré, comme tous les plus grands représentants des industriels et du monde financier, il était devenu ministre des Finances, avait défendu la lire, avait combattu et gagné une longue bataille pour l'annulation des dettes de guerre de l'Italie; le jugement des historiens sur sa politique financière n'est pas du tout défavorable. Quand il ne fut plus ministre, il resta durant vingt ans un grand notable du régime, un notable de toute première grandeur, et beaucoup s'étonnèrent qu'un homme d'une telle expérience et si bien informé ne tentât rien pour endiguer ce qui ressemblait de plus en plus à une catastrophe, l'alliance avec l'Allemagne nazie, l'entrée en guerre, l'absurde défi à l'Amérique dont il devait connaître parfaitement le potentiel démesuré. Une intervention providentielle du destin voulut qu'il fût remplacé à la présidence de la Confédération de l'industrie, qu'il tenait depuis plusieurs années, juste à la veille du 25 juillet 1943 et du vote du Grand Conseil du Fascisme contre Mussolini : son successeur se retrouva condamné à mort au procès de Vérone pour ce vote et, s'il ne fut pas fusillé, c'est parce qu'il avait réussi à se cacher et à s'échapper. Mais si Volpi avait été épargné par la vengeance des fascistes, il ne put éviter de tomber dans les mains des SS du colonel Kappler, qui le garda quelque temps dans la sinistre prison de la rue Tasso; pour se voir par la suite refuser par le gouvernement suisse l'entrée dans la Confédération helvétique comme réfugié politique. Le courant s'était inversé, l'après-guerre le vit accusé d'actions importantes pour le soutien du régime fasciste et d'avoir obtenu, grâce à celui-ci, des faveurs et des gains illicites, insulté avec égale véhémence par les fascistes et les antifascistes. Mais désormais, il n'était plus que l'ombre de lui-même, il était malade, très malade. Et contre la logique même du personnage qu'il avait été pendant soixante-dix ans, il termina sa vie en sourdine, oublié ou presque, loin de Venise et de son palais sur le Grand Canal.

Aujourd'hui, la faute la plus grave qu'on lui reproche, plus encore que son adhésion au fascisme, est ce qu'à son époque on lui attribuait comme son plus grand mérite : la création de Porto Marghera, ce terrible Porto Marghera que l'on accuse sinon de tous, du moins des trois quarts des maux de Venise et qui en minent l'existence : la pollution atmosphérique, la débâcle du régime lagunaire, la catastrophe écologique et démographique. Pourtant, en laissant de côté les encensements stupides des journalistes inféodés au régime qui présentaient le port industriel comme l'entreprise qui aurait assuré le développement et l'avenir de la ville, il faut tenir compte du fait que Volpi, à ce qu'il disait, se serait proposé avec cette initiative, de garder l'industrie en dehors de Venise, évitant ainsi au corps de la ville les dévastations dont le siècle dernier et le début du nôtre avaient donné un ample prélude ; et cela sans pour autant renoncer à l'industrialisation.

Il est probable que même un homme aussi expert que lui ne pouvait en prévoir les conséquences (d'ailleurs, l'industrie pétrochimique, principale coupable de la pollution, n'était pas à l'époque ce qu'elle allait devenir plus tard : le nouveau complexe date de 1973). Et de toute manière, la responsabilité de cette erreur et de celles à venir, en vertu desquelles les prolongements de Venise sur la Terre Ferme, Marghera et Mestre, représentent un amoncellement d'occasions perdues, d'exemples à ne pas suivre, fut largement partagée par les administrateurs locaux. Qui, il est vrai, furent des créatures de Volpi jusqu'à la fin du fascisme, mais qui, par la suite, firent encore pire.

Une autre faute, sans doute vénielle, mais que l'on reproche encore aujourd'hui à celui que la domesticité et les collaborateurs les plus proches appelaient « Son Excellence le Comte » : le triomphalisme, la « comédie », le culte de l'extériorisation, qui se reflétait, entre autres, dans la surprenante variété de son habillement. Nous-mêmes nous en souvenons comme d'un fastueux transformiste, une fois en uniforme du grand cordon de l'Ordre mauricien, une autre en grande tenue de ministre d'État, en yachtman, pantalons blancs et blazer bleu à boutons dorés, en grand uniforme d'ambassadeur avec le bicorne orné de plumes d'autruche, en jaquette et chapeau haut de forme, ou encore en uniforme fasciste, pantalons de cheval, chemise noire, fez et bottes. Tout ceci étonnait beaucoup ceux qui le connaissait en privé comme un homme de bon sens et de bons conseils. Du reste, il y avait dans sa personnalité quelque chose de contradictoire, entre une sympathie personnelle envoûtante et certaines habitudes de maître, arborées surtout à Venise, où rien ne bougeait sans son consentement, qui juraient avec le personnage débonnaire et jovial qui avait réussi à enchanter les ministres de l'Économie américaine renfrognés, à qui il avait arraché l'annulation des dettes de guerre. Peut-être étaient-ce des choses d'une autre époque, qui semblaient moins absurdes alors que maintenant, peut-être était-ce la conséquence de longues tractations avec des personnages médiorientaux qui se laissaient impressionner par l'aspect extérieur.

Mais l'homme Giuseppe Volpi di Misurata? L'écrivain que je suis se souvient d'un trait de caractère de personne intelligente : la compréhension rapide, perspicace et la considération sincère pour l'interlocuteur, quels qu'en fussent le calibre et l'importance, même quand c'était, comme dans mon cas, un jeune homme de dix-huit ans. C'était, d'autre part, les instruments d'un pouvoir difficile à obtenir, et que Volpi possédait de façon notoire, en un mot, la capacité de séduire et de dominer les hommes. On lui attribuait aussi un flair exceptionnel pour reconnaître les éléments valables et pour leur accorder sa confiance. Ainsi, conscient de ne pas être un connaisseur d'art, depuis qu'il avait été fait président de la Biennale de Venise il avait toujours soutenu et appuyé son secrétaire général, Antonio Maraini, jusque dans ces choix qui, en plein régime fasciste, pouvaient sembler dangereux et que lui, au contraire, avait avalisés et protégés, comme les mémorables expositions de Modigliani et des peintres soviétiques que Staline aurait interdits. De la même manière, il avait cautionné et soutenu la création du Festival international d'art cinématographique et le Festival de musique contemporaine.

Il avait deux villas dans la campagne vénitienne, deux villas de doges. Celle de Marocco avait effectivement appartenu à un doge, Francesco Morosini, le Péloponnésien. L'autre était celle qu'Andréa Palladio avait construite à Maser pour deux grands personnages de la culture et de la politique, dont un au moins aurait mérité d'être doge, Marc' Antonio Barbaro et son frère Daniele, patriarche d'Aquileia. Paolo Véronèse l'avait décorée d'un extraordinaire cycle de fresques, et Volpi, grand mécène, l'avait restaurée sans compter. D'autant plus qu'il n'était pas vraiment du genre vacances campagnardes ; et bien que, citoyen du monde, il fût à l'aise partout, il ne se sentait vraiment chez lui que dans son palais du Grand Canal. Là, il avait son bureau, le *mezzà*, locution d'un temps révolu quand, dans les palais, le rez-de-chaussée était un dépôt de marchandises, les étages nobles la résidence et la réception, et que la mezzanine était réservée aux bureaux. Là bien sûr, à l'étage noble, il y avait une salle de bal, où il avait fait réaliser par un peintre à la mode, l'académicien Ettore Tito, un plafond du genre de ceux que Giambattista Tiepolo peignait pour les patriciens à son époque, à la gloire de la famille et de ses personnages.

En vrai Vénitien du temps passé, à part sa préférence pour le dialecte qu'il parlait parfaitement, il avait une passion pour les réceptions et déjeuners à bord de sa goélette *Misurata* qui était amarrée, habituellement, au croisement du Grand Canal et de celui de la Giudecca, à la pointe de la Dogana da Mar. Au palais, il donnait des soirées et des bals, où, en parfait *cortesan*, il accueillait personnellement sur le quai les hôtes les plus importants, des souverains étrangers, souvent, ou des princes royaux. Et il attendait les autres en haut de l'escalier, une juste réplique prête pour chacun. A l'entrée de terre, dans la calle du Traghetto, en temps de crise, s'allongeaient les files des malheureux à qui l'on distribuait de l'aide et des bols de soupe chaude. Dans cette Venise que beaucoup disent se rappeler et regretter, la distance entre grande richesse et grande pauvreté était encore immense. Je me souviens encore d'une certaine misère que l'on ne rencontre plus maintenant que dans les pays du tiers monde, à commencer par les camarades de classes élémentaires au crâne rasé, les pieds nageant dans des sabots de bois fournis par la congrégation de la Charité, petits corps maigres perdus dans des jaquettes militaires en haillons... Tout le passé n'est pas à regretter, dans cette Venise où, encore dans les années quarante, en traversant la ville pour aller prendre à la gare le train qui nous emmenait à l'aube vers les études et les chahuts estudiantins de l'Université padouane, nous voyions sortir des embarcations amarrées aux *fondamente* des canaux, semblables aux défunts ressurgissant le jour du jugement dernier, des dizaines de pauvres hères qui passaient la nuit à la belle étoile dans les bateaux, car ils n'avaient pas mieux où aller.

Le temps a effacé les extrêmes. Volpi repose dans l'église des Frari, non loin de l'autel sur lequel les Pesaro, nobles marchands d'il y a quatre cents ans, avaient fait mettre le merveilleux retable du Titien qui célèbre toujours leur gloire et leur richesse. La pauvreté a changé de visage, elle s'est faite moins apparente ; les excès, d'un côté comme de l'autre, se remarquent moins. Même la grande saison des entrepreneurs vénitiens dont nous parlions il y a peu est terminée. Marghera survit à l'ère post-industrielle presque comme une épave grandiose. Certains voudraient la supprimer, d'autres relancer l'activité portuaire industrielle comme nouvelle frontière de l'avenir. L'avenir de qui? Certainement pas de la Venise insulaire, toujours plus dévastée par la monoculture touristique, pour laquelle aucune alternative valable n'a été présentée, ni pour aujourd'hui ni pour demain.

X

Au-delà du Rialto : amours et tableaux célèbres

1. *Le palais des Patriarches*

Sur l'autre berge du canal du Fontego, qui délimitait l'*insula* de Rialto, il y avait, près de la très ancienne église de San Silvestro, le palais des Patriarches de Grado. Aujourd'hui, le canal a été recouvert, l'église défigurée par une modernisation du début du siècle dernier et le palais a été remplacé par un édifice néo-gothique qui donne sur un jardin. Ce palais est celui-là même que l'on aperçoit dans une des toiles des *Miracles de la Croix* de Vettor Carpaccio, qui représente, sur le fond très animé du Grand Canal, un événement miraculeux qui eut lieu entre 1367 et 1372, et dont le héros fut le pieux patriarche Francesco Querini, mort en odeur de sainteté.

L'histoire du patriarcat de Grado est indissolublement liée à celle des origines de Venise. Nous avons dit que si l'on voulait vraiment fixer une date précise pour la naissance de Venise en tant qu'entité historique, il faudrait choisir l'an 568 après Jésus-Christ ; l'année où Paulin, patriarche d'Aquilée, quittait l'antique métropole impériale, envahie par les Lombards, et se réfugiait à Grado, bourg marin et base navale séparée de la terre ferme par un court mais insurmontable tronçon de lagune.

Paulin apportait avec lui les reliques des saints et des martyrs aquiléiens. Avec lui, tout le patrimoine spirituel de la chrétienté romano-vénète, tourmentée et menacée par l'envahisseur « barbare » se transplantait au milieu de la lagune. Dix ans plus tard, par un jour de tempête, le patriarche Elie consacrait solennellement la nouvelle cathédrale de Grado, dédiée à sainte Euphémie. La grande basilique existe encore, avec son sol construit, aux frais des fidèles, en mosaïques où l'on peut lire les inscriptions votives des souscripteurs. Elle nous permet ainsi de connaître les premiers et lointains ancêtres, héros des événements millénaires de la ville et de la République du Lion, ces gens que l'invasion lombarde avait poussés vers le refuge de la lagune et qui retrouvaient dans leur église le point de référence nécessaire pour maintenir leur identité et leur unité.

Entre Grado, qui va se définir comme une nouvelle Aquilée, et l'autre Aquilée, la vraie, va faire rage un conflit qui durera des siècles. L'antique Aquilée est restée aux mains des Lombards et jusqu'à la suppression de son patriarcat, vers la moitié du XVIIIe, elle restera la métropole ecclésiastique de la terre ferme frioulane et vénète. La nouvelle Aquilée défendra à outrance sa propre légitimité présumée comme seule et unique héritière de l'antique ville, allant jusqu'à revendiquer sa fondation par la main même de saint Marc Évangéliste adopté comme patron par la communauté lagunaire naissante. Mais l'ancienne ville tentera de supprimer la nouvelle par tous les moyens, non seulement légalement mais aussi matériellement : par des incursions meurtrières qui dévasteront Grado et mettront plusieurs fois son existence en péril. C'est pour cette raison que, déjà à une époque lointaine, les patriarches de Grado séjournent de plus en plus fréquemment à Venise, mais aussi parce que, dans les premiers siècles de vie de la Sérénissime, le patriarche est un personnage important dans l'ordonnance politique de la communauté, participant aux actes solennels du gouvernement avec le duc et l'assemblée populaire. Et même après que l'évolution de la Constitution vénitienne sépare radicalement le pouvoir civil du pouvoir religieux, le patriarche restera le principal notable ecclésiastique de la ville et de la République.

Les patriarches habitent d'abord un palais à San Zulian, non loin de Saint-Marc, puis définitivement le palais sur le Grand Canal près de San Silvestro. Il semble que le déplacement définitif remonte aux années orageuses durant lesquelles, par deux fois, Poppo, patriarche d'Aquilée, agressait et dévastait Grado dont le patriarche était Orso Orseolo, fils de Pietro Orseolo II. Quand il était évêque de Torcello, celui-ci avait reconstruit la cathédrale et fabriqué le puissant clocher quadrangulaire qui domine l'île et les lagunes. Après la première incursion, en 1024, quand les milices de Poppo avaient pillé les vases sacrés des églises et violé les religieuses des couvents, il était revenu à Grado et en avait dirigé la reconstruction. Seule la nouvelle incursion de 1044 l'avait convaincu de revenir à Venise et d'y rester. Après avoir une fois encore saccagé Grado, Poppo en avait été chassé par la flotte du doge Domenico Contarini, mais l'insécurité du siège, lointain et périphérique, en avait déterminé l'abandon.

Les patriarches vivent et gouvernent donc à Venise, dans le palais sur le Grand Canal : depuis Enrico Dandolo, l'oncle du conquérant de Constantinople, jusqu'à Benedetto Falier, qui reçut une multitude de dons du podestat vénitien de Constantinople, depuis le querelleur Angelo Barozzi jusqu'au docte dominicain Angelo Maltraverso ou à Egidio, autre dominicain qui allait par la suite devenir nonce apostolique en Russie, auprès de Youri, grand prince de Moscou. Après Francesco Querini, le héros du miracle raconté par Carpaccio, diverses personnalités se succèdent : patriciens, vénitiens, moines modenais et pérousins, de Mantoue et de Limoges. Jusqu'à ce qu'en 1451 le pape Nicolas V supprime le patriarcat de Grado en l'unifiant à l'évêché de Castello (c'est-à-dire de Venise), et nomme l'évêque Lorenzo Zustinian premier patriarche de Venise.

Le portrait de Gentile Bellini suffit à nous faire comprendre qui était Lorenzo Zustinian, saint Laurent Giustiniani, canonisé par Alexandre VIII : une image diaphane, hiératique, sans autre dimension apparente que celle d'une spiritualité intense, dans le geste bénisseur des longs doigts aristocratiques de sa main droite, dans la haute silhouette à laquelle les minuscules plis de l'aube donnent encore plus d'élan, dans le visage finement racé, aux traits tirés, au long nez patricien, aux pommettes saillantes sur des joues creusées par les jeûnes, aux paupières lourdes sur les yeux plongés dans la méditation, cernés par les veilles. Bien qu'il ait été peint après la mort de Lorenzo, le tableau de Bellini est un portrait d'une rare évidence psychologique jusque dans sa composition : le saint (les Vénitiens le considérant déjà tel pendant sa vie, Bellini a entouré d'une auréole sa tête enfermée sous le bonnet) s'élève bien au-dessus des prêtres agenouillés, plus haut encore que les anges qui les assistent. Il n'y a que la croix au-dessus de lui.

Il était né d'une grande famille, qui vantait de légendaires origines impériales (les généalogistes tardifs s'évertuèrent à lui inventer des ascendances et des parentés césariennes) et, dans l'immédiat, de grandes richesses dans tous les domaines et un grand sens du devoir civique. Ses parents, le riche Bernardo et la pieuse Quirina Querini, eurent trois fils ; l'un, Marco, mourra jeune, mais aura le temps de contribuer vigoureusement, en tant que podestat de Vérone, Bergame et Padoue, à la consolidation de la domination vénitienne sur la Terre Ferme. L'autre, Leonardo, humaniste et fin poète, deviendra chef du Conseil des Dix, sage du Conseil, chevalier et procurateur de Saint-Marc. Mais lui, Lorenzo, avait préféré l'ascèse, la vie monacale ; à tout juste vingt ans, il était entré dans la communauté religieuse qui s'était formée dans le palais du cardinal Angelo Correr (qui deviendra plus tard le pape Grégoire XII), sur le quai de Biasio, et qui s'était ensuite transférée dans la petite île de San Giorgio in Alega. Une congrégation qui portait des vêtements bleus (ses membres étaient couramment appelés « célestins ») et qui comptait parmi ses adhérents un autre futur pape, Gabriele Condulmer (plus tard le pape Eugène IV), et qui s'étend comme une tache d'huile à travers toute la Vénétie et la Lombardie, en suivant le chemin triomphal de la Sérénissime, pendant ces années où, l'une après l'autre, les villes de Vénétie, de Lombardie, du Frioul et de la Dalmatie se donnent à Venise ou confirment leur dédiction, et pendant lesquelles les territoires de la République s'aménagent dans l'organisation qu'ils maintiendront jusqu'en 1797.

C'est la période pendant laquelle la République se laïcise de plus en plus, prêtres et moines sont définitivement exclus du Conseil majeur, une nouvelle loi impose que, lors des discussions sur les questions concernant l'État pontifical et la curie romaine, les parents de tous ceux qui bénéficient de rentes provenant de cette curie soient expulsés des assemblées constitutionnelles. Mais Lorenzo Giustiniani et ses amis entament un programme de recherches spirituelles qui conduira au siècle suivant à l'épanouissement de personnalités de grande valeur, comme Paolo Giustiniani, Vincenzo Querini, Gasparo Contarini, qui, à quatre siècles de distance, sont les précurseurs géniaux de la thématique du concile Vatican II.

Le premier patriarche de Venise jouit d'un prestige indiscutable, dû bien plus à ses propres vertus qu'à ses alliances familiales. Son neveu Bernardo raconte comment, dans une certaine circonstance, il s'était présenté au Collège et, dans le feu de la discussion, s'était trouvé comme adversaire le fier défenseur de la prééminence des droits de l'État sur ceux de l'Église, le grand doge Francesco Foscari. Celui-ci, orateur vigoureux et de tempérament fougueux, avait parlé avec beaucoup de véhémence. Le patriarche avait répliqué, selon son habitude, d'un ton paisible et serein. Mais avec une telle efficacité et une telle autorité que le doge avait éclaté en sanglots et s'était exclamé : « Un ange vient de parler. Allez, mon père, et faites ce que vous entendez faire. » Puis s'adressant à l'assistance, il avait déclaré que s'il avait pu échanger son âme avec celle d'un autre, il aurait voulu celle du patriarche.

Pourtant, comme tout bon Vénitien, Lorenzo tempérait son ascétisme et sa profonde doctrine par une bonhomie pleine de compréhension pour les problèmes quotidiens des habitants de cette vallée des larmes. Il n'allait pas volontiers au palais de famille, qu'il trouvait trop fastueux pour un prêtre, à moins que ce ne fût pour demander de l'argent pour les pauvres qui le vénéraient; et il ne cachait pas sa gratitude envers ses frères qui l'aidaient généreusement dans ses mille initiatives charitables. D'ailleurs, il vivait en parfait accord avec eux, et les voyait presque quotidiennement, généreux de conseils spirituels certes, mais pratiques aussi, comme quand il leur avait déconseillé d'envoyer une certaine galère marchande en mer Noire et que, malheureusement, Marco et Leonardo ne l'avaient pas écouté et la galère avait coulé dans ces eaux perfides avec toute sa cargaison. Grand écrivain de textes sacrés, orateur en vogue, patriarche à la poigne solide bien que généreuse, c'était un Vénitien de son temps, jusque dans l'expression de son patriotisme qui, malgré son esprit apostolique, le faisait prier pour la sauvegarde de Venise et pour la victoire de la Sérénissime sur ses ennemis.

En tant qu'évêque de Castello, Lorenzo avait sa cathédrale à San Pietro; son palais, reconstruit par ses successeurs, existe toujours près de l'église à la façade palladienne et au clocher édifié par un maître de la Renaissance vénitienne, Mauro Codussi. Le palais de San Silvestro n'avait donc plus de raison d'être. Crénelé et muni de tours, nous le voyons encore dans le plan en perspective de Jacopo de' Barbari, qui date de 1500. Depuis lors, rien ne rappelle les patriarches de Grado sur le Grand Canal.

2. *Avocat, rhéteur, poète...*

Pour perpétuer le goût architectonique du Moyen Age vénéto-byzantin, deux palais, non lointains l'un de l'autre, Barzizza et Busenello, alignent sur le Grand Canal d'élégantes suites de fenêtres polylobées, de façades incrustées de patères, de portails encadrés de nobles viroles romanes. Le palais Busenello faisait partie de la collection de la « divine » Maria Taglioni. Effie Ruskin put voir débarquer, avec quelques difficultés, de sa gondole, en visite d'hommage à la célèbre danseuse, le feld-maréchal comte Radetzky (il était très vieux, mais le poids de ses quatre-vingt-cinq ans n'avait pas diminué en lui sa très cérémonieuse galanterie *ancien régime* *), « papa Radetzky », comme l'appelaient les soldats autrichiens, le vainqueur de Novara, le gouverneur général civil et militaire du règne lombardo-vénète après les événements orageux de 1848-49.

Parmi les quelques rares palais du Grand Canal n'appartenant pas à des familles du patriciat mais à des maisons de la caste des « citoyens anciens », celui-ci est un des plus prestigieux. Tout comme la famille Busenello ou Businello d'ailleurs, qui se vantait de descendre des Torriani de Milan. Un code marcien intitulé *Origines et Chroniques des citoyens vénitiens* affirme que les Businello auraient, à l'origine, appartenu au Grand Conseil (l'un d'eux aurait été parmi les électeurs du doge Ranieri Zeno) mais en auraient été exclus au moment de la « fermeture » de 1297, passant à la catégorie populaire privilégiée (les « gentilshommes de second ordre ») dont on tirait les membres de la chancellerie ducale : les *notaires ducaux*, secrétaires du Sénat, secrétaires du Conseil des Dix, à la tête desquels se trouvait le grand chancelier, revêtu des plus grands honneurs et des plus graves responsabilités.

* En français dans le texte. *(N.d.T.)*

Au moins deux Busenello avaient atteint cet apogée, d'autant plus envié qu'il s'agissait de l'unique charge à vie de la République après le dogat (les procurateurs de Saint-Marc aussi étaient élus à vie, mais plus qu'une charge c'était une dignité). L'un d'eux, Marc'Antonio, s'était signalé par un geste de dévouement exceptionnel pour un bureaucrate : fait prisonnier par les impériaux à Mantoue, où il était résident en 1630, il avait ingurgité le code chiffré par lequel le Sénat correspondait avec lui, empêchant ainsi à l'ennemi de déchiffrer la correspondance diplomatique et les instructions du Sénat. Son engagement civique est démontré aussi par le fait d'avoir accompli vingt-sept autres missions pour la République.

Le frère de Marc'Antonio, Gian Francesco, devait suivre un chemin différent. Aucune mission, aucun voyage : il semblerait qu'il ne soit jamais allé au-delà de Padoue, et l'on conteste fort la véridicité d'un voyage à Clissa en Dalmatie. Aucune charge non plus, bien qu'il eût étudié avec profit (il avait été l'élève du philosophe Cesare Cremonini da Cento). Un bon mariage, cinq fils pour continuer la lignée, vu que son frère, le grand chancelier, avec tous ces allers et retours, n'avait pas pris femme. Ses fréquentations auraient difficilement pu être plus qualifiées culturellement, à commencer par frère Paolo Sarpi, que fréquentaient régulièrement aussi tous ses meilleurs amis, et une correspondance assidue avec écrivains et poètes de Venise et d'ailleurs. Parmi ses correspondants les plus fidèles il y avait aussi le pape Alexandre VIII Ottoboni, qui était vénitien et « citoyen ancien » comme lui.

Malgré les dépenses exorbitantes soutenues par son frère, et tous les litiges qui en dérivent, tout en n'ayant pas, comme il dit, une « grande escarcelle sonnante et trébuchante », il est bien nanti. Il possède un palais à Santa Croce (celui du Grand Canal à Sant'Aponal n'entre dans la famille qu'au XVIIIe siècle) et la moitié du palais Duodo à Santa Maria Zobenigo, où il habite; il va en villégiature à Legnaro où il possède une villa, ainsi qu'à San Trovaso, près de Trévise, et à Castelfranco; de plus sa femme lui fait don d'une petite villa en Valtellina, mais il semblerait qu'il n'y soit jamais allé. En somme, un cadre de vie prospère et serein, avec trop de procès qui le font travailler à toutes les heures, mais qui lui donnent aussi beaucoup de satisfactions. Quelques procès célèbres lui procurent une vaste notoriété et lui permettent d'imprimer et de diffuser, pour le grand public, plaidoyers et réquisitoires.

Un de ces procès a un grand retentissement, autant pour l'identité de la victime que pour son héroïsme. Lucrezia Dondi dall'Orologio, épouse du marquis Pio Enea degli Obizzi, seigneur du château de Cataio (une des plus prestigieuses propriétés des alentours de Padoue), s'était si désespérément défendue d'un violeur que ce dernier l'avait assassinée à coups de rasoir. C'est Busenello, en tant qu'avocat du mari de la victime, qui présente la requête de punition du violeur assassin (un ami de la famille, un certain Attilio Pavanello, qui, relaxé pour insuffisance de preuves, allait finir assassiné par le fils de la victime), et dans ce document, il libère tout le pouvoir de l'éloquence baroque avec une vigueur qui laisse le lecteur quelque peu interdit : « la dépouille mortelle de ma femme martyrisée » commence l'avocat Busenello au nom du veuf « ressent les extraordinaires bienfaits de l'amour paternel que lui portent Vos Excellences... » et il continue en disant, entre autres, « ... et ceux que ne peuvent atteindre les éternelles lamentations de ma voix, qu'y parvienne la pâleur trahie de l'honorable cadavre, émouvant de prodigieuse pitié jusqu'aux marbres de sa sépulture... Le mari agonisant sur les restes assassinés de son épouse tombe, s'évanouit et expire... »

Ce n'est pas pour rien que l'avocature vénitienne avait la réputation d'aimer la grandiloquence. L'autre célèbre procès de Busenello est une cause civile bien curieuse. Pour le doge Domenico Michiel, un doge guerrier, exalté dans son épitaphe comme « Terreur des Grecs, Mort de la Syrie et Pleurs de la Hongrie », sa femme avait fait ériger un important sépulcre de marbre et porphyre dans l'église de San Giorgio Maggiore en 1130. Quand ils firent reconstruire l'église entre 1566 et 1610, les bénédictins qui y officiaient avaient tranquillement laissé démolir le monument, ils avaient jeté les cendres du doge et destiné les matériaux à d'autres usages. Évidemment, cela n'avait pas plu du tout aux descendants Michiel, qui, assistés de Gian Francesco Busenello et d'un autre avocat important, Scipione Ferramosca, avaient intenté un procès aux moines, en exigeant le remplacement du monument sur le lieu et dans les conditions originelles.

Dans son mémoire judiciaire, publié par la suite sous le titre *Les Sépultures des morts*, Busenello avait cité tout le monde, les antiques Romains, l'Ancien Testament, les Pères de l'Église, pour en déduire que la tombe de Domenico Michiel était sacrée en tant que tombe de chrétien, mais doublement sacrée car de chrétien illustre. Après une série d'interrogations rhétoriques (est-il possible qu'un doge victorieux subisse de ses concitoyens des injures que l'ennemi même n'aurait su lui infliger? La fortune qui l'a sauvé des dangers peut-elle l'abandonner après sa mort? Le héros qui a survécu à tant de tempêtes doit-il couler au port? L'œuvre des anges pour le porter aux cieux peut-elle être détruite par de terrestres vandales?), il citait une longue série de lois antiques contre les violeurs de tombes et de sentences ecclésiastiques – sentences de mort –, contre des clercs profanateurs de choses sacrées. Il traitait ensuite les aspects légaux de la vente des marbres de la tombe; enfin il louait la position du Sénat qui avait décrété la reconstruction du monument aux frais des moines.

Busenello était aussi poète et, dans le fond de son cœur, il tenait la poésie pour beaucoup plus importante que le métier d'avocat. Mais quelle poésie torrentielle! On a dit de lui que sa poésie, tellement liée à la chronique de la vie vénitienne et à l'observation attentive des coutumes, anticipe Goldoni et même, peut-être, Molmenti, l'historien de la vie privée du XVIIIe. La rhétorique verbeuse du « conteur » prédomine souvent sur la pureté poétique, mais souvent aussi, dans les compositions en vénitien qui sont d'ailleurs la majorité de son œuvre, l'humour prend le dessus et la critique des mœurs se fait sémillante et enjouée; comme quand il se moque des « nonnettes gentilles, propres et gaies » qui intriguent « avec de tendres petites lettres » mais aussi avec des douceurs « des beignets, des gâteaux et des crèmes » qu'elles envoient à leurs « petits Ganymèdes amoureux » pour les choyer.

Busenello était curieux, certes, mais pas moraliste; voilà pourquoi il est aujourd'hui encore lisible et peut inspirer, comme cela a déjà été le cas, des recherches passionnantes que d'autres poètes, plus grands que lui, attendent, sans espoir, depuis des siècles.

3. *Les amis de Véronèse*

Une historiette très populaire veut que les obélisques, qui de temps à autre se dressent sur le faîte d'un palais, indiquent que celui-ci aurait appartenu à un procurateur de Saint-Marc ou à un capitaine général « da Mar ». Ce n'est pas vrai, leur présence est exclusivement affaire de goût : ainsi les obélisques qui se trouvent au sommet d'un palais du XVIe – palais qui porte aujourd'hui le nom des comtes Papadopoli, propriétaires depuis le XIXe siècle jusqu'aux premières vingt années du XXe – furent érigés avec le palais pour le compte d'une famille qui ne pouvait avoir ni procurateurs ni chefs « da Mar » : les Cuccina, ou Cucina ou, mieux encore, Coccina, « citoyens originels » et riches marchands, dont le souvenir survit surtout grâce à leurs nombreuses et amicales commandes à Paolo Véronèse.

Si nous voulons mieux connaître cette famille Coccina ainsi que son palais, rendons-nous à Dresde où, en 1746, Véronèse a fini leur portrait, peint par Paolo, vendu par François III d'Este, duc de Modène, à l'électeur de Saxe. Il paraît que les Este avaient acheté le tableau en 1645, directement aux Coccina, ainsi que trois autres toiles de Paolo, aujourd'hui toutes trois à Dresde. Une *Adoration des mages*, une *Montée au Calvaire* et *Les Noces de Cana* : les deux premières sont somptueuses et la dernière particulièrement typique de l'art du maître, avec un bel arc romain qui sert de fond au va-et-vient des serviteurs, aux jeux des nains et des enfants, aux ébats des chats et des lévriers.

Dans chacune des trois toiles, les personnages de la famille Coccina apparaissent sous différentes incarnations, comme c'était habituel alors. La maison entière est représentée au grand complet dans le portrait qui est de proportions imposantes : un mètre soixante-sept sur quatre mètres quatorze. Tenu par la main de la Foi, on y voit Zan Antonio Coccina, ses frères Antonio et Alvise, la femme d'Alvise, Giovanna et les enfants, de l'aînée, Marietta, au plus petit, Zan Battista figurant dans l'angle du tableau dans les bras d'une gracieuse gouvernante ou nourrice. C'est un monument à la gloire de la richesse et de la dignité sociale d'une famille de bonne et d'excellente bourgeoisie. Alvise deviendra « grand gardien » de la riche et puissante grande école de San Rocco, et le petit Zan Battista finira auditeur de la Rote à Rome, où il mourra en 1642.

Des Coccina le palais passa à une branche des Tiepolo, patriciens de maison « apostolique », qui avait donné deux doges. L'un d'entre eux, Jacopo, élu en 1229, après avoir été duc – c'est-à-dire gouverneur général – pendant huit ans en Crète, et deux fois podestat des Vénitiens de Constantinople, est un des personnages les plus importants et les plus déterminants de l'histoire de la République. Il semble qu'ici aussi, comme dans le cas du palais Dandolo-Farsetti, une sorte de prédestination y ait attiré une autre famille fervente de culture et d'arts : le musée mis en place dans le palais par les Tiepolo était un des plus beaux de Venise; en 1736 un gros volume fut publié, uniquement consacré à l'illustration de ses collections numismatiques; mais il y avait aussi nombre de tableaux et de souvenirs historiques ainsi qu'une bibliothèque d'autant plus précieuse que, par héritage, y avait conflué celle des Contarini « Londra » da Santa Ternita, famille qui, elle-même, avait eu deux doges, Francesco et Alvise, tous deux diplomates de grande culture. Hélas, le 31 janvier 1830, l'érudit Emanuel Cicogna note dans son journal que le gentilhomme Domenico Almorò Tiepolo, propriétaire de tant de belles choses, un homme riche et cultivé qui avait été sage de Terre Ferme et provéditeur à la Santé, s'était retrouvé ruiné en un instant. Le musée, les livres, les tableaux, tout avait été rapidement liquidé, les serviteurs avaient été renvoyés, « même les vieux, le prêtre bibliothécaire, etc. ». Le palais aussi fut vendu quelques années plus tard; un richissime commerçant de céréales l'acheta aux fils Tiepolo : il s'appelait Valentino Comello et on disait de lui qu'il possédait des terres dans toute la Vénétie.

Comello avait meilleure réputation que celle, terrible, que l'on faisait normalement aux négociants de céréales, spéculateurs sans scrupules qui, une fois disparu le contrôle stabilisateur de la Sérénissime, rançonnaient les marchés. Ami de Daniele Manin et d'autres personnages de la révolution de 1848, il avait été l'un des plus fervents disciples du dictateur, et lui était resté fidèle, même dans la phase déclinante de sa glorieuse aventure. Et même, en juin 1849 quand, entre les bombardements, la faim et les maladies, le destin de Venise était désormais fixé, il s'était fait le promoteur, à ses frais, de la frappe d'une médaille d'argent à l'effigie de Manin. Comme le soulignait la police autrichienne, il avait consumé pour la révolution « une grande partie de ses richesses ».

En tout cas, les Autrichiens l'exilèrent à la campagne, sous surveillance spéciale, un meilleur sort que celui de son fils, qui avait été inclus dans la liste des quarante personnalités devant quitter Venise et les territoires impériaux après la capitulation signée le 22 août 1849.

L'épouse d'Angelo Comello, Maddalena Montalban, de vieille famille comtale de Conegliano, avait accompagné son mari en exil. Mais après que l'amnistie leur eut permis de retourner à Venise, elle n'était pas restée inactive. L'armistice de Villafranca, en 1859, fut une déception et avait bloqué au Mincio les frontières du nouvel État italien en ressuscitant des sentiments et des ferments anti-autrichiens qui s'exprimaient par une contestation continue. De petits épisodes d'insoumission se succédaient, mettant à rude épreuve les nerfs des autorités de police, et l'on dénombrait des fuites de plus en plus fréquentes vers le territoire italien. Avec d'autres dames, Maddalena Comello Montalban avait organisé un comité qui facilitait l'émigration clandestine des jeunes, et elle avait été arrêtée une première fois en 1860. La police la tenait à l'œil : elle lui fit subir une bonne douzaine de perquisitions domiciliaires. Aussi, quand le 13 juin 1861, un groupe de citoyens, hommes et femmes, en grand deuil, avait assisté à une messe commémorative en l'honneur du comte de Cavour mort huit jours plus tôt, sa présence avait été immédiatement remarquée et, cette même nuit, elle avait été à nouveau arrêtée avec certains de ceux qui avaient assisté à la messe et condamnée à huit jours de prison ou à quarante florins d'amende. En juin 1863, Maddalena est encore arrêtée. Cette fois-ci, l'accusation est grave : haute trahison. Le 30 juin Maddalena Comello Montalban comparaît devant la cour avec Leonilda Longo Calvi de Padoue. Elles sont accusées toutes deux d'avoir, dès 1860, « activé la vente de bagues, pendentifs, photographies, portraits et autres objets de propagande politique », recueillant de l'argent « pour la révolution »; d'avoir commandé à l'armurier Bellezza de Milan une épée de parade destinée au général Garibaldi; d'avoir promu le don d'un album à la princesse Maria Pia de Savoie à l'occasion de ses noces avec le prince du Portugal. Chez la Calvi, on a trouvé un bon de souscription organisée par une association bresciaine en faveur des blessés pour l'indépendance italienne; la Comello est aussi accusée d'avoir « fabriqué des cigarettes pour en obtenir de l'argent pour le parti subversif ».

Heureusement, l'époque où les tribunaux de guerre contrôlaient tout et où la possession d'une obligation de l'emprunt mazzinien pouvait signifier l'échafaud était révolue. Les magistrats se montrèrent indulgents, et deux brillants avocats de la défense, Marco Diena et Edoardo Diodati, permirent aux deux accusées de s'en sortir avec un an de prison. Victor-Emmanuel II s'en souvint et, à peine entré dans Venise, le 7 novembre 1866, il voulut recevoir cette femme courageuse. Et (ce sont les chroniques de l'époque qui le racontent) bien qu'il n'aimât serrer la main de personne, il insista pour chaleureusement serrer la sienne, et lui faire don d'un bijou comme témoignage de gratitude pour toutes les souffrances qu'elle avait subies au nom de la cause italienne.

4. *La plus belle pinacothèque de Venise et sa triste destinée*

La mère d'Angelo Comello était une Papadopoli. Et ce furent précisément les Papadopoli, gens d'affaires et financiers venus de l'île vénitienne de Corfou, qui rachetèrent le palais que Valentino avait dû vendre – ironie du sort – à un général autrichien, le lieutenant-maréchal Stürmer, celui-ci l'ayant ensuite revendu au comte Alfred Pourtalès. Actionnaire et président d'une infinité de sociétés, Nicolò Papadopoli Aldobrandini était aussi comte de l'Empire autrichien et officier de cavalerie italien; puis il fut sénateur du royaume et représentant très en vue de l'aile modérée, mais illuminée, du parti libéral. C'était aussi un collectionneur et un historien des monnaies de la Sérénissime, homme de grande érudition, l'un des premiers à comprendre les dons d'un Giuseppe Volpi et à souscrire au capital de sa Société adriatique d'électricité.

Il appartenait, avec les Comello, les Reali, les Della Vida, à la première vague de riches hommes d'affaires qui s'installèrent sur le Grand Canal (au début, les Papadopoli possédaient un palais et un jardin à Santa Croce) dans les palais abandonnés par les antiques familles patriciennes, disparues, ruinées, ou tout simplement émigrées. Parmi les tout premiers il y eut aussi les Trèves de Bonfili, grands financiers et armateurs israélites auxquels Napoléon et l'Autriche avaient donné maintes distinctions et titres nobiliaires : ils avaient acheté à monseigneur Giorgio Emo le beau palais de San Moisé où l'empereur François en personne et son fidèle chancellier Clément Metternich étaient venus admirer deux gigantesques statues d'Antonio Canova, *Hector et Ajax*. Les autres, les Ceresa, les Stucky, les Barnabò, les Gaggia, les Cini, allaient arriver plus tard et débarrasser les vieux palais des enseignes d'hôtels, d'antiquaires et de brocanteurs que leurs propriétaires intérimaires – marchands de tableaux et d'antiquités en tous genres – avaient accrochées aux façades.

Quand mourut le sénateur Papadopoli en 1922, il y avait encore quelques palais dans les mains d'anciens propriétaires ou de leurs héritiers directs. Mais on ne trouvait plus de Tron, de Pesaro, de Sagredo ou de Corner. Pourtant, au palais Mocenigo « Maison Neuve », vivait encore la dernière héritière de cette importante maison, mariée à un gentilhomme piémontais, le comte de Robilant. Au palais Michiel dalle Colonne, légué par Marcantonio Michiel à son petit-fils Leopardo Martinengo, vivaient toujours ses héritiers, les Donà dalle Rose. Plus près du palais Papadopoli, la dernière héritière du beau palais Renaissance du doge Andrea Vendramin (puis des Grimani Giustinian de la branche dite « de l'arbre d'Or » à laquelle avait appartenu le doge Pietro), avait épousé un patricien du nom de Marcello. Mais dans son grand palais gothique à la façade ornée d'un magnifique fenêtrage, à mi-chemin entre le palais Papadopoli et le palais Grimani Giustinian, était mort seul, en 1868, à l'âge de quatre-vingt-huit ans, le gentilhomme Alvise Bernardo, dernier de sa maison qui faisait partie des « neuves » et qui, entre le XVe et le XVIe siècles, avait compté parmi les plus riches, grâce aussi à une activité bancaire qui lui avait fait accumuler d'énormes capitaux. La famille Bernardo avait plusieurs fois mis son palais à la disposition de la Sérénissime, pour y accueillir des personnalités importantes : ainsi Francesco Sforza et sa femme Bianca, fille de Filippo Maria Visconti, duc de Milan, accompagnés le 3 mai 1442, à bord du Bucentaure, par le doge Francesco Foscari et la dogaresse, et par deux cents nobles dames, vêtues de leurs plus beaux atours.

Sans descendants directs, le vieil Alvise avait adopté une jeune fille. Il lui avait tout laissé et, à peine fut-il mort qu'elle s'empressa de tout vendre. C'est un scénario hélas fréquent. Le même destin frappe un des plus célèbres palais du Grand Canal, le palais Barbarigo della Terrazza, celui dont la façade principale donne sur le canal San Polo et qui, sur le Grand Canal, expose une énorme terrasse, un jardin suspendu qui donna d'ailleurs son nom au palais.

La fin des collections d'art pour lesquelles le palais Barbarigo était réputé a aussi quelque chose de tristement répétitif. Le cas de la prestigieuse collection de peintures réunies par sir Henry Austen Layard, éminent archéologue et diplomate, qui découvrit Ninive et s'était installé au palais Cappello (lequel se trouve exactement du côté opposé du canal San Polo en face du palais Barbarigo et qui, à une certaine époque, fut décoré de fresques par Paolo Véronèse et son rival Zelotti), est tout à fait différent. Mais la fin reste hélas la même : en 1915, à la mort de lady Layard, « la reine d'Angleterre à Venise » comme l'avait baptisée le baron Corbeau (qui entre toutes ses bizarreries avait imaginé de se suicider en gondole durant ses funérailles pour attirer l'attention), la collection entière quittera Venise pour la National Gallery de Londres. Tout comme en 1850, cent deux tableaux de la collection Barbarigo della Terrazza avaient quitté Venise pour rejoindre Saint-Pétersbourg, vendus en bloc au tsar de toutes les Russies pour cinq cent soixante-deux mille livres autrichiennes par le comte Nicolò Antonio Giustinian Barbarigo, héritier universel du défunt Giovanni Barbarigo, mort le 24 novembre 1843.

« Veuf, sans descendance, ni ascendance, dernier individu de la famille vénitienne ex-patricienne Barbarigo de San Polo... » Le testament de Giovanni Barbarigo, rédigé le 26 octobre 1843, commence par cette introduction navrée.

Il était né le 28 juin 1773. Sa mère était Chiara Maria Michiel, la sœur de Marcantonio. Malgré les efforts des généalogistes du XVIIe siècle qui prétendaient la faire descendre des antiques Romains, la tradition se contentait de faire venir la famille de Trieste, dont elle serait partie, selon le généalogiste Marco Barbaro, en l'an 734. Pour justifier les six barbes qui figuraient dans ses armoiries, quelqu'un avait inventé un fait d'armes durant lequel un Barbarigo se serait fait un collier avec les barbes des Sarrasins tués par lui.

Certes, parmi les « maisons neuves », c'était une des plus importantes, toujours présente dans les affaires politiques comme dans les aventures de la navigation, du commerce et de la finance. Elle avait donné sa contribution de sang et de responsabilités aux guerres entreprises par la République : il suffit de penser à Agostino Barbarigo qui avait été provéditeur d'armée et commandant virtuel du contingent vénitien à Lépante, où d'ailleurs il trouva la mort, atteint à l'œil par une flèche turque. Il y avait eu deux doges Barbarigo : Marco, qui avait régné fort peu, et son frère Agostino, dont la barbe blanche et les traits impérieux se distinguent dans un retable de Giovanni Bellini. Richissime et fastueux, autoritaire et énergique, Agostino Barbarigo avait violé plus ou moins toutes les règles de conduite imposées au doge. Il avait permis aux visiteurs de s'agenouiller devant lui et de lui baiser la main, avait volontiers accepté des dons de valeur, et s'était comporté comme un grand prince de la Renaissance en oubliant souvent, à ce qu'il paraît, de régler ses dettes ; dans les assemblées il ne tolérait pas de contradiction et il faut dire que personne n'osait jamais en faire. Quand il mourut, écrivait le chroniqueur Sanudo, « c'était merveille ouïr les malédictions que chacun lui lançait ». Le Conseil majeur recommanda aux réformateurs de la « promission ducale » d'introduire de nouvelles mesures pour qu'aucun doge ne puisse plus jamais devenir « omnipotent » comme lui.

Ni les deux doges ni le valeureux amiral n'appartenaient à la branche des Barbarigo da San Polo (qui descendaient d'un Andrea surnommé « dal Banco »), laquelle, vers la moitié du XVIe siècle, habitait déjà le palais, à l'angle du canal San Polo et du Grand Canal. Des sept fils mâles de Daniele et Lucietta Barbarigo, l'un d'eux, Andrea, était mort à Lépante. Giovanni Francesco et Cristoforo avaient eux aussi combattu contre les Turcs, mais Cristoforo se distingua par une action fort différente : le 27 octobre 1581 il acheta à Pomponio Vecellio, le fils du Titien, la grande maison-atelier des Biri à San Canciano, où le maître était mort de la peste en 1576 avec son autre fils, Orazio, peintre comme lui.

Cette vente avait rapporté trois cents ducats à Pomponio, dont cent cinquante-quatre furent immédiatement confisqués par un créancier. Fainéant et jouisseur, Pomponio, qui n'avait jamais été un enfant de chœur, avait posé de gros problèmes à son illustre père. Avec la maison, Pomponio avait vendu tout ce qui y restait comme tableaux et dessins de celui-ci ; et Cristoforo Barbarigo put même disposer de huit toiles du grand maître cadorin qu'il légua dans son testament.

De ce testament allait naître une des plus célèbres, si ce n'est la plus célèbre, des collections privées vénitiennes : la galerie Barbarigo della Terrazza, passée d'héritier en héritier selon l'ordre de primogéniture dans la descendance de Domenico Barbarigo, le seul frère de Cristoforo qui se fût marié (Cristoforo n'avait eu qu'un fils naturel dont la fille, Chiara, était encore, en 1645, propriétaire de la maison du Titien dans laquelle travaillait et vivait un nouveau peintre, Leonardo Corona).

Et Giovanni descendait en ligne directe de Domenico Barbarigo. Bien apparenté, il était prédestiné à un grand mariage. Et, de fait, il épousa Chiara Pisani, héritière des deux branches « dal Banco » et « Moretta » réunies par le mariage de son grand-père Girolamo « dal Banco » avec une autre Chiara, dernière représentante de la branche surnommée « Moretta » et propriétaire du palais contigu à celui de Giovanni Barbarigo. Il s'agit du palais Pisani Moretta, qui montre une façade gothique avec des fenêtrages quadrilobés parmi les plus beaux du Grand Canal.

Ce ne fut pas un mariage heureux, bien que l'amour et l'harmonie du couple aient duré jusqu'à la mort de Chiara, trois ans avant son mari. Un souvenir douloureux, une souffrance cuisante, un chagrin inconsolable pesaient sur eux. Le 10 juillet 1794 un fils naquit, Alvise, futur héritier du nom et du patrimoine des Barbarigo, ainsi que des biens de Chiara, déjà substantiels et destinés à augmenter encore, comme nous allons le voir bientôt. Mais le destin avait été cruel pour l'enfant qui, par la coupable incurie d'une servante, était mort brûlé à moins d'un an. Le couple n'avait plus voulu ou pu avoir d'autres enfants. L'ombre de ce fils avait condamné la vie de Chiara à une silencieuse mélancolie, toujours plus éloignée de la vie citadine. Elle apparaissait rarement en public, sauf une fois, en 1807, lorsque Napoléon, empereur des Français et roi d'Italie, vint à Venise en visite solennelle. Entre arcs de triomphe, régates, cortèges et festins, les flagorneries avaient atteint des sommets encore inégalés jusque-là. A l'occasion du bal du 3 décembre, au grand théâtre de La Fenice, organisé par la municipalité, Chiara avait figuré dans le cortège, avec Caterina Contarini dal Zaffo, née Civran, Elisabetta Widmann Foscarini, Chiara Contarini Piovene. Mais ce fut la dernière fois qu'on la vit en public. Bien qu'elle eût été nommée dame du Haut Ordre féminin de la Croix étoilée, elle se garda bien d'être présente quand l'impératrice d'Autriche vint visiter les célèbres collections de son mari, en décembre 1822. Chiara avait alors quarante-huit ans et préférait séjourner dans sa belle villa palladienne de Bagnolo, perdue dans la campagne. Ou encore dans celle de Stra, qui avait été baptisée « La Barbariga » en son honneur et où avaient eu lieu, en un autre temps, de joyeuses chasses au lièvre. A présent, Chiara y réunissait, le 9 août de chaque année, tous les moines et prêtres qu'elle entretenait sur ses terres.

Chiara, toutefois, savait se montrer une administratrice avisée. Elle vint au secours de son mari, lorsque celui-ci fut la victime d'un administrateur infidèle ou incapable ou, encore, d'une mauvaise affaire financière et qu'il devait de fortes sommes aux banquiers Salom et Trèves. En 1839, il lui avait cédé, à titre d'indemnité, ses biens de Merlara et d'autres encore, mais cela n'avait été qu'une formalité entre conjoints car, en mourant, Chiara lui avait tout restitué. Après la mort de sa femme, Giovanni s'était choisi un héritier à qui laisser ses biens et, surtout, cette fameuse pinacothèque dont tout le monde disait et écrivait tant de bien. Deux ans après la mort de Giovanni, le peintre Carlo Bevilacqua en dressa un catalogue très exagéré (comme c'était l'usage alors) : y étaient cités deux Giambellino, treize Giorgione et bien dix-sept Titien ! Giovanni légua le tout à son cousin, le comte Nicolò Giustinian, fils de la sœur de sa mère, Cecilia Michiel et de Sebastiano Giulio Giustinian, procurateur de Saint-Marc, le priant de prendre le nom de Barbarigo et, « confiant en sa piété et sa générosité » qu'il connaissait, de bien vouloir se préoccuper du salut de son âme « par l'exercice réitéré de quelque bonne œuvre religieuse ».

Intéressé surtout par le côté matériel (il s'était empressé de vendre jusqu'aux « armoiries d'entrée », un blason qui, selon la tradition vénitienne, ornait l'entrée du palais hérité de sa femme, une Cavalli da San Vidal, « travail sublime et somptueux d'incision » sur lequel tranchaient deux fanaux de poupe de galère et trente-trois chevaux sculptés), le comte Giustinian Barbarigo attendit sept ans avant de vendre. Mais alors, il vendit tout. De l'ensemble acheté par le tsar, il reste à Saint-Pétersbourg sept toiles du Titien : le *Saint Sébastien*, chef-d'œuvre de la vieillesse du maître, le *Christ portant sa Croix*, l'*Ecce Homo*, une *Marie-Madeleine*, un portrait du pape Paul III et la *Madone avec l'Enfant et Marie-Madeleine*. Le gouvernement soviétique, ayant besoin d'argent, a vendu la magnifique *Vênus au miroir* au milliardaire américain Mellon. Elle est aujourd'hui à la National Gallery de Washington. Plusieurs autres tableaux du Titien provenant de la collection Barbarigo sont dispersés dans différents endroits. Un beau portrait de Philippe II est à Cincinnati, un portrait du doge Andrea Gritti au Metropolitan de New York, un François Ier de France se trouve dans la collection du comte de Harewood, en Angleterre. On a perdu la trace d'un portrait du doge Antonio Grimani, que Nicolò Giustinian avait gardé pour lui. Parmi tout ce qui a été perdu figurent aussi la bibliothèque et les documents de Caterina Dolfin Tron, légués au père de Giovanni Barbarigo qui était son neveu. Un lot de ces livres, provenant de la collection d'un érudit padouan, était récemment en vente.

5. *La sombre affaire Pisani Moretta*

La question qui tourmentait Chiara Barbarigo Pisani, entre causes, procès et arbitrages, nous fait entrer dans le feuilleton de la maison Pisani de San Polo. C'est une affaire qui, à son époque, fit grand bruit et enrichit quelques avocats célèbres (parmi lesquels Carlo Cordellina qui s'était fait construire une magnifique villa au pied des douces collines vicentines et l'avait ensuite fait splendidement orner de fresques exécutées par Giambattista Tiepolo). Elle fit aussi soupirer bien des jeunes filles que l'abbé Chiari, avec ses romans, avait depuis peu initiées à la littérature *larmoyante* *.

Nous avons vu comment le procurateur Pietro Francesco Pisani, dernier mâle de la branche « Moretta », avait marié sa fille Chiara, héritière d'un patrimoine fabuleux, avec Girolamo Pisani « dal Banco », de famille également riche de belles propriétés mais très

* En français dans le texte. *(N.d.T.)*

endettée à cause du caractère dépensier du grand-père de l'époux, un autre Girolamo que l'on surnommait « Girolamon ».

Le mariage avait été organisé par le procurateur pour protéger l'héritage de Chiara : beaucoup de biens « Moretta » étaient bloqués par des fidéicommis qui les réservaient aux héritiers mâles et « éligibles au Conseil majeur » ; les noces avec un Pisani mettaient à l'abri des visées d'autres branches de la famille des propriétés prestigieuses comme les domaines de Montagnana et la villa construite par Palladio. La famille se vantait, à tort, de l'héroïsme de Vettor Pisani, vainqueur des Génois dans la guerre de Chioggia, car le preux amiral appartenait en réalité à une famille homonyme qui portait dans ses armoiries une *dolce*, une belette, tandis que les Pisani da San Polo, comme ceux de la puissante et grande branche de Santo Stefano, portaient un lion sur leur blason. Et s'ils ne descendaient pas, comme voulaient le faire croire certains généalogistes, des Calpurnes Pisons de la Rome antique, ils avaient accumulé au cours des siècles une richesse considérable. Vers la moitié du XVIIIe siècle, les rentes réunies des Pisani « Moretta » et « dal Banco » atteignaient les cent mille ducats. On sait, grâce à Giuseppe Gullino, que mille ducats l'an étaient déjà considérés comme suffisants pour vivre dans le faste requis par la condition patricienne.

Chiara Pisani avait perdu très tôt son mari, mort à trente-six ans ; elle avait administré le patrimoine unifié avec fermeté et intelligence, l'avait redressé et avait investi de grosses sommes dans la restauration et l'embellissement du magnifique palais gothique du Grand Canal. Elle avait fait construire par Andrea Tirali, « le Tyran », le grand escalier qui était un des plus beaux de Venise ; puis elle avait commandé des fresques à Giambattista Tiepolo et, à Piazzetta, une grande toile représentant *La Mort de Darius*, destinée à faire pendant à un célèbre tableau de la maison, un chef-d'œuvre de Paolo Véronèse : *La Famille de Darius aux pieds d'Alexandre*. Elle avait bien marié ses filles, l'une à Vincenzo Tron, frère d'Andrea « el Paron », l'autre à Girolamo Ascanio Giustinian. Son fils aîné, Piero Vettor, épousa Caterina Grimani da San Polo, nièce du doge Pietro. Mais il restait pourtant encore un point faible en la personne du dernier fils, Vettor.

En décembre 1753, on célèbre par des fêtes solennelles l'accession d'Anzolo Contarini à la charge de procurateur de Saint-Marc. Vettor Pisani est présent. Et c'est là, au milieu des pétards, des défilés et des réceptions, qu'il fait la connaissance d'une jeune fille de la bourgeoisie, Teresa Vedova ou Dalla Vedova, fille d'un graveur de cuivre et de miroirs très apprécié. Pietro Vedova gagnait fort bien sa vie et ses quatre filles fréquentaient la meilleure société des « ecclésiastiques, militaires, patriciens de grande naissance et de grande fortune, fonctionnaires de haut rang... » La plus belle et pleine d'esprit était Teresa.

Vettor Pisani avait vingt-deux ans. Aujourd'hui ce serait un âge plus que suffisant pour mûrir un jeune homme mais lui, du moins à ce que prétendait un de ses avocats, à peine sorti du collège, encore accompagné d'un précepteur, entrait pour la première fois dans le « grand théâtre du monde ». Bref, il tomba amoureux de Teresa...

Après la rencontre et le coup de foudre, Vettor Pisani commença à fréquenter assidûment la maison Vedova, envoyant continuellement à Teresa des billets doux et ardents, mais anonymes. Jusqu'à ce que M. Vedova, agacé par cette assiduité qui risquait de nuire à la réputation de sa fille, lui interdît l'entrée de sa maison. Alors, « le malheureux que vous savez bien », comme Vettor signait ses missives, après maints caprices et désespoir, revint chez Pietro Vedova et lui demanda tout net la main de Teresa.

Le graveur de miroirs était loin d'être un imbécile. Il savait parfaitement qu'un fils de famille patricienne n'était pas le gendre qu'il lui fallait, que cela serait devenu une affaire d'État, que la famille Pisani aurait fait le diable à quatre auprès du Conseil des Dix et des inquisiteurs d'État. Vettor savait pertinemment que les fils issus d'un tel mariage risquaient l'exclusion du Conseil majeur, donc du patriciat et des fidéicommis Pisani « dal Banco » et « Moretta ». Comme Vettor ne voulait pas entendre raison, Pietro envoya sa fille « en éducation » au couvent, à San Giacomo di Murano.

Pauvre Pietro Vedova! S'il avait su (mais comment aurait-il pu?) que précisément à San Giacomo di Murano, dans ce couvent même, se trouvait sœur M.M. (Maria Maddalena Pasini, si les listes des professes sont exactes), la maîtresse effrénée et libertine de Giacomo Casanova, protagoniste d'orgies à trois (et même à quatre si l'on en croit monsieur de Bernis, ambassadeur de France, qui se délectait d'y assister, à l'abri des regards) avec la belle C.C., dans le somptueux pavillon secret, parfumé à l'essence de rose offerte par Madame de Pompadour... Mais il ne savait rien. Pas même que l'abbesse, la Noble Dame Maria Angela Diedo, informée des vicissitudes de Teresa, s'était mis en tête de la protéger et de favoriser ses rencontres avec Vettor, qui semblait « plongé dans la plus furieuse passion et dans l'amour le plus excessif ».

Ce fut précisément mère Diedo qui conseilla à Vettor de demander à Rome un rescrit de la Pénitencerie apostolique qui concéderait une dispense de publication et de formalités pour le mariage, comme c'était consenti dans certains cas extrêmes. Ayant obtenu la dispense, on trouva même un prêtre, un théologien qui, une fois lu le rescrit, déclara que, *Roma locuta*, il les considérait mari et femme. Ainsi, Teresa retourna chez elle où Vettor vint la retrouver tandis que se préparait le mariage régulier, dont la date approchait rapidement.

Mais un jour, Vettor arriva en courant « échevelé et dolent », et raconta à toute la famille Vedova réunie et esbaudie que, quelques minutes auparavant, quand il était encore au lit, sa mère et son frère s'étaient précipités dans sa chambre et lui avaient demandé avec « larmes et soupirs » quels engagements il avait pris envers Teresa et que, « affolé par la crainte », il avait répondu n'en avoir pris aucun.

Ce que le pauvre Pietro Vedova prévoyait était arrivé : les inquisiteurs d'État avaient tout appris. L'un d'eux, Andrea Tron, beau-frère de la fille de Chiara, avait immédiatement informé celle-ci. Mais les ennuis les plus graves devaient encore venir pour la malheureuse Teresa Vedova, et ils arrivèrent sous la forme d'un huissier des inquisiteurs, qui, accompagné de deux gardes, la mena au monastère de la Croix à la Giudecca, où elle fut enfermée.

Teresa était la vraie victime de cette situation absurde. Elle resta plusieurs mois dans le sombre monastère de la Giudecca ; ce furent des mois de chagrin, pendant lesquels elle suppliait Vettor de la faire libérer afin de retourner chez elle et en lui promettant de ne plus jamais « l'importuner ». Vettor lui répondait par d'ignobles lettres pleines d'autocommisération, de bigoterie, d'un égoïsme écœurant et dans un style qui aurait été ridicule s'il n'avait pas été sordide. L'affaire traînait, les inquisiteurs d'État poussaient Chiara Pisani pour qu'elle résolût le problème, pourtant totalement privé, de la famille Pisani. Ils désiraient qu'elle convainquît Teresa de prendre le voile ou d'épouser quelqu'un d'autre. La pauvre enfant opposait une vaillante résistance, elle ne voulait en aucun cas s'enfermer « désespérée dans un couvent », ni se lier « par caprice ou par intérêt » à un autre homme. D'autant plus qu'elle était enceinte de Vettor Pisani.

Quand les inquisiteurs le surent, Teresa fut tout de suite enlevée du couvent et placée dans la maison d'une sage-femme où, le 15 mars 1759, elle accoucha d'un garçon qu'elle appela Pietro. Vettor était à Stra, à la campagne, et là, son frère lui fit savoir que sa mère (qui, bien entendu, était dans un état « pitoyable ») s'était engagée à donner à Teresa Vedova une allocation viagère ainsi qu'une dot de trois mille ducats, si elle se mariait; mais qu'en ce qui concernait « la créature », elle n'en voulait rien savoir ni s'y intéresser; qu'il s'en occupât lui-même s'il le croyait bon. Vettor prit l'enfant, le mit en nourrice et chercha un nouveau mari pour Teresa. Il le trouva dans la personne d'un certain Santo Plebani.

Mais Teresa n'était pas d'accord. Le jour des noces, elle fit remettre la cérémonie sous prétexte d'une indisposition; puis elle temporisa jusqu'à ce que les inquisiteurs, voyant que la famille Pisani n'avait pas réussi à conclure quoi que ce soit, déclarent qu'ils s'étaient occupés trop longtemps de la question et fassent raccompagner Teresa chez elle.

L'histoire d'amour se terminait vraiment mal. Teresa s'adressa alors à la justice du Conseil des Dix, demandant que Vettor Pisani, son mari légitime, soit invité à s'acquitter de son devoir envers elle. Les Pisani contournèrent l'obstacle en s'adressant au patriarche, auquel Vettor, plus lâche que jamais, présenta un mémoire dans lequel il déplorait avoir été « diffamé » par Teresa Vedova, qui se « prétendait » sa femme, tandis que lui, éclairé par les théologiens, avait découvert « l'immonde tromperie » d'une union qui ne tenait que sur la base du rescrit de la Pénitencerie. Et il demandait au patriarche de déclarer que le mariage n'avait jamais existé. Une confrontation pénible eut même lieu entre les deux ex-amoureux auprès de la curie patriarcale à laquelle Teresa avait fait appel.

La puissance des Pisani, accompagnée, semble-t-il, d'un important prêt de Chiara à monseigneur le patriarche Bragadin, leur donna une victoire foudroyante. Le 29 février 1760, la curie patriarcale déclara qu'entre Vettor et Teresa Vedova aucun lien matrimonial n'avait jamais existé. Sur la base de cette sentence, Vettor obtint des inquisiteurs d'État l'ordre de « mettre entièrement sous silence cette affaire », interdisant à Pietro Vedova d'entamer quelque procédure que ce fût. Pour respecter les « convenances », le Tribunal suprême accepta l'offre de Vettor d'investir un capital de 11 428 ducats à la Monnaie, dont l'intérêt, à trois et demi pour cent, de 365 ducats devait lui être versé jusqu'à ce qu'elle entrât au couvent ou se marie, auxquels cas le capital entier lui serait versé.

Les années passèrent. En 1767, Chiara Pisani mourut et les deux patrimoines « Moretta » et « dal Banco » se trouvèrent définitivement réunis. Étant donné que la variole avait emporté le troisième frère, Nicolò, l'immense fortune revint à Pietro Vettor et à Vettor Pisani. Mais aucun des deux n'a d'héritier, Pietro Vettor parce que sa femme, une Grimani, ne lui en a pas donné, Vettor parce que, après cette sombre histoire, il vit seul, généralement à la campagne, n'ayant pas cherché à se marier. Toutefois, six ans après la mort de sa mère, il se décida enfin à le faire, dans l'intérêt de la famille. Cette fois-ci, il se marie selon toutes les règles officielles de l'Église, avec une jeune Grimani de la branche de San Boldo. Un mariage strictement privé, dans l'église de l'île de San Giorgio in Alega; avec une épouse de maison noble, certes, mais pauvre. Les grandes familles auxquelles s'était adressé Pietro Vettor Pisani à la recherche d'une épouse pour son frère avaient fait la moue. L'histoire de Vettor et de Teresa Vedova n'avait plu à personne.

En 1774, Cornelia Pisani Grimani met au monde une fillette, Chiara, qui épousera plus tard Giovanni Barbarigo della Terrazza. C'est alors que l'indomptable Teresa Vedova se résigne enfin et se marie elle aussi avec un certain Biagio Zara. En 1775 Pietro Vettor, le frère aîné, devient procurateur de Saint-Marc. Et, en juillet de la même année, Vettor meurt à quarante-quatre ans, « assailli par une fièvre putride et maligne », après une épouvantable agonie de trente-deux jours.

Avant de mourir, il avait fait son testament. Il laissait à Pietro, le fils de Teresa, considéré à tous les effets comme un fils naturel, une rente annuelle de quatre mille ducats jusqu'à l'âge de vingt-cinq ans où il recevrait alors la somme de dix mille ducats. Du moment qu'une grande partie du patrimoine Pisani « dal Banco » était bloquée par un fidéicommis en faveur des héritiers mâles, celui-ci revenait au procurateur Pietro Vettor, avec la moitié du patrimoine « Moretta » dont l'autre moitié, ainsi qu'une partie mineure du patrimoine « dal Banco » allait à Chiara, l'héritière universelle de son père.

Mais... car il y avait encore un mais, qu'était devenu Pietro, l'enfant de l'amour, le fils de Teresa Vedova ? Il faut admettre que Vettor, malgré tous ses torts, avait bien agi, au moins en cela. L'enfant avait reçu une excellente éducation chez les pères des écoles chrétiennes de Capodistria, puis on l'avait envoyé se perfectionner à Rome où il avait connu le théologien qui avait sanctionné le mariage de ses parents, et à qui les inquisiteurs d'État, après la sentence du patriarche, avaient décrété le bannissement perpétuel de Venise. Cette amitié et les moyens dont il disposait lui avaient procuré nombre de relations influentes. Aussi, ayant atteint vingt-quatre ans, il décida de revendiquer ses droits sur l'héritage paternel. Et en juillet 1783, ses avocats, qui étaient parmi les plus célèbres et les plus appréciés du barreau vénitien, Salvatore Marconi et Giuseppe Alcaini, présentaient la cause par un mémoire adressé aux juges des Pétitions, pour obtenir la reconnaissance de la légitimité, « attendu l'état de bonne foi conjugale » pendant lequel il avait été conçu.

Il en naquit une intéressante question judiciaire et, aussi, un gigantesque commérage. L'opinion publique vénitienne en était tout agitée : « Le pays s'enrage à disputer la question. » Et la majorité prenait le parti de Pietro : « Le jeune homme est plein de talents, de bonnes manières et il a l'appui non seulement de la noblesse, mais de la populace. Tous le veulent Pisani, noble et riche. Les gens courent en masse pour le voir. »

Son oncle aussi l'avait vu, le procurateur auquel, très habilement, Pietro avait rendu visite en premier afin que l'on ne puisse l'accuser d'arrogance ou d'un quelconque manque d'égard envers le chef de la maison. Le procurateur s'en était remis à deux autres avocats du barreau civil, Tommaso Gallino et Carlo Cordellina. Mais il avait pris les choses de trop haut : en ne tenant pas compte de l'intervention des juges des Pétitions et en saisissant directement le degré supérieur de justice, c'est-à-dire les Quarantie, il avait fait un grave faux pas. Les temps en effet avaient changé, il y avait eu de violentes tensions entre nobles pauvres et nobles riches, tensions qui s'étaient réveillées en 1780 avec la querelle menée au Conseil majeur par Giorgio Pisani et Carlo Contarini. A la fin, les inquisiteurs d'État avaient fait arrêter les deux tribuns, suscitant une vague d'exécration dans le patriciat pauvre... Ainsi que dans les familles médiocrement fortunées comme celle à laquelle appartenaient Giorgio Pisani et la majorité des juges des Quarantie. En somme, comme l'écrivait un informateur du patricien Andrea Dolfin Valier, ambassadeur à Paris, le jugement des Quarantie « fut un jugement... démocratique plus qu'un jugement prononcé par le corps d'une République aristocratique ».

Le jour de l'audience, plus de quatre mille personnes avaient envahi le palais des Doges et la salle du Conseil majeur. Elles commentaient à haute voix « les violences démodées pour l'époque et que les avocats énuméraient avec réticence », c'est-à-dire les interventions arbitraires des inquisiteurs d'État et les prévarications de la maison Pisani. Pris de peur, maître Gallino et un autre prince du barreau qui s'était associé à lui, maître Santonini, perdirent leur éloquence tandis qu'Alcaini (qui prit vingt-cinq mille ducats d'honoraires) « fut un Démosthène inouï, prudent et raisonneur », ainsi que le fut son associé, maître Stefani. Au moment de la sentence, le procurateur Piero Vettor dut s'enfermer dans la petite salle attenante à celle des Quarantie, « par peur d'une irruption populaire ». « Le glorieux jeune homme fut reconduit chez lui par un cortège de barques ornées de lauriers, tel un doge. » Il avait gagné. « Quel grand jour! » commentait l'agent de Dolfin Valier, « richesse, légitimité et noblesse d'un seul coup. On ne parle de rien d'autre que de cette affaire... ».

Reconnu en tant que véritable Pisani, Pietro obtint une quantité de choses. Les magistrats des Vieux Auditeurs « coupèrent », c'est-à-dire annulèrent le testament du père. Le procurateur Piero Vettor fut contraint de lui remettre les propriétés de Montagnana, vingt maisons dans Venise, deux cent mille ducats investis à la Monnaie et ailleurs, ainsi que des bijoux, de l'argent liquide, des loges de théâtres et un patrimoine dont l'ensemble était estimé à plus d'un demi-million de ducats. Le doge le fit comte de Bagnolo, chose en soi sans importance (le titre de comte n'était point apprécié à Venise, nous dit le conseiller Rossi dans ses mémoires inédits) mais qui lui ouvrait l'accès au Conseil majeur et au patriciat : en effet, une loi de 1775 consentait l'inscription de quarante familles nobles de Terre Ferme qui disposeraient d'un patrimoine adéquat et créeraient un fidéicommis d'au moins dix mille ducats. Grâce au comtat, Pietro se trouvait dans les conditions requises. Le 4 juin 1785, le Conseil majeur votait donc son inscription *ex novo* et, à partir de ce moment-là, le fils de Teresa Vedova devenait à tous les effets, le N.H. *(nobil homo)* messire Pietro Pisani. Des milliers de personnes réunies dans la cour du Palais applaudirent cette décision qui cachait en fait une intention politique précise, celle d'éviter par tous les moyens l'extinction d'une grande famille patricienne et la dispersion de son patrimoine. « Le fanatisme ne cesse pas », notait l'agent de Dolfin, « augmenté par la contrariété de l'oncle procurateur ou plutôt par la méchanceté de madame son épouse, qui le rend objet de l'opprobre du pays et qui, en cette occasion, a voulu qu'il reste à la campagne. »

Le feuilleton continue. En octobre 1785, le gentilhomme Pietro épouse la noble dame Laura Zusto, dernière représentante de son antique famille. La mariée est très belle, le mariage brillant, tout comme la vie du « jeune glorieux », très mondain mais aussi cultivé, amateur de chimie, virtuose de la flûte, selon les meilleures règles de la bonne société *ancien régime*. Et les avocats travaillent toujours. Maintenant qu'il est devenu N. H., Pietro tente de revendiquer une partie des biens Pisani « dal Banco ». On arrive à un compromis qui lui est favorable. Mais sa marche triomphale est gâchée par un fait nouveau : la majorité des biens appartenant à Chiara, sa demi-sœur, celle-ci, digne petite-fille de l'autre Chiara, conteste à son tour le testament de son père et se prépare à rendre difficile la nouvelle vie de son demi-frère.

En décembre 1792, c'est Pietro qui doit verser cent mille ducats à Chiara, plus six mille ducats l'an de rente viagère, sommes qui permettent à la jeune femme d'épouser Giovanni Barbarigo. Puis, en 1801, l'oncle procurateur meurt et une nouvelle question se soulève à propos des biens « dal Banco » car Pietro, qui voudrait les reprendre à sa demi-sœur, ne peut mettre les mains sur les fidéicommis, ceux-ci requérant non seulement que l'héritier soit légitime, mais aussi qu'il soit né de « femme de maison patricienne ». Les tribunaux autrichiens qui ont remplacé ceux de la République défunte en confirment la propriété à Chiara. Pietro, très mauvais administrateur (il laissera toute la gestion aux mains de sa femme), mais qui savait évoluer habilement dans les labyrinthes du pouvoir, repart donc à Rome pour demander un décret annulant définitivement la sentence patriarcale qui avaient déclaré inexistantes les noces de ses parents. Il l'obtient d'un « monseigneur » du secrétariat d'État, lequel accompagne sa décision d'un commentaire peu amène sur la « vantardise » de la grand-mère Chiara et l'« imbécilité » de son fils Vettor. Mais l'Autriche n'accepte pas le document et Pietro, désireux plus que jamais de mettre la main sur les biens de Chiara, fait émanciper son propre fils, nommé lui aussi Vettor, pour que, né légitimement de deux parents patriciens, il dispose de toutes les conditions requises pour jouir des fidéicommis.

Hélas, l'Autriche quitte Venise, et Napoléon lui succède. Les fidéicommis sont abolis. Tous les efforts de Pietro ont été vains. Il devra parvenir à un accord avec Chiara, sur la base duquel il aura une partie des biens « dal Banco » mais devra simultanément les lui revendre pour quatre-vingt mille ducats. Les années passent et, en 1813, la deuxième femme de Vettor Pisani, Cornelia Grimani, meurt. En 1827 la pauvre Teresa Vedova quitte ce monde à l'âge de quatre-vingt-treize ans, quelques mois seulement après son mari Zara. Pietro mourra en 1847, comte de l'Empire autrichien, avec le titre de Bagnolo et après avoir enfin, sept ans auparavant, à la mort de Chiara, réuni tous les biens Pisani « dal Banco » et « Moretta », lesquels furent administrés avec une habileté sévère par son fils Vettor, dernier de ce nom. Celui-ci, en 1857, ne perdra pas l'occasion de se comporter lui aussi comme Nicolò Giustinian Barbarigo, en vendant à la National Gallery de Londres pour 13 650 souverains *La Famille de Darius aux pieds d'Alexandre* de Paolo Véronèse. Nous ne savons pas quels étaient les problèmes financiers de Giustinian ni quelle mesure ils pouvaient justifier cette vente. Nous savons par contre que Vettor Pisani Zusto, comte de Bagnolo, était richissime et qu'il n'avait nullement besoin de cet argent. La justification de cet acte, que l'on trouve dans le journal de l'érudit

Emmanuel Cicogna, était autre : « N'ayant pas d'héritier mâle, mais trois filles mariées », celles-ci, à la mort de leur père, se seraient trouvées confrontées à des problèmes sur la propriété de ce tableau indivisible. (Quelqu'un lui avait suggéré d'en faire don à la municipalité, et il avait répondu que « la municipalité ne jouissait pas, auprès de lui, de suffisants mérites... pour le persuader de lui faire gratuitement don du tableau ».)

XI

Vivaldi, Casanova, Byron

1. *La jolie blonde en gondolette, Vivaldi et Goldoni*

La saga vénitienne de George Gordon, lord Byron, croise le parcours du Grand Canal au palais Benzon, à quelques pas du palais Volpi. C'est aussi là qu'elle se termine. Car, dans le salon de Marina Querini Benzon (belle femme et dame galante à qui le poète Antonio Lamberti dédia la très célèbre chanson *La Jolie Blonde en gondolette*, mise en musique par Simone Mayr), l'impétueux poète rencontre Teresa Guiccioli, celle pour l'amour de qui il allait quitter pour toujours un autre grand amour poétique et littéraire, rêvé et idolâtré depuis l'enfance : Venise.

Marina Querini Benzon allait vivre jusqu'en 1839, épave vivante des années folles, des carnavals effrénés précédant la chute de la République, et des fêtes patriotiques organisées par une démocratie fugace. En pleine époque romantique, son salon était considéré par un homme d'esprit tel que Stendhal comme ce que l'on pouvait trouver de mieux à Venise. Mais la belle jeune femme plantureuse et de « haute taille », comme la décrivait un poète (on disait qu'elle « surplombait » son mari, beaucoup plus petit qu'elle), aux yeux bleus et à la peau de pêche, qui avait choqué la Venise patricienne, pourtant difficile à scandaliser, en dansant à demi nue autour de l'Arbre de la Liberté en 1797 avec le poète Ugo Foscolo et un ancien prédicateur en vogue (le père Lojano), la belle femme imposante qui, du moins le disait-on, ne se gênait pas, à l'âge mûr, pour envoyer une invitation à un beau jeune homme quand celui-ci lui plaisait, était devenue énorme dans les dernières années de sa vie. Une expression typiquement vénitienne la décrivait comme « *uno stramazzo despontà* », un matelas décousu...

Le méchant microcosme vénitien, d'autant plus restreint depuis la décadence de l'antique capitale cosmopolite, avait ajouté aux scandales provoqués par son exubérance ceux inventés par l'imagination perverse des habitués des cafés : ils en étaient arrivés à l'accuser d'amours incestueuses avec son fils Vittore, jeune homme timide, cultivé et bien élevé, qui adorait la poésie et à qui la société littéraire prédisait un succès extraordinaire. En fait, Vittore était mort phtisique très tôt, et l'on disait que la comtesse sa mère n'avait pas fermé son salon même le jour de ses funérailles. Elle était restée très *ancien régime* * même dans l'habitude, désormais passée de mode, de conserver un chevalier servant, un sigisbée, en la personne du chevalier Rangoni, qu'elle allait finir par épouser à soixante-dix ans. Une autre de ses manies remontait au temps où le petit peuple se moquait des patriciens pauvres, les *barnabotti* : comme eux, Marina Benzon mangeait de la polenta **. On racontait, en effet, que les *barnabotti*, autrefois, cachaient la polenta chaude, achetée chez le *fritolin*, le vendeur de friture, dans les amples manches de leur toge patricienne, et que les gondoliers, pour se moquer, voyant la fumée sortir de la toge, les interpellaient en criant : « Excellence, vous avez le feu aux manches ! » Marina, elle, cachait la polenta dans son sein pour la grignoter toute chaude en gondole, et les gondoliers l'avaient surnommée *le fumet*.

Elle était née trop tard pour avoir eu le plaisir d'assister aux premières des comédies de Goldoni, au théâtre Sant'Angelo qui donnait sur le Grand Canal juste après le palais Corner Spinelli, une des maisons du richissime Giovanni Corner, neveu de la reine de Chypre.

Bien que lord Byron détestât attendre, ne tolérât pas le manque d'égards et eût fait le diable à quatre à Constantinople parce qu'on l'avait fait passer après le secrétaire de l'ambassade d'Angleterre, nous devons nous arrêter devant le fantôme de ce vieux théâtre, démoli au siècle dernier, comme tant d'autres théâtres vénitiens.

Fondé par un architecte décorateur devenu imprésario, Francesco

* En français dans le texte. *(N.d.T.)*

** Bouillie de semoule de maïs. *(N.d.T.)*

Santurini, en association avec la famille Marcello, il avait été inauguré pendant le Carnaval de 1677 avec un mélodrame d'Aurelio Aureli, musique de Domenico Freschi, *Hélène enlevée par Pâris*.

Il y avait cinq rangs de vingt-neuf loges chacun, toutes enjolivées par des médaillons dorés et en relief, et possédant tout le confort pour mettre à son aise un public venu écouter les nouveautés de Marc'Antonio Ziani, de Tommaso Albinoni, d'Antonio Lotti. C'est là qu'évoluera un personnage célèbre dont le profil impérieux allait dominer le théâtre Sant'Angelo pendant au moins vingt-cinq ans. Imprésario puis co-imprésario, « directeur des œuvres en musique », caractère toujours sans scrupules, avide, vénal, comme il se devait, pour qui voulait survivre dans un monde exigeant, que Benedetto Marcello a décrit avec un humour très efficace dans son *Théâtre à la mode*. Un prêtre, roux, fameux violoniste, célèbre pour ses sonates, particulièrement celles intitulées *Les Quatre Saisons*, et qui (c'est Goldoni qui parle) « composait aussi des opéras ; et bien que les grands connaisseurs disent que le contrepoint lui fît défaut et qu'il ne mettait pas les *basses* comme il le fallait, il faisait bien chanter les rôles, et la plupart du temps, ses opéras avaient du succès ».

Entre 1714 et 1739, Antonio Vivaldi composa pour le théâtre Sant'Angelo dix-huit opéras, sans parler des remaniements et des adaptations des œuvres d'autrui. La première, *La Feinte Folie de Roland*, fut adaptée d'un livret de Braccioli ; la dernière devait être *Feraspe*, sur un livret de Silvani. Charles de Brosses en était enthousiaste : « C'est un Vecchio qui a une furie de composition prodigieuse », écrivait-il ; et il s'étonnait que les Vénitiens montrassent peu d'estime pour lui, peut-être (il écrivait cela en 1727) parce qu'ils entendaient sa musique depuis trop longtemps.

De Brosses affirmait que « le fameux Saxon », le maestro Johann Adolf Hasse, de Hambourg, était beaucoup plus recherché et apprécié ; il avait étudié à Naples avec Porpora et depuis 1727 était le directeur musical du « Conservatoire » des Incurables, un des hospices où, par tradition, les orphelines et les enfants abandonnées recevaient une instruction musicale. Il avait épousé une célébrissime virtuose du *bel canto*, Faustina Bordoni (elle était aussi la maîtresse d'Alessandro Marcello, musicien comme lui) qui triomphait dans le mélodrame dès l'âge de seize ans. Vingt ans plus tôt, un autre musicien allemand avait fait fureur à Venise : Georg Friedrich Haendel. A la représentation de son *Agrippine*, au théâtre Grimani de San Giovanni Grisostomo, une foule enthousiaste avait hurlé à gorge déployée : « Vive le cher Saxon ! » (une grande familiarité avec les divas à la mode était une des caractéristiques de la vie théâtrale vénitienne de l'époque).

C'est là, au théâtre Sant'Angelo, qu'était venu écouter Vivaldi un autre voyageur passionné d'Italie et de musique, Johann Friedrich Armand von Uffenbach, futur sénateur et bourgmestre de Francfort-sur-le-Main. Nous sommes le 23 février 1715, en plein Carnaval, un carnaval bruyant et étourdissant, mais riche d'opportunités et de rencontres. A peine arrivé, le brave Uffenbach se retrouva au théâtre dei Santi Giovanni e Paolo. Il y assista à un opéra réalisé de façon mirobolante, avec des colonnes de verre illuminées de l'intérieur, des chameaux, des éléphants et des chevaux sur scène. Mais l'ambiance était pour le moins déconcertante : les abonnés des loges fumaient, mangeaient, jouaient aux cartes pendant le spectacle, crachant et jetant des peaux de fruits sur les spectateurs de l'orchestre. Deux soirs plus tard, Uffenbach était allé au Sant'Angelo, où « le fameux violoniste » était « l'entrepreneur » et en même temps, l'auteur de l'opéra que l'on y représentait. Ici les décors et les trucages de scènes étaient moins somptueux, l'orchestre moins fourni, bien que « digne d'être écouté ». Mais il y avait Vivaldi. Et Vivaldi, vers la fin du spectacle, « ... joua un morceau admirable », écrit Uffenbach, morceau « conclu par une cadence qui m'impressionna, car jamais ainsi cela fut joué, et jamais le sera ». Le violoniste était descendu avec les doigts de la main gauche jusqu'au chevalet du violon, de sorte que l'archet ne trouvait plus de place, « et cela sur toutes les quatre cordes, avec une incroyable dextérité ».

Quelques soirs plus tard, Uffenbach y retourna encore. On y jouait cette fois une sorte de pastiche des airs du « prêtre rouge » et d'autres auteurs ; dans le rôle de Néron la célèbre chanteuse Fabbri triomphait. Mais Vivaldi ! Malheureusement il n'avait joué qu'un bref solo, mais avait été « sans aucune réserve, enthousiasmant ».

Dans ses mémoires, publiés en 1787, Goldoni en arrive à définir Vivaldi « excellent joueur de violon et compositeur médiocre ». Toutefois, si Uffenbach revenait encore au Sant'Angelo, c'était dans l'espoir de réussir à lui parler : le compositeur l'intéressait tout autant que le virtuose, et il aurait voulu écouter de lui certains de ses *concerti grossi* les plus célèbres. Il l'invite chez lui et le prêtre violoniste vient avec son violon. Après avoir bavardé un peu, il joue pour lui ses « difficiles et inimitables fantaisies ». Mais cette fois-ci, Uffenbach est un peu moins enthousiaste. La virtuosité est exceptionnelle, mais à ses dires, il manque « les manières plaisantes et chantables ». Malgré cela, trois jours plus tard, Vivaldi est de retour avec les *concerti grossi* : dix! Qu'il déclare avoir composés expressément pour lui. Uffenbach en achète tout de suite quelques-uns, et Vivaldi, violon en main, lui apprend à les jouer.

De Brosses avait donc raison en ce qui concernait « la furie de composition prodigieuse » du maestro. Bien qu'il soit difficile de croire qu'il ait réussi à composer dix *concerti grossi* en trois jours, avec tout ce qu'il avait à faire par ailleurs. Toutefois, il avait dit lui-même à de Brosses, précisément, qu'il mettait autant de temps à en composer un qu'un copiste à le copier.

Sur ce terrain, Carlo Goldoni n'avait rien à lui envier. Lui qui en 1748 allait devenir l'auteur officiel du Sant'Angelo et le rester presque cinq ans, le temps qu'y resta la compagnie du directeur de troupe Medebac; lui qui, précisément au Sant'Angelo, lançait au public sa fameuse promesse d'écrire et de représenter seize nouvelles comédies en une seule saison (et quelles comédies! *Le Théâtre comique*, *La Boutique du café*, *Pamela*, *Le Chevalier de bon goût*, *Le Véritable Ami*, *La Fausse Malade*, *La Dame prudente*, *La Dame volage*... on ne peut pas toutes se les rappeler). Goldoni lui-même décrit une de ses rencontres avec Vivaldi, qui, chargé de composer un opéra pour la fête de l'Ascension au théâtre San Giovanni Grisostomo, voulait « accommoder ou faire un pastiche » d'un texte (en l'occurrence *Griselda* d'Apostolo Zeno) de manière à faire briller son élève préférée, Annina Girò ou Giraud, connue comme « l'Annina du prêtre rouge ». Vivaldi voulait insérer dans l'opéra des arias du répertoire d'Annina, qui « n'avait pas une très belle voix, n'était pas une grande virtuose de musique, mais était belle et gracieuse »; aussi le chevalier Grimani, propriétaire du théâtre, lui avait-il envoyé Goldoni.

Selon le récit de Goldoni, il est accueilli avec froideur et suspicion. Le « prêtre rouge » est en train de lire son bréviaire. Il est pressé, se méfie, et le dialogue entre eux progresse difficilement ; d'ailleurs le musicien est prêt à se fâcher à la moindre allusion aux limites de son élève, qui n'aime ni les arias pathétiques ni les « *cantabili* » et veut « une aria d'action ». Goldoni voudrait emporter le texte avec lui pour étudier et bien maîtriser l'aria de *Griselda*, que le maestro veut voir arrangé à sa façon. Mais celui-ci s'y oppose, proteste. Goldoni insiste : il écrira l'aria tout de suite, au pied levé. « Il me vint une certaine colère, et je lui répliquais avec un peu de toupet : donnez-moi l'encrier, et je sortis de ma poche une lettre, en en déchirant un morceau de papier blanc. *Ne vous mettez point en colère*, me dit humblement [Vivaldi], *je vous en prie, prenez la peine de vous asseoir à cette table, voici le papier, l'encrier et le livret* ; *faites comme il vous convient*. Puis il retourne à son écritoire et recommence à réciter son bréviaire. Je lis alors attentivement la scène ; je m'imprègne du sentiment de l'aria cantabile et en fais une d'action, de passion, de mouvement. Je la lui porte pour qu'il la regarde ; il tient son bréviaire dans la main droite, ma feuille dans la gauche et lit lentement. A peine a-t-il fini de lire qu'il lance son bréviaire en chantant, se lève, m'embrasse, court à la porte, et appelle à grand voix madame Annina. Qui arrive ainsi que madame Paolina, sa sœur. Il leur lit l'aria, en criant fort *Il l'a écrite ici, il l'a écrite ici !* Et il m'embrasse à nouveau, me dit bravo, m'appelle son cher, son poète, son confident ; depuis, il ne m'a plus abandonné. J'ai par la suite massacré le drame de Zeno exactement comme il l'a voulu... »

A partir de 1742, l'opéra avait quitté le Sant'Angelo (mais en 1740 *La Serva Padrona* de Pergolèse y avait été mise en scène). La capricieuse légion de virtuoses, de danseurs et danseuses, Senesino, Farinella, Giulietta, Ancilla... Cette même Giulietta « Cavamacchie », qui attirera dans son lit le prince Kaunitz et tentera en vain d'en faire autant avec Louis XV ; et Ancilla que de Brosses dit avoir vue « travestie en Vénus de Médicis » et l'avoir trouvée parfaite. Tous cèdent la place à la nouvelle légion, un peu moins déchaînée et sophistiquée, des actrices et des acteurs de prose. Le directeur de troupe Medebac et sa femme Teodora (Rosaura), jeune première belle et gracieuse, mais fragile et capricieuse, le Pantalon Darbes, ventripotent et ambitieux, l'autre Pantalon Collalto, Brighella Marliani et la Corallina, sa femme, « très gracieuse, sympathique, pleine d'esprit et de talent ». Et, à la place du « prêtre rouge », le paisible et débonnaire Goldoni, qui, entre un triomphe (souvent) et un four (très rarement), navigue vers son idéal de réforme théâtrale. Le public ne lui lésine pas les applaudissements; après *Les Commérages des femmes*, la scène est envahie, l'auteur porté en triomphe dans le foyer. Son défi : mettre en scène la vie du petit peuple, des ruelles, des places, a été compris, et gagné. Ses rivaux, par contre, ne lui épargnent aucune critique; passe encore pour Carlo Gozzi, inventeur génial de fables surréalistes avant l'heure, mais l'abbé Chiari! Ex-professeur dans un collège de jésuites, il n'hésite pas à le réprimander parce qu'il ne suit pas les règles d'Aristote et parce qu'il ne peut mettre en scène des personnages sans avoir lu Théophraste et La Bruyère, déplorant enfin que dans ses comédies il présente des gens du peuple, gondoliers, pêcheurs, « la plébaille la plus vile ».

A cause de l'abbé Chiari, la période de succès de Goldoni au théâtre Sant'Angelo recoupe en quelque sorte les aventures de Casanova. Après le succès de *La Veuve astucieuse*, les malveillants se déchaînent. Ils en avaient après la pauvre Teodora Medebac, Rosaura, à laquelle ils reprochaient d'être la fille d'un funambule et de l'avoir été elle-même aussi. Ils critiquaient le fait que la femme du Pantalon Darbes fût la fille d'un acrobate allemand et que Brighella Marliani ait été pitre. Chiari, lui, avait carrément écrit une parodie, mise en scène au San Samuele sous le titre de *L'École des veuves*. C'était une piètre chose; l'intrigue était celle de la comédie de Goldoni et le dialogue avait été changé et farci de phrases injurieuses pour l'écrivain et ses interprètes. « Un acteur récitait quelques phrases de mon texte, un autre ajoutait : sottises, sottises. On reprenait quelques répliques espiègles de ma comédie et l'on criait en chœur : bêtises, bêtises. »

Alors Goldoni compose un *Prologue apologétique*, dans lequel il relève le mauvais goût de cette entreprise et souligne quantité de phrases cruelles pour beaucoup d'autres personnes qui n'y sont pour rien; il répond aux critiques par « des réflexions honnêtes », et soutient que, pour le bien de la société civile, l'État devrait avoir l'obligation de mieux veiller sur les spectacles pour sauvegarder les intérêts des auteurs, des acteurs, du public. Après avoir relu son texte, il le fait imprimer. Cela parvient aux oreilles d'un important personnage qui protège Medebac et sa compagnie : rien moins que le propriétaire du théâtre, le sénateur Antonio Condulmer.

Au départ, Condulmer est inquiet, il craint des conséquences désagréables pour son protégé et pour l'auteur, il prévoit le danger d'une intervention du Tribunal suprême... Mais les explications de Goldoni le convainquent et il le laisse faire. Le *Prologue* est imprimé en trois mille exemplaires, distribué gratuitement dans tous les cafés (rien que sur la place Saint-Marc on en comptait une trentaine), dans les « maisons de compagnie » (selon Giovanni Rossi il y en avait au moins cinq cents), dans les théâtres, aux amis, aux connaissances. Les inquisiteurs d'État interviennent, effectivement : mais pour interdire la parodie de l'abbé Chiari. Deux jours plus tard, un décret ratifie la censure préventive des textes des spectacles théâtraux, pour les mêmes motivations que celles avancées par Goldoni.

2. *Casanova et sa claque*

Qu'avait donc à voir Casanova avec Goldoni et le gentilhomme Condulmer? Bien que ne participant pas à la future querelle Goldoni-Chiari-Gozzi sur le théâtre moderne, il avait, lui aussi, été mêlé à des polémiques théâtrales. Et c'est précisément à sa participation à une polémique particulièrement acrimonieuse (celle du gentilhomme Marc'Antonio Zorzi contre l'abbé Chiari, successeur de Goldoni comme « poète » du théâtre Sant'Angelo en 1753) que Casanova attribuait son arrestation et sa détention dans les Plombs.

Zorzi, un haut magistrat qui écrivait des vers en vénitien, avait écrit une comédie. Casanova raconte que « le public s'était permis de la siffler ». Et Zorzi en avait accusé la cabale de l'abbé Chiari. Dès lors, il avait engagé toute son énergie à faire siffler chaque comédie de Chiari et à le harceler de satires cuisantes, écrites par Casanova. Le gentilhomme Condulmer, principal actionnaire du théâtre Sant'Angelo, ne pouvant s'en prendre à Zorzi qui avait une position trop élevée, avait conçu une violente antipathie pour Casanova; compréhensible, car les fiascos répétés des pièces de Chiari étaient catastrophiques pour les recettes du théâtre. Et en 1755, le gentilhomme Condulmer venait d'être élu conseiller ducal. Or, un des six conseillers du doge faisait automatiquement partie du Tribunal suprême des inquisiteurs d'État (celui-ci était surnommé « le rouge » car les conseillers portaient une toge écarlate tandis que les deux autres inquisiteurs, venant du Conseil des Dix, la portaient noire et étaient surnommés « les nègres »). Le hasard voulut que Condulmer fût tiré au sort parmi les six conseillers comme inquisiteur « rouge ».

Toujours selon Casanova, l'hostilité de Condulmer avait un deuxième motif. La compagnie de Zorzi était très agréable à Casanova, sa table était excellente et sa femme très belle; il semblerait que celle-ci, une Dolfin, n'aurait pas été avare de ses grâces envers lui. Condulmer, bien qu'il eût plus de soixante ans et affectât une grande piété chrétienne, se faisant voir tous les matins à la messe de Saint-Marc, aimait, outre l'argent et le jeu, les femmes; en particulier Maria Teresa Zorzi, à qui il faisait depuis longtemps une cour acharnée.

Et voici qu'entre en scène un espion des inquisiteurs d'État, l'orfèvre G.B. Manuzzi. Un véritable artiste dans son genre. Dans ses « rapports », l'affaire est racontée avec un brio qui en fait une sorte de récit romanesque, qui eût pu être comique, n'étaient les suites qu'il entraîna.

En quelques lignes Manuzzi (dont un des fils deviendra un comte polonais pour avoir épousé la maîtresse du roi de Pologne et qui, de la sorte, croisera aussi la route de Casanova) trace une fiche biographique de Casanova qui ne saurait être plus précise et ponctuelle. Aucun casanoviste, et Dieu sait qu'il y en eut, n'a jamais su mieux faire.

« Giacomo Casanova est fils de Zanetta, comédienne, dite la Buranella; son père, comédien lui aussi, s'appelait Gaetano. Ce dernier étant mort quand le susdit Giacomo était encore en âge tendre, il fut éduqué par sa mère; il habitait à San Samuele, se fit prêtre et se défroqua. On dit de lui que c'est un lettré mais dont l'esprit est fertile de cabales; qu'il s'était introduit chez le gentilhomme messire Zuanne Bragadin à S. Marina, et qu'il lui mangea moult deniers; qu'il a voyagé en Angleterre; qu'il a été à Paris où on l'a vu avec des chevaliers et avec des femmes, dont il a tiré des bénéfices illégaux, sa coutume ayant toujours été de vivre aux frais des autres et de cultiver la connaissance de personnes naïves ou de celles qui aiment le libertinage, en encourageant leurs passions démesurées... »

Et voici la querelle Zorzi-Chiari : « Le dit Casanova fréquente maintenant le café, qui était de Menegazzo en Merceria. Filippo, le directeur de cet établissement, me dit comment Casanova lui-même a souvent des conversations avec le gentilhomme messire Marc'Antonio Zorzi, ainsi qu'avec le gentilhomme messire Bernardo Memmo et avec Antonio Braida, et qu'il croit d'ailleurs qu'ils écrivent des satires contre l'abbé Chiari ; que le gentilhomme messire Antonio Condulmer, protecteur de Medebac et de Chiari, fréquente la boutique de Bettinelli, libraire, et que Son Excellence Condulmer, étant à connaissance de ces réunions, a dit des exagérations sur le compte du gentilhomme Zorzi et des autres... »

Les « rapports » de Manuzzi continuent de pleuvoir, en ce novembre 1754, précis, détaillés, implacables. Et pleins d'humour, volontaire ou pas.

16 novembre 1754 : « ... Dans le salon, les principaux sujets de conversation sont les comédies de Chiari. On dit que les partisans de Chiari sont comme ceux de Catilina, et se divisent en trois classes : plébaille, fainéants et débauchés ; souvent, on cite Casanova, car il a voulu vaticiner sur les compositions de Chiari... » Mais, de « rapport » en « rapport », d'autres choses émergent : les pratiques occultes cultivées par Casanova pour soutirer de l'argent aux nigauds, les « maudites impostures des Rose-Croix, des Anges de Lumière ». Manuzzi a réussi à se faire raconter par Casanova lui-même les projets qu'il prépare pour embobiner le duc Grillo en lui faisant croire « qu'il sait composer la poudre universelle et en le persuadant de ce fait qu'il ne mourra pas ». Casanova s'est aussi vanté devant lui « de n'avoir rien à craindre en matière de religion tant son esprit est fort ». « Casanova nous a lu triomphalement une longue composition en vers, en vénitien, qu'il est en train d'écrire, et je ne sais ce qui peut être plus scandaleux que ses pensées et ses discours de religion, car Casanova considère faibles d'esprit ceux qui croient en Jésus-Christ. » Et la grande amitié de Giacomo et de Bernardo Memmo, frère d'Andrea, revient maintes et maintes fois... Le 20 juillet 1755, le secrétaire du Tribunal suprême annote : « Manuzzi doit se procurer la composition en vers et

l'apporter ». Le 24 juillet, ordre est donné à Messere Grande « d'arrêter G. Cas. », de séquestrer tous ses documents et de l'emmener sous les Plombs. L'indication décisive de Manuzzi est probablement celle du 22 juillet, dans laquelle il rapporte que Casanova lui a montré un tablier franc-maçon et lui a parlé de son œuvre de prosélytisme pour la franc-maçonnerie. Quarante-deux ans plus tard, le même Casanova écrira à la comtesse Cécile Roggendorff, qui lui a demandé des détails de sa vie, que les inquisiteurs d'État l'avaient emprisonné à « juste titre ».

Revenu à Venise dix-neuf ans après sa fuite des Plombs, Giacomo revient au théâtre Sant'Angelo. Condulmer est sorti de scène, Chiari n'est plus là ; par contre, il y a eu pendant longtemps Carlo Gozzi, qui y a représenté ses « fables » scéniques, pleines de fantaisie. Accueilli cordialement par tous, Casanova a tenté une curieuse aventure littéraire : il a préannoncé sa traduction de *L'Iliade* d'Homère, la fleur de la société vénitienne a souscrit à cette édition. Mais, après la publication de trois volumes, l'œuvre est enterrée, en partie par la sortie d'une meilleure traduction de l'helléniste Cristoforo Ridolfi. En outre, un autre aventurier qui ne le porte pas dans son cœur, le Français Ange Goudar, l'a enfoncé par une critique qui l'a éreinté et tourné en ridicule. Après cette histoire et d'autres ennuis, à court d'argent et désireux de se procurer une sorte d'assurance contre les mauvaises surprises de la vie, Casanova va s'enrôler dans les rangs de ceux que, dans ses *Mémoires*, il définit « *espions*, vils satellites des inquisiteurs, traîtres », etc. En d'autres termes, il va devenir l'informateur des inquisiteurs d'État. Mais ses rapports ne seront guère jugés satisfaisants. Malgré le ton servile de ceux-ci, le Tribunal suprême n'appréciera guère ces prétendues « indications ». Entre-temps, après plusieurs entreprises littéraires, parmi lesquelles deux romans, l'infatigable aventurier s'est lancé dans une nouvelle initiative : un théâtre français à Venise.

Une expérience de ce genre avait déjà été faite, sur l'initiative de l'ambassadeur impérial le comte Durazzo, avec le concours de subventions de la part des procurateurs Saint-Marc, Erizzo, Manin et Morosini ; elle avait eu du succès, même du point de vue économique, grâce aux contributions des promoteurs, et Casanova était persuadé, à tort, que si l'on voyait exister à Paris un « théâtre des Italiens » pour lequel on avait fait appel à Goldoni, un « Théâtre français » à Venise, géré et animé par lui, ne pouvait que réussir encore mieux. Le fait que, l'année précédente, le théâtre des Italiens de Paris avait dû fermer ses portes ne comptait pas ou peu pour lui.

Pas même le précédent d'un autre lettré, Gaspare Gozzi qui, avec sa femme, Luisa Bergalli, et sur instigation de celle-ci, avait pris, plusieurs années auparavant, la direction du Sant'Angelo avec des résultats pires que désastreux, ne l'inquiétait. Toujours sûr de lui (l'abbé Chiari, dans un de ses romans à succès, *La Comédienne en vogue*, le dépeint sous le nom de Vanesio (fat) et dit de lui qu'il était « ... bien fait de sa personne, de couleur olivâtre, de manières affectées et d'une assurance indicible... »), il se voyait déjà couronné par la réussite. Aussi avait-il recruté à Florence une compagnie de vingt-six personnes, dirigées par deux acteurs, Duel de Neuville et Nicetty, et une actrice, Clairmonde, que l'un des biographes de Casanova identifie comme l'héroïne d'une série d'aventures dignes de Boccace dûment transmises aux archives de la police parisienne.

Le 7 octobre 1780, la compagnie débutait au théâtre Sant'Angelo avec le *Zaïre* de Voltaire. Malgré une habile publicité, le public vint peu nombreux : la saison théâtrale était à peine commencée, cinq théâtres musicaux et un de prose fonctionnaient déjà à plein rythme, et les comédiens jouèrent devant des bancs vides. Casanova se démène comme un diable, et publie même un journal en langue française, *Le Messager de Thalie*, qu'il rédige entièrement lui-même. Mais malgré son indéniable génie, la publication soulignera plutôt qu'elle n'infirmera son insuccès. Petit à petit, Casanova s'aigrit et prend le dangereux chemin de la polémique contre les autres imprésarios et contre le public, surtout contre le public auquel il rend des hommages qui semblent bien plus sarcastiques que sincères. Comme quand il loue la bonté des Vénitiens dont il dit ironiquement qu'ils aiment les acteurs français, et que, contrairement à ce qu'ils font dans les autres théâtres, ils observent un silence religieux pendant les représentations (c'est une pointe contre le public vénitien, notoirement bruyant, distrait, mal élevé et bavard). Ou quand, analysant les raisons de son insuccès, il souligne le fait que peu de Vénitiens comprennent le français et que, parmi ce petit nombre, la plupart n'aiment pas la comédie.

Quand, par contre, il explique que, pour plaire, un spectacle doit être « peuplé * », alors qu'à la représentation du *Cinna* de Corneille il y avait moins de soixante personnes dans la salle, il ne fait qu'admettre une amère vérité. Il n'y aura jamais plus de cent ou cent vingt spectateurs à la « Comédie » du Sant'Angelo, et nous sommes loin des quatre cents que Casanova souhaitait pour équilibrer son budget.

Cette désastreuse expérience est interrompue par les inquisiteurs d'État, qui interdisent aussi *Le Messager de Thalie*. Il ne leur plaît pas qu'un « informateur » salarié par le Tribunal s'expose à de tels ennuis, se lance dans de telles polémiques et profite peut-être de sa position pour se protéger. Il est intéressant de noter que les seules soirées réussies ont été celles des représentations du *Bourru bienfaisant* de Goldoni, ou celles auxquelles fut ajouté un intermezzo musical de Pasquale Anfossi, chanté en italien.

3. *Lord Byron et son harem*

Quand George Byron arriva à Venise, le 10 novembre 1816, après avoir traversé l'Europe dans un carrosse construit comme celui de Napoléon, le théâtre Sant'Angelo avait terminé son existence depuis longtemps. Le dernier épisode éclatant, la première triomphale de *Tieste* d'Ugo Foscolo, datait de 1797. Les héros des aventures du vieux théâtre avaient tous disparu, Chiari déjà en 1785, Goldoni à Paris en 1793, Casanova, en 1798, dans le lointain château de Dux, en Bohême. Et le 13 mai 1797, la Sérénissime était morte elle aussi. Avec elle avait expiré la longue gloire de Venise. Comme si les lumières d'un long carnaval s'étaient éteintes toutes ensemble; Lorenzo da Ponte, le librettiste de Mozart, y revenant en novembre 1798, l'avait trouvée méconnaissable.

Depuis lors, beaucoup de nouveautés étaient survenues; il y avait eu les années de la domination napoléonienne qui, si elles avaient doté la ville d'un jardin public et d'un cimetière, en avaient accusé la déchéance. Cinq ans avant l'arrivée de Byron, un général avait envoyé un rapport dramatique sur l'état de la ville, les fortunes des familles nobles ruinées, les commerçants en faillite, plus

* En français dans le texte. *(N.d.T.)*

de cent navires marchands envoyés en démolition, une quantité de maisons et de palais abandonnés. L'année qui suivit son arrivée, l'archiduc Rainier, vice-roi du règne lombardo-vénète des Habsbourg, envoya à son frère, l'empereur François Ier un rapport tout à fait semblable. Sept ans plus tard, le patriarche Ladislas Pyrker déclarera que, sur les cent vingt mille habitants (le plus bas chiffre de son histoire avant l'exode commencé depuis une cinquantaine d'années), plus de quarante mille vivaient uniquement grâce à l'assistance publique.

A cette description désolante correspondait la désagrégation du patrimoine historico-artistique, dévasté, saccagé. Le jardin napoléonien, à Castello, avait entraîné la démolition de quatre vieilles églises ; pour construire le grand escalier et la salle de bal du Palais royal, casé dans les Procuratie Nuove, on avait abattu l'église de San Geminiano, construite par Jacopo Sansovino qui y avait sa sépulture, juste en face de la basilique Saint-Marc. A Venise, à Murano, dans les îles de l'estuaire, la pioche avait travaillé ferme ; le marché des antiquaires était saturé de tableaux et de pièces d'architecture provenant d'églises, d'« écoles », d'arts et de métiers, ou de dévotion ; maints palais avaient été rasés car il n'était pas économique de les restaurer.

Byron avait écrit à Thomas Moore que « l'île plus verte que *son* imagination » ne l'avait pas déçu malgré son « évidente décadence ». Quelque temps plus tard, il allait évoquer en vers cette Venise désolée, dans le quatrième chant de *Childe Harold* :

Les échos du Tasse point ne s'entendent
A Venise. En silence, sans chant,
Le gondolier vogue, lent.
En ruine sont les palais sur les berges
Par la musique, l'oreille n'est plus touchée :
Les grands jours sont passés...

Mais cette atmosphère était sans aucun doute stimulante pour lui et ses œuvres le prouvent, de *Beppo* à *Marino Faliero*, des *Deux Foscari* à *Don Juan*, et à ce fameux quatrième chant de *Childe Harold's Pilgrimage*. Mais il y avait encore autre chose. Il y avait l'extraordinaire de la vie vénitienne, la gondole amarrée à la porte, la musique, malgré tout, encore « fabuleuse », les théâtres survivants (La Fenice était pour lui le plus beau théâtre qu'il eût jamais vu). Pour qui n'était pas dans la misère, le Carnaval était encore gai. Et il y avait les salons, les « causeries », celles de la comtesse Albrizzi née Teotochi, très belle et très cultivée, celles de Marina Querini Benzon, celles, libérales, de l'avocat Giambattista Perucchini, grand musicophile et ami de Vincenzo Monti, de Foscolo, d'Alessandro Manzoni. Et il y avait les femmes, tant de femmes, de belles femmes, toutes disponibles, toutes en adoration devant cet Anglais, beau, génial, ceint d'une auréole de scandales, d'étrangeté, mais aussi de générosité et de grandeur. Les femmes, pour lui, étaient un élément essentiel, une course frénétique et perpétuelle, de quoi laisser Casanova en arrière de plusieurs longueurs. Il en fait lui-même la liste aux amis Hobhouse et Kinnaird sans lésiner sur les détails. Il y a la chanteuse Arpalice Tarruscelli, « la plus gracieuse bacchante du monde », à la chair exceptionnellement ferme et au tempérament exceptionnellement sensuel, il y a la Da Mosti ou Da Mosta, une noble dame ou plutôt, bien qu'elle eût refusé de l'argent, une prostituée qui, selon l'usage du siècle précédent, s'était attribué un nom patricien et dont Byron disait qu'elle lui avait repassé la seule blennoragie pour laquelle il n'avait pas dû payer ; il y a une Spineda, une Lotti, une Rizzato, il y a « Eleonora, Carlotta, Giulietta, l'Alvisi, la Zambieri, l'Eleonora da Bezzi, qui a été la maîtresse du roi de Naples, Joachim ». Il y a « Teresina di Mazzurati, la Glottenheimer et sa sœur, la Teresina et sa mère, la Fornaretta, la Santa et la Caligari, la *Concierge*, la *Bolognaise figurante*, la *Teinturière* et sa sœur, *cum multis aliis* ». « Quelques-unes sont comtesses et d'autres femmes de savetier. Il y a des nobles et des bourgeoises, certaines de basse extraction, d'autres splendides, des discrètes et d'autres de peu de valeur, toutes putains. » Il n'est pas étonnant qu'Angelo Mengaldo, l'ancien officier napoléonien, devenu son ami, écrivît dans son journal, après une visite dans un claque, près de Santa Maria Zobenigo, où louvoyaient ces femmes et d'autres encore, souvent ramassées, semble-t-il, par les gondoliers du poète, qu'il était (il écrivait en français) « effrayé de son horrible système * ».

On disait même qu'une fois, Marina Querini Benzon, « le mate-

* En français dans le texte. *(N.d.T.)*

las décousu », s'était présentée à lui nue, exigeant un hommage que la réputation de virilité puissante qui entourait George Byron lui avait fait vivement désirer; et que le poète ne le lui avait pas refusé pour peu appétissante que fût devenue la « jolie blonde en gondolette ». Certes, pour lui, le « beau sang » ne se trouvait pas parmi les nobles dames, malgré leur liberté de mœurs, ni chez les bourgeoises qui toutes, une fois mariées, se concédaient régulièrement le luxe d'un ou plusieurs amants (et chez les maris de toutes les classes, annotait-il, la jalousie n'était point en vogue) : il se trouvait « sous le *faziol* », sous le grand mouchoir blanc qui remplaçait l'ancienne *tonda* comme habillement distinctif des femmes du peuple. Mais cette constatation ne l'avait pas empêché de tomber éperdument amoureux, à peine arrivé, de la femme d'un marchand d'étoffes (« le marchand de Venise », comme il l'appelait) chez qui il avait trouvé à se loger : Marianna Segati faisait penser à une antilope tant elle était pleine de grâce, avec de grands yeux orientaux, aux paupières sombres comme si elles étaient teintes ainsi que le faisaient les femmes turques, un profil régulier, un nez aquilin, une peau claire et lisse et un beau et large front. Avec, par-dessus tout cela, une voix d'une grande douceur (elle chantait même fort bien) et, sur les lèvres, la délicieuse « naïveté » du dialecte vénitien.

La maison Segati était à la Frezzeria, où le mari de Marianna tenait boutique (il avait comme enseigne une tête de cerf, et les commentaires de nos bons Vénitiens, naturellement, allaient bon train). Le « claque », comme nous l'avons vu, était à Santa Maria Zobenigo et son amour pour Marianna ne l'empêchait pas de s'y rendre avec assiduité. Mais beaucoup de raisons (besoin de plus de liberté, d'espace, mais aussi une certaine inclination pour le luxe, la pompe et la grandeur) le poussaient vers le Grand Canal. Aussi, après avoir discuté du loyer de son palais avec le comte Gritti, pour deux cents ducats l'an, il finit par louer pour trois ans l'un des plus somptueux appartements qui donnent sur le Canalazzo : un étage entier du premier des trois palais Mocenigo de la branche surnommée « Maison Neuve », à San Samuele.

Le palais était la résidence des derniers représentants de la souche de la famille Mocenigo qui descendait, comme celle de San Stae, du doge Giovanni. Elle avait donné, entre autres doges, Alvise Ier qui siégea sur le trône ducal l'année de la victoire de Lépante et qui, trois ans plus tard, allait recevoir Henri III de Valois, roi de France et de Pologne, avec l'extraordinaire solennité que nous rapporterons. Le maître des lieux, Alvise Francesco Mocenigo, était très jeune. Petit-fils du procurateur Alvise Sebastiano, mais aussi celui d'Andrea Memmo (car son père, Alvise lui aussi, avait obtenu l'annulation d'un premier mariage avec une cousine, grande héritière mais bossue, et épousé Lucietta Memmo, fille d'Andrea), Alvise Mocenigo était lui aussi un personnage exceptionnel. Lieutenant du Frioul en 1797, il avait été désigné pour traiter avec le général Bonaparte et avait réussi à se faire apprécier et respecter de lui. La rencontre avait aussi suscité chez Alvise une grande admiration pour Napoléon. Pendant le règne d'Italie, il avait été préfet napoléonien du département d'Agogna.

Devenu comte du royaume, il avait fait mettre une statue de l'empereur dans la cour de son palais à San Samuele. Tout cela ne l'avait pas empêché de réaliser une initiative de grande valeur sociale : l'assainissement d'une grande propriété terrienne entre Portogruaro et Latisana, où il avait fondé une sorte de village modèle ainsi qu'une typographie très appréciée, la typographie d'Alvisopoli (c'était le nom que Mocenigo avait donné au nouveau complexe qu'il avait créé), destinée à lui survivre longtemps.

C'était sa femme, Lucietta Mocenigo Memmo, qui avait loué le palais à Byron. Il paraît qu'elle avait hérité de son père un certain talent pour le libertinage (les habituelles mauvaises langues vénitiennes disaient qu'Alvise Francesco n'était pas le fils de son père mais d'un soldat français) et d'extravagance. Effie Ruskin, qui ira la voir une trentaine d'années plus tard, la décrira vêtue et arrangée de telle façon qu'elle remerciait le ciel qu'en Angleterre les vieilles dames ne songeassent pas à d'aussi piètres accoutrements. Le loyer était de deux cents livres sterling l'an, y compris les meubles et le linge; et le locataire ne pouvait certes se plaindre du mobilier puisque, comme nous le montre une gravure un peu plus tardive, il travaillait dans le salon meublé par l'extraordinaire collection de divans et de fauteuils constituant le fameux « salon Mocenigo » qui, aujourd'hui, est conservé dans les salles de réception de la fondation Giorgio Cini à San Giorgio Maggiore.

Byron, à qui la vente de sa propriété de Newstead avait enfin donné la tranquillité financière, s'installa ici en septembre 1818 avec quatorze domestiques, deux singes, cinq chats, huit chiens, une corneille, un épervier, deux perroquets et un renard; « et toute la bande se promenait dans les appartements comme si chacun en était le patron », écrit Percy Shelley. Et les femmes. On disait dans Venise qu'il y avait au palais Mocenigo deux entrées séparées, une pour les filles de Castello et une pour celles de Cannaregio. C'est là que, sous un célèbre plafond à caissons peint par Sebastiano Ricci (et emporté par Hermann Goering en 1944), allait régner, pour une brève saison, le personnage le plus sensationnel du harem, Margherita Cogni, « la Fornarina » (la petite boulangère).

La première nouvelle de cette présence est dans une lettre de Byron à sa demi-sœur, Augusta Leigh, le 12 septembre 1818. « Comme les ennuis n'arrivent jamais seuls » – (Clare Clairmont, mère de sa fille naturelle Allegra, était arrivée) – « j'ai un autre problème : la chaste épouse d'un boulanger, s'étant disputée avec son tyrannique mari, elle s'est enfuie chez moi (sans y être invitée, Dieu m'en est témoin) et résiste à toutes les larmes, les regrets et les prières... Elle jure qu'elle ne renoncera à son amour illégitime (moi) pour rien et pour personne. » « ... Je t'assure que je l'ai suppliée moi aussi de toutes les manières possibles de retourner chez son mari, lui promettant fidélité éternelle par-dessus le marché, mais elle se contente de devenir furieuse. C'est une belle fille de vingt-trois ans, très grande et formidable, avec de grands yeux noirs et un beau visage de gracieux démon – un physique adéquat –, le port hautain d'une princesse, les violentes passions et toute la capacité qu'ont les Italiennes de créer des ennuis... »

La nouvelle venue avait rapidement pris en main la direction de la maison, terrorisant le fidèle Fletcher, l'inséparable domestique de Byron, et se montrant une gouvernante efficace. Le problème était qu'elle ne permettait à aucune autre femme d'entrer dans la maison « à moins qu'elle ne *fût* vieille et terrifiante ». Elle était d'une telle jalousie qu'Othello aurait fait pâle figure en comparaison. Ce n'était pas pour rien qu'on l'appelait « la Maure ». Parce qu'elle était très brune, écrivait Byron, mais en réalité il avait « *The Moor of Venice* », « la Maure de Venise », en personne sous son toit.

En 1819, Byron racontait la véritable histoire de Margherita à l'éditeur John Murray, qui avait acheté deux dessins la représentant avec le poète. Ils s'étaient rencontrés pendant l'été 1817, Byron et son ami Hobhouse faisant une promenade à cheval le long du Brenta, quand ils avaient remarqué au milieu d'un groupe de paysans deux belles filles. « A cette époque, la misère sévissait dans les campagnes » et Byron, qui parmi tous ses défauts ne comptait certes pas le manque de générosité, avait largement aidé les pauvres gens. Une des jeunes femmes leur avait crié en dialecte vénitien : « Vous qui secourez les autres, pourquoi ne pensez-vous pas un peu aussi à nous ? » « Ma chère », lui avait répondu Byron (et dans la lettre à Murray, la phrase était en italien), « tu es beaucoup trop belle et trop jeune pour avoir besoin de mon secours ». A cela, la jeune femme avait répondu : « Si vous voyiez où je vis et ce que je mange, vous ne parleriez pas ainsi. » La jeune femme était Margherita Cogni. Ils l'avaient revue et Byron lui avait dit que, si vraiment elle avait besoin d'aide, il l'aiderait sans aucune condition mais que si ces nécessités n'étaient pas aussi graves, alors il s'agissait de racolage avec toutes les conséquences qui pouvaient s'ensuivre. Margherita avait répondu qu'elle était disposée à faire l'amour avec lui (« elle était mariée et toutes les femmes mariées le faisaient »), mais que son mari boulanger était jaloux comme un fauve. Pour conclure, écrivait Byron, « pendant deux ans, au cours desquels j'ai eu plus de femmes que je n'en peux compter, elle a été la seule qui ait pu conserver sur moi un certain ascendant ». « Aucune importance », disait-elle (et elle le disait publiquement), « il peut en avoir cinq cents autres, mais tôt ou tard il me revient toujours ».

Byron cherche à s'expliquer les raisons de ce pouvoir d'attraction. Elle était « sombre, grande, visage typiquement vénitien, magnifiques yeux noirs, et d'autres qualités qu'il n'est pas nécessaire d'énumérer ; à vingt-deux ans elle n'avait jamais eu d'enfants et ne s'était pas abîmé le corps ni *autre chose*... De plus c'était une vraie Vénitienne, dans le dialecte, dans sa façon de penser, dans l'expression... ». Son affrontement avec Marianna Segati avait été un véritable « coup de théâtre ». Marianna, jalouse, l'avait menacée et elle lui avait répondu tout net, dans un vénitien rêche : « Vous n'êtes pas sa femme, et moi non plus, vous êtes sa maîtresse, et moi aussi, votre mari est cocu, comme le mien. De quel droit me faites-vous des reproches ? Est-ce ma faute s'il préfère ce qui est mien à ce qui est vôtre ? Si vous voulez vous le garder bien serré, attachez-le aux lacets de votre jupe. Mais n'imaginez pas pouvoir me parler sans que je vous réponde, simplement parce que vous êtes plus riche que moi. »

Quand Byron quitte Mira, Margherita le suit, et chaque fois qu'elle vient, le poète évite tout engagement qui puisse l'empêcher de la voir. « A peine se rendit-elle compte d'être une favorite, qu'elle commença à venir de plus en plus souvent. » Mais elle ne tolérait aucune autre présence féminine (elle faisait une exception, toutefois, pour la Segati qui, selon elle, était l'« *Amie* régulière » de Byron) et il s'ensuivait « une grande confusion, avec arrachages de capes, déchirements de voilettes et destructions de chapeaux ». A la Cavalchina, le bal masqué qui avait lieu généralement à La Fenice et achevait le Carnaval, elle s'était jetée sur une dame à qui Byron donnait le bras et lui avait arraché son masque. « Vous pouvez imaginer le scandale infernal qui s'ensuivit. »

Puis, après une querelle avec son mari, elle, « pauvre tigresse sans défense », s'était réfugiée au palais Mocenigo. Et pas même l'intervention de la police n'avait réussi à la faire rentrer chez elle. Elle finit par y retourner mais s'en enfuit immédiatement à nouveau. La voilà à présent installée au palais Mocenigo, effaçant les nuages sombres du front de George, avec grande habileté, « par quelque bouffonnerie vénitienne... et en recourant à tous les autres moyens de persuasion qu'elle utilisait avec l'instinct de tous les êtres de sexe féminin ».

Marina Benzon l'avait prise sous sa protection et cela lui avait fait tourner la tête. « Elle passait continuellement d'un extrême à l'autre, de furieux accès de pleurs à des rires sauvages ; et quand elle était enragée, elle devenait la terreur de quiconque était près d'elle, homme, femme ou enfant » car elle avait « la force d'une amazone et le tempérament d'une Médée ». Le contact avec une dame de la haute société lui avait donné de nouvelles ambitions. Maintenant, « malheureusement, elle aspirait à arborer des chapeaux à plumes » au lieu du *faziol* qui lui allait si bien ; et pour autant que Byron cherchât à l'en empêcher (il avait jeté son premier chapeau dans le feu de la cheminée), elle ne se lassait pas d'en acheter d'autres et était devenue ridicule. Puis il lui était venu la manie de l'habit à traîne. Elle voulait « la *còa* ». Et comme le mot vénitien avec sa sonorité comique le faisait rire, Byron avait cédé.

Margherita remorquait derrière elle « cette maudite traîne dans tous les coins ». C'était un fléau de Dieu, « elle frappait les servantes, interceptait mes lettres (je la surpris un jour en train de soupeser une enveloppe – cherchant à deviner par sa forme si elle venait d'une femme) ». Mais, comme ménagère, elle était inégalable, diminuant les frais de maison de la moitié, et obligeant le personnel à faire son devoir. Son amour pour Byron était sincère « même dans sa manière sauvage »; elle l'avait prouvé un jour : Byron, allant au Lido en gondole, avait été surpris par une tempête subite et, revenant après une dure lutte contre la lagune en furie, l'avait trouvée recroquevillée sur les escaliers de la *berge* du palais, ses yeux noirs brillants de larmes, sa longue chevelure trempée de pluie, les vêtements battus par le vent. « On aurait dit Médée... ou la déesse de la tempête qui faisait rage autour d'elle. » En le voyant sain et sauf, au lieu de lui souhaiter la bienvenue, elle lui avait crié : « Ah! *Can de la Madonna!* C'est-y un temps à aller au Lido? » Puis elle était rentrée en courant dans la maison pour maltraiter les gondoliers qui n'avaient pas su prévoir la tourmente. « Dans sa joie de me revoir – joie mêlée à de la férocité – elle me fit penser à une tigresse retrouvant ses petits. »

Après quelques mois, elle était devenue « absolument intenable ». Il fallait s'en défaire. « Sans remords car, au service de Byron, elle avait accumulé suffisamment de ressources pour elle et sa mère. »

Elle partit, « clamant vengeance et effusions de sang ». Byron lui avait dit, en plaisantant, que « si elle y tenait vraiment... les couteaux et les fourchettes de la salle à manger étaient à sa disposition », mais elle parlait sérieusement. Le soir suivant, tandis que le poète dînait, « elle fit irruption dans la pièce, après avoir fracassé, en guise de prologue, une porte à carreaux... et, avançant jusqu'à la table, elle m'arracha le couteau des mains, en me blessant légèrement au pouce. J'ignore si elle voulait l'utiliser contre moi ou contre elle-même (probablement contre aucun des deux) car Fletcher l'attrapa par les bras et la désarma rapidement ».

Mais ça n'était toujours pas fini. Alors que Byron appelait ses gondoliers pour qu'ils la reconduisent chez elle, elle sembla tranquille en descendant les escaliers. Mais, un instant plus tard, un grand fracas se produit. Byron se lève de table, court voir et trouve les gondoliers rapportant Margherita qui s'était jetée dans le Grand Canal. Bien que ce fût une nuit sombre et très froide, ils avaient réussi à la ramener à terre sans autre dommage que l'eau qu'elle avait ingurgitée. Un médecin avait été appelé et le poète lui avait demandé combien de temps il fallait pour lui faire surmonter sa crise d'agitation. « Je vous donne tout ce temps et plus encore, mais si cette femme ne quitte pas définitivement la maison à l'expiration de ce délai, c'est moi qui m'en irai. » « Quand elle se fut rétablie, je la fis raccompagner toute tranquille chez elle, et ne l'ai plus jamais revue depuis lors... »

En 1846, Federico Neu-Mayr, auteur des annotations du *Guide de Venise* de Jules Lecomte, était parti à la recherche de Margherita Cogni dont on disait qu'elle vivait encore du côté de Mira, là où Byron l'avait rencontrée. Il la trouva : c'était une grande femme, forte, sur les cinquante ans et qui, malgré ses cheveux gris, gardait encore une grande beauté. Après lui avoir parlé, Neu-Mayr préféra ne donner dans le *Guide* aucune indication précise sur le lieu de son domicile, pensant qu'il valait mieux lui éviter l'inconvénient de visiteurs qui se seraient certainement jetés sur elle dans l'espoir de lui faire évoquer son rapport orageux avec lord Byron. D'autant que ce dernier avait parlé d'elle plus que de n'importe quelle autre femme qu'il avait connue à Venise. D'ailleurs Byron s'était souvent inspiré des rencontres qui avaient animé sa vie vénitienne pour esquisser les personnages de certaines de ses œuvres. Si Marianna Segati pouvait s'identifier à la Donna Giulia du *Don Juan* et probablement aussi à Laura, l'héroïne féminine de *Beppo* (lequel lui avait été inspiré par son fidélissime gondolier, Tita Falcier, qui allait le suivre jusqu'à sa mort), il est facile de penser que Margherita Cogni a été le modèle du personnage tragique de Haïdée, la fille de Leandro, roi des pirates.

A Constantinople, Byron avait traversé le Bosphore à la nage, prouvant ainsi que le mythe d'Héro et Léandre se fondait sur un exploit parfaitement réalisable pour un bon nageur. A Venise, malgré sa passion pour les chevauchées au Lido, une plage, à l'époque, déserte et romantique (« l'affreux Lido », l'appellera plus tard Alfred de Musset) où, grâce à la courtoisie du gouverneur autrichien, le comte Pierre de Goëss, il avait pu loger ses chevaux – les seuls de Venise, à part ceux de Saint-Marc, se plaisait-il à dire –

l'eau avait toujours exercé sur lui une attraction qui l'avait poussé à organiser une course le long de tout le parcours du Grand Canal, soit plus de sept kilomètres. Les autres participants étaient le consul général d'Angleterre, Hoppner, un voyageur écossais du nom de Scott, que le poète appelait par son surnom vénitien de *Scottin*, et l'avocat Angelo Mengaldo, futur commandant de la garde civile après la révolution de 1848, un vétéran des campagnes napoléoniennes qui se vantait d'avoir traversé la Bérézina et le Danube à la nage pendant la retraite de Russie. Quelques jours auparavant, en guise de hors-d'œuvre, les quatre hommes avaient fait une course sur un parcours plus court, du Lido au quai des Schiavoni, et Byron s'était vanté, dans une lettre à Hobhouse, de les avoir battus : « Aucun d'eux n'a couvert la moitié du parcours ni rejoint les Jardins, ils sont retournés sur leurs gondoles ; et ils étaient déjà habillés et même probablement en train de souper avant que j'eusse terminé mon parcours. » Cette fois-ci, par contre, il semblerait, selon une note du journal intime de Mengaldo, que le poète ait triché pour gagner : à la hauteur du Rialto, il aurait proposé à Mengaldo de suspendre la course à cause du froid, mais quand celui-ci, ayant accepté la suggestion, était remonté sur la gondole du consul Hoppner (ce dernier s'était retiré dès le début de la compétition), il avait continué à nager, talonné par Scott jusqu'à San Felice puis, seul, jusqu'à Santa Chiara. Le compte rendu de Byron était bien sûr quelque peu différent : Mengaldo aurait été laissé « épuisé, hors d'haleine » à l'entrée du Grand Canal, et Scott ne l'aurait suivi que jusqu'à Rialto. De plus, Byron affirmait avoir mis trois heures trois quarts à faire tout le parcours en nageant constamment, sans jamais s'arrêter.

Une autre fois, comme il le racontait lui-même à John Murray dans une lettre du 18 mai 1819, alors qu'avait déjà commencé sa longue liaison amoureuse avec Teresa Guiccioli, tandis qu'il montait en gondole pour se rendre à un rendez-vous avec une jeune Vénitienne (« elle a dix-huit ans, s'appelle Angelina, le nom de famille je ne te le dirai certes pas »), il avait glissé sur les marches du quai et avait fini tout habillé dans le Grand Canal. « Je me suis enfoncé comme une carpe, et me suis rendu chez ma nymphe, dégoulinant comme un triton. » Pour faire plus vite, il rejoignit le palais de la belle à la nage et grimpa le long d'une grille. A l'entendre, c'était une histoire très romantique ; l'hiver précédent, le père d'Angelina, « tyran truculent, au cœur de pierre », était intervenu en envoyant un prêtre et un commissaire de police chez le poète et en mettant sa fille « sous clef, en prières, au pain sec et à l'eau ». Mais elle avait continué à l'aimer, et ils s'étaient revus en cachette ; elle lui avait demandé de divorcer de sa femme et, quand Byron lui avait expliqué qu'en Angleterre le divorce n'était possible qu'en cas d'infidélité prouvée de l'épouse, elle avait insisté, en l'invitant à trouver une manière quelconque de se libérer. « Tu ne voudrais quand même pas que je l'empoisonne ? » avait dit le poète. « Eh bien, peut-être ne me croirez-vous pas, mais la jeune femme, digne en tout et pour tout de ce singulier tempérament national, *n'a pas répondu*, et son silence en disait plus que mille mots. »

Pour un personnage romantique comme Byron, « poète maudit », héros de scandales publics et privés, qui se donnait un air ténébreux et qui la nuit, dit-on, se promenait en nageant dans le Grand Canal en tenant une torche à bout de bras, chaque chose était prétexte pour une lecture du mythe italien de ce point de vue « noir » et dramatique que lui-même allait fortement contribuer, sinon à construire, du moins à renforcer. Et peu importent les justifications psychologiques que ses amis, à commencer par Moore, son préféré, avaient tout de suite cherchées pour expliquer les bizarreries de son comportement, en particulier ce libertinage frénétique qui, selon certains, aurait été une furieuse contestation contre les accusations sournoises d'homosexualité faites par les partisans de sa femme. Pour d'autres c'était un moyen de lutter contre la mauvaise réputation qui l'entourait en Angleterre, contre la diffamation systématique et le harcèlement qui le persécutaient, contre l'hypocrisie qui le condamnait. Byron était fier : « Voyez ! Je ne suis pas comme vous le croyez, je suis bien pire ! » Mais il était aussi d'une grande générosité, non seulement, par exemple, avec la Segati qu'il avait couverte de bijoux, mais aussi avec son mari qu'il avait sauvé de la faillite. La vérité était que Byron, « ce garçon acerbe, aux nerfs à fleur de peau », toujours mal à l'aise, au point de se ronger les ongles, comme l'a décrit lord David Cecil, voulait vivre jusqu'au bout son personnage de héros damné, en accord avec ses œuvres et avec sa poésie. Il allait le rester jusqu'à la mort. Et comme il travaillait! Qu'il eût ou non fait ribote, qu'il se fût mesuré ou non dans les performances sexuelles dont il se vantait, il était capable de rester cloué toute la nuit à sa table de travail, se nourrissant d'une assiette de riz et d'un grand verre d'eau aromatisée de quelques gouttes de gin. A ce rythme, il allait créer et produire les œuvres (en partie composées à Venise, en partie ailleurs) avec lesquelles il modela et jeta en pâture au public la grande « légende noire » de Venise. Ainsi que le mythe de la reine des mers détrônée, inexorablement condamnée à mort.

Bien moins compréhensible, si ce n'est pour ce fond d'inconscience qui flotte tout au long de sa vie, son comportement envers sa malheureuse fille naturelle, la petite Allegra, qu'il appelle avec mépris « ma petite bâtarde », sauf quand il en exalte la beauté et la vivacité et revendique pour elle le droit à une éducation humaine et affectueuse. La pauvre enfant finira sa vie à cinq ans, dans un collège de Bagnacavallo où le père l'avait envoyée pour lui donner (selon lui) une bonne éducation mais, en vérité, pour s'en débarrasser. Les enfants de ce bizarre univers de poètes anglo-saxons ont eu peu de chance. La petite Clare, fille de Shelley et de la demi-sœur de la mère d'Allegra, ballottée de Venise à Este et d'Este à Venise, mourra à l'âge d'un an à peine. Sa mère en souffrira un peu, paraît-il. Mais, dès le lendemain, son père se promènera à cheval avec son ami Byron sur la plage du Lido.

4. *Lord Enfer et le moine brûlé vif*

Nous ne savons pas si Byron était au courant de l'histoire de Giordano Bruno, le moine hérétique qui avait habité le palais Mocenigo « Maison Vieille », adjacente aux trois palais Mocenigo « Maison Neuve », et que Giovanni Mocenigo « Maison Vieille » avait dénoncé au Saint-Office en 1592. Un personnage qui, sous certains aspects, lui ressemblait beaucoup et qui, en tout cas, avait tout pour lui plaire : une intelligence fulgurante et un caractère irréductiblement rebelle qui allait le conduire, après la dénonciation de Mocenigo, l'arrestation et l'extradition de la part de l'Inquisition romaine, à finir sa vie tourmentée et sans répit sur le bûcher, au Campo de' Fiori, à Rome, le 17 février 1600.

Il est clair que la ressemblance entre « Lord Enfer » et l'impétueux moine nolain ne se retrouve en aucun cas dans la partie anecdotique de deux vies totalement différentes, mais dans leur commune et profonde rébellion morale même si celle de Bruno était purement théologique et philosophique et ne ressemblait en rien au sensualisme effréné dans lequel s'était plongé Byron. La révolte intellectuelle de Bruno durera toute sa vie, une vie qui, elle, ne durera pas plus de cinquante-deux ans. A peine entré au couvent, le maître des novices avait déjà rédigé une dénonciation contre lui, l'accusant de mépriser le culte de la Vierge et des saints. Devenu lecteur de théologie, il s'attira d'autres foudres en étant soupçonné de détenir des textes d'Érasme de Rotterdam, interdits aux religieux de son ordre. On l'avait aussi accusé d'avoir jeté dans le Tibre son confrère qui l'avait dénoncé à l'Inquisition. Il avait adhéré au calvinisme puis, à Paris, avait su gagner l'estime du roi Henri III. Après avoir enseigné pendant une brève période à Oxford, il erra à travers l'Allemagne, enseigna de nouveau à Wittenberg, puis séjourna à Prague. Expulsé de Francfort, il fut excommunié par l'Église romaine, puis par la calviniste et, en 1589, par la luthérienne. Et il avait échoué à Venise, en acceptant l'invitation de Giovanni Mocenigo qui voulait des leçons de mnémotechnique, science sur laquelle il avait écrit un traité. Peut-être espérait-il obtenir de la tolérante Sérénissime une chaire à Padoue.

Le climat politique de Venise, proche de celui qui prédominait à Paris durant le règne d'Henri III, et le laxisme traditionnel de la République, lui faisaient espérer pouvoir y couler des jours tranquilles, peut-être en écrivant un livre qu'il aurait dédié au nouveau pape, Clément VIII Aldobrandini, qu'il jugeait plus tolérant envers les philosophes que ses prédécesseurs. Malheureusement, Giovanni Mocenigo n'appartenait pas au cercle des Morosini et des Sagredo, c'était très évidemment un homme timoré, craintif, peureux même, à qui les intempérances théologiques verbales du moine donnaient des frissons. En parlant avec lui, Giordano Bruno n'avait pas hésité à dire, racontait Mocenigo dans sa dénonciation, « que c'est grand blasphème que celui des catholiques disant que le pain se transsubstantie en chair », et « qu'il est ennemi de la messe ». Il affirme aussi « qu'aucune religion ne lui plaît ». Pour lui, « le Christ était un sombre individu » et s'il faisait des « œuvres sinistres » en soulevant le peuple, il pouvait bien prévoir qu'il aurait été exécuté. Il avait dit aussi qu'en Dieu il n'y avait pas de distinction de personnes car s'il y en avait eu ç'eût été une imperfection ; « que le monde est éternel et qu'il y a une infinité de mondes » ; « que le Christ faisait des miracles apparents et que c'était un magicien, comme les apôtres ». Il pensait « que le Christ avait montré de ne pas mourir volontiers et qu'il avait tout fait pour l'éviter » ; qu'il n'existait pas de punitions pour les péchés ; que les âmes transmigraient « d'un animal à l'autre ». Il avait ajouté que la Vierge ne pouvait pas avoir accouché, que la foi catholique était pleine de blasphèmes contre la majesté de Dieu ; qu'il n'existait pas de preuves que la foi signifiait avoir du mérite devant Dieu, tandis qu'il suffisait pour « bien vivre » de ne pas faire aux autres ce que nous ne voudrions pas qu'ils nous fassent. Il s'en était aussi pris aux moines qui « souillaient le monde », et auxquels il aurait été juste de retirer le permis de prêcher, et surtout leurs rentes. Il ajouta à ce discours diverses fanfaronnades et déclara vouloir s'adonner aux arts divinatoires, prétendant que le monde entier le rechercherait ensuite. Il dit défier tous les théologiens du monde et que saint Thomas d'Aquin et tous les docteurs de l'Église ne savaient rien en comparaison avec lui.

Affirmer que ces propos étaient explosifs pour l'époque est un véritable euphémisme. Mocenigo, naturellement, en avait encore rajouté quant aux opinions politiques, sociales, morales de Bruno. Mais il n'inventait rien. Michele Gilberto, son biographe le plus récent et le plus compétent, affirme que l'on pourrait dénicher des textes de Bruno qui confirmeraient chacune des idées rapportées par Mocenigo. Et il souligne en outre que Bruno, très évidemment, s'était exprimé en toute liberté devant Mocenigo et ses compagnons de cellule dans les prisons vénitiennes du Saint-Office (à San Domenico di Castello), compagnons qui allaient par la suite le dénoncer eux aussi, « pour ce goût qu'il avait toujours eu de vouloir frapper, presque d'éblouir, ses interlocuteurs ».

Voilà pourquoi, après une longue querelle avec le Sénat vénitien et le Saint-Office, Giordano Bruno finit par être expédié à Rome où il allait subir un long procès qui s'achèvera par sa condamnation à mort. Tout cela aurait dû fasciner Byron. Mais, même s'il avait été là, le poète aurait-il eu le courage d'affronter un thème aussi brûlant que celui de la pleine et inaliénable liberté de pensée ? Lui, si loin de tout l'attirail des arguments philosophiques et théologiques, aurait-il su naviguer au milieu des subtilités et des querelles soutenues par l'éternel rebelle nolain ? Mieux valait, pour Byron, évoquer les ruines d'une Venise « assise sur son trône de cent îles », semblable à une Cybèle « qui de la mer / s'élève, ceinte de sa tiare de tours / fière », et les grands personnages que, dans le passé, sa gloire avait inexorablement écrasés : Marino Faliero, le vieux doge décapité *pro criminibus*, comme on peut encore lire sur le drap noir qui recouvre son portrait au palais des Doges, ou Francesco Foscari, le grand politicien frappé dans ses attachements familiaux les plus profonds, victime d'une vengeance de puissants.

Grâce au poète, tous ces personnages entraient dans l'imagerie populaire, non pas comme ils avaient été réellement, mais comme le goût et les passions de l'époque pouvaient les désirer ; avec tous les anachronismes qui allaient s'introduire, petit à petit, dans les œuvres de peintres tels que Hayez et Delacroix, et de musiciens comme Donizetti et Verdi, qui allaient s'en inspirer. Et tant pis si l'escalier des Géants que, selon lui, le doge Foscari utilisait pour abandonner le palais, n'avait pas encore été construit à l'époque (et encore moins à celle de Marino Faliero, même si Delacroix y place sa décapitation), et si Bartolomeo Colleoni, dont le doge Faliero parle dans la tragédie comme d'un ancêtre, fût mort plus de cent ans après son exécution.

En somme, le poète avait trouvé sa ville idéale. C'était ici, écrivait-il, qu'il aurait voulu mourir, et être enterré dans le cimetière juif du Lido, avec une inscription comme celle qui l'avait si fortement impressionné quand il l'avait vue à Ferrarra : « Implore la paix ». Et, même s'il quittait finalement Venise pour rester avec la femme aimée, satisfait, au fond, d'abandonner une société qui le remplissait d'amertume avec ses commérages perpétuels, il emportait avec lui un souvenir inoubliable qui allait éclairer toute son œuvre.

XII

Au tournant du Canal

1. *Les deux Foscari*

« Par une nuit d'insomnie, vers trois heures du matin, je fus poussé à me pencher au balcon de mon habitation ; j'entendis alors, pour la première fois, le chant naturel des gondoliers... Il me sembla percevoir, à la hauteur de Rialto, qui est à un peu moins d'un quart d'heure d'ici, le premier cri d'appel du gondolier qui avait le ton d'une plainte rauque. D'encore plus loin, et d'une autre direction, arriva la réponse à ce premier cri, pleine et égale. Cet étrange dialogue se répéta avec des pauses souvent plus longues... »

Cette description est de Richard Wagner. En septembre 1858, il habitait au palais Giustinian, sur le Grand Canal, « de vastes pièces majestueuses » où il aimait se promener et où le piano aurait eu « un son merveilleux ». Il composait *Tristan et Iseult*. Et le chant, ou plutôt l'appel des gondoliers sur le Grand Canal désert, avait fini par devenir une obsession : « ... Un son croissant de lamentations, assez semblables aux hululements d'un animal, qui après un long " Oh ! " se termina dans la simple exclamation musicale : Venezia ! » Ce fut ce qui lui inspira la longue plainte du cor du pasteur dans le troisième acte de *Tristan*.

Les appels des gondoliers qui signalaient leurs mouvements (« arrête ! », « pousse ! ») à l'angle du Grand Canal et du canal de Ca' Foscari devaient arriver facilement à l'oreille du maestro, accoudé au balcon pour écouter « ces mélodies profondément mélancoliques, chantées avec une voix sonore et puissante, portées au loin par l'eau, et dont les échos se perdent dans un éloignement encore plus grand ». Le climat est encore celui de la Venise de Byron. Et, à quelques pas du palais Giustinian, un autre palais, alors en pleine déchéance, ressuscité depuis et devenu maintenant le siège du prestigieux Institut universitaire d'économie et du commerce, noyau autour duquel est née l'Université de Venise, aurait pu lui rappeler les héros d'une tragédie de Byron, celle-là même qui a inspiré un opéra très apprécié à un autre compositeur, Giuseppe Verdi : *Les Deux Foscari.*

Francesco Foscari, doge de Venise de 1423 à 1457, était né sur le Grand Canal. Non pas ici, mais à San Simon Piccolo, où, comme nous l'avons vu, sa famille avait un palais depuis des temps immémoriaux. Il avait grandi loin de Venise, en Égypte, où son père avait été exilé pour des raisons qui ne furent jamais éclaircies. Et pendant son séjour en Orient, il avait sans aucun doute appris certaines choses, notamment la ruse, l'art de l'intrigue, l'habileté dans la conduite des affaires. Et cela l'avait rapidement mené au premier rang de la vie politique vénitienne : à vingt-sept ans, en avance sur l'âge fixé par la Constitution, il faisait déjà partie des Quarantie; à trente et un, il était avogador du Commun. Puis il devint ambassadeur auprès du seigneur de Parme, Ottobono Terzi, de l'empereur Sigismond, du grand sultan des Turcs. A quarante ans à peine, il était déjà procurateur de Saint-Marc, dignité que l'on atteignait généralement à un âge avancé. Et d'aucuns avaient insinué que, s'il était arrivé si vite au deuxième rang du pouvoir, après le doge, c'était précisément parce que, grâce à ses manigances habiles, il avait réussi à convaincre un très très vieux procurateur, Giovanni Barbo, de donner sa démission.

Un personnage de tout premier plan, donc, dans la Venise du début du XVe siècle. Un très habile parlementaire, un orateur qui sait jouer magistralement de tous les styles, du plus substantiel réalisme à la rhétorique la plus émotive. Un bel homme, aux traits forts et secs, si les effigies de lui ne mentent pas, comme celle où on le voit agenouillé devant le lion de Saint-Marc (qui se trouvait sculptée sur la porte della Carta du palais des Doges) et celle qui orne son magnifique monument funèbre dans l'église des Frari. Gérant habile de ses propres biens, il épousa une Priuli « dal Banco », grande famille de nobles financiers. Puis, devenu veuf, il s'unit à Marina Nani de « maison très neuve », mais illustre et bien nantie. Il a investi une partie de son patrimoine dans des affaires commerciales à Rialto et acheté à Bernardo Giustinian le palais « à la courbe du Canal », un édifice vénéto-roman, orné de tours qu'il fait reconstruire « à l'allemande », c'est-à-dire dans un magnifique style gothique. Il était le plus haut de tous les palais du Grand Canal.

Foscari devient le chef du parti qui, au Conseil majeur et au Sénat, soutient la politique inaugurée par un autre grand doge, Michele Steno : expansion sur la Terre Ferme, formation d'un État continental vénitien suffisamment solide pour mettre la République à l'abri des ambitions et des envies de conquête des autres princes italiens. Il s'est engagé personnellement dans cette lutte politique. Car, si son parti est puissant, celui du doge Tommaso Mocenigo n'est pas faible non plus. Et ce parti-là ne veut rien entendre d'un projet d'expansion continentale ; il continue à penser que la fortune de Venise est et doit rester outremer, que les aventures en Terre Ferme ne peuvent apporter que des échecs financiers et entraîner la Sérénissime dans ce nid de vipères qu'est déjà la politique italienne. Mocenigo est un homme de grande expérience qui, dans sa jeunesse, a été marchand à Constantinople et, à l'âge mûr, capitaine général « da Mar » contre les Turcs. C'est un homme qui ne voit pas l'application de l'antique maxime « cultiver la mer et ignorer la terre » comme un renoncement, mais qui pense que les grands capitaux et les grandes ressources humaines et diplomatiques de la Sérénissime doivent être employées pour maintenir les colonies et les marchés, pour défendre la position de la République dans la Méditerranée. Ils ont tous deux raison, Foscari et Mocenigo, et la Sérénissime mourra quand son commerce méditerranéen sera battu et humilié par des concurrents plus aguerris. Mais on ne peut pas laisser l'arrière-pays vénitien à la merci de grands aventuriers comme l'ont été les Scaligeri et les Carrarais, comme le sont les Visconti, ducs de Milan.

La lutte politique est âpre et tourmentée. Sentant sa mort toute proche, Mocenigo réunit autour de lui les principaux hommes politiques et les exhorte à se garder d'élire après lui celui qu'il appelle « notre jeune procurateur » Francesco Foscari qui, selon lui, dit des mensonges et des choses sans fondement « et vole plus que ne le font les faucons ». Mais à la mort de Mocenigo, c'est précisément lui qui est élu. Là aussi, certains murmurent contre ses méthodes pour se procurer des votes au conclave : étant le plus jeune de quarante et un électeurs, c'est à lui de s'occuper des plus vieux et de refaire leur lit, et on prétend qu'il en aurait profité pour effectuer une campagne efficace en sa propre faveur. Parmi les concurrents battus, on trouve en effet des figures de tout premier plan : le procurateur Marino Caravello, Leonardo Mocenigo et Pietro Loredan.

Pietro Loredan était le personnage le plus important de son parti après le doge Mocenigo. C'était un homme extraordinaire, un amiral particulièrement audacieux qui avait battu les Turcs de manière sanglante à Gallipoli et vaincu les Génois chez eux, dans les eaux du golfe de Rapallo. Il avait également défié Filippo Maria Visconti dans les courants perfides du Pô. C'était un parlementaire chevronné lui aussi, doté d'une éloquence vigoureuse et élégante, dont il s'était très bien servi pour attaquer en plein Sénat la politique du doge Foscari. Et celui-ci avait eu le tort de confier à quelqu'un que la présence de Pietro Loredan l'importunait grandement et que, tant que Loredan aurait été en vie, il ne se serait pas senti en sécurité sur le trône ducal.

Dans un tel climat de tension, il n'est pas surprenant que, quand Pietro Loredan meurt peu de jours plus tard, le bruit court que le doge l'a empoisonné. Si poison il y eut, ce fut celui de Filippo Maria Visconti qui, lui, n'aurait d'ailleurs certes pas reculé devant ces méthodes expéditives. Et voilà que ces accusations mensongères se trouvent renforcées par la mort soudaine de Marco Loredan, frère de Pietro, accusateur d'un des gendres de Foscari, incriminé pour concussion. L'hostilité entre les familles Foscari et Loredan, née de la défaite de Pietro dans sa course au dogat, était devenue un fait acquis de la vie vénitienne, et l'échec des négociations matrimoniales entre une fille du doge et un fils de Pietro l'avait encore accentuée.

Mais l'obstacle qui allait compromettre définitivement la vie familiale et la carrière politique du doge était autre. Il venait de l'intérieur ; c'était, une fois encore, un fils. Le dernier survivant des fils du doge : Jacopo Foscari, cultivé, raffiné, humaniste, qui lisait les classiques et connaissait bien le grec antique, mais qui unissait à toutes ces grandes qualités un caractère léger, irresponsable que l'amour paternel du doge n'avait fait qu'augmenter.

Après l'élection de Francesco Foscari, la prédiction de Tommaso Mocenigo s'avéra exacte. Venise se trouva engagée dans une guerre perpétuelle, d'abord contre Filippo Maria Visconti, puis contre son successeur Francesco Sforza. Des sommes énormes avaient été englouties pour les dépenses militaires et une pléthore de condottieres s'était enrichie démesurément, gens douteux et dangereux, toujours prêts à changer de camp. Le doge Foscari, au cœur de la lutte, devait aussi non seulement s'occuper de la reconstruction de son palais sur le Grand Canal, mais aussi de l'achèvement et l'embellissement du siège du plus haut pouvoir de l'État, à savoir le palais des Doges, dont la grande galerie, qui parcourt toute la façade, porte encore son nom. Il avait reçu avec le faste qui convenait à la puissance de la Sérénissime l'ambassadeur de Florence apportant à la ville, alliée pour un instant, le don de trois lionceaux. Et il avait voulu que les noces de Jacopo avec Lucrezia, fille du procurateur de Saint-Marc Niccolò Contarini, deviennent l'occasion d'un déploiement de richesse, de puissance et de splendeur.

Une nombreuse chevauchée de gentilshommes et gentes dames avait traversé le Grand Canal sur un pont de barques, pour aller chercher la mariée. Puis il y eut un grand tournoi sur la place Saint-Marc, durant lequel se mesurèrent les fils des plus grands potentats italiens : le marquis de Ferrare, le marquis de Monferrato et même le fils de Francesco Sforza.

Pendant quelques années après ses noces, Jacopo Foscari ne fit pas parler de lui. Le doge continuait son intense et complexe activité politique en l'alternant avec des discussions philosophiques et théologiques pour lesquelles il semble qu'il ait eu une véritable passion. Mais en 1445, une rumeur arriva au Conseil des Dix selon laquelle son fils, violant une norme d'une grande sévérité, avait accepté des cadeaux de valeur pour favoriser injustement des personnes et des affaires. Le 17 février 1445, les Dix arrêtent un domestique allemand de Jacopo, complice de ces manigances. Le jour suivant, ils ordonnent l'arrestation de Jacopo en personne. Mais celui-ci est déjà loin; il s'est enfui à Trieste, en emportant une grosse somme d'argent.

Son procès en contumace fut bref. Neuf témoins déposèrent avoir reçu des cadeaux en échange de faveurs illicites. Mais, bien que la preuve de sa culpabilité eût été faite dans la majorité des cas, la sentence fut légère : relégation dans la ville de Napoli di Romania (Nauplie) dans le Péloponnèse, où il pourrait emmener trois domestiques et où sa seule obligation était de vivre « en citoyen privé ». Le Conseil avait été très respectueux envers le doge, le dispensant de participer à ces assemblées, comme ç'eût été de son devoir. On pensait qu'il aurait été pénible pour lui d'apprendre, entre autres, que son fils avait eu l'impudence de cacher une caisse de cadeaux précisément dans les appartements ducaux.

Ce qui maintenant rendait la position de Francesco Foscari embarrassante était le fait que Jacopo, rejoint à Trieste par la sentence des Dix, ne montrait aucune intention de revenir pour s'y soumettre, pas même après que les Dix eurent formellement invité le doge à intervenir en personne pour que son fils ne donnât pas un exemple aussi scandaleux de désobéissance aux lois. Comme c'était souvent le cas dans les affaires vénitiennes, une solution de bon sens fut adoptée : les Dix acceptèrent l'excuse d'une grave maladie alléguée par Jacopo et ils commuèrent la peine de relégation à Nauplie en un séjour obligé à Trévise. Puis, après avoir lu une supplique du doge, considérant les mérites de celui-ci et ses responsabilités importantes dans l'actuelle et difficile situation politique, le Conseil des Dix, bien qu'informé d'autres sérieuses fautes de Jacopo (« choses de vergogne et d'infamie »), tira un trait sur toute l'affaire et autorisa le fils coupable à revenir libre à Venise.

Trois années tranquilles s'écoulent puis, à nouveau, c'est le drame. Le soir du 5 novembre 1450, le patricien Almorò Donà est trouvé mort dans la rue; il a été assassiné. C'était un des trois chefs du Conseil des Dix qui avait condamné Jacopo Foscari mais, sur le moment, personne ne relie ce fait à cette mort. Pourtant, le 2 janvier 1451, Antonio Venier, surnommé « Bresiola » (« escalope »), parle de lui comme de l'auteur ou le commanditaire du meurtre. Jacopo est immédiatement arrêté. Le 26 mars, l'instruction étant conclue, le Conseil des Dix émet une sentence ambiguë : étant donné que, même soumis à la question, appliquée comme à n'importe quel autre prévenu selon l'usage de l'époque, le jeune Foscari n'a pas confessé sa faute, les Dix, bien que convaincus de sa culpabilité, ne le condamnent ni à la mort ni à la prison, mais à la relégation en Crète, à la Canée.

La Crète était loin, mais ce n'était pas un séjour désagréable. Il y avait une colonie vénitienne nombreuse et vivante, une société cultivée, un va-et-vient incessant de navires, de marchands et de pèlerins. Pourtant Jacopo, accoutumé à la vie brillante de celle qui était alors la métropole la plus raffinée d'Europe, avait besoin d'un autre style de vie. Et il prouva immédiatement à quel point il était inconscient, en écrivant secrètement au grand sultan des Turcs et à Francesco Sforza, devenu entre-temps duc de Milan, pour les prier d'intervenir en sa faveur et de le faire libérer de sa relégation. L'affaire était tellement ahurissante que, même parmi les Dix, certains prirent la chose comme une manifestation de stupidité, sinon de folie, proposant que l'on se limitât à le faire réprimander par le recteur vénitien de la Canée. Cependant, il y en eut qui insistèrent pour le faire revenir à Venise afin de se disculper, et certains virent même dans cette décision une manœuvre de son père pour le faire rentrer dans sa patrie. Jacopo revint donc et, après avoir écouté sa confession, le Conseil des Dix vota la décision de le renvoyer à la Canée pour y purger un an de prison.

La sentence était irréprochable. Il était formellement interdit aux patriciens et aux citoyens de s'adresser à des princes étrangers en leur demandant d'interférer dans les décisions des organes constitutionnels de la République ; encore moins, évidemment, de s'adresser aux ennemis de la République, même si une trêve était en vigueur entre eux et la République. A plus forte raison était-ce inconcevable de la part du fils d'un chef de l'État. Mais Jacopo était un faible. Il ne voulait pas s'en aller et s'accrochait à son père le doge, le suppliant de ne pas le laisser partir : « Père, je vous en prie, procurez que je retourne chez moi. » C'est la grande scène de Byron, de Verdi, tirée de la chronique de Giorgio Dolfin, témoin de ces événements. Le doge lui répondit : « Jacopo, va, obéis à ce que veut la terre [la cité, la patrie] et ne cherche pas plus loin. »

Le chroniqueur Dolfin raconte que, quand finalement Jacopo fut sorti, le doge de quatre-vingt-quatre ans s'effondra sur une chaise en gémissant et en répétant : « Oh, pitié, grandement pitié ! » Mais il ne s'était pas résigné et, au contraire, avait tout de suite tenté de faire revenir son fils à Venise. Et voilà que soudain, le 12 mars 1457, arrivait la nouvelle de la mort du pauvre Jacopo, à la Canée.

Francesco Foscari n'était certes pas un homme de caractère mou comme son fils. Il avait survécu à de nombreuses épreuves, à un attentat même. Mais les années comptaient pour lui aussi et les drames familiaux ne lui avaient fait aucun bien. Il était doge depuis trente-quatre ans, une durée extraordinaire, mais il paraissait à présent avoir perdu le sens des responsabilités et désertait les réunions des organes constitutionnels, montrant même de l'impatience à recevoir les dignitaires et les politiciens. Bref, c'était un homme usé, épuisé. Au cours d'une réunion secrète, suivie d'une autre à laquelle avait été appelée à participer une *zonta*, c'est-à-dire un groupe de vingt-cinq patriciens importants, le Conseil des Dix discuta de l'opportunité de résoudre d'une manière quelconque la carence qui se manifestait au sommet de l'État. Les trois chefs du Conseil, Jacopo Loredan, Girolamo Donà, Girolamo Barbarigo, furent chargés de communiquer le vote des Dix à Francesco Foscari : en considération des dommages subis par l'État découlant de l'absentéisme du doge et, en même temps, de son grand sens du devoir et de son patriotisme, le doge était invité à abdiquer.

Pour vieux et mal en train qu'il fût, Francesco Foscari n'était pas homme à se rendre sans combattre. Il répondit à Jacopo Loredan, porte-voix des Dix, que pour le déposer il fallait, aux termes de la loi, un vote du Conseil majeur, et que de toute manière il se réservait de réfléchir à sa décision. Mais les Dix ne cédèrent pas. Le 22 octobre 1457, ils se réunissent à nouveau et décident que soient intimées au doge l'immédiate abdication et l'obligation de sortir du palais des Doges dans les huit jours après que lui sera allouée une pension de mille cinq cents ducats d'or par an. Et s'il refuse? Confiscation immédiate de tous ses biens.

On ne pouvait répliquer à une telle fermeté que par l'obéissance. Une triste cérémonie eut lieu au palais : en présence de la Seigneurie, des trois chefs du Conseil des Dix et de trois chefs des Quarantie, la corne ducale est ôtée de la tête du doge, l'anneau sigillaire lui est retiré du doigt et immédiatement brisé, et l'on prend acte de sa promesse de sortir du palais au plus tôt pour s'installer dans son palais du Grand Canal, qui n'est pas encore prêt. Le vieillard reconnaît parmi les chefs des Quarantie le fils d'un ami, Marin Memmo, et lui envoie ses salutations. Puis avec l'habit ducal mais sans la corne, appuyé à une canne, il s'éloigne. Son frère Marco voudrait le faire sortir par un escalier couvert, mais il se rebelle : « Je veux descendre par l'escalier par lequel j'ai accédé au dogat. » Et par ces mêmes marches, il descend tout doucement, son frère à ses côtés, jusqu'au quai où l'attend sa gondole.

Une triste histoire. Dans laquelle les dramaturges (et quelques historiens dotés d'une bonne imagination) ont voulu voir l'expression la plus forte de la lutte entre les Loredan et les Foscari. Jacopo Loredan, l'un des trois chefs du Conseil des Dix, au moment du premier procès contre Jacopo Foscari, n'avait-il pas été le seul à proposer la condamnation à mort? Et, chef à nouveau en 1457, n'était-il pas l'un des promoteurs de l'abdication du doge? Et n'était-ce pas lui encore qui lui avait porté le résultat du vote des Dix? Or, Jacopo était le fils de Pietro Loredan, le fier amiral que Foscari avait battu à l'élection ducale, le neveu de Marco, dont on murmurait, très certainement à tort, qu'il avait été assassiné sur ordre du doge, comme Pietro. Un historien du siècle dernier prétendit avoir appris par un Loredan que l'on conservait chez un de ses parents le grand-livre dans lequel Jacopo, à la mort de son père, aurait écrit, dans la colonne des débiteurs, le nom du doge Foscari, et le jour de l'abdication, dans la colonne des soldes correspondants : « A payé. »

Il n'existe aucune preuve, ni de cette annotation pittoresque, ni d'intrigues particulières des Loredan contre le doge. Il est certain que Jacopo Loredan ne fit rien pour lui ni pour son fils, ce qui est assez compréhensible. Par ailleurs, le parti anti-Foscari était tellement fort qu'il n'avait nul besoin de vengeances privées pour le rendre plus efficace. En outre, la brutalité des Dix envers le vieux doge suscita dans tout Venise une réprobation générale due surtout au fait que le Conseil majeur, à qui incombait l'élection du nouveau doge, se montrait convaincu que les Dix avaient outrepassé leur compétence et commis un abus de pouvoir. Les Dix, d'ailleurs, allaient le payer cher, et bien vite. En un an, le Conseil majeur approuvera des normes restrictives visant à limiter le pouvoir des trois chefs, imposant aux Dix l'interdiction de se mêler des questions concernant le doge et la « promission ducale ». Plusieurs années plus tard, il y aura un autre tour de vis. Mais les Dix remonteront lentement à la surface et, au début du siècle suivant, ils seront redevenus aussi puissants qu'avant. Ce ne sera que vers la fin du XVIe siècle que leur pouvoir excessif sera finalement limité et, cette fois-ci, de façon draconienne.

Le 30 octobre 1457, Pasquale Malipiero était élu doge. Foscari était encore vivant et la légende veut que, dans son palais du Grand Canal, lui parvint le son des cloches qui carillonnaient à toute volée pour fêter l'élection de son successeur. Il mourut à l'aube du jour suivant. La nouvelle se répandit immédiatement, semant un embarras général, presque un remords à la pensée qu'une telle dureté avait été inutile, car les heures du vieillard étaient déjà comptées. La dogaresse ne voulait pas remettre la dépouille de son mari pour les traditionnelles funérailles d'État mais, à la fin, elle se laissa convaincre. Après avoir été exposé dans ses habits ducaux, corne en tête, estoc au côté, le corps de Francesco Foscari défila dans les rues de Venise, suivi de son successeur en simples habits de sénateur, jusqu'à Santa Maria dei Frari, où il repose encore.

2. *En l'honneur du roi de France*

La Ca' Foscari n'évoque pas que des souvenirs tristes. Considéré pendant longtemps comme l'un des plus prestigieux sinon *le* plus prestigieux palais du Grand Canal, il fut entre autres choisi comme résidence par le roi Henri III de France et de Pologne durant sa mémorable visite que nous avons évoquée déjà plusieurs fois. Nous y reviendrons encore car elle est restée une sorte de pierre d'angle dans l'histoire de Venise, le sommet de sa splendeur et de son ostentation, de sa richesse et de ses fêtes. Deux ans plus tard, pourtant (la visite eut lieu en 1574), Venise sera frappée par une épidémie de peste qui comptera parmi les plus catastrophiques et les plus épouvantables du siècle. C'est à cause d'elle que le Titien trouvera la mort.

Pour accueillir le roi, les appartements de Ca' Foscari avaient été somptueusement ornés de tapisseries et de « cuirs d'or », ces cuirs imprimés et dorés sur fond rouge qui ont d'ailleurs donné son nom à l'escalier d'or du palais des Doges, et l'on y trouve aussi de splendides tableaux et des armes antiques. Ils étaient reliés aux appartements contigus du palais Giustinian « dei Vescovi » et à ceux d'un autre palais, appartenant à la même famille, situé juste après en allant vers Saint-Marc. En plein milieu du Grand Canal, pendant tout le séjour du souverain, un four à verre, installé sur une plate-forme, avait travaillé toutes les nuits à plein régime, illuminant les palais des reflets de ses feux et de ses pâtes de verre incandescent.

Le cortège fluvial fit une entrée solennelle, depuis le début de la lagune jusqu'à Murano, escorté par quarante gondoles. Puis de Murano au Lido, avec le doge Alvise Mocenigo à bord de la galée « la plus belle qui soit jamais sortie de l'Arsenal », sa poupe sculptée de feuillage doré et de figures de satyres arborant trente drapeaux aux couleurs de la France et du capitaine (qui était un Soranzo) et trois cent cinquante-quatre rameurs, vêtus de taffetas jaune et violet. Le roi était passé sous un arc de triomphe construit par Palladio et orné de peintures de Paolo Véronèse, du Tintoret et d'Antonio Aliense. Il monta ensuite à bord du Bucentaure qui, au son de l'artillerie, s'engagea dans le Grand Canal jusqu'à la Ca' Foscari. Là, le roi n'avait pu se rassasier d'admirer le spectacle extraordinaire des bateaux en tous genres et du peuple amassé partout, jusque sur les toits des palais.

Il n'y avait pas que la fournaise flottante devant la Ca' Foscari. Le premier soir, dans une sorte de loggia posée sur de grosses barques accolées, des concerts raffinés avaient eu lieu (c'était l'époque des Gabrieli, et le roi devait écouter, à Saint-Marc, un concert exceptionnel donné par les deux principaux organistes de la basilique, Claudio Merulo, et Andrea Gabrieli, justement). Et puis il y avait aussi, amarrée au quai du palais, une grotte flottante, avec Neptune et des tritons sculptés, pour la distribution des prix de la régate organisée pour l'occasion.

La régate : dans toute l'histoire du monde, il n'est point de fête plus belle. C'est ce qu'affirme en vers, Riccardo Selvatico, maire de Venise pendant une brève période à la fin du siècle dernier, et poète de qualité. Selvatico parlait de la Régate historique qui, chaque année, avait lieu le premier dimanche de septembre, à partir de 1841. Avant cela, c'était encore une cérémonie extraordinaire, une fête spéciale qui avait lieu sur le Grand Canal pour souligner la solennité d'événements d'importance exceptionnelle, en particulier la visite de souverains étrangers. A moins que ce ne fussent les membres des compagnies des Chausses qui les organisaient, car ils étaient pratiquement détenteurs du monopole des fêtes publiques pendant la majeure partie du XVIe siècle.

Quand c'étaient eux qui organisaient les cérémonies, même un mariage pouvait donner prétexte à une régate sur le Grand Canal. Comme quand, le 1er mai 1503, avaient été célébrées les noces de messire Giacomo Moro et de la fille de messire Alvise Loredan. Après que la régate fut courue, les « Compagnons » et les gentes dames se firent remorquer de Santa Maria delle Pietà, le long de tout le Canalazzo, jusqu'à Santa Croce à bord d'un bucentaure monté sur une barge, « en y dansant des ballets ». Il y avait avec eux le duc et la duchesse d'Urbino. Puis, à Santa Croce, on avait distribué des prix aux concurrents.

En ces temps-là, on ne disputait périodiquement que des régates de galères, promues ou encouragées par l'État pour maintenir en forme les jeunes rameurs (ce n'étaient pas des forçats qui ramaient alors, ni des prisonniers civils ou militaires, comme cela allait devenir le cas dès la fin du siècle, mais des citoyens libres). Toutefois ces longues et minces embarcations, de guerre ou marchandes, ne pouvaient certes pas s'affronter sur le Grand Canal. Jusqu'à la fin du XVIIIe siècle n'y rivalisaient que des bateaux et des gondoles à une ou deux rames ; et si la *machine*, tribune flottante décorée avec faste et destinée aux magistrats ou aux hôtes illustres chargés de remettre les prix, n'était pas toujours obligatoirement ancrée devant la Ca' Foscari comme elle l'est de nos jours depuis 1841, le parcours, lui, était toujours plus ou moins le même : de la pointe de Sant'Antonio, à l'extrémité de ce qui est aujourd'hui les jardins publics de Castello jusqu'au pont de Santa Croce où se trouvait le *pilot* autour duquel les concurrents viraient pour rejoindre la ligne d'arrivée ainsi que la *machine*, qu'elle fût ou non amarrée « à la courbe du Canal ».

Dans les régates du Grand Canal, il y avait toujours le cortège des péottes et des *bissones*, richement ornées par les soins de l'État, mais surtout par des citoyens privés, qu'on leur demandât ou non d'exhiber leurs efforts nautiques pour la plus grande gloire de la République.

Lors de la régate de 1744, péottes, *bissones* et *malgarottes* avaient représenté des thèmes très amusants : « La richesse agonisante » (c'était l'embarcation du procurateur Foscarini), « La fumée et le rôt » (du gentilhomme Lodovico Widmann et du comte Leopoldo Tassis), « Cela ne se passera pas toujours comme cela » (du gentilhomme Girolamo Duodo), « La pierre philosophale » (du gentilhomme Marin Zorzi).

Et les courses? Les gondoliers y participaient, évidemment, les pêcheurs aussi, ainsi que les maraîchers de l'estuaire, de Pellestrina, et de Burano. Mais de Murano, Mazzorbo et Treporti, c'étaient plutôt les femmes qui participaient aux régates, lesquelles, en maintes occasions, étaient organisées pour elles aussi. Elles étaient « vêtues d'habits campagnards », et il semble que cela plût beaucoup aux Vénitiens; une petite poésie écrite en 1764, à l'occasion d'une régate en l'honneur de duc de York (quand, parmi les représentations des péottes, on avait vu aussi « La Grande-Bretagne conduite en triomphe par l'Europe » et « La pêche à la baleine en Angleterre »), montrait un certain plaisir à décrire les jeunes filles engagées dans la course (« *ghe va per aria / i cotoleti...* » : les jupons volent). De cette course en particulier nous connaissons encore le nom de certaines des concurrentes : Maria Boscolo et Anzola Scarpa, Checa et Madalena Boscolo, Eufemia Tessa Panela et Lucia Borota Stivela, Anzola et Maria Meneguolo (pour les concurrents masculins on ne citait que les surnoms, Tita Sichimano, Nadalin Balotina, Nane Tacheti, Tita Lasagna, Polo Parlapoco, Tomio Balota...).

La dernière régate du règne de la Sérénissime fut courue en l'honneur de l'empereur Léopold II, de Ferdinand IV roi de Naples et de Ferdinand de Habsbourg-Lorraine, grand-duc de Toscane. C'était en 1791. Quand, seize ans plus tard, Napoléon, empereur des Français et roi d'Italie, daigna visiter la ville pour la première fois (en 1797, quand il était généralissime de l'armée d'Italie, il n'avait pas trouvé le temps de le faire), la municipalité ne manqua pas de lui offrir « ce spectacle tant glorifié ». C'était le 2 décembre, jour anniversaire du couronnement impérial et, pour le souverain, on avait construit une loge sur la façade du palais Balbi, celui que l'on voit « à la courbe du Canal », avant le canal de Ca' Foscari, et qui aurait été construit par l'architecte du XVIe siècle Alessandro Vittoria (c'est aujourd'hui le siège du gouvernement régional de la Vénétie). Le palais appartenait encore aux Balbi, et le maître de maison était le gentilhomme Rizzardo Niccolò Balbi, un homme de soixante-cinq ans qui avait fait partie des Quarantie. Le *Quotidien vênitien* racontait que le gentilhomme, « un homme franc » (un peu vieux-jeu, comme on dit habituellement) avait été « longuement entretenu en dialogue » par Napoléon et que celui-ci avait daigné « accorder des signes évidents de bonté au susdit monsieur Balbi » ; mieux même, ayant su que ce dernier était malade et avait été averti en retard, « avec cette inexprimable bonté qui le distingue, il avait voulu le surprendre dans ses appartements ».

La *machine*, qui se trouvait elle aussi devant le palais Balbi, avait été dessinée par le peintre Giuseppe Borsato et ornée de statues des sculpteurs Giandomenichi et Ferrari. On y trouvait les éléments traditionnels comme, en premier lieu, Neptune et les dauphins. Deux plates-formes surélevées permettaient à deux orchestres d'y prendre place et, sur le sommet de la construction, ressortait une inscription qui disait : « A Napoléon le Grandissime, / son très auguste souverain, / Venise exultante, célèbre et consacre / le spectacle typique de la ville. »

Le mérite d'avoir redonné vie aux fêtes fluviales en organisant la Régate historique que nous connaissons toujours revient au comte Giovanni Correr, podestat de Venise (il n'y avait pas encore un maire élu mais un podestat de nomination impériale : c'était pendant le règne de Ferdinand Ier, empereur d'Autriche). Ce fut lui qui la rendit annuelle et l'enrichit des éléments qui la rendent si fascinante, même si les *bissones* d'aujourd'hui peuvent sembler bien modestes à côté de celles décrites à l'époque. La population accueillit l'initiative avec enthousiasme et les journaux parlèrent d'une grande ovation qui accompagna le podestat Correr, le jour de la régate de 1843, tandis qu'il parcourait le Grand Canal à la proue de la *dodesona* (embarcation à douze rameurs).

Depuis lors, à part les inévitables exceptions, la révolution et le siège de 1848-49, les années de la contestation anti-autrichienne, celles de la Grande Guerre et de la Deuxième Guerre mondiale, la foule se masse, chaque année le long du Canalazzo, à bord de *sandales*, de *battelle, topi* et *tope, mascarete* et *puparini*, toute une flottille hétéroclite de survivants de la batellerie lagunaire à rame. Elle remplit les ferries et les places, siffle les paresseux, acclame les vainqueurs qui se font photographier, en nage, entourés de bannières qui, à une époque, étaient offertes par des princes royaux ou impériaux, selon le moment. Dans la *machine*, amarrée devant la Ca' Foscari, prirent place le roi d'Italie et plusieurs fois, après 1945, le président de la République italienne. Une des idées de base du comte Correr était que la régate devait être l'occasion d'un contact annuel, immédiat et direct, entre le peuple vénitien et ses gouvernants et administrateurs. Une pensée fort libérale pour un podestat aristocratique. Et, en effet, les maires démocratiquement élus par le peuple continuèrent longtemps – presque jusqu'à maintenant – la tradition du bain de foule dont le moment crucial était le cortège des autorités, escorté, dans un passé récent, par des centaines de gondoles et d'embarcations de tous genres.

Car la Régate historique, à laquelle, depuis quelques années, les femmes ont recommencé de participer avec un grand succès, est restée, malgré les bêtises faites par les organisateurs, une fête vraiment populaire. Le souffle de la foule surpasse le tintamarre sacrilège des horribles musiques et des bavardages inutiles diffusés par les haut-parleurs, il efface « l'astuce » touristique des faux cortèges de faux doges et des fausses reines de Chypre, annule la gêne de la cohue étouffante des touristes embrigadés et pressurés. Même si beaucoup de Vénitiens qui, en sueur eux aussi, crient, sifflent et applaudissent, devront, une fois la fête finie, quitter cette ville qui, désormais, n'est plus la leur, pour de lointaines cités-dortoirs sur la Terre Ferme, où n'arrive jamais « l'écho distant » que, la nuit de la Régate, Selvatico, le maire poète, percevait encore dans la lointaine lumière rebondissante « des mille fanaux resplendissants de Saint-Marc ».

3. *Le palais Rezzonico*

Quand Herman Melville, l'auteur de *Moby Dick*, était arrivé à Venise, la Ca' Foscari avait été réquisitionnée par les autorités militaires autrichiennes et reconvertie en caserne. La visite de ces salons encore ornés de grands tableaux accrochés aux murs, transformés en dortoirs, avec la cuisine roulante installée dans l'entrée, l'avait terriblement attristé. Mais, du balcon, il avait admiré le Grand Canal, « qui serpentait comme une sorte de Susquehanna », parcouru par une circulation qui l'amusait énormément, car on y voyait tous les véhicules de Terre Ferme transformés en barques : « omnibus, carrosses privés, calèches légères, cabriolets, charrettes de vendeurs ambulants, corbillards ». Le jour de son arrivée, il pleuvait, et abrité par le *felze* de sa gondole, il n'avait rien pu voir du Grand Canal qu'il avait parcouru de la gare jusqu'à Saint-Marc ; par la suite, il avait refait le trajet deux fois et s'était dûment scandalisé des « monstres moqueurs » qui affleuraient sur l'eau des fondations des palais, ces visages en pierre de Maures et de *bravi* qui choquaient tellement Ruskin, l'ennemi mortel de l'art baroque.

Dans son âpre mépris pour l'architecture « Renaissance tardive », Ruskin incluait aussi le palais Rezzonico : « Le plus stupide, dans le genre du palais Pesaro ; les fondations, une prison, sans variété de mesures ou de lignes harmonieuses des pierres ; les piliers, de simples piles en forme de fromage ; les parenthèses du balcon principal, des pierres anonymes, doublement vulgaires dans la régularité des intervalles ; les lions avec la langue pendante en bas, les heaumes emplumées à l'étage noble, et les têtes décapitées au-dessus, le tout d'une égale stupidité. Les fenêtres elliptiques – des hublots de navire – en haut, laides dans leur décoration autant que dans leur forme. C'est le seul édifice que je connaisse à Venise qui soit aussi laid que ceux que l'on construit aujourd'hui ».

Ce palais fut le dernier dessiné par Baldassare Longhena pour le procurateur Filippo Bon, descendant d'une ancienne famille ayant rarement rejoint les fastes de la richesse et du pouvoir et qui, maintenant, semblait vouloir s'y étourdir. A nous l'édifice, achevé par le plus aimable et le plus débonnairement éclectique des architectes du XVIIIe, Giorgio Massari fait tout autre effet. Déjà Henry James avait exprimé un jugement en opposition avec celui du renfrogné Ruskin : il l'avait appelé « temple majestueux du baroque, admirable dans son ordre », et l'avait comparé « à un cheval marin mythologique à l'ample poitrail qui se cabre, sortant des flots en secouant la tête, les genoux émergeants représentés par l'escalier d'eau ».

Ce furent les problèmes économiques qui provoquèrent l'arrêt des travaux, bien plus que la mort de Longhena ; les estampes du début du XVIIIe siècle nous montrent une façade inachevée et qui le restera pendant plusieurs années. Comme cela était arrivé pour d'autres palais, ce qui aurait dû devenir le symbole des fortunes familiales, le noble couronnement d'une longue saison de succès économiques et politiques, finit par représenter pour les Bon la cause principale de leur faillite et de leur appauvrissement. A la mort du procurateur Bon, ses héritiers ne purent pas continuer les travaux pour achever l'édifice. C'est donc déjà une noble ruine quand, en 1746, les Rezzonico envisagent de l'acheter. Ils y parviendront en 1750, pour soixante mille ducats, et appelleront immédiatement Giorgio Massari afin qu'il termine la façade, aménage et reconstruise l'intérieur.

La famille Rezzonico était originaire du lac de Côme et tirait son patronyme d'un bourg qui, aujourd'hui encore, est couronné par une vieille tour, dont elle avait obtenu, en même temps que du bourg, la juridiction féodale. Plus encore que pour sa présence active dans les guerres contre les Turcs, la branche qui devait par la suite arriver à Venise avait fait fortune grâce à des activités économiques très prospères; tellement prospères qu'à Gênes, où Carlo Rezzonico s'était établi au début du XVIIe siècle, et où l'art des affaires était mieux appréciée que nulle part ailleurs, il lui avait été conférée, outre la reconnaissance du titre de Magnifique, une distinction insolite : le droit de rester assis, tête couverte, devant les magistrats de n'importe quel rang, y compris le doge. Un de ses frères, Aurelio, s'était établi à Venise. Où très évidemment ses affaires s'étaient développées encore mieux. Le 17 mai 1687, le Conseil majeur accueillait la supplique des Rezzonico qui offraient les cent mille ducats rituels au Trésor public – exsangue comme d'habitude à cause de la sempiternelle guerre contre les Turcs – entrant ainsi de plain-pied dans le monde du patriciat vénitien.

L'appartenance à cette classe souveraine fut encore renforcée par le mariage de Giovanni Rezzonico avec la noble dame Vittoria Barbarigo. En 1693 leur naquit Carlo Rezzonico qui, devenu cardinal et évêque de Padoue, se retrouva élu soudainement pape le 6 juillet 1758, sous le nom de Clément XIII, succédant au pieux et cultivé Benoît XIV Lambertini. Son pontificat ne sera pas d'un grand intérêt et la satire l'associera au doge Alvise IV Mocenigo, ironisant sur leur respective mollesse présumée : « Grand pape Lambertini, grand doge Foscarini / Rezzonico papesse, Mocenigo dogaresse ».

L'achat, l'achèvement et les embellissements somptueux du palais arrivaient donc à propos. Après que Giorgio Massari l'eut aménagée, la Ca' Rezzonico était devenue une résidence parfaitement digne d'une famille papale. Massari, en effet, avait construit sur le côté intérieur du palais une salle de bal qu'aucune famille de la vieille noblesse n'aurait jamais rêvé de posséder ; et il avait fabriqué pour y accéder l'escalier le plus grandiose dont un palais vénitien puisse se vanter, plus grandiose encore que celui de la Ca' Sagredo. Pour la décoration intérieure, il avait appelé les plus célèbres peintres : Giambattista Crosato, Giacomo Guarana, Giambattista Tiepolo. L'occasion de recevoir dans cette nouvelle demeure fut offerte l'année même de l'élection du pape Clément, par les noces de Lodovico Rezzonico avec Faustina Savorgnan, d'une illustre famille frioulaine inscrite au patriciat vénitien depuis le XIVe siècle. L'allégorie nuptiale de Tiepolo que l'on voit encore sur le plafond d'une des salles était consacrée à ce mariage.

Comme on peut l'imaginer, l'élection d'un pape fut une occasion encore plus belle pour mettre en valeur un palais aussi grandiose pour l'affirmation du prestige conféré à la lignée, prestige souligné par une véritable pluie d'honneurs ; un neveu du pape fut cardinal, un autre prince assistant au Saint-Siège et gonfalonier du Sénat, un autre encore, Abbondio, mécène et protecteur de Piranèse, sénateur de Rome, un quatrième enfin, nommé lui aussi cardinal par Clément XIV. La Sérénissime, elle, conférait au frère du pape, Aurelio, la dignité de chevalier héréditaire de l'Étole d'Or par ordre de primogéniture, dignité que n'avaient obtenue que quatre autres familles, une branche des Querini, les Contarini « dal Zaffo » comtes de Jaffa, une branche des Giustinian et les Morosini da Santo Stefano, en l'honneur du doge Francesco le Péloponnésien, et en souvenir de ses conquêtes.

Une relation officielle rapporte que, dans une salle où avait été exposé un grand portrait du pape, la famille reçut, le 13 juillet 1758, les visites officielles de félicitations du nonce apostolique et du représentant de l'État. Et que les jours suivants, tandis que l'on distribuait au peuple du pain et du vin sur un plancher recouvrant le canal de San Barnaba tout le long du palais, au son de la musique et des pétards, dans les salles illuminées « *a giorno* », la noblesse défilait à toutes les heures : les patriciens en toge et perruque, les gentes dames en « capes et jupes colorées ». Puis le soir, ce fut l'heure de la « grande conversation » et des jeux, mais sans bal. Et tous participèrent « *in maschera col volto alzato* », c'est-à-dire en domino et loup, mais à visage découvert.

L'année suivante, toujours pour honorer le pape vénitien, son frère Aurelio fut élu procurateur de Saint-Marc. Autres fêtes, autres illuminations, gâchées pourtant par un incident typique de la mentalité vénitienne, même à une époque où l'antique fierté pouvait sembler déjà dépassée. Tout était organisé pour « l'entrée » solennelle du nouveau procurateur, y compris les traditionnelles décorations des Mercerie, que son cortège aurait dû parcourir de San Salvador à la place Saint-Marc. Mais, au dernier moment, la cérémonie fut suspendue car le procurateur se sentait mal. Très vite des informations différentes circulent : le procurateur est en parfaite santé, dit-on, c'est son habit de gala, ses ornements qui ne vont pas bien. Aurelio, en effet, avait pensé se faire faire une étole (cette bande de brocart que les procurateurs de Saint-Marc portaient sur l'épaule) brodée des insignes du pouvoir pontifical, le calot papal et les clefs de saint Pierre, au lieu des volants et des volutes habituels. L'idée n'avait pas plu du tout. Nous ne savons pas si ce fut la Seigneurie elle-même ou les inquisiteurs d'État, qui signifièrent à Son Excellence le procurateur Rezzonico qu'un ornement semblable était « de toute évidence superflu et non adapté aux habitudes et à l'occasion, et qu'il ne pouvait être toléré dans la métropole d'une glorieuse République ». Le fait est que l'étole, si jamais elle fut tissée, « fut refaite sur-le-champ » et le graveur Guerra recomposa en toute hâte les estampes des portraits du procurateur qui, selon l'usage, étaient exposées dans toutes les boutiques et distribuées un peu partout. Celles qui avaient été gravées par Orsolini avaient en effet la fameuse étole avec le calot et les clefs; elles furent immédiatement retirées de la circulation et sont devenues aujourd'hui rarissimes.

1762 : élection du fils d'Aurelio, Lodovico, au poste de procurateur de Saint-Marc. Des réjouissances s'ensuivent. « Pendant trois nuits de suite, le palais apparut illuminé intérieurement et extérieurement par torches, *ciocche* [lampadaires de Murano] et chandelles », tandis « qu'au prix de frais innombrables on continua à offrir d'abondants rafraîchissements et confiseries ».

1764 : le procurateur Lodovico Rezzonico offre un bal en l'honneur du duc de York, frère de George III, roi d'Angleterre. Il pleut et il vente, mais peu importe. A la lueur des torches, le procurateur entouré de parents accueille le duc sur le quai du palais et l'accompagne jusqu'en haut de l'escalier d'honneur, où l'attend sa femme, la princesse Faustina Savorgnan qui, à son tour, l'accompagne dans une « merveilleuse pièce ». Dans la salle de bal sont alignées les dames « en habits de cérémonie... couvertes de joyaux et de perles... avec des étoffes précieuses, embellies par des coiffures modernes ». Dans les autres salles aussi, toutes décorées de cristal et d'argenterie, se trouve une quantité infinie de serviteurs, majordomes, bâtonniers et valets de chambre, tandis que des bombardiers en uniformes et des hallebardiers en *sargentina* dorée assurent la garde d'honneur. Là aussi se groupent d'autres dames, patriciennes et « citoyennes » : elles sont deux cents à peu près, toutes ornées de diamants, « se donnant à la curiosité d'innombrables messieurs »; pas même les jeunes filles « à marier ou de couvent » ont été laissées à la maison. Elles sont là, elles aussi, « cachées avec leurs mères dans des cabinets grillagés ». Le spectacle de la salle de bal est extraordinaire, surtout « quand s'échauffèrent les danses avec les jeunes nobles... et les illustres étrangers qui arrivèrent aussi [vêtus] à la mode française [en *redingote* qui alors s'appelait *habit à la française*], avec des broderies, des reports et de coûteux drapés correspondant au rang de chacun ».

Le duc, qui portait « sur le côté et au genou le lumineux ordre de la Jarretière », dansa d'abord avec l'ambassadrice impériale, la comtesse de Rosenberg née Kaunitz, puis avec l'ambassadrice de France. A toutes les dames furent offertes de « gracieuses fleurs odorantes »; des rafraîchissements et des douceurs furent distribués généreusement.

1769 : Joseph II, empereur du Saint Empire romain germanique, tout en ne voulant rien savoir des réceptions programmées par le sage Andrea Tron pour le compte de la République, accepte d'assister à une « causerie publique » et à un concert à la Ca' Rezzonico. Une scène construite sur l'un des côtés de la salle de bal, accueille cent seize « virtuoses », des jeunes filles initiées à la musique dans les quatre « lieux pieux » des Mendicanti, des Derelitti, des Incurabili et de la Pietà, ainsi que l'orchestre. Le maestro Ferdinando Bertoni dirige une cantate à sept voix intitulée *Le Royaume de Calypso*. L'exécution, aux dires des assistants, est splendide et le maestro Bertoni est beaucoup félicité. Mais Joseph s'en va en cachette, il descend les escaliers en catimini, parmi les écuyers de la République « revêtus de richissimes ornements », monte dans sa gondole et part vers son hôtel du Lion Blanc. Il a hâte de repartir « incognito » pour Vienne.

Il est clair qu'à un tel rythme, même les biens accumulés par les Rezzonico ne pouvaient subsister longtemps, malgré les aides apportées par l'État. Quand la République s'effondre, la catastrophe financière ne les épargne pas. Ils s'éteignent peu après avec la mort d'Abbondio, le frère cadet du procurateur Lodovico, et Abbondio laisse comme héritier universel le mari de sa sœur Quintilia, Lodovico Widmann, dont les descendants s'appelleront désormais Widmann Rezzonico. Mais une partie ira aux comtes véronais Pindemonte, qui ajouteront eux aussi au leur le nom de la famille papale. Une fois vendues toutes les collections d'art aux enchères, en 1837, le palais passe aux mains d'un comte polonais. Les locataires se succèdent, comme le duc de Modène, François d'Autriche-d'Este, qui y habite quelque temps avec sa fille et son gendre, don Juan de Bourbon, père de Don Carlos, duc de Madrid et prétendant au trône d'Espagne, un comte Zichy, un gentilhomme prussien de la famille très ramifiée des von Bülow. Certaines pièces servent d'ateliers à des artistes vénitiens comme Pietro Fragiacomo ou Domenico Brugnoli, graveur raffiné dont nous gardons en mémoire les sarraus d'un tissu semblable à de la toile de jean, pas encore inventée. Puis, un jour, s'y établit non pas comme locataire mais comme légitime propriétaire, un Anglais, un poète : Robert Browning.

4. *Le rêve d'un poète*

Browning était déjà venu une première fois à Venise, à vingt-six ans, en 1838. Il était arrivé par la porte principale, la mer, mais très peu de cette visite et de l'impression qu'elle lui avait laissée, ne ressort de ses écrits. Par contre, la petite ville d'Asolo l'avait fasciné; il s'y était arrêté au cours d'une visite des lieux où il avait situé le poème qu'il était en train d'écrire, *Sordello*. Il dédia à Asolo son célèbre poème dramatique *Pippa passe*, qui a tant contribué à la renommée de la petite ville souriante, fief de Caterina Cornaro.

La deuxième visite à Venise, en 1851, en provenance de Florence, avait été gâchée par les moustiques et avait dû être abrégée, au grand déplaisir d'Elizabeth Barrett, la femme que le poète avait aimée au point de la soustraire à un père adoré et possessif, de l'épouser en secret et de fuir avec elle en Italie.

Elizabeth Barrett était une poétesse trop raffinée pour ne pas subir totalement le charme de la ville qui lui semblait « célestiale, ineffable », et pour laquelle, écrivait-elle à sa sœur Arabel, elle aurait volontiers renoncé à « Florence et à vingt Paris ». Avec eux, outre le fidèle petit chien Flush (Virginia Woolf racontera l'histoire des deux poètes amoureux à travers les yeux de ce dernier), il y avait leur fils de deux ans, Robert, que tous deux, avec d'évidentes réminiscences asolaines, appelaient Penini « petits pieds », en dialecte de la Vénétie) ou, plus brièvement, Pen. C'est lui qui, trente-huit ans plus tard, fera du palais Rezzonico « le palais Browning », comme on pourra le lire pendant quelque temps au dos des cartes postales.

Il était impensable que Browning puisse demeurer insensible à l'atmosphère vénitienne. Cette personnalité fut l'une des plus incisives pour le développement de l'art poétique du XXe siècle et aura une grande influence sur Ezra Pound et même sur Borges. Après la mort de sa chère et hypersensible Elizabeth, à Florence en 1861, ses visites à Venise se multiplièrent, à l'hôtel Universo d'abord, qui se trouvait au palais Brandolin Rota à l'Accademia, sur le Grand Canal, ou encore dans une autre maison, toujours sur le Grand Canal, celle de la très hospitalière Américaine vénitianisée, Katharine Bronson, et aussi au palais Dario, pendant les travaux commencés pour rendre plus habitable la Ca' Rezzonico... En effet, Pen, jeune homme plutôt paresseux, n'avait pas réussi ses études à Oxford et s'était mis à la peinture et à la sculpture, sans le succès qu'il espérait. Il avait épousé une Américaine, une riche héritière, et celle-ci, Fannie Coddington, avait mis à sa disposition la somme nécessaire à satisfaire sa plus grande aspiration : un palais à Venise. Au départ, en 1885, il y avait eu de longs pourparlers pour acheter au comte Montecuccoli l'ex-palais Contarini « dal Zaffo », contigu à l'hôtel Universo. Puis il y avait eu ce coup de chance, et l'immense masse de la Ca' Rezzonico était devenue sa propriété pour la somme, importante à l'époque, mais avantageuse tout de même, de deux cent cinquante mille lires : en or, naturellement.

Tandis que l'on s'occupe de la décoration intérieure du palais, Pen peint au palais Dario le portrait de son célèbre père qui, honoré et recherché par la colonie anglo-américaine, fréquente la maison de sir Henry et lady Layard où il déjeune en compagnie de la Kronprinzessin impériale d'Allemagne, fille de la reine Victoria, ou avec les Curtis, ces Bostoniens illuminés et cultivés qui ont acheté deux étages du palais Barbaro... En somme, sa vie se passe en grande partie sur le Grand Canal, en attendant de déménager avec armes et bagages dans les salons démesurés du palais Rezzonico, meublés par Pen avec un luxe fastueux (« un luxe horrible », dira Henry James), et décorés de ses tableaux – médiocres – et de ses sculptures plutôt modestes. Pour le vieux poète, qui vient de rentrer d'un voyage en Angleterre et d'une villégiature à Asolo, l'arrangement du palais est une agréable surprise. L'habileté de Pen comme décorateur d'intérieur le remplit d'admiration émerveillée ; il est ému à l'idée qu'il ait restauré l'antique chapelle et l'ait dédiée à sa mère en y plaçant la plaque commémorative que Niccolò Tommaseo avait écrite pour Elizabeth, et dont l'original est scellé à la paroi de la maison Guidi, à Florence, où Elizabeth est morte. « La gaieté et la commodité de ces énormes pièces » le frappent ; ainsi que le fait de trouver au lieu de cheminées et de poêles peu efficaces des radiateurs modernes.

A la Ca' Rezzonico, Browning passe le mois de novembre 1889, avec son inséparable sœur Sarianna, Pen et sa belle-fille, en corrigeant les épreuves de son recueil de poésies intitulé, de façon très évocatrice, *Asolando*, tout en rêvant d'acheter une petite maison à Asolo, peut-être même près de la grande forteresse qui surplombe les cols asolains. Parfois il s'entretient avec sa belle-fille et lui lit quelques morceaux de ses poèmes. Fannie raconte qu'un soir, en lisant « L'épilogue », le vieil homme s'était arrêté avant la strophe qui commence par ce vers : « Un homme qui ne tourna jamais le dos, mais qui toujours marcha la poitrine en avant... » C'est alors qu'il lui avait dit : « Ce que j'ai écrit peut sembler vanité de ma part, mais vraiment, je crois pouvoir soutenir honnêtement que c'est la vérité. »

Sa belle-fille raconte encore que Browning, pendant les six semaines qu'il passa à la Ca' Rezzonico, était plein de vitalité. Il avait soixante-dix-sept ans, mais les portait avec désinvolture, et allait se promener au Lido avec ses amis Curtis, par tous les temps ; il s'extasiait sur le climat d'un merveilleux été de la Saint-Martin, avec un soleil presque estival et, au loin, la vision des Alpes couvertes de neige. Malheureusement, aux journées ensoleillées se substituèrent des journées de brouillard, ce dense et impénétrable *calìgo* vénitien ; et le poète, qui n'avait pas voulu renoncer à sa promenade au Lido, attrapa un rhume, un simple rhume qui, pourtant, se compliqua lentement en asthme et en affaiblissement cardiaque. Mais il refusait de se mettre au lit, écrivait à Londres pour organiser des rendez-vous, prétendant même sortir le soir pour aller à La Fenice écouter *Carmen*. En revenant de cette soirée à l'opéra, son état s'aggrava ; quelques jours plus tard le docteur Cini, qui le soignait, demanda une consultation avec le professeur Vigna et le sénateur Angelo Minich, étoile de la médecine vénitienne. Selon leur diagnostic, Browning se mourait et il n'y avait plus rien à faire pour le sauver. Il s'en rendait compte lui-même : « Je suis en train de mourir, dit-il à Pen, je suis mourant. *My dear boy, my dear boy !* » On lui avait apporté la première copie d'*Asolando* ; le 12 décembre arriva un télégramme de Londres qui disait que les critiques étaient « extrêmement favorables » et que l'édition avait été pratiquement épuisée en un seul jour. « How gratifying », murmura le poète. Ce furent ses dernières paroles conscientes.

Son cercueil, exposé à l'entrée de l'étage noble de la Ca' Rezzonico, avec grande profusion de velours et de palmes, fut chargé sur une embarcation funèbre qui le porta jusqu'à San Michele in Isola, parcours que tôt ou tard tous les Vénitiens accomplissent. C'était une journée grise et nuageuse mais, à la hauteur de Rialto, un rayon de soleil perça les nuages et illumina le cercueil. Puis vinrent les grandioses funérailles solennelles à Londres et la sépulture à Westminster dans le « coin des poètes ». Ce fut la fin du rêve vénitien de Pen. En 1906, le palais et ses embellissements furent vendus : Fannie Coddington avait demandé le divorce, il fallait lui rendre sa dot.

XIII

L'abbé Casanova

1. *De la gondole au vaporetto*

La Ca' Rezzonico abrite aujourd'hui l'un des plus fascinants musées du monde, le musée du XVIIIe vénitien. En face, de l'autre côté du Canalazzo, le palais Grassi est le dernier en ordre chronologique des palais du XVIIIe siècle. Il fut construit par Giorgio Massari (l'architecte qui termina la construction et les embellissements de la Ca' Rezzonico), pour une riche famille de Chioggia très récemment affiliée au patriciat. Avant de devenir le siège de prestigieuses expositions et d'initiatives culturelles, il a traversé les vicissitudes communes à une grande partie des palais du Grand Canal, vendu et revendu par spéculation, et finalement aménagé en hôtel avec un établissement de bains attenant. La *Gazzetta di Venezia* du 4 août 1842 magnifie précisément le nouvel établissement de M. D'Antoni, à San Samuele, où l'on donne des leçons de natation, et dont l'eau « vient du site le plus pur et courant du Grand Canal »; on y trouve aussi des salons de réception et des cafés, le tout dans le plus pur style pompéien. Ce n'était pas le seul. Il y avait aussi les bains de l'hôtel du Lion Blanc et de l'hôtel d'Angleterre, de M. Rima et du Dr Fumiani; la perfide comtesse, héroïne de *Senso*, le conte de Camillo Boito (dont Visconti s'est inspiré pour son chef-d'œuvre cinématographique), fait la connaissance de son abject amant autrichien dans un salon privé d'un établissement de bains sur le Grand Canal.

Bien que n'étant pas centenaire, je me souviens parfaitement des canaux vénitiens où l'on apprenait aux enfants à nager, liés à une corde tenue solidement en main par la mère ou le père sur la *fondamenta*. De multiples causes ont contribué à l'interdiction de ces établissements sur le Grand Canal, l'une de celles-ci étant l'introduction et l'intensification des services de ferries et de *vaporetti*. En avril 1881, le premier *vaporetto* de l'histoire du Grand Canal le sillonna : le *Regina Margherita*, de vingt mètres de long, et construit à Nantes d'où il était arrivé en naviguant pendant dix jours sur les canaux intérieurs de France et le long des côtes italiennes. Il était destiné à rester en service sous le numéro 1, jusqu'en 1937, quand il fut vendu à une société qui desservait le Pô.

Déjà au temps de la Sérénissime, il y avait des bateaux de transport en commun, dont le plus connu était le fameux *burchiello*, célébré par de Brosses et Goldoni. Au siècle dernier, quand en 1872 existait déjà une Société vénitienne de navigation lagunaire (elle gérait des bateaux à vapeur, que le petit peuple avait baptisés *caponère*, cages à chapons, et qui reliaient San Giuliano di Mestre, Chioggia, Fusina et Jesolo), on n'y trouvait que des « omnibus », gérés en général par des associations hôtelières. C'étaient de grosses embarcations munies de tentes en été et de *felze* en hiver, et dont l'activité coïncidait avec l'arrivée et le départ des trains les plus importants.

Ce fut un certain Alessandro Finella, « caractère solide de Piémontais et aux idées larges », comme on le définira, qui eut le premier l'idée de remplacer ces engins rétrogrades, ainsi que les gondoles, par un service de ferries, semblable aux « bateaux-mouches » qui fonctionnaient sur la Seine, à Paris. Il obtint en 1879 un accord de principe du préfet de Venise, le comte Sormani Moretti. Et ce fut lui encore au nom d'une société constituée en France « la Compagnie des bateaux omnibus de Venise », après avoir accepté les conditions prescrites pour la gestion des transports sur une « route de première classe », comme était classé le Grand Canal par la bureaucratie romaine, qui obtint le décret royal d'autorisation, daté du 24 avril 1881 et lança le *Regina Margherita* entre Santa Chiara et Saint-Marc.

L'opération ne fut pas complètement indolore. Certains déplorèrent que le nom de la reine d'Italie fut écrit sur la poupe d'un bateau qui recueillait tant de malédictions et d'injures. Les plus acharnés, bien sûr, étaient les gondoliers, mais les journaux reproduisaient des lettres de citoyens italiens et étrangers horrifiés, qui prévoyaient des dommages dus aux vagues, criaient au sacrilège et rappelaient comment, à Londres, il y avait eu une levée de boucliers contre les dégâts provoqués par la navigation à vapeur sur la Tamise. S'agissant d'une « route de première classe » la municipalité considérait que l'affaire était de la compétence de la bureaucratie romaine et s'en lavait les mains. La bureaucratie romaine, comme à son habitude, dormait ou s'en moquait éperdument. Le 1er novembre 1881, les gondoliers entrèrent en grève et s'y maintinrent longtemps, malgré les intimidations du maire et les interventions de l'armée, de la marine, du corps des douanes et des sapeurs pompiers qui assurèrent le service fluvial pendant la période difficile de la Toussaint et du jour des Morts. « Deux mille familles de gondoliers ruinées d'un seul coup et la lagune sans poésie » titrait l'*Illustrazione Italiana.* « Venise sans gondoles ! C'est une chose horrible que l'on ne peut imaginer... »

Le moment crucial de la manifestation advint le jour où la reine Marguerite, qui se trouvait à Venise, partit en villégiature à la montagne avec le petit prince Victor-Emmanuel. « Peu avant six heures, raconte l'envoyé de l'*Illustrazione*, la gondole à quatre rames de la famille royale apparut sur le bassin de Saint-Marc et fut immédiatement entourée de quatre cents autres gondoles. C'étaient les bateliers grévistes qui, dans leur ingénuité, voulaient ainsi démontrer à leur courtoise souveraine qu'en désertant les bacs, la dévotion et l'affection de leurs cœurs ne s'étaient pas atténuées ! Quatre chaloupes à vapeur de la marine flanquaient la barque royale et, loin derrière, venaient les ferries, à l'origine de la grève. Le peuple, les enfants, les épouses et les mères des bateliers – toute une légion de jupes – applaudissaient et sifflaient en même temps à la vue du magnifique cortège. Les applaudissements étaient destinés à Marguerite et les sifflements... à la vapeur ! Le cri était partout le même : *Vive la Reine, à bas les tramways !* »

Naturellement, à la fin, les engins motorisés gagnèrent tout de même. Le reste est notre histoire. Une triste histoire, car la cohue des bateaux à moteur qui transforme, à certaines heures de la journée, le Grand Canal en une artère à circulation intense, n'est certainement pas bénéfique aux fondations des palais, agressées par les vagues, et ne rend pas agréable la vie le long des quais. D'un autre côté, il est difficile d'envisager d'autres solutions. Le problème des transports reste l'un des plus complexes à résoudre pour Venise. Et tous ceux qui ne veulent pas ou ne peuvent pas aller à pied le savent bien, quand ils tombent sur une de ces terribles journées où la bousculade des groupes scolaires et des touristes d'un jour bloque l'accès aux débarcadères par des queues interminables.

2. *Des peintres et des boute-en-train*

Aux temps, plus ou moins heureux, où il n'y avait pas d'autres moyens de propulsion sur le Grand Canal que les avirons, on trouvait encore, outre la pittoresque foule des gondoliers « de maison » ou « de louage », l'autre non moins pittoresque catégorie des *sollazzieri* (les boute-en-train), eux-mêmes accompagnés des débonnaires *cortesani*. Ces derniers, définis par un mot qui en vénitien désigne quelqu'un qui associe la jovialité et le savoir-faire, « étaient des jeunes, vifs, agiles, admirateurs des jolies femmes, ennemis des violences, vengeurs solennels des offenses », ainsi que des chasseurs, des rameurs et des joueurs de ballon (c'était un ballon de cuir qu'on lançait à l'aide d'une sorte de bracelet hérissé d'épines et, à côté des joueurs amateurs, il y avait des joueurs professionnels qui gagnaient des fortunes). Les *sollazzieri* étaient des sportifs qui naviguaient non par besoin mais par divertissement ; ils couraient à bord de barques appelées *ballotine* parce que, durant les régates ou autres fêtes nautiques, elles transportaient de jeunes gentilshommes qui maintenaient l'ordre en tirant avec une arbalète des petites balles d'argile ou de plâtre contre le flanc des embarcations qui ne restaient pas en ligne.

Quelquefois, les *sollazzieri* rivalisaient dans de prétendues chasses au taureau, des véritables corridas qui émerveillaient le petit peuple ; il y en avait de cruelles se terminant par la décapitation de l'animal et d'autres, plus débonnaires, sans tuerie finale. Les vrais *cortesani* ne participaient pas volontiers aux chasses sanglantes. Et quand ils le faisaient, ils se présentaient masqués et accompagnés d'un compagnon de l'Art des Bouchers « en sarrau blanc crénelé ».

Au palais Moro Lin, le « palais des douze fenêtres » qui précède, le long du Canal, le palais Grassi, avait vécu et était mort à l'âge respectable de quatre-vingt-dix-neuf ans, sans avoir été malade un seul jour, le gentilhomme Michelangelo Lin, dernier de sa lignée, éteinte dans une des branches de l'ancienne famille Moro qui avait donné un doge à la République. Et le gentilhomme Michelangelo, « grand chasseur, robuste rameur par plaisir et adroit joueur de ballon », représentait, si l'on en croit les chroniques de l'évêque, la quintessence du *sollazziere* et du *cortesan* réunis.

Le palais avait été construit pour un peintre, Pietro Libeti. Le chevalier Liberi (il avait été fait chevalier et comte palatin par l'empereur Léopold Ier à Vienne, d'où il était revenu, selon Boschini, le critique d'art, « chargé de prix et d'honneurs, de joyaux, de trésors et de bonheur ») avait eu une vie aventureuse : il était né à Padoue et, après son apprentissage dans l'atelier d'Alessandro Varottari, le Padovanino, il partit pour Constantinople. Mais, à Mytilène, il fut capturé par les Turcs et vendu comme esclave. Huit mois plus tard, il réussit à s'enfuir, à Malte puis en Sicile. De là il visita Lisbonne, l'Espagne et la France méridionale. A Rome, il demeura trois ans et étudia avec passion Raphaël et Michel Ange. Tandis qu'il était plongé dans ces études, il aurait rencontré le chevalier d'Arpino qui l'aurait exhorté à étudier plutôt les grands maîtres de la peinture vénitienne : « le terrible Tintoret, le magnanime Titien ».

Revenu à Venise, il connut un grand succès et gagna énormément d'argent (« *la calamita dei cechini* », l'aimant des sequins, comme l'appelait encore Marco Boschini). Il prit alors l'initiative de se séparer des peintres de l'antique confrérie artisane pour créer le Collège des peintres, association réunie plus tard à l'Accademia. Il s'amusait à « fabriquer des joyaux de toutes les qualités » et se piquait d'avoir un talent d'architecte. Il s'était donc attribué la paternité du palais qu'il avait vendu, pour des raisons fiscales, à un ami, en en restant locataire. Il avait provoqué la colère du véritable auteur, un original et capricieux peintre et sculpteur florentin, Sebastiano Mazzoni, élève de Bronzino et passionné de poésie (« mais de cette poésie qui cingle », notait un biographe; il semble que ses satires l'eussent obligé à plier bagage et à partir de Florence et s'établir à Venise). Il avait été le maître de Celesti, de Fumiani et de Sebastiano Ricci qui, quand Mazzoni mourut à soixante-huit ans en tombant d'une échelle, recueillit sa veuve, restée sans un sou.

Par un curieux retour des choses, au début du XIXe siècle, le palais était de nouveau devenu une demeure de peintres. Ici, Francesco Hayez, tout jeune, avait eu son atelier. C'était sans doute le plus génial des peintres vénitiens du siècle dernier ; et coureur et bon vivant comme il l'était (ses mémoires et ses dessins érotiques en font foi), il est probable que les salles décorées de fresques du XVIIIe par Molinari et Lazzarini en aient vu de toutes les couleurs. Plus tard, Lodovico Lipparini y vécut (et y mourut en 1857). Ce peintre devait sa vaste notoriété non seulement à plusieurs portraits très raffinés, mais aussi à une série de peintures inspirées de l'épopée hellénique. Pas la classique ! La moderne, à laquelle Byron, mourant de fièvres à Missolonghi, avait apporté la consécration poétique : la rébellion et la guerre épique de libération contre les Turcs. La mort de Marc Botzaris, le « nouveau Léonidas » qui s'était immolé en tenant tête, avec quatre cents hommes, à l'armée de Musay Pacha, lui avait inspiré trois toiles, une commandée par le prince de Metternich, le chancelier de l'Empire, l'autre par le mécène et patriote hongrois, Kasimir Básthyány, la troisième par le collectionneur triestin Michele Sartorio.

Hayez et Lipparini étaient les amis dévoués d'un personnage qui domina la vie de l'art et de la culture vénitienne des premières décennies du XIXe siècle, le comte Leopoldo Cicognara, président de l'Académie des beaux-arts, défenseur du patrimoine historico-artistique de la ville et protecteur des artistes contemporains. Il nous reste les portraits que tous deux ont faits de ce grand homme. Hayez l'avait représenté avec sa femme, à côté d'un buste colossal de Canova, tandis que Lipparini l'avait peint seul, les yeux pétillants, les cheveux blancs ébouriffés, une sorte de synthèse psychologique de l'artiste gentilhomme. Ce fut Lipparini, lequel lui était profondément attaché, qui l'assista dans sa dernière maladie et qui, à sa mort, lui ferma les yeux.

3. *Les déboires de l'abbé Casanova*

« San Samuel / petit quartier, grand bordel... » Entre l'emplacement du futur palais Grassi et du palais Malipiero, devant l'ancienne petite église et son vieux clocher, sur la place vivante et pittoresque qui s'ouvre sur le Grand Canal, se promène un jeune abbé très élégant. Il n'a pas plus de quinze ans mais il est de haute stature ; son visage est mat, ses manières un peu trop désinvoltes ; son habit ecclésiastique (il vient de recevoir les ordres mineurs) est extrêmement soigné, sa coiffure est à la dernière mode et répand un parfum pénétrant d'onguents. C'est Giacomo Casanova, étudiant en droit à l'Université de Padoue et clerc de l'église de San Samuele, la paroisse où il a été baptisé le 5 avril 1725. Il était né calle de la Comédie, derrière la Ca' Malipiero, à deux pas du théâtre de San Samuele ; et l'histoire d'amour de ses parents s'était déroulée ici, dans le voisinage de ce théâtre qui appartenait, comme ceux de San Giovanni Grisostomo et de San Beneto, à la riche et puissante famille des Grimani da Santa Maria Formosa.

Gaetano Casanova s'était enfui de chez lui à Parme, pour suivre l'actrice Giovanna Calderoni, connue sous le sobriquet de « Fragoletta », à cause d'une envie en forme de fraise qu'elle avait sur le sein. Sans fortune, il s'était décidé à monter sur les planches lui aussi, d'abord comme danseur, puis comme acteur. Par caprice ou par jalousie il avait quitté Fragoletta, laquelle allait épouser un Balletti (dont elle allait avoir une descendance d'acteurs et de danseurs de grande renommée) et avait trouvé un engagement parmi les acteurs du théâtre San Samuele. Comme le raconte son fils, en face de la maison où il logeait habitaient le savetier Girolamo Farusi, sa femme Marzia et leur fille de seize ans, Zanetta, que Giacomo lui-même définit comme une « beauté parfaite ». Gaetano qui avait vingt-six ans en tomba immédiatement amoureux.

Pour une honorable famille d'artisans, un acteur, un « comique » était tout ce que l'on pouvait imaginer de pire comme gendre. Malgré la théâtromanie des Vénitiens, le métier était socialement inacceptable. Pour avoir la belle Zanetta, qui semblait lui rendre son amour, il n'y avait pas d'autre solution que de l'enlever. Ce qu'il fit. Les deux amants s'étaient muni à temps de tous les documents nécessaires et trouvèrent le moyen de faire bénir leur union par le patriarche. Giacomo naquit le 2 avril 1725.

Le père de Zanetta, raconte Casanova, mourut de chagrin. La bonne Marzia avait pardonné, avec la promesse que jamais Zanetta ne monterait sur les planches. En fait, deux ans plus tard, elle débutait à Londres, où Gaetano l'avait précédée et où, désormais actrice professionnelle sous le nom de « la Buranella », elle mettait au monde son deuxième fils Francesco, destiné à une grande renommée en tant que peintre de batailles. La rumeur publique en attribuait, nous ne savons pas pour quelle raison, la paternité au prince de Galles, le futur George II. C'était le début d'une brillante carrière qui allait porter la Buranella, après plusieurs années de représentations, au théâtre San Samuele, au théâtre impérial de Saint-Pétersbourg puis à la cour de Dresde où elle allait mourir en 1766, après bien des déboires, obèse et fanée, sans plus aucune trace de cette beauté qui, selon Goldoni, était encore éclatante trente ans plus tôt. A la mort de Gaetano Casanova en 1733, Giacomo fut confié à sa grand-mère, la brave Marzia qu'il aimait tendrement.

Le petit abbé Casanova habitait donc avec Marzia Farusi. Son père en mourant l'avait recommandé aux bons soins des propriétaires du théâtre San Samuele, les frères Grimani. Il avait fait jurer à Zanetta devant eux qu'elle ne le pousserait jamais vers la carrière théâtrale. Mais celui qui s'occupa de lui avec affection, l'envoya en pension à Padoue pour se soigner d'une dangereuse maladie, et l'orienta dans ses études, fut un autre patricien qui doit sa propre célébrité, très diffuse encore aujourd'hui, à un recueil de poésies d'une telle obscénité que Guillaume Apollinaire le définit comme « le plus grand poète priapique » de tous les temps.

Giorgio Baffo, auteur de nombreuses compositions dont la plus célèbre est un sonnet intitulé *Éloge de la chatte*, était le dernier descendant d'une vieille famille. Il avait choisi la carrière pacifique des Quarantie et semble y avoir été un magistrat ni meilleur ni pire que bien d'autres. Avec sa femme, Cecilia Sagredo, il habitait un grand palais mélancolique attribué à Sansovino à Campo San Maurizio où, comme par hasard, séjourna pour quelque temps le poète le plus différent de lui que l'on puisse imaginer, Alessandro Manzoni. D'après ce que confie Manuzzi aux inquisiteurs d'État, il avait l'habitude de fréquenter le Café des Grisons, à Camp Santo Stefano, où il récitait et lisait ses compositions à ses amis (à ses dires, même le doge Marco Foscarini s'en amusait beaucoup); mais celles-ci n'allaient être publiées qu'après sa mort, avec un succès qui dure toujours. Quant à son intérêt pour le petit Casanova, il s'expliquait par le fait qu'à l'époque il était tout aussi normal que de nobles propriétaires de théâtre s'intéressent aux problèmes de leurs comédiens et leur accordent leur assistance que de voir des patriciens en général protéger ceux qui, n'appartenant pas aux classes privilégiées, avaient besoin d'aide. A propos de cette coutume, dont Casanova se servira largement au cours de son aventureuse existence, Giovanni Rossi souligne qu'avant la chute de la République, on disait que chaque Vénitien avait son *sàntolo* (parrain) en la personne d'un noble.

Mais revenons à notre petit abbé. Le voici rentré de Padoue où il a déjà eu une initiation sentimentale chez le bon docteur Gozzi qui l'avait hébergé. A San Samuele il s'est trouvé un autre *sàntolo*, un personnage à l'individualité prononcée, un vieux monsieur de soixante-dix-sept ans, atrocement torturé par la goutte, mais vif d'esprit. Il vit en épicurien et reçoit chaque soir dans son beau palais du Grand Canal flanqué d'un magnifique jardin une brillante société de dames et de gentilshommes d'esprit. « Il était beau, gourmet et gourmand ; il avait un esprit raffiné, possédait une profonde connaissance du monde, l'éloquence des Vénitiens et toute la sagacité qui peut rester à un sénateur qui s'est retiré après avoir passé quarante ans à mener les affaires d'État et a cessé de courtiser les femmes après avoir eu vingt maîtresses... »

Devenu l'hôte quotidien de la table très raffinée du sénateur Malipiero (c'est lui, le nouveau *sàntolo*, Alvise Gasparo Malipiero dont les armoiries familiales campent encore au-dessus du portail de leur palais du Grand Canal), Giacomo se trouve être souvent témoin de scènes attristantes. D'une des fenêtres du palais, le vieillard peut voir celles de la maison qu'habite le directeur de troupe Giuseppe Imer, celui-là même qui était amoureux de la Buranella, raconte Goldoni. Et dans la maison Imer se trouve sa jeune fille de dix-sept ans, Teresa ; elle étudie la musique pour se préparer à monter sur les planches elle aussi. C'est une jeune femme gracieuse, bizarre et coquette, elle aura une vie orageuse qui, après l'avoir vue propriétaire de la plus célèbre maison de plaisir de Londres (on la surnommera « l'impératrice des plaisirs »), se terminera dans une prison pour débiteurs. Pour le moment, elle fait tout ce qu'elle peut pour exciter et séduire le septuagénaire Malipiero, et celui-ci tombe en plein dans le piège. Ainsi, chaque jour, la mère de

Teresa, comédienne retirée du théâtre à la suite d'une crise mystique, amène la jeune fille au palais pour que celle-ci provoque de toutes les façons son vieux soupirant. Quand celui-ci l'attrape, elle se libère habilement et l'éloigne en disant qu'elle ne veut point commettre de péchés, à peine sortie de la messe. Le sénateur devient fou mais patiente et commente amèrement ses malheurs avec le jeune abbé.

C'est justement Teresa Imer qui va être la cause de l'expulsion de Casanova du palais Malipiero. Laissés seuls pendant la sieste du vieillard, Giacomo et Teresa sont pris du désir (c'est Casanova lui-même qui le raconte) « de vérifier la différence de leur conformation ». Or, juste au moment crucial, un violent coup de bâton, suivi d'un autre, annonciateur d'une authentique grêle, provoque la fuite du jeune homme chez qui, bientôt, sont expédiés sa cape et son chapeau qu'il n'avait pas eu le temps d'emporter. Entre-temps, bien des événements se seront succédé, racontés dans les moindres détails dans les premiers chapitres des *Mémoires* de Casanova : la mort de sa grand-mère adorée Marzia, l'amour non partagé pour la nièce du curé de San Samuele, l'aventure avec les deux gracieuses filles de Mme Orio, l'autre liaison, galante et ingrate, avec cette dangereuse créature, Giulietta « Cavamacchie », la toute jeune et impudente courtisane qui le gifle à toute volée. Sans oublier les bagarres avec le curé qui, scandalisé par la frivolité de la coiffure de Giacomo, lui coupe les cheveux pendant qu'il dort. Mais le jeune homme se fait refaire une autre coiffure encore plus frivole par un coiffeur à la mode. Il y eut aussi ses deux expériences absurdes comme prêcheur dans l'église de San Samuele. La première remporta un certain succès grâce à l'incroyable culot du prêcheur, tandis que la seconde s'achève misérablement car l'orateur, trop amant des plaisirs de la table (il le restera toute sa vie), a le ventre trop plein pour se rappeler ce qu'il aurait dû dire.

Casanova quittera le quartier de San Samuele peu de temps après son expulsion de la Ca' Malipiero. Il l'avait quittée pour de courts séjours en Frioul, accompagné d'autres rapides conquêtes féminines. Mais à la mort de sa grand-mère, son tuteur Grimani veut à nouveau la maison et, après une brève parenthèse dans une autre de ses maisons à San Giovanni Grisostomo – où habite aussi la danseuse Margherita Grisellini dite « la Tintoretta » et où Giacomo reçoit du prince de Waldeck, l'amant de Margherita, une tabatière en or en échange d'un sonnet – Grimani l'envoie compléter ses études au séminaire de San Cipriano à Murano, dont il sera ignominieusement chassé quelque temps plus tard.

Et le théâtre de San Samuele, l'un des plus renommés de Venise, où Goldoni avait créé pour le célèbre Arlequin Sacchi *Le Serviteur de deux maîtres*? Déchu, comme tous les théâtres vénitiens après la fin de la Sérénissime, tenu en vie par un imprésario mécène véronais, un certain Camploy, jusqu'à la moitié du siècle dernier, il a été démoli pour faire place à une école élémentaire.

4. *La conjuration des Espagnols*

Le directeur de théâtre Imer et sa fille habitaient la Corte del Duca, c'est le nom de la grande cour au milieu des maisons qui ont occupé la place que Bartolomeo Bon avait réservée pour y construire le palais des Corner, sur le Grand Canal, de l'autre côté du jardin Malipiero. Le projet n'avait pas abouti, et même Francesco Sforza, duc de Milan, qui avait acheté le terrain en 1461 et chargé Filarete du nouveau projet, n'avait pas réussi à le mettre en route. Plus tard, Jacopo Sansovino, fraîchement arrivé à Venise, avait élaboré les plans d'un palais de dimensions colossales pour le richissime procurateur de Saint-Marc, Vettor Grimani, neveu du doge Antonio, homme de grande culture et collectionneur raffiné, auteur, entre autres, du schéma figuratif de la Bibliothèque sansovinienne de Saint-Marc, dans lequel avaient trouvé place des œuvres du Titien, de Paolo Véronèse, de Jacopo Tintoretto, d'Andrea Schiavone et de beaucoup d'autres peintres en vogue. Le projet de Sansovino n'avait pas été réalisé non plus et, aujourd'hui, demeurent seulement un pilier d'angle surmontant un fragment du rez-de-chaussée inachevé, ainsi que les noms de la Ca' del Duca et de la cour du Duc, qui rappellent encore Francesco Sforza et les palais jamais construits.

Ici, au début du XVIIe (l'achat du palais Frezier Zeno à San Geremia n'avait pas encore eu lieu), l'ambassade d'Espagne s'y était installée. C'était une période très difficile pour la République, littéralement assiégée par les territoires de la maison d'Autriche qui, à l'époque, régnait aussi sur l'Espagne. Et les deux branches des Habsbourg faisaient tout pour lui rendre la vie dure.

Le siècle avait à peine commencé qu'il y eut un différend avec le pape Paul V qui tourna au drame. Le pape Paul avait saisi l'occasion de l'arrestation de deux ecclésiastiques accusés de délits communs pour revendiquer à la République les privilèges de l'Église et la suprématie du pape sur tous les souverains temporels. La querelle s'était envenimée, en partie à cause de la diplomatie espagnole qui jetait de l'huile sur le feu ; le pape avait décidé la très grave sanction canonique de l'interdit mais la République l'avait refusée, la tenant pour nulle et sans valeur car injuste. La bataille légale, canonique et politique qui s'en était suivie avait été conduite par deux très fortes personnalités, le doge Leonardo Donà dalle Rose et frère Paolo Sarpi, conseiller juridique de la République ; un arbitrage français avait clos la querelle, laissant Venise satisfaite d'avoir tenu tête au pape, tandis que ce dernier, humilié et amer, se retirait vaincu avec la curie romaine, plein de rancœur et de désir de vengeance.

Les Habsbourg qui régnaient à Vienne avaient suscité et ravivé la piraterie des Slaves de la côte du Velebit, les redoutables Uscoques, dans l'Adriatique ; puis, en 1615, pour une question de frontières au Frioul, ils avaient déchaîné la guerre dite de Gradisca, dans laquelle avait combattu un condottiere destiné à la célébrité, Wallenstein. Et, tandis que le gouverneur du duché de Milan, espagnol depuis presque un siècle, menait une sorte de guerre des nerfs contre la République le long de la frontière occidentale, le vice-roi espagnol du royaume de Naples ne perdait pas une occasion de saper le contrôle vénitien de l'Adriatique, le « golfe de Venise » dont la République était extrêmement jalouse.

Venise vivait donc dans un véritable climat de guerre froide. Les diplomates étrangers étaient gardés à vue tandis que le Conseil des Dix avait tissé un filet serré d'informateurs bien placés dans les différentes ambassades. La rigueur envers les délateurs présumés de secrets d'État était devenue extrême, il y avait eu des cas éclatants et douloureux jusque dans les hautes sphères de la diplomatie vénitienne. Et c'est dans ce contexte de tensions, de soupçons, d'angoisses et d'intrigues qu'explosait l'affaire de la soi-disant « conjuration des Espagnols » : un cas qui fit date et qui, outre de nombreux récits et études, a inspiré une tragédie au dramaturge anglais Thomas Otway : *Venise sauvée*, tragédie qui remporta un énorme succès et qui est encore montée de nos jours.

En 1617, deux traités sont signés à Paris et à Madrid, qui devraient mettre fin à la guerre entre Venise et l'archiduc d'Autriche et entre le duc de Savoie, soutenu par la France et l'Espagne. Mais tous ne sont pas satisfaits. Le gouverneur de Milan don Pedro de Toledo, marquis de Villafranca, « jeune homme de haute lignée, et d'entendement fier et fervent », s'efforce de saboter la paix en posant des conditions outrageuses au duc de Savoie ; le vice-roi de Naples, don Pedro Giròn, duc d'Osuna, de lignée encore plus noble (« le plus beau sang d'Espagne », selon le généalogiste Béthencourt), est convaincu que la grandeur de la monarchie espagnole exige que l'on ne soit pas « *mucho tiempo in paz* » (longtemps en paix). Il cherche donc par tous les moyens de provoquer la République. Tandis que le roi d'Espagne et son favori, le duc de Lerma, hésitent et tâtonnent, Osuna envoie la flotte dans l'Adriatique et Toledo déploie les troupes espagnoles aux confins vénitiens. Le troisième homme est l'ambassadeur d'Espagne don Alonso de la Cueva y Benavides, marquis de Bedmar, qui devrait organiser une cinquième colonne à Venise en faisant pression sur les mercenaires français et anglais recrutés par la Sérénissime pour faire front à l'urgence.

Tandis que les Dix reçoivent en permanence des nouvelles de plus en plus alarmantes sur les manigances de l'ambassadeur, dont la maison, à la Ca' del Duca pullule d'espions, d'aventuriers et même de patriciens en veine de trahison, un capitaine français à la solde de Venise révèle que beaucoup de ses compagnons sont prêts à entrer en action, à saboter la flotte et à déchaîner une action subversive au premier signal du marquis de Bedmar. Le 12 mai 1618, en fait, ce sont les Dix qui entrent en action. Les mercenaires français sont arrêtés, rapidement jugés et pendus. L'ambassadeur, qui s'est fait recevoir au Collège pour se justifier, le fait de façon maladroite ; et les Dix, contrairement à leurs habitudes, donnent le maximum de publicité à l'incident.

Ceci a suscité une ribambelle de suppositions autour de la présumée « conjuration de Bedmar ». Certains pensent qu'Osuna avait véritablement concerté avec Toledo et Bedmar un projet subversif qui aurait facilité et justifié une intervention armée espagnole sans toutefois compromettre le roi Philippe III. D'autres croient qu'Osuna avait monté toute l'opération afin de préparer un piédestal pour servir ses propres ambitions à la couronne espagnole. D'autres enfin pensent que la présumée conjuration avait été une opération de haute police politique montée par les Dix pour se débarrasser d'un diplomate intrigant et ambitieux, tout en créant des difficultés à son ami et protecteur Osuna. Cela dit, il est vrai que, d'une façon ou d'une autre, Venise fut réellement sauvée des visées espagnoles et des Habsbourg, dont le marquis de Bedmar, en bonne ou mauvaise foi, était de toute manière au courant et, institutionnellement, l'instrument.

Il resta de cette époque de tensions et de complots – et cela jusqu'à la fin de la République – une conséquence particulièrement désagréable pour tous les diplomates accrédités auprès d'elle : c'était l'isolement auxquels on les condamnait qui les séparait de façon draconienne de toute la noblesse vénitienne. La fréquentation, la correspondance, la simple conversation d'un patricien avec un ambassadeur ou un diplomate étranger restera un crime grave, même dans les derniers temps de l'indépendance vénitienne. Le génial et brillant Andrea Memmo en saura quelque chose le jour où son ancienne maîtresse, toujours (contrairement à lui) amoureuse, Giustiniana Wynne, devenue comtesse de Rosenberg et ambassadrice impériale, l'approchera pendant une fête au palais Manin à San Salvador, en lui offrant ses services pour une question politique d'actualité. Et, non contente de cela, elle lui envoya le lendemain une lettre sur le même argument. Memmo restitua le billet à qui le lui avait apporté, et tout de suite après, s'empressa de référer l'incident aux inquisiteurs d'État. Ceux-ci prirent la chose très sérieusement, la jugèrent gravissime, et ce fut seulement en considération de la confession spontanée de Memmo et des égards dus à la femme de l'ambassadeur qu'ils se contentèrent de lui infliger un solennel avertissement et la ferme recommandation « de s'abstenir à l'avenir de toute communication avec l'épouse dudit ambassadeur et avec la famille de ladite épouse, sans s'approcher d'elle même à l'occasion de fonctions et de fêtes publiques », afin d'éviter d'encourir « la plus sévère indignation du Tribunal ».

XIV

À la cour du roi Henri

1. *Pauvre Giustiniana!*

Pauvre Giustiniana Wynne! Dans l'intention de rendre service à l'homme qu'elle avait passionnément aimé et qu'elle désirait encore, elle avait risqué de lui procurer les ennuis les plus sérieux, et avait réussi à s'en rendre inapprochable. Andrea, c'est vrai, s'était marié (et ce mariage avait été une autre blessure dans le cœur de Giustiniana), puis, entre deux volumes, il avait entamé une liaison qui allait durer longtemps avec Contarina Barbarigo, laquelle s'était libérée de son insignifiant mari, Marin Zorzi. Mais le cœur de Giustiniana ne se résignait pas, et ne se résignerait jamais. Pas même maintenant, alors qu'en tant qu'épouse de l'ambassadeur impérial, elle était devenue (et allait le rester pour très peu de temps) la maîtresse d'un beau palais gothique sur le Grand Canal, à San Barnaba, presque en face de la Ca'del Duca. Un palais Loredan qui, depuis quelque temps, accueillait précisément les ambassadeurs impériaux et, depuis lors, est connu sous le nom de palais de l'Ambassadeur ou des Ambassadeurs.

Giustiniana commit beaucoup d'étourderies au cours de sa vie mouvementée. Elle était tombée enceinte de ses amours avec Andrea Memmo et, à Paris où elle s'était établie avec sa famille dans la peur et l'angoisse que cette maternité puisse la détruire socialement, elle était tombée dans le piège que Giacomo Casanova lui tendait depuis longtemps. Celui-ci, sous prétexte de la faire avorter, avait couché avec elle, sans se soucier davantage de sa prétendue amitié pour Memmo. Comme dans un roman d'aventures, la belle, qui avait raté de justesse un mariage avec un fermier général richissime et naïf, et qui avait suscité les amoureux désirs du non moins riche bailli Farsetti, s'enfuit de chez elle (la fuite avait été habilement organisée par l'inénarrable Casanova) pour se réfugier dans un monastère. Là, elle avait mis au monde un enfant, immédiatement mis en nourrice Dieu sait où par la complaisante mère abbesse qui l'avait prise sous sa protection. Puis, toujours en correspondance assidue avec Memmo (à qui elle avait tu sa maternité), elle avait dû quitter Paris, où ses aventures étaient sur toutes les lèvres. Elle voyagea à Bruxelles, puis à Londres où elle n'obtint pas d'être présentée à la Cour. En fait, pour tout dire, on n'avait pas voulu d'elle.

A Londres, elle avait raté un autre mariage, avec un certain lord Robinson qu'elle aurait épousé volontiers, comme elle écrivait elle-même à Andrea Memmo, parce qu'il lui ressemblait. Elle quitta l'Angleterre et revint en Italie, à Padoue, à deux pas de son Memmo; et elle l'avait retrouvé amoureux fou de Maria Teresa Dolfin, la femme de Marc' Antonio Zorzi, celui qui haïssait l'abbé Chiari. A Padoue enfin, elle finit par rencontrer quelqu'un qui l'épousa et lui donna un grand nom, le comte Philippe Orsini und Rosenberg, ambassadeur impérial.

Rosenberg était vieux, veuf et extravagant. Mais il l'aimait. Malheureusement, car ce mariage avait été vu d'un mauvais œil à Vienne : le Premier ministre, le comte Kaunitz, parent de la défunte première femme de Rosenberg et son supérieur hiérarchique, désirait que ces noces restassent secrètes. Il fit aussi faire une enquête sur le compte de Giustiniana par son ambassadeur à Londres. Ce fut à cause d'elle que son mari fut rappelé à Vienne. Mais ici non plus, la Cour ne voulait pas la recevoir et Rosenberg s'en inquiétait. Peu après, en février 1765, le vieil ambassadeur passait de vie à trépas.

Que faire? Elle n'était pas la bienvenue à Vienne ni à Klagenfurt, en Carinthie, où les Rosenberg avaient leurs fiefs. Aussi Giustiniana retourna-t-elle à Venise où elle renoua avec de vieux amis et s'en fit de nouveaux, et où elle s'était trouvé une protectrice dans l'épouse du successeur de son mari au palais Loredan, Giacomo Durazzo. Tout se serait bien passé si elle s'était contentée de la vie de société et du travail littéraire dans lequel elle s'était lancée en écrivant un récit de la visite à Venise des comtes du Nord (nous en avons déjà parlé) et de la dévotion d'un ex-jésuite modénais, Benincasa, qui allait devenir le compagnon de ses dernières années. Mais l'étourderie ne se dément jamais. La comtesse Orsini und Rosenberg jouait. Elle avait toujours joué. Un jour qu'elle voulait se débarrasser d'un déplaisant créancier qui la harcelait pour une grosse somme qu'elle avait perdue, elle lui donna, pour se défaire de lui, une bague très précieuse. Comme elle continuait à perdre de l'argent et était toujours sans le sou, elle entra en rapport avec certains individus louches qui prétendaient transformer l'argent en or par l'alchimie et lui soutirèrent le peu d'argenterie qui lui restait. Jusqu'à ce qu'elle se rende compte qu'elle ne pouvait plus continuer ainsi et qu'une fois encore elle quitte Venise.

Un vieil ami fidèle, Angelo Querini, héros d'une mémorable bataille parlementaire au Conseil majeur, l'avait hébergée dans sa villa d'Altichiero tandis qu'elle cherchait une maison à Padoue. Là, dans la riche et cultivée ville universitaire, elle avait tenu un salon, fréquenté par l'élite intellectuelle padouane; elle avait aussi revu Memmo, désormais veuf, mais qui n'était plus disponible pour aucune liaison sérieuse (il avait définitivement arrêté, après vingt-cinq ans, sa relation avec Contarina Barbarigo et cherchait, perpétuellement excité, les faveurs des jeunes filles de dix-huit ans...) et avait continué à écrire. Un livre de *Pièces morales et sentimentales*, un autre sur les Morlaques dalmatiens, ceux pour qui Andrea Memmo – encore lui – se battait au Sénat. Elle mourut en août 1791, à cinquante-quatre ans. Son frère Richard, devenu ministre anglican et recteur de Ayot St. Laurence, dans le Hertfordshire, fit apposer une plaque commémorative. Querini fit sculpter un buste qu'il plaça dans son propre jardin, avec une longue inscription décorée. Non loin de là, dans l'église d'Altichiero, était enterrée la Cavamacchie, Giulietta Preato, l'impudente petite courtisane qui avait giflé Casanova et s'était liée pour la vie à Stefano Querini, le cousin d'Angelo. S'il l'avait su, le vieux Casanova, dans son exil bohème, aurait certainement ricané. Il apprit la mort de Giustiniana par un neveu de son mari et écrivit des notes, qui ont été retrouvées dans ses papiers laissés à Dux. Mais il avait déjà trop parlé d'elle dans ses *Mémoires*, bien qu'il eût caché son nom sous d'absurdes initiales imaginaires.

2. *Aléas et avantages de la diplomatie*

Pendant les dix ans durant lesquels il avait été ambassadeur à Venise, le mari de Giustiniana Wynne s'était montré particulièrement agacé par l'isolement que les lois de la République imposaient aux diplomates étrangers. Il avait été le héros involontaire d'un épisode dans lequel étaient impliqués, par pur hasard, deux personnages très liés à sa future épouse, Casanova et Andrea Memmo. Celui-ci, malgré la passion irrésistible qu'il vivait alors avec Giustiniana, avait aussi une liaison, partagée avec Casanova, avec la célébrissime danseuse et courtisane Ancilla (celle qui avait suscité l'admiration du président de Brosses). C'est là que, de sa fenêtre, Andrea avait vu débarquer l'ambassadeur impérial et Casanova raconte que Memmo s'enfuit aussitôt et se précipita chez le secrétaire des inquisiteurs d'État. Celui-ci lui dit qu'il avait bien fait de raconter les choses, comme elles étaient déjà connues par le Tribunal suprême, aussi exactement que possible.

Rosenberg avait aussi été la cause de l'arrestation d'un compagnon de détention de Casanova sous les Plombs, l'abbé Fenaroli, qu'il avait convaincu de lui servir d'intermédiaire avec une belle dame patricienne, une Ruzzini : et il avait été le promoteur d'une inutile tentative, avec l'aide de l'ambassadeur de France, pour convaincre la République de supprimer les règles qui empêchaient les diplomates étrangers de vivre la vie mondaine si animée de la bonne société.

Outre son intérêt actif, trop même, pour le théâtre et les dames du théâtre, le comte Rosenberg avait la passion du bon vin. Ou du moins c'est ce qu'il semblerait, car les inquisiteurs en 1761 lui firent remarquer qu'il s'en était fait livrer presque mille baquets, une quantité énorme, même en tenant compte du grand nombre de domestiques qu'il tenait dans sa maison. Et il s'en était excusé, alléguant sa propre ignorance des normes qui limitaient les importations en franchise des diplomates afin d'endiguer la contrebande.

Son successeur, le comte Giacomo Durazzo, d'ancienne famille génoise, homme épris de faste, auquel certains attribuent le choix du palais Loredan comme siège de l'ambassade impériale, avait par contre, outre une habituelle passion pour le théâtre et les chanteuses, celle de la bonne chère. Pour la satisfaire, il avait engagé un important chef français, Claude de Vigneron, personnage d'un niveau bien supérieur à celui d'un cuisinier normal. On disait de lui, comme il le fut rapporté aux inquisiteurs d'État, qu'il entretenait à souper le chevalier Polo Querini, échangeait des œillades assassines avec la noble dame Andriana Barbaro Foscarini et suivait ostensiblement la noble dame Lucia Barzizza Crotta, à laquelle il tentait aussi, mais en vain, de faire passer des billets doux et des messages amoureux.

M. de Vigneron devait par la suite quitter le service de l'ambassadeur Durazzo pour celui du procurateur de Saint-Marc Francesco Lorenzo Morosini. Changement avantageux, la maison Morosini da Santo Stefano étant une des premières de Venise. Son palais, bien qu'il ne donnât pas sur le Grand Canal, mais sur un petit rio sombre, conservait dans les salles décorées par Giambattista Tiepolo les trophées des victoires du Péloponnésien. L'ambassadeur se sera consolé de cette perte avec sa célèbre collection d'estampes, à laquelle fut consacré un catalogue. Et avec la compagnie de son épouse Ernestine von Weissenwolff, qui était entourée d'une grande réputation de beauté et d'intelligence.

L'ambassadrice était aussi dotée d'un tempérament vivace, et plusieurs fois les inquisiteurs d'État durent envoyer leur messager, l'abbé Cattaneo, présenter plaintes et doléances à l'ambassadeur. Un jour, après un repas au palais Loredan, le marquis Finocchietti, ministre résident du roi de Naples, avait suggéré une visite aux jardins de l'abbaye de San Giorgio Maggiore, avec la conviction que leur groupe, dont faisaient partie, outre lui-même, l'ambassadrice du Saint-Empire, et l'ambassadeur et l'ambassadrice de France, serait certainement admis à traverser les endroits soumis à la clôture. Mais les moines ne furent pas du tout du même avis et quand la joyeuse compagnie avait traversé le second cloître, elle s'était trouvée devant un bénédictin armé d'un fusil. La comtesse Durazzo s'était fâchée au point de se comporter d'une façon « plus digne d'une bacchante que d'une personne raisonnable ». Il y eut toutes les démarches officielles, les excuses et les tracas qu'en général un ambassadeur craint comme la peste.

Il y avait eu pire encore, mais l'ambassadeur ne l'avait jamais su. Les habitants du quartier de San Barnaba suivait avec émerveillement les pas d'un homme au visage recouvert d'un loup, et enveloppé dans un grand manteau noir, errant dans les rues du voisinage. Un espion des inquisiteurs d'État s'était lancé sur la piste, et en était arrivé à la conclusion qu'il s'agissait d'un personnage de sang royal, le comte de Nassau, qui, à Vienne, avant le départ du couple Durazzo pour Venise, avait été un soupirant assidu de la comtesse. Étant donné que les promenades du mystérieux individu avaient toujours comme objectif final le palais de l'ambassadeur, l'espion fit part de ses inquiétudes aux inquisiteurs : la comtesse était nerveuse, l'ambassadeur semblait commencer à flairer quelque chose et, son tempérament très vif pouvant faire craindre des excès déplorables, la réputation d'un couple aussi important risquait d'être compromise.

Le Tribunal suprême, profitant de l'incognito du comte de Nassau, l'anticipa. Un huissier fut envoyé sur-le-champ chez lui, dans la maison qui se trouve entre le palais Moro Lin et le palais Grassi. Il lui intima l'ordre de quitter immédiatement Venise et les territoires de la Sérénissime. Nassau obéit en silence.

Six mois plus tard, eut lieu l'épilogue. Les inquisiteurs d'État sont informés que le comte de Nassau, revenu sans loup ni manteau, a l'intention de se rendre chez la comtesse, dans sa villa de la Mira, pour lui présenter ses hommages. Cette fois-ci, le Tribunal suprême ne peut qu'en prendre acte et s'incliner.

3. *La galerie du feldmaréchal*

Le traité de Karlovitz avait sanctionné les conquêtes que Francesco Morosini avait arrachées aux Turcs avant de mourir en 1693 en Grèce. Mais la puissance ottomane était loin d'être affaiblie. Le 8 décembre 1714, le bailo de Venise à Constantinople, Andrea Memmo, grand-père de notre Andrea, recevait une déclaration de guerre, suivie, selon la déplorable habitude turque, par son arrestation. La flotte ottomane, sortie en force des Dardanelles, occupait l'une après l'autre les places fortes vénitiennes des Cyclades et du Péloponnèse, et pénétrait dans la mer Ionique. Bref, la menace se dirigeait sur Corfou, la place forte qui barrait l'accès au « golfe », à l'Adriatique, à Venise. Et Corfou était défendue, comme d'ailleurs toutes les autres places fortes, par des forces totalement inadéquates.

La flotte vénitienne était commandée par Andrea Pisani da Santo Stefano. Mais le Sénat avait eu l'idée d'appeler un expert militaire pour diriger la défense de l'île. L'ambassadeur à Vienne, Pietro Grimani, avait été chargé de négocier avec un très valeureux et très compétent général allemand, le comte saxon Johann Mathias von der Schulenburg, qui, à la tête de l'infanterie d'Auguste le Fort de Saxe, avait affronté un condottiere légendaire, Charles XII de Suède, transformant une retraite en succès avec une habileté qui lui avait valu les louanges de Voltaire. Par la suite, il avait commandé l'infanterie du prince Eugène de Savoie dans la victorieuse bataille de Malpalquet. Le feldmaréchal von der Schulenburg avait accepté un contrat de trois ans avec la Sérénissime République.

Le choix avait été heureux. Et pour les deux parties : le feldmaréchal avait dirigé la défense de Corfou avec abnégation et, ce qui comptait encore plus, avec grand talent. Il avait réussi à exploiter au maximum les maigres moyens à sa disposition, faisant en sorte, grâce à des stratagèmes, de les faire sembler bien plus nombreuses face aux forces ottomanes, largement supérieures. Et tout cela en épargnant la vie de ses soldats et en se comportant avec une humanité prévoyante envers eux et leurs familles. Le siège avait été levé et la Sérénissime avait récompensé le feldmaréchal par une statue à Corfou, une épée de parade incrustée de diamants et une rente viagère de cinq mille ducats. De son côté, il s'était sincèrement attaché à la Sérénissime. A l'expiration de son contrat de généralissime de la République, il l'avait renouvelé et allait continuer à le faire jusqu'à sa mort, plus de trente ans plus tard. Il s'était fixé à Venise et, comme il l'écrivait à un neveu quelques années plus tard, ni Démosthène ni Cicéron n'auraient pu le convaincre de s'en aller.

Schulenburg s'était donc établi au palais Loredan, où il avait emménagé avec une suite de vingt-cinq personnes plus quatre gondoliers. Il vivait avec grandeur même si à sa table, selon Charles de Brosses, on ne servait pas les vins qu'il fallait (mais, bien qu'il eût presque quatre-vingts ans, c'était un plaisir de l'entendre parler de Charles XII et de la fameuse retraite). Étant donné qu'il n'était pas diplomate, il pouvait recevoir qui il voulait. Il se vantait de l'intime amitié du doge Carlo Ruzzini, qui venait lui rendre visite incognito, masqué, selon la loi qui régissait les sorties privées du Sérénissime. Mais plusieurs souverains entretenaient aussi avec lui des rapports cordiaux, depuis le roi Auguste le Fort, qui lui faisait don de son propre portrait, jusqu'à l'électeur Charles Albert de Bavière, lequel lui envoya une tabatière très précieuse. Il était resté célibataire, car, disait-il, « il voulait manger son pain tranquille », mais peut-être y avait-il d'autres raisons : il avait eu un grand amour pour une dame de Dresde, mariée à un autre, mais qui lui avait donné un fils. Et le fait que ce fils fût un pauvre demeuré, très laid et difforme, était pour lui un motif perpétuel d'amertume.

Curieusement, un peintre grec, Nicoletto Doxera, faisait partie de sa suite. Et parmi les personnes qui travaillaient pour lui, on trouvait un médecin, deux couturières, mais aussi un autre peintre, Gian Antonio Guardi. Car le généreux feldmaréchal, qui dépensait de fortes sommes en bienfaisances diverses, avait une profonde passion pour la peinture. Il avait réuni une grande collection, dont seules de récentes recherches ont pu faire comprendre l'ampleur et l'importance.

En règle générale, Schulenburg préférait les sujets humains, les portraits et en tout premier lieu les siens. Il en avait plusieurs, dont un réalisé par le portraitiste officiel de Louis XIV, Hyacinthe Rigaud. Mais parmi ceux qui le conseillaient et l'assistaient dans ses achats, on trouvait des peintres en vogue, comme Giambattista Piazzetta et le peintre de batailles Francesco Simonini, dont les œuvres étaient nombreuses dans sa collection. Comme l'étaient du reste celle de Sebastiano Ricci et de Giambattista Pittoni. On y recensait au moins cent toiles d'Antonio Guardi qui avait été lié de longues années au maréchal, dont la *Favorite grecque*, aujourd'hui dans la collection von Thyssen. Il y avait des paysages de Canaletto, Marieschi, Carlevarijs, il y avait une *Chute des anges* de Solimena, des œuvres de Fetti, Strozzi, du Chevalier Calabrese et de Luca Giordano, mais aussi de Lorenzo Lotto. Et si les listes et les inventaires ne mentent pas, d'Andrea Mantegna, du Titien, de Véronèse, de Rubens, et même un tableau attribué à Giotto.

Le maréchal mourut loin de ce qui était devenu désormais sa Venise, à Vérone, où, malgré ses quatre-vingt-six ans, il avait été appelé par son devoir de commandant en chef de l'armée vénitienne. Au moment de sa mort, ses tableaux étaient au moins au nombre de huit cent quarante-cinq mais une grande partie avait été expédiée à Berlin où son neveu bien-aimé, Adolph Friedrich, le fils de sa sœur et d'un cousin von der Schulenburg, se faisait construire une somptueuse résidence. Puis Adolph Friedrich, militaire lui aussi, mourut au champ d'honneur (son oncle ne s'était jamais consolé de cette perte) et un autre neveu fut nommé héritier universel, avec obligation d'inaliénabilité des collections, liée par un fidéicommis selon l'ordre de primogéniture.

Une fois le maréchal mort, le reste de la collection aussi fut expédiée en Allemagne et certaines choses disparurent en chemin. D'autres pièces de moindre valeur, mises de côté à cause du manque d'espace, suivirent la même route. Puis quelque temps plus tard, malgré la volonté du défunt, les ventes commencèrent ; les premiers à partir furent un *Adam et Ève* d'Albrecht Dürer, un portrait et un tableau mythologique de Paolo Véronèse, un portrait de Van Dyck et des paysages de Salvator Rosa. En 1775 la célèbre salle des ventes londonienne Christie's, fondée depuis peu, mit en vente cent vingt-cinq tableaux : *A noble and superb collection of pictures*, comme disait l'affiche des enchères. Et elle disait certes la vérité car il y avait des œuvres de Giotto, Perugino, Raphaël, le Titien, Véronèse, Giorgione, Giulio Romano, Rembrandt et même un Léonard de Vinci, outre celles de peintres vénitiens contemporains du collectionneur. En 1968, la famille von der Schulenburg possédait encore deux cent cinquante-six peintures, dont un peu plus de la moitié furent heureusement déposées au Landesmuseum de Hanovre. Après la mort du comte Johann Heinrich von der Schulenburg, survenue en 1975, ses quatre fils se partagèrent les restes de la collection de ce grand et généreux mécène et les dispersèrent dans les ventes de Sotheby's et de par le monde.

4. *La gloire de Mocenigo*

Peut-être est-ce parce que Girolamo Contarini avait le pressentiment que les œuvres d'art et les précieux codes accumulés avec amour par ses ancêtres auraient pris le chemin du marché antiquaire, qu'il décida de léguer les livres et les codes à la Bibliothèque de Saint-Marc et les tableaux à la galerie de l'Académie des beaux-arts. C'était le dernier des Contarini de la lignée un temps surnommée « des Coffres » (peut-être à cause de la grande quantité de sequins dont elle disposait), puis plus tard « Piazzola », car elle possédait à Piazzola, sur la Brenta, une grandiose villa, construite par Palladio, la plus grande et la plus importante de toute la Vénétie. C'est donc au comte Girolamo Contarini, chevalier de l'ordre suprême autrichien de la Toison d'or, que va le mérite d'avoir sauvé des griffes des antiquaires et d'avoir conservé pour nous un patrimoine considérable d'art et de culture. Il suffit de penser qu'avec le legs Contarini sont entrées à l'Académie, outre une quantité de toiles de maître des XVe et XVIe siècles, un groupe d'œuvres de Giovanni Bellini qui comprennent *La Madonna degli Alberetti* et six toiles de Pietro Longhi : le délicieux *Petit concert, La Leçon de danse, La Toilette, Le Tailleur, Le Devin* et le très célèbre *Apothicaire*.

Sur le Grand Canal, les palais des Contarini « Piazzola » sont au nombre de deux, l'un à côté de l'autre. Celui qui est à l'angle du canal San Trovaso est gothique, l'autre porte le surnom de Corfou et a été construit par Vincenzo Scamozzi, le plus important des disciples de Palladio, tout au début du XVIIe.

Le palais gothique avait été construit vers la fin du XIVe siècle par messire Pieto Contarini, surnommé significativement « Pince d'or »; son frère Nicolò avait enseigné le droit à l'Université de Padoue et avait épousé en 1413 une fille de Jacopo da Carrara de la puissante famille des seigneurs de Padoue, dont le fief de Piazzola était passé à la maison Contarini. Paolo Contarini, le fils du petit-fils de Nicolò, avait épousé, en 1525, Vienna Gritti, la nièce d'Andrea, le grand doge dont les traits sévères peuvent être reconnus dans plus d'un portrait du Titien. Il fut sans doute le plus grand des doges du XVIe siècle, marchand à Constantinople dans sa jeunesse, puis valeureux condottiere pendant la guerre contre la coalition antivénitienne de Cambrai. C'était un diplomate avisé et un prince splendide, et il sut lancer toute une série d'initiatives politiques et juridiques innovatrices qui marquèrent de son influence une des époques les plus brillantes de la vie artistique et culturelle vénitienne.

Le doge était très attaché à sa petite-fille, fille de l'un de ses fils mort très jeune, et il avait voulu que les fêtes fussent mémorables. Elles avaient duré plusieurs jours et, après la cérémonie religieuse, le banquet et le grand bal au palais des Doges, Vienna Gritti avait rejoint le palais de son mari, illuminé « *a giorno* », en parcourant le Grand Canal au son des fanfares et des grondements de l'artillerie, à bord du Bucentaure sur lequel les « compagnons » de la Chausse dite des Maraîchers dansaient au son de trompettes et de fifres avec une escorte de cent treize dames couvertes de joyaux.

Lazzaro Mocenigo, le valeureux capitaine dont la geste a été chantée en vers par Gabriele D'Annunzio était né ici, sur le Grand Canal, dans le palais qui côtoie celui des Contarini. C'est de là qu'il allait partir pour sa brève et glorieuse existence consommée dans l'arc final d'une vie tronquée à l'aube de ses trente-trois ans.

Nous avons vu plus tôt Lazzaro Mocenigo revenir à Venise en juin 1656 pour apporter la nouvelle de la victoire pour laquelle le capitaine général Lorenzo Marcello était mort au combat dans les Dardanelles. Lui, Mocenigo, avait perdu l'œil droit. Il entra triomphalement dans le bassin de Saint-Marc en remorquant un navire de pirates barbaresques capturé en chemin. L'événement avait été foudroyant pour le Sénat et Lazzaro Mocenigo fut élu capitaine général « da Mar » par une majorité écrasante. Et lui-même, au duc de Brunswick qui se réjouissait et le saluait à la veille de son départ pour le Levant en lui donnant des conseils de modération et de prudence, avait dit : « Votre Altesse entendra parler très vite ou de quelque chose de grandiose ou de ma mort. »

Son image, comme on la voit dans un tableau attribué à Francesco Maffei et dont nous connaissons deux versions, l'une conservée en Allemagne, l'autre au palais Mocenigo à San Stae, est celle d'un homme sec, maigre, presque dévoré par une sorte de fièvre intérieure qui fait briller son œil unique, une épaisse chevelure brune descendant sur ses épaules, le visage cuit par le soleil de l'Égée, la main agrippée au bâton de commandement dans le reflet de la cape pourpre (la « romaine ») qui l'enveloppe. C'est une image dramatique, très XVIIe, pleine d'une sorte de sinistre sous-entendu, presque un pressentiment de mort, qui flotte autour de lui. En réalité, la période de commandement de Lazzaro Mocenigo se consomma en une seule campagne, celle de 1657, commencée en février par la capture d'une grosse caravane navale en provenance d'Alexandrie, poursuivie au printemps par la prise de quatre vaisseaux algériens et la destruction de trois autres par les galéasses. Un de ces cas rarissimes où un détachement de navires à rames avait réussi à en vaincre un autre, composé exclusivement de navires à voiles (l'exploit avait été récompensé par l'élection de Lazzaro Mocenigo comme procurateur de Saint-Marc). La campagne se conclut en juillet par la bataille des Dardanelles.

L'armée vénitienne, augmentée d'un contingent de l'ordre de Malte aux ordres du bailli Gregorio Carafa et d'un autre, pontifical, commandé par Giovanni Bichi Ruspoli, s'était placée de manière à bloquer la sortie de la flotte ottomane du détroit des Dardanelles. L'amiral turc, Topal, avait pensé profiter de l'éloignement du gros de la flotte à rames, qui s'était transférée sur la plage de Hisarlik (l'antique Troie), pour l'aiguade, afin de tenter une sortie en mer libre. La manœuvre débute le 17 juillet 1657. Il dispose de trente galères, dix galéasses et dix-huit navires à voiles, plus cinquante mille hommes pour les opérations de terre. Toutes voiles dehors, avec le vent en poupe, ses vaisseaux sortent de la ligne des châteaux d'Europe et d'Asie, suivis par huit galéasses. Les galéasses et les vaisseaux vénitiens restés à la garde des détroits engagent le combat. Deux navires turcs abordent celle du capitaine des navires Bembo. Dans la mêlée, le gouverneur de galéasse Alvise Foscari meurt, mais les Vénitiens gagnent largement, sans perdre une seule unité. Tandis que quatre vaisseaux turcs sont incendiés, deux sont coulés et deux autres contraints de se jeter sur la côte.

Entre-temps, Topal avait tenté une sortie avec les galères. Mais celles qu'il trouve déployées devant le cap Crisio, à l'extrémité de la péninsule de Gallipoli, n'étaient pas, comme il le croyait, les galères du bey de l'archipel, mais celles de Mocenigo, revenues en toute hâte. Alors, tandis que cinq de ses navires réussissaient à rentrer dans le détroit, Topal se plaçait avec les autres en défense, à l'abri de l'artillerie côtière.

« Tel un lévrier qui aurait vu le fauve ennemi », écrit un témoin anonyme, Mocenigo se déplace afin de fermer le détroit des Dardanelles. Mais le courant et le vent sont contraires, les rameurs épuisés ne réussissent pas à maintenir la formation. On jette les ancres, la nuit est tombée. Topal veut alors en profiter pour faire rentrer ses unités, et quelques galères y réussissent, dans l'obscurité, en naviguant au ras des côtes. Mocenigo s'en aperçoit, et par un effort inouï, se dirige de façon à couper la route de l'ennemi. Bichi le suit immédiatement. Une galère turque, qui tente la fugue, éperonne la proue de celle du capitaine général. Mocenigo l'aborde, le Turc lève les voiles, espérant entraîner le navire amiral vénitien : c'est Bichi qui le bloque en accostant la galère de Mocenigo et en l'arrimant à la sienne par de gros cordages. A la fin, la galère turque est contrainte de se rendre ; elle a perdu deux cent cinquante hommes, deux cents autres sont capturés.

A bord du navire amiral de Venise, la consultation des « chefs de Mer » et des commandants alliés s'accorde sur la priorité de la destruction des unités ennemies restées au-delà de la ligne des châteaux, afin d'empêcher la flotte turque d'effectuer une action offensive et de permettre aux Vénitiens de tenter de libérer Candie de l'étau du siège. Mais le matin du 18 juillet, la mer est agitée, le vent du nord souffle violemment. A l'aube du 19, cinq galères turques tentent de profiter d'un moment d'accalmie pour rejoindre les autres. Mocenigo, Bichi et Carafa les interceptent, une des cinq est contrainte à se jeter sur la côte, une autre, abordée par Mocenigo, est capturée après quatre heures de lutte. A la nuit tombée, on reprend le plan de destruction de la flotte turque, Mocenigo se réserve la manœuvre la plus hardie et remonte à la tête d'une formation de douze galères en file, le long du littoral asiatique, en se tenant tout près des côtes. Les batteries côtières turques touchent tout de suite deux unités, les autres avancent toujours. Mais voici qu'une bombe prend de plein fouet la sainte-barbe de la galée générale et le dépôt de munitions explose, soulevant un nuage de fumée noirâtre et puante de soufre. Le corps de la galée se désagrège, l'antenne du mât de calcet s'écroule sur le capitaine général debout en poupe et lui fracasse le crâne. Il ne reste plus au provéditeur d'armée Badoer qu'à envoyer la galère *La Trévisane*, aux ordres de Guglielmo Avogadro degli Azzoni, secourir les naufragés et récupérer les restes du navire.

5. *Canova et le Titien*

Les mérites de Lazzaro Mocenigo valurent à son frère le titre de chevalier de l'Étole d'Or. Le fils de ce dernier, Zuanne, né en 1651 et marié en 1668 avec Daniela Morosini, petite-fille de Francesco (le successeur de Lazzaro comme capitaine général et futur doge), fut le dernier de cette lignée des Mocenigo. Zuanne ne figure pas, comme son oncle, parmi les gloires de la Sérénissime, mais dans les chroniques criminelles : il fut banni avec peine capitale, confiscation des biens et perte de la noblesse « pour avoir vidé deux pistolets contre messires Nicolò et Sebastiano Foscarini au théâtre San Salvador, et avoir conséquemment provoqué la mort dudit messire Nicolò ». La noblesse lui fut rendue par décret du Grand Conseil. Mais le palais, après sa mort et celle de l'autre frère de Lazzaro, Francesco (qui avait épousé la veuve d'un autre très valeureux capitaine général Giorgio Morosini), passa à l'illustre famille bresciane des Gambara, dont les armoiries, avec l'écrevisse héraldique, se voient encore au-dessus du portail de l'entrée de terre, au Campiello Gambara, dans le voisinage de l'Académie des beaux-arts.

Cette dernière montre, sur le Grand Canal, traversé à cette hauteur par le massif pont de bois qui remplace celui de fonte construit à la moitié du siècle dernier, la façade remaniée de l'antique grande école de Santa Maria della Carità, privée du lion qui pendant quelque temps, comme on peut le voir sur les vieilles gravures, se promenait sur le faîte portant Minerve en croupe. A côté, se trouve le flanc de la vieille église du même nom que nous reconnaissons dans plusieurs vues de Canaletto, avec son immense clocher, lequel s'écroula de façon désastreuse le 27 mars 1744.

L'église a été entièrement vidée, pendant le règne de Napoléon Ier, et divisée en espaces d'expositions et en salles didactiques par un architecte à la mode, Antonio Selva. Nous n'exagérons pas en disant que cela a été une grave et stupide erreur. C'était un bel édifice gothique, reconstruit aux alentours de 1441. Tous les travaux en pierre avaient été supervisés par Bartolomeo Bon, le créateur de la porte della Carta du palais des Doges, qui s'était prodigué en une richissime décoration intérieure et extérieure. On y voyait, outre plusieurs peintures importantes, l'imposant monument funèbre du doge Nicolò da Ponte, dessiné par Vincenzo Scamozzi, avec le buste du doge sculpté par Alessandro Vittoria, et celui érigé par Mauro Codussi pour les doges Marco et Agostino Barbarigo, une pure merveille de l'art de la Renaissance. De toutes ces splendeurs, il ne reste que peu de choses parmi lesquelles le buste du doge da Ponte et la statue agenouillée d'Agostino Barbarigo ; les sculptures, les inscriptions et les éléments architecturaux de grande valeur ont fini comme matériel de construction.

L'École Grande, une des six confréries qui portent ce titre (c'étaient de grosses institutions de dévotion et d'assistance dans lesquelles la bourgeoisie, exclue du pouvoir, défoulait ses envies de prestige, en se dépensant dans toutes sortes d'embellissements et dans le plus somptueux mécénat artistique), a été moins maltraitée que l'église. *La Présentation de la Vierge au Temple* du Titien est encore là où elle avait été mise par les soins d'un groupe de confrères, parmi lesquels on reconnaît, dans le tableau, un riche ami du peintre, Andrea de' Franceschi, en somptueux habits « à la ducale ».

Dans une des salles de l'Académie était exposée, avant qu'elle ne retourne sur le maître autel de l'église des Frari, *L'Assomption* du Titien. C'est ici que, le 6 février 1822, Leopoldo Cicognara, président de l'Académie, avait pensé déposer brièvement, sur la route de sa dernière demeure, la dépouille d'Antonio Canova. C'était une idée judicieuse car Canova avait eu beaucoup de points communs avec le Titien : la reconnaissance universelle, la sympathie de tous les commandes des souverains, la richesse et la noblesse obtenues uniquement grâce au succès artistique. Ainsi qu'une intelligence pragmatique, simple, qui avait empêché les deux hommes de se monter la tête avec les honneurs et de poser au génie comme tant d'autres, bien moins talentueux qu'eux. Très vieux et à moitié aveugle, le Titien avait infatigablement continué à peindre. Admiré par Napoléon comme par les ennemis de celui-ci avec autant de ferveur, riche à millions, nommé marquis pour mérites artistiques, Canova était lui aussi resté simple et cordial. A sa mort on avait pu constater combien, malgré son succès, il avait gardé ce goût des travaux manuels auxquels on attribuait une partie de ses maux physiques. En effet, l'usage excessif de la perceuse calée contre le thorax pour sculpter les drapés de la Mansuétude du monument du pape Clément XIV et la crinière des lions de celui de Clément XIII, lui avait provoqué un écrasement des côtes et une compression du foie.

Bien que ce fût une pensée courtoise et intelligente, le projet de Cicognara ne plut pas aux autorités, en l'occurrence au patriarche de Venise, qui était à l'époque un prélat hongrois, Mgr Ladislas Pyrker de Felsö-Eör, un brave homme qui s'était donné beaucoup de mal auprès de l'empereur François Ier pour venir à bout des malheurs de Venise. Mais, bien qu'il fût poète (il chantait pêle-mêle la gloire des Habsbourg, de hauts faits bibliques et les joies de l'alpinisme...) il n'était sans doute pas capable de comprendre la délicatesse de cette pensée. Sans doute éprouvait-il aussi un peu de rancœur envers Cicognara, qui s'était fermement opposé à sa tentative de supprimer l'iconostase du XIVe siècle de la basilique de Saint-Marc, devenue cathédrale depuis une quinzaine d'années. Le patriarche « voulait absolument » enlever l'iconostase, Cicognara avait proclamé « sa totale opposition », ainsi que celle de l'Académie, à un projet qui aurait défiguré l'un des plus nobles monuments de la Chrétienté. Et son intervention avait probablement beaucoup compté dans l'enterrement de cette absurde initiative, malheureusement reprise, à une époque plus récente, par le patriarche Roncalli, le futur Jean XXIII, et partiellement mise en œuvre, avec l'enlèvement des magnifiques pluteus de marbre antique.

De toute façon, Cicognara outrepassa les interdits du patriarche. Escorté par des milliers de gondoles, le cercueil de Canova aborda au quai de l'Académie, transporté à bras par les professeurs, il en gravit le grand escalier et fut déposé aux pieds du chef-d'œuvre du Titien. Dans la salle comble, Cicognara, ému, parla brièvement. La salle et *L'Assomption* étaient illuminées par un seul grand cierge, planté dans un pylone de bronze sur lequel, au temps de la Sérénissime, on posait les urnes qui servaient aux votes du Grand Conseil. « Le souvenir de ce moment, écrit un contemporain, ne fut jamais oublié par ceux qui y assistèrent... »

6. *La « venitian life » selon Howells*

Le monastère des Chanoines réguliers de Latran de Santa Maria della Carità, incorporé dans l'Académie et amplement détérioré par

Selva, est lié au souvenir de l'un des événements de la plus haute importance dans l'histoire de Venise : la paix de 1177 entre le pape Alexandre III et l'empereur allemand Frédéric Barberousse. C'était la première fois que Venise avait une fonction médiatrice à un tel niveau de grandeur, réconciliant, après une longue et violente querelle, les deux grandes puissances du monde du Moyen-Age. Et, depuis les temps les plus anciens, on avait beaucoup brodé sur cet événement dont le retentissement avait été immense. La légende racontait que le pape, contraint à la fuite, était arrivé en cachette sur la lagune et, après avoir passé la nuit sous un porche près de l'église de Sant'Aponal, qu'il s'était présenté incognito au prieur du monastère de la Carità, lequel ne l'avait pas reconnu et l'avait accueilli, selon une version comme chapelain, et selon une autre comme valet de cuisine. Après plusieurs mois, le pape aurait été découvert par le doge Sebastiano Ziani, qui l'aurait accompagné au palais des Doges avec tous les honneurs et qui aurait envoyé sur-le-champ deux ambassadeurs à Frédéric avec des propositions de paix. Le Souabe avait refusé de négocier : il exigeait la reddition immédiate du pape et, toujours selon la légende, avait armé, avec l'aide de Gênes, une formidable flotte de soixante-cinq galères commandées par son fils Othon. Le doge prit alors le commandement de l'armée vénitienne, qui ne comptait que trente galères et reçut la bénédiction du pape qui lui avait remis un estoc à poignée d'or. Le jour de l'Ascension, il avait affronté la flotte impériale dans les eaux de l'Istrie devant le cap Salvore. Il l'avait terrassée et capturé quarante-huit galères en faisant prisonnier Othon. Ce dernier, généreusement renvoyé à son père par le doge, l'avait persuadé de rencontrer le pape à Venise.

Quelle que soit la façon dont elle s'était déroulée, la rencontre entre le pape et l'empereur fut un succès. Surtout pour Venise, qui voyait universellement reconnu son rang de puissance méditerranéenne. Sa parabole ascensionnelle était en plein développement et allait la mener en peu d'années à devenir l'arbitre des destins de l'Empire byzantin, dans l'orbite duquel elle était née et avait grandi. C'était une ascension commencée une centaine d'années plus tôt et offrant une place importante à deux doges issus de l'antique famille Falier : Vitale, qui le premier s'était octroyé, outre le titre de doge de Venise, celui de duc de Dalmatie et de Croatie;

et Ordelaf (le nom est celui de la famille, Faledro, latinisé et inversé) qui avait vaincu les Arabes à Jaffa et à Sidon, combattu les Normands pour le compte de l'empereur de Byzance, repris Zara et Sebenico au roi de Hongrie, et qui était mort au combat en Dalmatie, en 1118. Sa famille, qui était l'une des douze « apostoliques », se vantait de compter parmi ses ancêtres l'un des mythiques consuls padouans auxquels on attribuait la légendaire fondation de Venise, le 25 mars 421.

Les propriétaires du palais Falier qui, au-delà du Grand Canal, se trouve face aux palais Contarini, se flattaient eux aussi de descendre directement des doges Vitale et Ordelaf. En réalité, seul Vitale aurait donné naissance à la lignée du doge Marin, celui qui avait été décapité en 1355 et dont Byron avait écrit l'histoire, plus tard mise en musique par Gaetano Donizetti. Marin Faliero, lui, n'habitait pas ici. Son palais existe encore aux Santi Apostoli, mais pas sa statue avec la tête détachée du buste qui semblerait avoir été vue, selon quelques vieux guides, à une époque, en haut d'un escalier.

Il est désormais prouvé que le malheureux Marin ne fut pas, comme le voulait Byron, un champion de la liberté contre l'oligarchie patricienne, mais que son complot visait à le faire devenir seigneur de Venise avec l'appui de ce que l'on appelait « le peuple gras », la bourgeoisie émergente, qui supportait mal l'exclusion du pouvoir.

Un autre complot (bien modeste celui-ci), comme l'avait appelé le Conseil des Dix en en exagérant l'importance, fut celui dans lequel Francesco Falier, propriétaire du palais en 1492, eut un rôle important : il fut condamné à la relégation à vie dans l'île de Chypre pour avoir proposé, avec son collègue Gabriele Bon, lui aussi chef des Quarantie, et avec l'appui d'autres patriciens, une largesse extraordinaire en faveur des patriciens pauvres. Selon la proposition Falier-Bon, une subvention de cent ducats par an aurait dû être versée aux patriciens pauvres de plus de soixante ans, et une de cinquante ducats à ceux entre vingt-cinq et soixante ans. D'après les calculs faits par les Dix, cela faisait une dépense pour l'Office des finances d'environ soixante-dix mille ducats par an. Une somme qui fut jugée ruineuse, et qui a révélé aux historiens modernes un fait déconcertant : sur mille huit cents patriciens faisant partie du Conseil majeur, mille deux cent vingt-cinq se trouvaient en condition de recevoir cette subvention.

Il faut dire que Francesco Falier ne resta pas longtemps en exil, il revint rapidement à Venise et finit par devenir chef du Conseil des Dix. Un de ses descendants homonymes devint par contre provéditeur en Dalmatie et Albanie puis provéditeur général « da Mar ». Son père, Giovanni, sénateur, mort à quatre-vingt-dix ans après la chute de la République (la longévité était une des prérogatives enviables de cette branche des Falier : un des frères du provéditeur mourut en 1853 à quatre-vingt-quinze ans), pouvait se vanter d'un mérite que le principal intéressé ne manquait pas de lui attribuer : celui d'avoir découvert le talent d'Antonio Canova et de l'avoir poussé vers les études. On dit, en effet, qu'Antonio Canova, né à Possagno, au pied du mont Grappa, d'une famille plus que modeste, fût employé comme garçon de cuisine dans la villa que les Falier possédaient à Asolo. Un jour, il aurait modelé, dans une grosse motte de beurre, un lion que le cuisinier envoya à table et qui aurait suscité l'enthousiasme des convives et incité le providentiel sénateur Falier à envoyer le jeune homme étudier à Venise. Le fait est que Canova avait sculpté en 1779, pour Giovanni Falier justement, un groupe de *Dédale et Icare*, longtemps conservé à Asolo avant d'être légué par la dernière héritière de la famille au Musée civique Correr. Canova avait toujours gardé une amitié dévouée pour Falier et sa famille.

Parmi les fils de Giovanni Falier, il y avait eu un évêque, Mgr Angelo, qui fut pendant de nombreuses années à la tête du diocèse de Ceneda. Parmi ses petits-fils il y aura un autre représentant du sacerdoce, Mgr Onorio, chanoine de Saint-Marc. Homme de culture et de caractère doux et courtois, nous dit le romancier américain William Dean Howells qui, envoyé par Abraham Lincoln en tant que consul des États-Unis, vers la fin de l'année 1861, avait réussi, non sans mal, à trouver un logement précisément au palais Falier, où le chanoine l'entretenait en de longues conversations littéraires et, surtout, lui lisait et lui commentait *La Divine Comédie*. Howells allait rester à Venise jusqu'en 1865 et, de cette expérience, est né son *Venitian Life*, publié en 1866 : un livre délicieux dont les éditeurs italiens, Dieu sait pourquoi, ne se sont jamais aperçus, bien que ce fût un best-seller dès sa sortie.

La Venise de Howells est beaucoup plus vraie que celle de tant d'autres écrivains, italiens ou étrangers, qui se sont efforcés de la raconter. C'est, en partie du moins, la Venise dont nous-même nous souvenons, la Venise de notre enfance, simple et débonnaire, quand les jeunes filles saluaient les vieux d'un « *Patron riverito !* » (maître respecté) et les vieux répondaient par un « *Benedetta !* » (bénie sois-tu !) ; quand l'arrestation d'un voleur était commentée par les témoins d'un « *Povareto anca lu !* » (pauv' gars, lui aussi !) plein de compassion ; quand dans les ruelles résonnaient encore les cris des vendeurs ambulants, dessinés et gravés par Gaetano Zompini vers la fin du XVIIIe siècle ; quand on y trouvait des châtaignes « chaudes et bien cuites », des poires « qui vous mouillent la barbe », des *perseghi* (les pêches, en dialecte vénitien, sont de genre masculin, comme les abricots ou *armellini*) que l'on disait « laids mais bons ! », des pastèques qui « *le ga el fogo* » (qui ont le feu dedans). En ce temps-là, lorsque l'on sonnait à la porte d'une maison, une domestique apparaissait à la fenêtre pour demander « qui est-ce ? » ; l'usage, alors, n'était pas de dire son nom mais de répondre « des amis » et, après cette affirmation rassurante, la domestique venait ouvrir. Si les patrons n'étaient pas là, elle faisait descendre un petit panier à l'aide d'une corde, pour que l'on puisse y glisser sa carte de visite... Le consul Howells, à la différence de la majeure partie des intellectuels étrangers qui vécurent ici jusqu'à nos jours, en grands seigneurs excentriques (comme Byron) ou en touristes, même d'élite, s'était trouvé, pratiquement sans effort, bien qu'avec un émerveillement amusé et continu, à vivre la vie d'un vrai Vénitien. Et sa condition de représentant d'un État neutre lui permettait de regarder d'un œil impartial, compréhensif et un peu ironique, les manifestations d'hostilité, quelquefois puériles et toujours innocentes, des citoyens envers les occupants autrichiens. Il observait aussi les divisions entre *codini, austriacanti* et *italianissimi* (réactionnaires, autrichisants et italianissimes), soulignées surtout par leur choix méticuleux des cafés de la place Saint-Marc.

Vénitianisé comme il l'était, Howells, qui avait appris d'un gondolier à voguer à la vénitienne, debout à la poupe, appréciait tout particulièrement les baignades régulières dans le Grand Canal, rafraîchissantes et fortifiantes quand la marée entrait et régénérait les eaux. Et « les pères de famille, comme autant de dragons gras et domestiques » croisaient le long du Canal à la tête de leur progéniture, apprenant à nager aux plus petits et s'enorgueillissant des évolutions des plus grands. Rien n'était plus plaisant pour lui que cette possibilité « de sauter depuis le seuil de sa maison dans le courant vivant et d'y passer une demi-heure en toute simplicité avec ses voisins ».

Le Grand Canal que Howells se délectait tant à observer tout au long des heures de la journée et de la nuit, miroir d'une vie toujours changeante et toujours fascinante, était très différent d'aujourd'hui, même dans la variété et l'intensité de sa circulation. Les gondoles des touristes (seuls les touristes, et particulièrement des touristes anglais, dit-il) se promènent le long du Grand Canal dans la journée tandis que les gondoles des Vénitiens n'apparaissent qu'au coucher du soleil. Quand arrivait la nuit, les bateaux chargés de fruits et de légumes voguaient en direction de Rialto : c'était l'heure à laquelle on voyait la lune se lever « et la mer, qui avait tant aimé Venise, embrasser et caresser les gradins de marbre consumés, sur lesquels ses pieds semblaient se poser ».

Plus tard, les grandes embarcations du Pô arrivaient à leur tour, leurs voiles amenées et entassées sur le pont et le mât couché, avec le timonier à la poupe et les rameurs qui poussaient sur de longues rames, avec des familles entières à bord, mères et enfants, et l'immanquable petit roquet, irascible et cancanier.

Dans les derniers temps de son séjour, Howells, qui s'était marié pendant une brève visite aux États-Unis, avait changé de demeure. Mais il n'avait pas abandonné le Grand Canal, il ne l'aurait jamais fait, lui qui affirmait que sa première année à Venise, loin du Grand Canal, avait été une année perdue. Sa nouvelle demeure était au palais Giustinian « dei Vescovi », entre la Ca' Foscari et l'autre palais Giustinian dans lequel avait séjourné Wagner. Et Howells, en bon Vénitien qu'il était devenu, se complaisait à rappeler avec fierté comment précisément un Giustinian, Angelo, provéditeur à Trévise en 1797, avait su tenir tête avec dignité et fermeté au général Bonaparte, en lui disant en face qu'il n'aurait pas quitté Trévise, comme il le lui avait intimé, sans un ordre explicite du Sénat, et que si la bonne foi de son gouvernement était mise en doute il s'offrait lui-même comme otage pour la garantir. Le palais était magnifique, avec ses pièces énormes et non pas une mais bien deux cuisines reluisantes de cuivres et privées du moindre ustensile pratique (mais Howells écrivait qu'aucune cuisine américaine dotée de toutes les commodités modernes n'avait ce que possédaient celles-ci : un balcon sur le Canalazzo). Il y avait un superbe jardin sur l'arrière, rempli de roses, dont on ne savait pas s'il était plus beau en pleine floraison estivale ou par une limpide journée d'hiver, quand la brise des montagnes apportait un reflet de neige. Mais la véritable merveille restait toujours le Grand Canal qui, du palais Giustinian, se montrait dans toute sa beauté, depuis le pont de Rialto jusqu'aux lointaines coupoles de la Salute. Quand il l'avait parcouru la première fois, la nuit de son arrivée, l'écrivain avait oublié la fatigue d'un long voyage, le froid et la nostalgie de sa patrie. Tout d'abord, il n'avait rien entendu si ce n'est « un beau silence », rompu par le seul bruit des rames, puis il avait vu, des deux côtés, « de grandioses palais se lever des eaux sombres », illuminés ici et là par des lampes qui, pendant un instant, laissaient apercevoir des balcons, des colonnes, des sculptures, et jetaient de longs reflets cramoisis sur le Canal.

C'était le moment de penser « à toutes les merveilles du monde » : cette sensation de libération totale devait devenir quotidienne pour Howells à Venise. Tout en n'empêchant pas une observation continue et minutieuse des choses et des gens, surtout des gens, des Vénitiens riches et pauvres, des habitués des cafés aux mendiants, pleins de dignité et, eux aussi, d'imagination...

Quand il avait débarqué à Venise, Howells n'avait que vingt-quatre ans : il était né dans un village de l'Ohio, avait commencé tout enfant à travailler comme typographe (la typographie, disait-il, avait été sa seule école) et il devait sa nomination à une biographie de Lincoln, présentée au président par deux de ses amis influents. Après son retour en Amérique, il deviendra directeur d'une importante revue, l'*Atlantic Monthly*, et publiera une quarantaine de romans. Mais sa mémoire n'aura pas effacé les mille impressions d'une Venise qui, aujourd'hui, n'existe plus pour personne, et dont ses pages réussissent à ressusciter, pour qui y est né, une nostalgie lancinante.

7. *La passion des Levi*

Marie-Caroline de Bourbon, duchesse de Berry, que nous avons quittée au palais Vendramin Calergi, n'avait pas eu un enfant seulement du pauvre duc, poignardé à mort dans le vestibule de l'Opéra. Elle avait aussi eu une fille, « Mademoiselle » Louise. Et « Mademoiselle » (c'était le titre que l'on donnait, sous l'Ancien Régime, aux sœurs du roi et de l'héritier du trône) avait épousé un autre Bourbon, Charles III, duc de Parme, Plaisance et Guastalla, titre grandiloquent pour un duché relativement petit, et dont la réputation venait du nombre de ses officiers sinon égal du moins de très peu inférieur à celui de ses soldats.

L'histoire du duché, passé en héritage des Farnèse aux Bourbons de la lignée de Philippe d'Anjou, Philippe V d'Espagne, petit-fils du Roi-Soleil, avait été plutôt singulière, même dans cette époque de grands bouleversements comme celui de l'aventure napoléonienne et de ses conséquences immédiates. Quand il avait fallu trouver un apanage pour Marie-Louise d'Autriche, épouse forcée de Napoléon et mère de l'Aiglon, Metternich lui avait trouvé le duché de Parme, où elle avait fait de son mieux pour oublier son mari entre les bras du comte Adam Neipperg (et elle l'avait si bien oublié qu'en 1847, comme raconte André Castelot, un visiteur stupéfait du palais de la Pilotta avait surpris les enfants de l'intendant qui s'amusaient à traîner au bout d'une ficelle un morceau de plâtre qui n'était autre que le masque mortuaire pris par Antonmarchi sur le visage de l'Empereur, à Sainte-Hélène, et religieusement remis par lui à sa veuve...). Charles-Louis de Bourbon-Parme, le beau-père de Louise, Mademoiselle, s'était alors retrouvé d'un jour à l'autre duc de Lucques. Puis il était revenu à Parme, mais pour peu de temps : c'était un personnage débonnaire et pacifique, qui ne voulait pas d'ennuis, tout le contraire de son fils Ferdinand-Charles, Charles III, qui, lui, allait chercher les ennuis en cultivant de dangereuses aventures extraconjugales et finirait poignardé en pleine rue, comme le père de Louise.

Du mariage de Mademoiselle Louise et de Charles III allaient naître deux fils : le duc Robert, privé de ses États annexés par le Piémont en 1859, et qui resta dans sa belle villa de Pianore, près de Viareggio, s'occupant surtout de faire des enfants (il en eut vingt, parmi lesquels Zita, la dernière impératrice d'Autriche et reine de Hongrie) ; et le prince Henri, comte de Bardi. Pour être plus près de sa mère et de son frère, que nous allons rencontrer sous peu, Louise aussi avait pris une maison sur le Grand Canal : le palais construit par Baldassare Longhena pour une branche des Giustinian qui avait ajouté par héritage le nom de famille de Lolin.

Au cours d'une série de longs voyages dans les îles de la Sonde, en Inde, en Chine, au Japon, le comte de Bardi avait réuni une collection d'art oriental de plus de trente mille pièces, parmi lesquelles beaucoup d'excellents témoignages de l'art japonais du XIIIe au XIXe siècle. C'est le fonds du Musée vénitien d'art oriental. A la mort de Louise, son fils Henri déménagea au palais Vendramin Calergi et le palais Giustinian Lolin fut vendu à une riche famille de banquiers juifs, les Levi. Ceux-ci abandonnèrent la banque et les affaires pour se consacrer à la culture et aux arts. Ugo Levi, propriétaire du palais dans lequel il tenait, avec sa ravissante femme Olga, le plus musical des salons vénitiens des années dix aux années quarante de notre siècle, s'était dédié à la musique. Pas seulement comme auditeur (et il l'était assidûment à la moindre occasion, à condition, bien sûr, que la musique fût bonne), mais aussi comme collectionneur de partitions : ceux qui l'ont connu se souviennent que l'on ne pouvait dire à Ugo Levi : « J'ai écouté hier telle symphonie » sans qu'il répondît, après une seconde de réflexion, tout bas mais avec satisfaction : « Je l'ai. » De cette passion est née une richissime bibliothèque musicale, aujourd'hui propriété d'une fondation appelée Ugo et Olga Levi, qui a fait du palais Giustinian Lolin un centre de hautes études musicales.

Le sobriquet par lequel Ugo Levi était connu de la bonne société vénitienne, « *Ugo mio fio* », « Ugo mon fils », dérivait de l'admiration démesurée avec laquelle son père, spécialiste passionné des choses vénitiennes, parlait de lui. Au-delà de son érudition, Levi père avait une très légère veine d'innocent snobisme, qui lui avait inspiré un curieux et quotidien défi avec son fils. Les deux Levi, père et fils, rentraient généralement ensemble à la maison depuis la place Saint-Marc où ils avaient été au Casino du commerce, le cercle des grands bourgeois et des professions libérales, ou au café Florian, avec une poche de leur veston vide, et une pleine de haricots. Chaque fois que l'un des deux rencontrait une personne de sa connaissance, il ôtait son chapeau et passait un haricot d'une poche à l'autre. Arrivés devant le bar du Bossu, campo Santo Stefano, à l'angle de la rue des Boutiques, ils comptaient les haricots et celui qui en avait déplacé le moins car il avait salué moins de gens payait l'apéritif.

Ugo avait un don enviable : c'était un extraordinaire déchiffreur de partitions musicales. Il arrivait donc assez souvent que de grands solistes, de violon, de violoncelle ou de chant, qui venaient chez lui après le théâtre, se fissent volontiers accompagner par lui et offrissent tout aussi volontiers un concert improvisé à ses invités. Sa femme, une Triestine, était elle aussi une musicienne avertie. Elle était aussi belle que Ugo était laid, élégante, élancée, délicieusement spontanée. Tout ce qu'il fallait pour réveiller chez un poète la curiosité d'abord, et l'admiration ensuite.

Venise était en guerre, et si elle n'était pas encore tout près du front, comme elle allait l'être après la retraite de Caporetto, elle s'en trouvait suffisamment près pour servir de base à un poète auquel le général Cadorna, commandant suprême de l'armée italienne, avait donné « ample faculté de courir sur tout le front » et le ministre de la Marine celle de prendre part aux combats navals. Le poète s'était donc établi à Venise sur le Grand Canal, dans la « Maisonnette Rouge » du prince Hohenlohe. C'était Gabriele D'Annunzio. La fièvre d'action qui allait amener celui-ci au vol au-dessus de Vienne, à la farce de Buccari et à tant d'autres exploits en accord avec ses idéaux héroïques, ne l'empêchait pas de reconnaître une belle femme, de s'en enthousiasmer et de la vouloir pour lui. Le soir après avoir connu Olga Levi, il était déjà sous ses fenêtres, en gondole, escorté par des musiciens et des chanteurs pour une sérénade qui fut perdue car Olga n'était pas chez elle. Il s'était alors résolu à suivre la filière bourgeoise, était allé chez les Levi en tant qu'invité et en était devenu l'hôte assidu. La culture musicale démesurée de Ugo avait aiguisé son insatiable curiosité; il venait seul ou avec des amis et priait Ugo de lui faire entendre de la musique, des musiques anciennes ou très modernes (la bibliothèque accueillait les dernières nouveautés) que Ugo jouait au piano en déchiffrant, comme toujours, avec aisance. Et Olga, à qui il avait tout de suite, comme à son habitude, donné un surnom,

Vidalita, parce qu'elle habitait le quartier de San Vidal, l'avait attirée encore plus car, au lieu de tomber en pâmoison devant sa réputation de poète et de don Juan, à laquelle s'était jointe celle de soldat, d'aviateur et de marin téméraire, elle le traitait sans façons, en ami, avec une familiarité moqueuse et tout autre que révérentielle.

L'histoire ne dit pas si Vidalita le faisait par coquetterie ou par franchise spontanée. Elle dit par contre que le poète s'énamoura d'elle. Et que plus encore qu'avec les autres femmes dont il s'éprenait, il la recouvrit de surnoms affectueux, espiègles, tendres et passionnés, de « petite » ou « chère petite » à Nidiola, Balkis, Aquileia, Douce-amère, Antilope, Petite Farce, et *Piavola* ou *Piavoletta*, qui en vénitien veut dire poupée, petite poupée. Le surnom qu'il utilisait le plus fréquemment lui était inspiré par la couleur des yeux d'Olga, semblables à des pierres dures : Venturina, aventurine.

De cet amour était née une correspondance singulièrement fraîche et brillante, pleine de références à la guerre, aux entreprises audacieuses dans lesquelles le poète s'aventurait, parmi les pauvres fantassins du Carso, cloués à leurs tranchées au milieu des pierres et des éteules de ce lieu de mort; ou en vol, avec l'escadrille de bombardiers dont il était devenu le commandant; ou encore à bord des foudroyants bateaux de Luigi Rizzo et de Costanzo Ciano, dans l'Adriatique. Des heures de danger et de tension, compensées par une pluie de médailles militaires, mais aussi par la tendresse rieuse d'Aventurine et par les reposantes soirées musicales au palais Giustinian Lolin. Soirées qui donnaient aussi naissance à des poèmes, comme l'ode à Alexandre Scriabine, et pendant lesquelles les émotions accumulées durant les heures plus douloureuses étaient sublimées par le son du piano de Ugo : la mort des amis, tombés sous les yeux du poète, les ambitions étouffées, les aspirations froissées que même les plus grands honneurs comme la médaille d'or au mérite militaire, conférée personnellement par le roi, ne pouvaient soulager. L'amour pour la belle et fine Aventurine sera submergé par d'autres plus violentes réponses à ce tourment intérieur : la rébellion, la marche sur Ronchi, la prise de Fiume, la Régence du Carnaro et sa fin. De nombreuses années plus tard, déjà reclus volontaire dans sa maison-musée du Vittoriale, un D'Annunzio déçu recevra un jour la visite inattendue d'Aventurine. Rien d'amoureux puisqu'elle vient accompagnée par son père. Mais, pour lui, revoir sa « petite muse » sera la cause (ce sont ses mots) « d'une indicible émotion ».

8. *La cour d'Henri V*

La maison qui, sur le Grand Canal, succède au palais Giustinian Lolin et le long de laquelle fleurit un magnifique jardin, a appartenu pendant de longues années au gentilhomme Dino Barozzi, antiquaire de profession et dont on raconte qu'en plein pacte d'Acier, durant la funeste alliance entre Mussolini et Hitler, il fut contacté par je ne sais quelles autorités l'avertissant d'une visite du Reichsmarschall Hermann Gœring, collectionneur fanatique qui ne regardait pas à la dépense. Il aurait alors demandé : « Mais il est allemand? » Et, à la réponse affirmative des fonctionnaires décontenancés, il répliqua : « Moi, je ne vends pas aux Allemands. »

A la place de l'autre jardin, riche d'arbres de hauts fûts qui flanque la place de San Vidal au pied du pont de l'Accademia, il y avait à une certaine époque un *squero*, un chantier naval, immortalisé par Canaletto, probablement le seul et unique qui ait su résister aux nombreuses ordonnances par lesquelles les provéditeurs et exécuteurs des Eaux s'étaient efforcés de chasser les *squeri* du Grand Canal. Ce que le magistrat des Eaux n'avait pas réussi le fut, à la chute de la République, par les nouveaux acquéreurs du palais gothique ayant appartenu à la famille Cavalli. Les pioches princières frappèrent sans pitié, à deux reprises; les maisonnettes et les baraques furent anéanties tandis que le palais, qui avait été la demeure du gentilhomme Alessandro Pepoli, imprésario théâtral et acteur amateur, contemporain de Goldoni, devenait un palais royal (Pepoli était un bel original, qui n'attendait même pas d'être arrivé chez lui pour troquer sa toge patricienne contre l'habit multicolore d'Arlequin, se changeant déjà dans sa gondole, sous le *felze*).

Le premier acheteur de sang royal, dans les années trente du siècle dernier, avait été l'archiduc Friedrich d'Autriche, le fils aîné de celui que toute l'hagiographie des Habsbourg présentait comme « l'invaincu archiduc Charles » car une fois, à Aspern, il avait réussi à battre l'imbattable Napoléon. Contraint, comme tous les jeunes archiducs (et lui, fils d'un tel père, plus encore que les autres) à la carrière militaire, il opta à l'âge de seize ans pour ce qui s'appelait alors la Marine Vénitienne Impériale et Royale et avait participé, sous les ordres du contre-amiral baron Bandiera, à la campagne navale d'Orient, qui lui avait rapporté la croix de Marie-Thérèse, – la première qui fut jamais donnée à un officier de marine – pour ses actes de valeur accomplis en tant que commandant de la frégate *Guerriera*, dans les eaux de Saïda et de Saint-Jean-d'Acre, en Syrie.

Par la suite, beaucoup d'événements avaient suivi, depuis la découverte des plans insurrectionnels conçus par les deux fils de l'amiral Bandiera, jusqu'à leur fin tragique. Et Vienne s'était entre-temps convaincue qu'il était absolument nécessaire de rendre la Marine Vénitienne Impériale et Royale beaucoup moins vénitienne et beaucoup plus autrichienne. Cela avait donné naissance à un processus de changement qui allait être porté à terme par un autre archiduc, Maximilien, l'artisan de la flotte qui allait vaincre l'Italie à Lissa. Entre-temps Friedrich de Habsbourg, devenu vice-amiral, avait été investi des fonctions de commandant suprême de la marine de guerre.

Le jeune archiduc avait très peu profité de son grade, de son commandement et de son palais sur le Grand Canal : une maladie contractée durant la campagne d'Orient l'avait emporté à l'âge d'à peine vingt-sept ans, en octobre 1847. Le palais Cavalli passait en propriété à un autre personnage d'auguste descendance, Henri de Bourbon-Artois, duc de Bordeaux et (comme il préférait se faire appeler) comte de Chambord. C'était un roi sans couronne, le seul héritier vivant de la branche aînée de la maison des Bourbons, prétendant au trône du Roi-Soleil et de Louis XV, ce trône que la Révolution avait enlevé à Louis XVI, que Louis XVIII avait repris après la chute de Napoléon et que Charles X, le grand-père d'Henri, avait perdu à cause de ses erreurs en 1830.

A cette époque, à Paris, régnait Louis-Philippe d'Orléans, le roi bourgeois, roi de la finance et de l'industrie. Face à lui, Henri V, comme le nommaient ses partisans dispersés dans le monde entier, représentait le principe de la légitimité. C'était un jeune homme de vingt-sept ans, blond, aux yeux bleus, tendant à cette même obésité qui avait affligé ses grands-oncles Louis XVI et Louis XVIII, et que Louis XVI augmentait encore par des repas pantagruéliques. Henri, lui, avait une passion immodérée pour le foie gras et les desserts. Il boitait, conséquence d'une mauvaise chute de cheval (il avait l'habitude de dire que, sans les principes qu'il incarnait, il n'aurait été qu'un pauvre boiteux), mais l'élégance simple et austère de ses habits complétait fort bien le raffinement de ses manières et de sa conversation qui, aux dires de ceux qui le connurent, était pleine d'esprit et de brio.

Henri V reste et restera une énigme pour les historiens. Il était doté d'une excellente culture et d'une intelligence limpide. Ses programmes politiques révèlent une grande attention pour les problèmes des classes ouvrières que sans aucun doute n'avaient ni Louis-Philippe ni plus tard Napoléon III. Tout en ayant vécu et étant destiné à vivre en exil, il aimait la France d'un amour sincère et passionnel. Mais il était prédestiné à perdre inexorablement toutes les occasions que le destin et les circonstances allaient lui mettre en main. La dernière se présentera en 1872 quand une majorité parlementaire légitimiste, sortie des urnes du suffrage universel pendant le difficile moment traversé par la France après une guerre perdue, après la chute du second Empire et après la tragédie de la Commune de Paris, fera présager comme imminent son triomphal retour en tant que roi de France. Et lui, refusant obstinément de renoncer au drapeau blanc de l'Ancien Régime et d'accepter le tricolore révolutionnaire, désormais consacré par mille grands événements nationaux, empêchera définitivement toute possibilité de restauration.

A Venise, le « roi Henri » vit paisiblement une vie tranquille, réglée par l'étiquette de cour. Le palais du Grand Canal, autour duquel a surgi par ses soins un beau jardin, a subi quelques modifications : la grande pièce centrale de l'étage noble, le *portego*, a été coupée par une paroi pour avoir une salle en plus, mais les pièces dans lesquelles Henri et sa famille vivent sont essentiellement au nombre de deux : le salon des Oiseaux * et le Salon rouge. Bien qu'il aimât les belles choses et possédât une bonne culture artistique, Henri n'est pas un collectionneur comme sa mère. Il n'y a que des souvenirs de famille, dont certains de grande valeur : la

* En français dans le texte. *(N.d.T.)*

vaisselle de table et l'argenterie qui porte sur les plats et les réchauds, l'antique légende « Bouche du Roi ». Et puis il y a l'habituel train-train, plutôt ennuyeux, qui s'interrompra brusquement au moment de la révolution de 1848 pour reprendre son cours à partir de 1850 et jusqu'en 1866, quand le comte de Chambord et sa famille s'établiront définitivement à Frohsdorf, en Basse-Autriche, où Henri mourra en 1883.

A dire la vérité, en 1848, les rapports entre le prétendant et Manin, le dictateur de Venise insurgée, furent empreints d'un respect réciproque. Pendant les journées brûlantes de mars qui avaient précédé l'expulsion des Autrichiens, Henri, sa mère et l'épouse qu'il venait de conduire à l'autel, n'avaient pas cru nécessaire de renoncer à leur promenade quotidienne sur la place Saint-Marc. Voilà comment le petit groupe des Bourbons se retrouva involontairement impliqué dans un tumulte. Les Autrichiens avaient tiré, il y avait eu des morts et des blessés, et il s'en était fallu de peu que la duchesse de Berry ne reçût un coup de fusil. La décision de quitter la ville avait alors été prise, mais Daniele Manin, chef du gouvernement provisoire, avait manifesté à l'envoyé de Chambord son vif regret pour ce qui pouvait être pris pour un manque de confiance : la famille princière, à laquelle la population était très attachée, ne devait craindre ni pour sa sécurité ni pour sa tranquillité, dont lui-même se portait garant. A cela l'envoyé avait répondu que Leurs Altesses avaient admiré « l'ordre et le calme » avec lesquels les Vénitiens avaient conduit leur révolution, qu'ils aimaient sincèrement Venise et ses habitants, mais que, comme chaque année, ils devaient partir pour leur demeure d'été.

Comme nous avons déjà eu occasion de le dire, Chambord était considéré par tout le monde légitimiste comme « l'enfant du miracle ». Quand l'assassin du duc de Berry avait su que la duchesse était enceinte, il avait poussé un cri terrible : son ignoble action avait été inutile. Vingt-six ans plus tard, il était temps de penser que la descendance de Louis XV et de Charles X, miraculée par la naissance d'Henri, dût se perpétuer. Le comte de Chambord avait donc regardé autour de lui, et ses parents aussi. Marie-Béatrice, la ravissante et gracieuse fille du duc de Modène, lui avait beaucoup plu, mais la princesse lui avait répondu clair et net qu'elle était amoureuse de don Juan de Bourbon, infant d'Espagne, et que c'était lui qu'elle épouserait ou personne. Cela avait été une gifle humiliante. Pour compliquer les choses, non pas une, mais bien deux impératrices étaient intervenues : la veuve de François Ier et la femme de Ferdinand Ier d'Autriche. Et elles avaient suggéré à l'entourage d'Henri la sœur de Marie-Béatrice, Marie-Thérèse. Encore troublé par le refus de Marie-Béatrice, le prince avait accepté les yeux fermés. D'aucuns ont pensé qu'encore amoureux de Marie-Béatrice, il avait accepté la sœur pour en avoir au moins un reflet. En tout cas, le choix fut motif d'une grande infélicité pour tous, pour Henri, pour la mariée et surtout pour la cause légitimiste. La princesse était grande et avait une belle silhouette, des yeux vifs et des dents blanches, mais son visage présentait une asymétrie marquée, provoquée à sa naissance par les forceps, ses cheveux étaient noirs, crépus, laineux et, comme si cela ne suffisait pas, elle était sourde et parlait très mal le français. Mais la chose la plus grave se sut plus tard : elle ne pouvait avoir d'enfants. C'était la fin de la branche aînée, la fin de la dynastie.

Les dessous de cette histoire ne rendaient pas plus gaies les journées dans les salles du palais Cavalli. Un palais où, en 1850 et 1851, séjourne pendant plusieurs mois le personnage le plus troublant de l'entourage du comte de Chambord : Marie-Thérèse de France, « Madame Royale », la fille survivante de Louis XVI et de Marie-Antoinette, celle qui, pendant trois terribles années passées dans la sinistre tour du Temple, avait assisté aux adieux de son père, mené à la guillotine, et avait vu disparaître les uns après les autres, son petit frère, sa mère, sa tante Elisabeth, sans rien savoir de leur destin. Elle était restée seule au monde. Et quand elle connut cette infortune, sa peine avait été si grande qu'elle écrivit sur la moulure d'une fenêtre cette phrase, découverte au moment de la destruction de la tour : « Marie-Thérèse est la créature la plus malheureuse du monde. »

Madame Royale, que les souffrances morales et les privations endurées pendant son emprisonnement subi en pleine période de puberté avaient endurcie outre qu'attristée, était devenue la mère adoptive d'Henri après que le mariage secret et l'aventure vendéenne de sa mère l'avaient éloigné d'elle. Elle avait veillé à son éducation avec une affection profonde et vigilante, mais plutôt suffocante, l'enveloppant de ses propres préjugés, mûris par une vie qui avait été malheureuse même après les années effrayantes du Temple, l'exil en terre étrangère, la fuite de France pendant les Cent-Jours de Napoléon et, en 1830, de nouveau l'exil, le mariage avec le duc d'Angoulême, fils aîné de Charles X. Ce dernier était un brave homme et un valeureux soldat, mais physiquement inepte et malheureux, rongé en son for intérieur par une timidité pathologique. L'orpheline du Temple, miraculeusement rescapée à la vindicte de la foule déchaînée de Versailles et des Tuileries, aux mauvais traitements et aux injures des argousins de la municipalité révolutionnaire, avait été reine pendant le court instant durant lequel, à la mort de Charles X, Angoulême devint Louis XIX : pauvre roi provisoire en exil, un pied dans la tombe. Cette circonstance et l'immense prestige que lui conférait l'auréole de son long martyre en avaient fait une conseillère honorée et respectée, mais funeste. Il a été dit que l'obstiné refus du tricolore, qui fera perdre à Henri un trône prêt à le recevoir, dérivait peut-être de la promesse arrachée par sa tante de ne jamais accepter ce drapeau qui avait flotté sur le massacre des gardes du corps de Versailles, des gardes suisses des Tuileries, sur l'escorte de mégères ivres et de sans-culottes fous de rage qui avait traîné la famille royale de Versailles à Paris, conduisant son père et sa mère sur l'échafaud et s'agitant sur les barricades qui avaient fait tomber la monarchie légitime en juillet 1830.

Dans le salon des Oiseaux du palais Cavalli, l'orpheline du Temple brode, infatigable, comme chaque jour de sa vie. Souvent, la duchesse de Berry, désormais comtesse Lucchesi Palli et duchesse de la Grazia, lui tient compagnie : le temps a effacé les anciennes aversions, Marie-Caroline n'est plus l'amazone hardie de Vendée, elle souffre de strabisme et est devenue aussi grosse que Marie-Thérèse est maigre et sèche. Lucchesi Palli est maintenant considéré comme un membre de la famille. Ainsi que les maris des deux filles que le duc de Berry avait eues lors de son exil en Angleterre, d'un mariage qu'il avait fait annuler par Louis XVIII pour épouser Marie-Caroline. L'un d'eux, le prince de Faucigny-Lucinge, a été l'intermédiaire entre Henri et Manin.

Henri, qui supporte mal la surdité de son épouse, s'adresse à elle en criant, ou en chuchotant, pour l'humilier. La pauvre femme subit son sort. Elle serait plutôt gaie de nature et se plaint que son mari ne danse pas alors qu'elle rêve d'une belle valse, mais elle ressent sa propre stérilité comme une faute et, parlant avec ses dames de compagnie, elle exprime son espoir de mourir, même assassinée, afin qu'Henri, pour qui elle nourrit une admiration illimitée, puisse se trouver une épouse féconde. Parmi les courtisans se distingue le duc de Lévis, autre présence silencieuse et infatigable auprès d'Henri : il est le chef d'une ancienne famille qui se dit apparentée à la Vierge Marie et l'on raconte qu'un Lévis qui s'était découvert devant une image de la Madone se serait entendu dire : « Couvrez-vous, mon cher cousin *. »

En 1866, le comte et la comtesse de Chambord (Marie-Thérèse de France, Madame Royale, est morte depuis longtemps) s'établiront définitivement au château de Frohsdorf, où l'orpheline du Temple avait recueilli les souvenirs les plus chers de sa tragique existence, la chemise et le gilet portés par Louis XVI sur l'échafaud, la chaussure que Marie-Antoinette avait perdue en gravissant l'échelle de la guillotine, le portrait de la reine peint par Mme Vigée-Lebrun, déchiré à Versailles par la baïonnette d'un des forcenés qui la poursuivaient à mort. Chambord y ajoutera une belle collection de portraits de rois de France peints par de célèbres peintres. A la mort de sa femme tout passera à un autre fantôme du Grand Canal, l'infant don Carlos, duc de Madrid, prétendant au trône d'Espagne, habitant l'ex-palais Loredan, de l'autre côté du Grand Canal : celui où vivra et mourra, de nos jours, Vittorio Cini.

9. *Pour Don Carlos*

Ceux qui se souviennent de la guerre civile espagnole se rappelleront avoir entendu parler des *boïnas rojas*, les bérets rouges (la *boïna* est ce que nous appelons un béret basque). C'étaient les soldats du mouvement traditionaliste dont Francisco Franco allait s'emparer, incorporant dans la phalange leur nom et leur foi, tradition synonyme, dans ce cas précis, d'un légitimisme nostalgique, anachronique et intégraliste. Les *boïnas rojas* se proclamaient aussi « carlistes »; et il n'est pas dit qu'à plusieurs centaines de kilomètres de Venise, dans quelque village reculé de l'Espagne

* En français dans le texte. *(N.d.T.)*

moderne, désormais libérée du franquisme et du phalangisme, il ne survive pas, oublié, quelque lointain épigone, quelque survivant accroché à des souvenirs cruels et dramatiques, remontant bien plus loin que la guerre civile et s'enfonçant dans le siècle dernier, maintes fois bouleversé et ensanglanté par des rébellions périodiques, ou plutôt par les guerres carlistes.

En 1833, Ferdinand VII d'Espagne mourut. Il avait été un tyran hésitant qui avait concédé une Constitution aux Espagnols, puis l'avait abrogée et, face à la rébellion qui en avait résulté, avait provoqué l'intervention de la France de la Restauration. A un âge avancé, il avait épousé Marie-Christine de Bourbon-Sicile et avait eu une fille unique, Isabelle, qu'il avait proclamée héritière du trône, en opposition avec la loi salique impliquant que son successeur aurait dû être son frère don Carlos. Et celui-ci, après une solennelle protestation, avait à son tour proclamé la rébellion, au nom du principe légitimiste, de la foi et de la tradition.

Il s'en était suivi une affreuse guerre civile. Depuis la guérilla désespérée qui avait rendu l'existence impossible aux soldats de Napoléon, un peu plus de vingt ans avaient passé, et l'explosion du conflit entre don Carlos et les partisans d'Isabelle avait réveillé dans le peuple simple des montagnes et des villages, de Biscaye et de Guipúzcoa, de Galicie et de Navarre, l'esprit de défense à outrance des principes religieux sacrés et monarchistes de la tradition espagnole. De l'autre côté, le parti d'Isabelle avait recueilli autour de lui l'Espagne libérale et progressiste, désireuse de renouvellement. Pendant six ans d'audacieux généraux partisans, Zumalacàrregui, Gomez, Cabrera, avaient tenu tête aux armées d'Espartero et O'Donnell. Puis don Carlos était parti en exil en conservant le nom et le titre de roi, Carlos V d'Espagne.

Plusieurs années avaient passé, mais les descendants de don Carlos n'abandonnaient pas la partie. Une nouvelle tentative de rébellion avait eu lieu en 1860, mise en œuvre par le petit-fils du prétendant, don Carlos lui aussi, « *el conde de Montemolìn* ». Puis dans le chaos qui suivit l'abdication d'Isabelle II, quand le Parlement espagnol appela un prince italien, Amédée de Savoie, duc d'Aoste, entrait en scène par la force le jeune fils de l'infant don Juan et de Marie-Béatrice d'Autriche-Este, don Carlos, duc de Madrid. En 1872, une nouvelle guerre carliste éclata, ensanglantant à nouveau une Espagne inquiète, devenue république, puis encore monarchie sous Alphonse XII, fils d'Isabelle. La guerre dura quatre ans, il y eut d'innombrables épisodes de luttes partisanes et de batailles rangées, d'héroïsme des deux côtés et d'horreur de tous genres, suffisamment pour fasciner les écrivains du siècle suivant, le nôtre, de l'Espagnol Ramòn Maria del Valle Inclàn au Français Pierre Benoît. Puis, l'armée carliste définitivement vaincue à Estella par le général Primo de Rivera, don Carlos dut quitter l'Espagne, à jamais cette fois.

Et voici don Carlos, duc de Madrid, Carlos VII pour les irréductibles, débarquant à Venise, sur le Grand Canal, dans le palais de San Vio ayant appartenu à son oncle François V, dernier duc de Modène. C'était un bel homme, avenant, avec une belle barbe blonde et fournie, au regard magnétique. Sa femme l'infante, ou plutôt la reine Marguerite (née Bourbon-Parme) qui lui avait été proche tout au long du conflit, soignant les blessés, visitant les hôpitaux et les camps, mourut et don Carlos se remaria avec Marie-Berthe de Rohan. Auprès de lui il n'y avait même plus son loup apprivoisé, qui suscitait l'inquiétude de tous ceux qu'il recevait en audience à Bilbao, à Pampelune, pendant les quatre années durant lesquelles il avait tenu le rang et les fonctions souveraines dans le nord de l'Espagne. Il alternait sa résidence entre le palais Loredan et Frohsdorf : par une ironie du sort, le fils de Marie-Béatrice, celle qui avait refusé le comte de Chambord, avait hérité de sa tante la résidence et les souvenirs du dernier héritier de la maison de France.

C'était un bien triste imbroglio, mis en œuvre, contre la volonté du comte de Chambord, par sa veuve. Peu de temps avant de mourir, Henri avait reçu le comte de Paris, petit-fils de Louis-Philippe et chef de la lignée des Bourbon-Orléans. Il y avait eu une pleine et émouvante réconciliation, et Henri avait fait clairement comprendre que lui, mort sans descendants, le prétendant légitime au trône de France ne devait être personne d'autre que le comte de Paris. Mais sa veuve n'en avait rien voulu savoir et avait fait clairement comprendre à son tour que la légitimité allait désormais être représentée par son neveu don Carlos. Le choix du très espagnol prétendant au lieu du très français comte de Paris avait été l'ultime coup porté à la cause légitimiste. Le reste fut fait par don Jaime, le fils de don Carlos, qui n'avait hérité du père que le goût des divertissements et qui, avant de mourir, vendit ici et là les derniers souvenirs des Bourbons de France pour payer ses dettes. Quand il mourut, célibataire et sans héritier, sa place de prétendant fut prise par son oncle don Alfonso, duc de San Jaime. Il était très, très vieux mais, probablement, les carlistes se souvenaient-ils encore du comportement de sa femme, l'infante Maria de las Nieves, qui galopait devant l'armée légitimiste, une *boïna* blanche en tête, insouciante de tout danger. Puis tout prit fin. Même Frohsdorf, dévasté par des soldats soviétiques, puis passé aux postes fédérales autrichiennes. Le palais Loredan avait été abandonné depuis longtemps.

10. *Vittorio Cini, ou la foi dans la vie*

A la profonde tristesse qui remonte de ces souvenirs de lignées et d'idées prisonnières à jamais du passé, sans espoir de renaissance, le souvenir de Vittorio Cini oppose la force du concret, de l'enthousiasme, de la foi dans l'avenir. L'œuvre principale de cet homme fut la récupération du grand ensemble monastique de San Giorgio Maggiore, sa renaissance et la création de la fondation Giorgio Cini, qui encourage avec dynamisme les recherches, accueille des manifestations de tous genres (par exemple en organisant, deux fois déjà, les sommets des pays les plus industrialisés du monde), éduque les jeunes au travail grâce à des écoles spécialisées. Tout cela prit naissance après un événement tragique : la mort d'un fils aimé et inconsolablement regretté. Mais la leçon que Vittorio Cini a donnée est précisément d'avoir su transformer un événement douloureux, irréparable, en quelque chose de vital, de dynamique, tendu vers le futur.

Vittorio Cini appartient lui aussi à cette phase d'extraordinaire activité d'entrepreneurs dont nous parlions à propos de Giuseppe Volpi, dans l'entourage duquel il mena une grande partie de sa carrière d'homme d'affaires et d'industriel. Il avait adhéré lui aussi au fascisme, il avait été commissaire général de l'exposition universelle de Rome pour 1942, qui n'eut jamais lieu. Il fut ministre et, en cette qualité, avait explicitement conseillé à Mussolini de rester en dehors du conflit, d'abandonner la funeste alliance avec l'Allemagne nazie. Et les nazis s'en étaient souvenus : quand ils avaient occupé une grande partie de l'Italie, en 1943, ils avaient envoyé Cini en camp de concentration, à Dachau. Il en fut sauvé d'une façon plutôt romanesque, précisément par Giorgio, son fils unique, âgé d'à peine vingt ans, que l'arrestation et la déportation de son père avaient mûri et responsabilisé.

Giorgio avait été le grand espoir de Vittorio Cini, car après bien des années de distraction, il révélait chaque jour davantage les qualités qui le rendaient semblable à ce dernier : capacité et ténacité dans le travail, flair et habileté dans les affaires, ainsi qu'une cordialité et une sympathie innées. Cini espérait voir naître par lui une dynastie familiale vouée à durer. Ses espérances s'écroulèrent d'un coup quand Giorgio, pour saluer une actrice de cinéma à laquelle il était sentimentalement lié, fit descendre l'avion qui le transportait. L'appareil ne réussit plus à reprendre de l'altitude et s'écrasa au sol.

Le parcours qui amena Vittorio Cini du désespoir à l'idée d'unir le nom de son fils à une grande œuvre pour Venise – pour la culture et pour l'humanité – mûrit en très peu de temps.

Et voilà que Vittorio Cini s'engage avec une ténacité obstinée dans la récupération de l'île de San Giorgio Maggiore, l'antique île des Cyprès où, en 982, le moine Giovanni Morosini avait fondé l'abbaye, réconciliant pour un moment les factions qui troublaient la Venise d'alors. Le gouvernement napoléonien avait supprimé l'antique institution monastique, les édifices étaient passés aux mains des militaires et l'étaient restés sous l'Autriche et après l'unification de l'Italie. Pour « libérer » l'île des obligations, Cini mit en jeu toute l'influence que l'argent et la politique lui permettaient d'exercer; pour la gigantesque opération de restauration, il emprunta d'énormes sommes d'argent, il sollicita, il poussa, il soutint. Avec la même obstination il s'était mis à la recherche des trésors dont avait été dépouillé le monastère et qui avaient été dispersés après la sécularisation napoléonienne, en commençant par le mobilier baroque, imaginé par un graveur allemand, Franz Pauc, sur des dessins de Baldassare Longhena et retrouvé au lycée Marco Foscarini.

En même temps que la renaissance de l'abbaye et de l'île, sur laquelle on construisait aussi un grand théâtre à ciel ouvert, les structures de la Fondation prenaient corps : un Centre marin pour éduquer les jeunes aux disciplines maritimes, un Centre des arts et métiers et un Centre de culture et civilisations pour promouvoir des recherches dans tous les domaines à travers différentes formes d'activités. Au fur et à mesure que le songe de Cini se concrétisait, d'autres secteurs spécifiques se précisaient : l'Institut d'histoire de l'art, de la musique et du théâtre, l'Institut pour l'histoire de la société et de l'État vénitien, l'Institut Venise et Orient, organismes qui, maintenant, ont une notoriété et une importance telles qu'ils sont devenus des points de référence pour la culture mondiale.

Et Cini, infatigable, se dépensait, non seulement pour la survie de la Fondation, mais aussi pour sa dotation, fournissant à la bibliothèque des milliers de volumes et de microfilms et donnant de précieuses collections de codes enluminés. Il meubla les pièces avec du mobilier rare, espérant que l'État viendrait y déposer les œuvres d'art entassées dans les entrepôts des galeries et musées, afin qu'elles soient exposées aux yeux de tous, réétudiées et revalorisées. Jusqu'au don du château de Monselice, qu'il avait acheté et rempli d'œuvres d'art, de meubles uniques, d'armes antiques, le tout d'une valeur inestimable.

Comme nous ne voulons pas faire un panégyrique, nous nous arrêterons ici dans le récit des entreprises auxquelles Vittorio Cini a dédié trente-cinq ans de sa vie. D'une longue vie, car il passa le cap des quatre-vingt-dix ans, toujours droit et vigoureux, déployant une activité infatigable dont la Fondation n'était qu'une partie, bien que la plus proche de son cœur. A ceux qui s'émerveillaient, ou qui lui suggéraient de ralentir, il répondait : « Tu sais, la toupie ? Si elle s'arrête, elle tombe. » Et même si, à cet âge-là, on aurait dû s'y attendre, la nouvelle de sa mort fut accueillie avec stupéfaction par ceux qui le connaissaient. Il semblait indestructible. Et il l'est, car il vit et vivra toujours dans l'institution qu'il a créée, et à laquelle il a voulu donner même les précieuses collections qu'il avait réunies dans le palais du Grand Canal, dont il disait qu'il aurait voulu le laisser à la postérité comme témoignage de ce qu'était la maison d'un marchand vénitien du XXe siècle. Au contraire, Cini était le dernier marchand vénitien de la Renaissance, et son visage de condottiere n'aurait certes pas dépareillé un portrait du Titien.

XV

Monet, D'Annunzio, Ruskin

1. *Le défi de Monet*

Juste après le palais Cavalli, rajeuni par une restauration excessive réalisée par Camillo Boito, se trouve le palais Barbaro. La façade du palais Barbaro se déroule en deux temps. Gothique du XVe siècle le premier, baroque le deuxième qui change de direction et d'orientation, et qui a été refait par le meilleur élève de Longhena, Antonio Gaspari.

Dans l'aile Gaspari se trouvaient (l'aile avait été construite précisément pour cela) une salle de bal aux stucs spectaculaires, dont le plafond décoré par Giambattista Tiepolo est maintenant au Metropolitan Museum de New York, et une bibliothèque. Cette dernière était une nécessité évidente pour une famille qui a donné des humanistes et des hommes de culture dont la renommée dépasse de beaucoup celle d'Antonio Barbaro, le provéditeur général « da Mar » qui pourtant est à l'origine de la façade de Santa Maria Zobenigo, remplie de statues et d'allégories de l'un des plus imaginatifs sculpteurs du baroque vénitien, le Flamand Juste Le Court.

Nous nous sommes déjà rendu compte que chacune des maisons du Grand Canal a une sorte de prédestination (pourquoi maisons et non palais? Peut-être est-il temps de dire que, dans la Venise antique, la règle non écrite était que le « Palais » fût celui du doge et que les autres fussent toutes « case », maisons, le terme *Ca'* n'étant autre que l'abréviation de *casa*). Et, malgré la frivolité voletante des stucs des maîtres tessinois Abbondio Stazio et Carpoforo Mazzetti-Tencalla, la Ca' Barbaro est, dès le milieu du XVe siècle, vouée à la culture lorsqu'elle est achetée par le procurateur de Saint-Marc Zaccaria Barbaro, homme politique, humaniste, puis par une suite de lettrés, d'amateurs et de connaisseurs d'art : ainsi Almorò (Ermolao) Barbaro, philologue célèbre, commentateur de Pline, spécialiste d'Aristote, nommé patriarche d'Aquileia alors qu'il était ambassadeur à Rome. Il y mourut d'ailleurs, en exil, car la Sérénissime, indignée de son acceptation, à l'encontre de la juste loi qui interdisait aux ambassadeurs auprès du pape d'accepter des faveurs de celui-ci, avait refusé de ratifier sa nomination et lui avait interdit le retour dans sa patrie. Ses deux frères connurent le même sort, ainsi que ses petits-neveux, Daniele et Marc'Antonio, commissionnaires de Paolo Véronèse pour la décoration picturale de la villa qu'ils s'étaient fait construire à Maser par Andrea Palladio, leur grand ami et protégé, comme Paolo.

Daniele Barbaro, grand ambassadeur, puis, avec l'approbation de la Sérénissime, patriarche élu d'Aquileia, philosophe, mathématicien, amateur d'astronomie, spécialiste d'architecture et traducteur de Vitruve, était partisan d'un engagement rationaliste et scientifique des recherches de l'Université de Padoue, où il avait tenu une chaire. Marc'Antonio, lui, avait été l'une des figures prédominantes du XVe siècle vénitien, en politique, en diplomatie (ambassadeur à Constantinople pendant la guerre de Chypre et incarcéré par les Turcs, il avait tout de même réussi à correspondre avec le Sénat, créant une filière secrète d'informateurs et de courriers), et en art; il avait été l'un des protagonistes de la longue polémique qui avait accompagné le concours pour le pont en pierre du Rialto, concours pour lequel il avait soutenu avec acharnement Palladio et son projet de pont à trois arches.

Puis, après un XVIIIe brillant, c'est le déclin, commun à presque tous, sinon à tous les palais vénitiens. Les Barbaro, appauvris, déchus, avaient dû s'en aller. Mais un couple de Bostoniens fins et cultivés, Daniel Sargent Curtis et sa femme Ariana, l'avait acheté aux nouveaux propriétaires, le 3 décembre 1885 (à 2 h 30, comme les acquéreurs le notaient dans leur journal intime). C'était la fin d'une époque qui aurait pu créer au palais des dommages aussi graves que la vente du plafond de Tiepolo : en outre, un antiquaire tristement célèbre du nom de Favenza avait presque conclu la vente de toute la salle de bal au musée de South Kengsinton. L'affaire avait heureusement échoué grâce à l'impossibilité constatée de transporter la chose vendue. A la Ca' Barbaro, les Curtis recevaient et fréquentaient des artistes (ils étaient parents de John Sargent, et leur fils Ralph était peintre lui aussi) et des gens de lettres ; c'étaient les grands amis vénitiens de Robert Browning, ses accompagnateurs dans les promenades au Lido. John Singer Sargent les peindra en 1899, dans la salle de bal avec leur fils et leur belle-fille, un tableau suscitant l'admiration d'un autre invité qui reviendra maintes et maintes fois au palais Barbaro et qui l'évoquera dans son roman *Les Ailes de la colombe* : Henry James.

Parfois, les Curtis louaient ou prêtaient le palais à des amis. Parmi ceux-ci, Isabella Stewart Gardner, singulière personne riche d'une fortune considérable, qui achetait des tableaux de grands maîtres avec les conseils de Bernard Berenson, mais qui ne reculait pas devant l'achat (depuis l'époque de Napoléon, Venise entière était en vente, y compris les éléments architecturaux arrachés aux palais et aux églises, escaliers entiers, chambres à stucs, fenêtrages gothique et Renaissance, margelles de puits, autels, tabernacles et balustrades) de trilobées gothiques, de portails et de colonnades pour sa passion préférée, le palais vénitien de Fenway Court, à Boston : extraordinaire musée que Mme Gardner réalisait avec entêtement à coups de chèques et de millions sur le conseil des médecins comme cure à sa dépression à la suite de la mort de son enfant. Henry James, invité par elle en 1892, s'attachera à cette femme fondamentalement bonne et généreuse, qui n'oubliait pas pendant ses séjours vénitiens de faire bénéficier de ses largesses les œuvres caritatives de la ville (et, en la remerciant pour une offre particulièrement généreuse, le cardinal Agostini, patriarche de Venise, lui écrivait qu'il regardait sa photographie « d'un œil respectueux et amoureux en même temps »). C'est que pour nous elle semble incarner le mythe du milliardaire américain, aux décisions foudroyantes et à la bourse prête à s'ouvrir devant les bonnes causes, une race qui n'a pas complètement disparu, à en juger par les récentes anecdotes des comités américains pour la sauvegarde de Venise.

A une autre invitée ou locataire des Stewart revient la maternité, si l'on peut dire ainsi, de nombre des extraordinaires vues de Venise de Claude Monet. Mary Young Hunter, elle aussi richissime (son mari était propriétaire de mines de charbon) et collectionneuse passionnée, était une amie de Sargent, grâce auquel elle avait fait la connaissance des Monet qu'elle invita à Venise. Le peintre débarquait au palais Barbaro avec Alice, sa seconde épouse, le soir du 1er octobre 1908.

L'invitation avait été faite peu de jours auparavant, Monet n'était pas très convaincu, et ne pouvait se décider à quitter Giverny, son jardin, son lac aux nymphéas. Mais déjà le lendemain, la correspondance d'Alice révélait son enthousiasme : le palais était magnifique, Mme Hunter un amphitryon enchanteur, la ville merveilleuse, et tant pis pour les moustiques et les moustiquaires. Incroyablement matinal, Monet saute hors de son lit à six heures du matin et, immédiatement après le petit déjeuner de sept heures et demie, sort en gondole jusqu'à onze heures et demie puis, à nouveau, dans l'après-midi. Mais il ne prend pas ses pinceaux en main, les toiles vierges qu'il s'est fait expédier n'arrivant pas. Alors il se promène, attentif à chaque changement de lumière et de couleur, et « se borne à admirer et à dire qu'elles sont impossibles à recréer ». D'émerveillement en émerveillement les jours passent, et Alice s'inquiète, elle craint qu'après la première impression « toute de feu et d'extase », la réflexion le refroidisse.

Et cela pendant plusieurs jours, visites aux tableaux célèbres, promenades à Chioggia, invitations dans la haute société, au palais Polignac (c'était le palais Renaissance ex-Contarini del Zaffo, puis Angaran, juste en face du palais Barbaro) avec des toilettes somptueuses, Mme Hunter « comme une Madone, enveloppée de soies, de joyaux et de dentelles », une jeune femme russe « avec un vrai costume de dogaresse ». Les toiles n'arrivent toujours pas, la pauvre Alice vit entre l'angoisse et la déception. Enfin, après dix jours, elles arrivent et le peintre se réveille. Et avec quel sérieux! A huit heures du matin, il est déjà à San Giorgio, pour saisir son premier « sujet »; à dix heures il est place Saint-Marc. Après déjeuner il travaille sur le quai du palais Barbaro, en plein milieu du Grand Canal, bien que les bateaux à vapeur le dérangent beaucoup. Quatre jours encore et la merveilleuse Mme Hunter doit partir, mais maintenant c'est Monet qui ne veut plus s'en aller et qui déménage à l'hôtel Britannia, l'actuel Europa, toujours sur le Grand Canal, où il restera, travaillant comme un damné, plus de quarante jours. Avant de rentrer à Paris le 7 décembre, il écrit à un ami que son enthousiasme pour Venise n'a fait que croître et que l'idée de quitter cette lumière « unique » l'attriste énormément.

Malheureusement la joie de ce séjour vécu avec une intensité et une exceptionnelle ferveur créatrice va être suivie de moments douloureux : le printemps 1909 apporte le triomphe des *Nymphéas*, un grand succès de critique et de public. Mais Alice... A peine rentrée de son long et agréable séjour vénitien, elle avait commencé à ressentir des malaises. L'année 1910 apporte des inondations désastreuses qui dévastent le jardin de Giverny et le lac aux nymphéas, et Alice va de pire en pire. Le diagnostic est dramatique : leucémie. Le 19 mai 1911, elle meurt. Le second voyage à Venise n'aura plus lieu et Monet n'a plus envie de peindre.

C'est seulement au début de l'année 1912 que le peintre confie à son marchand Durand-Ruel qu'il a commencé à travailler un peu sur les toiles vénitiennes. Travail, incertitudes, inquiétudes se succèdent. Quand enfin une exposition est organisée à la galerie Bernheim Jeune, le Maître est en pleine crise : ses Venises ne sont pas comme il les rêvait. Il ne veut même pas aller surveiller la mise en place des toiles sur les murs.

L'exposition est un triomphe. Au vernissage, écrit un journaliste, il y avait de « grands collectionneurs, les directeurs des musées d'Europe et tous les amants de l'art »; « les directeurs de musées et les grands collectionneurs sont chaque jour plus nombreux », écrit un autre. La *Venise* de Monet est exaltée, glorifiée, « Venise avec sa beauté irrégulière et imprévisible, avec son architecture folle... ses marbres sur lesquels se reflètent tous les tons de la mer et du soleil... », écrit dans son journal Georges Clemenceau. Apollinaire aussi écrit, heureux que Monet ait su rendre d'une ville que le public voit bigarrée jusque dans son ciel, les aspects brumeux; c'est une autre Venise, « non moins belle que la ville des couleurs de l'arc-en-ciel » que tous croyaient connaître.

On a aussi écrit que la rencontre de Monet avec un thème aussi rabâché et connu que Venise avait été un défi. Pour savoir s'il l'a gagné ou non, ses *Venises* éparpillées dans les musées et les collections du monde entier se suffisent à elles-mêmes. La rencontre d'un peintre, constamment à la recherche de la lumière qui change à chaque heure du jour et de la nuit, avec la ville qui change de lumière et de couleur à chaque instant, ne pouvait qu'être heureuse.

2. *Les folies des Pisani*

Parmi les personnes et les choses qui avaient marqué Henry James pendant ses séjours avec ses amis Curtis au palais Barbaro, il y avait la comtesse Pisani : « Une femme remarquable, une dame qui fait penser à Caterina Corner et rend authentiques les héroïnes romantiques de Disraeli et de Bulwer ». Teresa Evelina Berengaria van Milligen était née à Pera, dans l'antique quartier résidentiel de Constantinople où se dressait et se dresse encore le palais du bailli vénitien, en 1831. Son père était un médecin hollandais, qui avait soigné et assisté lord Byron dans sa dernière maladie à Missolonghi, et qui avait épousé une jeune fille française élevée dans le tharem du Grand Seigneur des Turcs, à Topkapi. Teresa, très jeune et, d'après ses portraits, très belle, était rentrée chez son père à Constantinople, après avoir été éduquée quelque temps à Rome; puis, elle était venue avec sa famille, à Venise, et son apparition en costume oriental à La Fenice avait provoqué une grande admiration. A Venise, elle avait épousé Almorò III Giovanni Giuseppe Pisani, patricien vénitien et comte de l'Empire autrichien, le dernier descendant de la grande lignée des Pisani da Santo Stefano. Elle ne lui avait pas donné d'héritiers, et la famille avait disparu avec lui le 17 juillet 1880.

La spectaculaire débâcle qui avait bouleversé les Pisani da Santo Stefano, entre la fin du XVIIIᵉ et le début du XIXᵉ siècle, avait épargné la propriété de Vescovana, à peu près six cents hectares dans la basse plaine padouane. Les créanciers n'avaient pu mettre la main sur elle car il s'agissait d'une propriété féodale, et la comtesse allait et venait entre Vescovana et le premier étage du palais Barbaro. James avait accepté une invitation à Vescovana, où la noble dame lui avait paru encore plus remarquable, au milieu de ses paysans, pour lesquels elle avait beaucoup œuvré afin d'améliorer leurs conditions de vie et leurs habitations, et de ses champs dont elle s'occupait personnellement. Plusieurs années plus tard, en 1897, James écrivait à Mme Curtis en bénissant encore sa maison « et tout ce qu'elle contient, ainsi que le fantôme ou ce qu'il reste encore de la présence de la noble Pisani » ; et il souhaitait à la comtesse, qui allait s'éteindre trois ans plus tard, de disparaître sans déclin, « en une rapide immersion dans l'Adriatique », pour rejoindre Almorò et « ses doges ».

Pour puissants et riches qu'ils fussent, les Pisani da Santo Stefano, propriétaires d'une des plus majestueuses villas de la Vénétie, celle de Stra (vendue plus tard à Napoléon pour minimiser la débâcle dont nous parlions plus tôt), n'avaient jamais réussi à ce que la grande masse de leur magnifique maison donne directement sur le Grand Canal, d'où on la voit dominer de loin, en arrière-plan. Ils avaient seulement réussi, en 1751, à acheter au marquis Giovanni Poleni le petit palais qui est toujours là et qui porte leur nom. Mais avec le marquis Poleni s'éloignait du Grand Canal une présence différente de la majorité de celles que nous avons rencontrées jusqu'à présent, une présence liée non pas au prestige social, économique ou artistique, mais à la science.

Il était né en 1683, d'un père qui, selon l'usage de l'époque, avait servi le roi de France et l'empereur comme officier et, pour cela, avait été créé marquis par Léopold Ier de Habsbourg. En contraste total avec les habitudes de son époque qui voulaient qu'un père fût inflexible en fixant le destin des fils, quand il s'était rendu compte que Giovanni, qu'il avait destiné à la jurisprudence, montrait une évidente disposition pour les mathématiques, il l'avait secondé et conseillé, il lui avait fait aussi étudier, à la maison, l'architecture et la physique, en lui procurant les instruments scientifiques nécessaires. Le résultat l'avait amplement récompensé : à vingt-six ans, Giovanni Poleni était déjà appelé par l'Université de Padoue pour enseigner l'astronomie, il passait ensuite à la chaire de mathématiques et, en 1739, à celle de physique expérimentale, instituée expressément pour lui. La République, qui appréciait ses connaissances en matière hydraulique, l'avait nommé surintendant général des Eaux de l'État, le pape Benoît XIV l'avait appelé en consultation pour la coupole de Saint Pierre ; il était devenu une célébrité européenne, ses amis étaient d'autres célébrités telles que

Morgagni, Conti et Vallisneri, l'Académie des sciences de Berlin l'avait élu membre sur proposition de Leibniz et la Royal Society de Londres sur proposition de Newton. Il est probable d'ailleurs qu'il vendit son petit palais sur le Grand Canal parce que, désormais, sa base scientifique était définitivement fixée à Padoue.

Quant aux Pisani, les dépenses soutenues, sans regarder, dans les plus hautes charges de la République, avaient été la première cause de leur déclin économique. Alvise Pisani, doge en 1735, après de multiples ambassades conduites avec une telle splendeur que l'on disait qu'avec lui voyageait la majesté du Sénat vénitien, avait commencé à en entamer sérieusement le patrimoine : pour son élection, les festivités avaient duré trois jours, avec bals, rafraîchissements et concerts pour la noblesse, distribution continue de pain et de deniers au peuple; la place Saint-Marc avait été illuminée *a giorno* et, chaque soir, il y avait eu des feux d'artifice. Ses frères, ses fils et ses petits-fils avaient continué sur le même rythme.

Puis il y avait eu les constructions, la villa de Stra par Francesco Maria Preti, peinte de fresques exécutées par Tiepolo; puis encore les décorations intérieures, somptueusement rénovées à chaque événement familial important. Enfin, les acquisitions de livres, de médailles, de collections en tous genres : la bibliothèque était la plus riche existante dans un palais patricien, le musée numismatique avait été illustré par trois volumes in-folio vers la moitié du XVIIIe siècle et s'était enrichi encore ultérieurement. Quand, plus tard, Almorò II, le fils de Marina Sagredo, celui que nous avons vu habillé en petit Hongrois dans le portrait collectif de Pietro Longhi, avait manifesté, tout jeune, sa passion pour les arts, ses parents avaient créé pour lui une Académie de dessin et de gravure, ouverte aux artistes étrangers de passage, et dirigée par Pietro Longhi en personne.

Mais le chapitre des dépenses le plus ruineux avait été celui des fêtes. Quand le roi Gustave III de Suède était venu en visite à Venise, la famille s'était surpassée, mais il suffisait d'une « entrée » comme procurateur de Saint-Marc pour faire les choses en grand. Comme quand, en 1763, Almorò IV Zan Francesco avait été élu, et « pendant trois jours et presque trois nuits, les rues qui bordent la place Santo Stefano étaient occupées et bondées » par la masse du peuple. Il y avait eu « un abondant jet » de pain, une « perpétuelle distribution de vin », d'aumônes aux pauvres, le palais avait été décoré et illuminé splendidement, « la qualité des musiciens divisés en plusieurs orchestres » avait étonné tout le monde. La dogaresse Pisana Corner Mocenigo était venue, et « on l'avait assise sur un grand et précieux fauteuil », le doge, Alvise IV Mocenigo, aussi était venu, masqué, et dans une chambre privée il avait bu du café « dans une tasse japonaise garnie d'or, sur une soucoupe entièrement d'or massif ».

Pourtant, la maison Pisani avait reçu l'apport de dots tout aussi substantielles, dont la dernière avait été celle de la première femme du beau-père d'Evelina van Milligen, et celle-là avait été une dot disputée jusqu'au plus haut degré. Il faut savoir que Pisana Mocenigo, « Pisanetta », fille du chevalier Alvise II Zuanne et de la dernière héritière de la riche et puissante branche des Loredan da Santo Stefano, avait épousé son cousin Alvise I, celui qui allait épouser plus tard Lucietta Memmo. Alvise n'avait pas supporté ce mariage de raison avec sa cousine (elle était, paraît-il, un tantinet difforme de sa personne) et celui-ci avait été annulé. Mais Pisanetta était un parti très alléchant en ce qui concernait la dot, et le neveu du doge Renier, Alvise, lui aussi, s'était présenté. Mais le père de la mariée n'en avait rien voulu savoir et, au contraire, avait immédiatement combiné un mariage avec Almorò III Francesco Pisani. Pour que « les inclinations de sa fille se ravivassent », il était parti en villégiature à Stra, à la villa Loredan, juste en face de la villa Pisani.

Pisanetta qui, jusque-là, avait juré ses grands dieux qu'elle voulait épouser Alvise Renier à n'importe quel prix, avait rapidement changé d'idée, et même, « grâce au libre voisinage de son nouvel Apollon, elle se réchauffa profondément pour celui-ci... et rendit en pleurant à son père, toutes les lettres Renier disant vouloir être Pisani ». Parmi ces lettres il y avait une ébauche de contrat de mariage et même un brouillon de procuration pour donner au comte Giuseppe Mangili la charge d'épouser, comme procurateur de Pisanetta, Alvise Renier. « Il est certes ridicule qu'il s'ensuive un mariage entre deux hommes, écrivait un témoin, pourtant la chose est véritable et l'on raconte qu'il y aurait la patte du Sérénissime. »

Et le Sérénissime, arrivé à ce point-là, avait perdu la tête. Il avait pris sa plume et écrit un mémoire pour les inquisiteurs d'État, accusant Alvise Zuanne Mocenigo de contraindre sa fille par la violence à épouser Francesco Pisani alors qu'elle s'était librement engagée avec Alvise Renier, et demandant que la jeune fille fût « mise en lieu neutre » pour pouvoir disposer librement de soi. Le Tribunal suprême, après mûre réflexion, lui avait restitué le mémoire mot pour mot, en tant que « requête inadmissible ».

Tout Venise avait pris parti dans l'affaire. L'opinion publique était hostile au doge et à sa famille; il y avait eu des manifestations publiques un jour que Pisanetta et Francesco Pisani passaient en carrosse dans le centre de Dolo, le peuple et ceux qui se trouvaient aux cafés les avaient salués « par des applaudissements unanimes et des Vivas ». De ce mariage, célébré quelque temps plus tard, était né un autre Almorò Ier qui avait hérité de sa mère le fief istrien de Barbana et était mort célibataire et sans enfants. Le mari d'Evelina van Milligen était né du deuxième mariage de Francesco avec Giuditta Mangilli.

Et les collections, la bibliothèque, les décorations, toutes les belles choses réunies par les Pisani dans leur palais? Tout a disparu; jusqu'au plafond, peint par Guarana pour la salle de bal, qui a fini dans les mains du redoutable antiquaire parisien Heilbronner. Le palais est devenu le siège du Conservatoire de musique dédié à Benedetto Marcello, et un illustre compositeur moderne, Gian Francesco Malipiero, en a soigné la restauration pendant la période où il en fut le directeur.

3. *Le poète en guerre*

« La Venise bariolée * », la Venise polychrome, bigarrée, un peu trop orientale que Monet avait ignorée au bénéfice d'une Venise plus authentique, surprise dans la vérité immédiate de sa lumière, choix pour lequel Apollinaire le louait, est celle que l'on retrouve dans les écrits vénitiens de Gabriele D'Annunzio. En commençant par *Le Feu*, où la culture, ou plutôt les valeurs vénitiennes, l'histoire, la vie, les coutumes, englouties par bouchées, en morceaux trop gros et trop hâtifs, se mêlent à l'esthétisme et aux autres ingré-

* En français dans le texte. *(N.d.T.)*

dients à la mode que « l'Imaginifique * » savait mélanger avec une alchimie savante. Et pourtant, la longue saison vénitienne du poète, pendant la Grande Guerre, dans la Maisonnette Rouge sur le Grand Canal à San Maurizio, propriété du très cultivé prince Hohenlohe, a peut-être été la plus sincère de toute sa vie, la saison des grandes et glorieuses aventures guerrières, des traversées aériennes, des exploits navals, l'alitement forcé dans l'obscurité à cause de la blessure qui allait le priver pour toujours de la vision d'un œil : des moments pendant lesquels la réalité surmonte l'éternelle fiction de son art si rarement libre des ors, des déchets et des oripeaux décadents.

La première fois qu'il était arrivé à Venise, D'Annunzio n'avait que vingt-quatre ans et était déjà célèbre. La croisière qu'il avait entreprise avec quelques amis à bord du yacht du poète Adolfo de Bosis avait été interrompue par un accident, à la suite duquel l'embarcation et ses occupants avaient été sauvés par le croiseur *Agostino Barbarigo* qui les avait emmenés à Venise. Et le poète avait été enchanté par la ville, qu'il ne connaissait pas du tout, au point de ne pas réussir à en écrire quoi que ce soit. Il était revenu sept ans plus tard, en 1894, et grâce à Georges Hérelle, avait vu beaucoup de choses et connu plusieurs personnes qui allaient compter dans sa vie. Parmi celles-ci, il y avait eu Eleonora Duse. La rencontre entre le poète et la femme que ce dernier allait tant aimer et qui à son tour allait l'aimer désespérément, avait eu lieu un matin à l'aube : la grande actrice, qui passait quelques jours de repos sur le Grand Canal, dans le petit palais Barbaro qui se dresse à côté du palais Dario (« ... au dernier étage d'un vieux palais, dans les combles, avec une grande fenêtre ogivale d'où l'on domine toute la ville »), était sortie très tôt, après une nuit d'insomnie et elle était tombée sur lui qui descendait d'une gondole.

En 1895, grâce à Riccardo Selvatico, le maire poète, et à Antonio Fradeletto, rhéteur surabondant mais organisateur efficace, était née l'Exposition internationale d'art, la future Biennale. Francesco Paolo Michetti, le grand ami de D'Annunzio, y participait avec un immense tableau inspiré par sa *Fille de Jorio*; D'Annunzio intervint avec une lecture publique, dans le foyer du théâtre La Fenice, de

* L'un des innombrables surnoms grandiloquents qu'on donnait à – ou que se donnait lui-même – D'Annunzio. *(N.d.T.)*

son *Allégorie de l'automne* : un grand succès, qu'il allait par la suite transférer (comme il en transférait le lieu de La Fenice au palais des Doges) à son Stelio Effrena, le héros du *Feu*.

Outre la Duse, héroïne féminine du roman, cachée mais très peu, sous le nom bien vénitien de Foscarina, parmi tous les personnages plus ou moins importants de la Venise d'hier, apparaît aussi, à peine masqué, comme prince Hoditz, le futur propriétaire de D'Annunzio à la Maisonnette Rouge. Friedrich, ou plutôt, comme il aimait se faire appeler, Fritz Hohenlohe, était l'un des derniers produits de l'époque la plus raffinée de la civilisation des Habsbourg. Il appartenait à la branche autrichienne d'une ancienne famille allemande, mais il était né à Venise ; sa mère était la dernière des Torriani, passés au Frioul et propriétaires du château de Duino, sur le golfe de Trieste, où la sœur de Fritz allait accueillir et inspirer Rainer Maria Rilke. Il s'était totalement vénitianisé, tant et si bien que, tout en publiant en français des petits volumes raffinés d'études et de recherches sur la civilisation vénitienne du XVIIIe, il avait l'habitude de s'exprimer normalement en pur dialecte vénitien. Il s'était fait construire la Maisonnette Rouge sur le Grand Canal, au milieu d'un petit jardin, par le très cultivé architecte Domenico Rupolo, et s'y était établi, abandonnant le service diplomatique, avec la compagne de sa vie, une actrice milanaise dont D'Annunzio trace un portrait pétillant dans ses notes : « ... une petite femme bergamine, la " femme enfant ", brune aux grands yeux noirs, maquillés, une bouche fraîche et des dents éclatantes... souple, douce, harmonieuse » (mais dans *Le Feu*, il la définira « le plus doux et gracieux animal » et dira que Hoditz l'avait découverte « derrière le couvercle d'une épinette, tandis qu'il fouillait dans une boutique d'antiquailles à San Samuele »).

C'était la Duse qui l'avait introduit dans la maison Hohenlohe la première fois, et elle-même y était retournée maintes fois comme invitée, jusqu'à la veille de son dernier voyage en Amérique où la mort allait la ravir. La Maisonnette Rouge était le paradis d'un collectionneur illuminé, avec ses parois de miroirs anciens, des porcelaines exquises, de précieux meubles et tableaux, et dans ce décor d'exception séjournaient des hôtes tout autant d'exception, des poètes comme Rilke et Hugo von Hofmannstahl, des militaires de talent comme lord Kitchener, l'homme qui avait vaincu le Mahdi dans la plaine d'Omdurman, au Soudan. Et D'Annunzio fut heureux de revenir dans cette maison Hohenlohe, cette « maison de poupée », dont sa première visite avait laissé au poète « une nostalgie, un regret indéfini des jours qui furent, des choses qui disparurent ». Mariano Fortuny s'était occupé du loyer avec le prince qui, contraint de partir en tant que sujet autrichien, s'était installé à Lugano pour ne pas s'éloigner de l'Italie, et le prince, lui aussi, avait été très content, à condition que D'Annunzio gardât le fidèle gondolier Dante Fenzo et la cuisinière Albina. Il pouvait aussi disposer de la gondole.

La Venise dans laquelle D'Annunzio fixe son domicile sur le Grand Canal, dans la Maisonnette Rouge, est une Venise de guerre, les monuments cachés sous des tonnes de sacs de sable, les œuvres d'art parties, cachées en des lieux sûrs. L'aviation autrichienne frappe, et frappe fort; et elle frappera encore plus fort quand, une fois le front percé à Caporetto, l'armée austro-hongroise prendra position sur la ligne du Piave, à quelques kilomètres; la population sera en grande partie évacuée et il ne restera pratiquement plus que des militaires. Les bombardiers autrichiens viseront avec un acharnement particulier la Maisonnette Rouge et, comme le racontera le journaliste Ugo Ojetti, tandis que les bombes tombent toutes proches, lui-même et D'Annunzio, qui dînent ensemble dans la Maisonnette secouée par les explosions, voyant les beaux vitraux finir en miettes, diront en chœur : « Pauvre Fritz, s'il était ici... »

Comme nous le disions plus tôt, c'est de Venise que D'Annunzio part pour les missions de guerre qui se succèdent à rythme serré. Il défie la mort avec enthousiasme, soit qu'il participe à une action de torpilleur, soit qu'il renouvelle, de nombreuses fois, les vols sur Trieste, Gorizia, Trente. Il est sauf quasiment par miracle, quand, à Isola Morosini, sur l'Isonzo, un projectile d'artillerie explose tout près de lui, il se cogne la tempe et l'arcade sourcilière droite contre la mitrailleuse de l'avion pendant l'amarrage forcé à Grado. Il ne donne aucune importance à la chose, mais le 22 février 1916, il se rend compte qu'il ne voit plus. La nouvelle se répand, la moitié de Venise se précipite devant la Maisonnette Rouge, des télégrammes arrivent du président du Conseil, du duc d'Aoste, du généralissime Cadorna. L'Italie entière s'inquiète de la blessure subie par son poète le plus célèbre. C'est compréhensible, même si l'on ne peut s'empêcher de penser aux milliers de jeunes qui, chaque jour, sont fauchés par la mort, depuis l'Isonzo jusqu'au Trentino.

Dans la Maisonnette sur le Grand Canal, il est veillé et soigné par sa fille Renata (la « petite sirène »), la cuisinière Albina et la servante française Aëlis, venue d'Arcachon. Il reçoit les visites de ses camarades d'armes, les survivants et ceux qui tomberont dans les actions futures. C'est un malade difficile qui refuse de se soumettre à l'immobilité et au silence et dont l'état forcément empire. Mais il ne renonce pas à écrire, et, « ligne après ligne, sur plus de dix mille pages », rédigées dans le noir sans voir ce qu'il écrit, il compose le *Nocturne*. Puis, en mai 1916, la *Léda sans cygne*; mais désormais, la perte de l'œil étant confirmée, on le laisse sortir bandé dans Venise, « dans la Venise assombrie par la guerre, la Venise des miradors fortifiés, tenue en éveil non plus par les chansons en vogue mais par le cri des sentinelles ». Une fois de plus, le Grand Canal l'inspire et il décrira « la Morgane ombreuse [qui] rendait ses jeux plus mous, dissolvant la pierre, la délayant dans l'eau en colorant la marée... Les sandales, les gondoles, les péottes, rassemblées dans une zone d'ombre, exhalaient un soupir de sommeil animal... ».

Un peintre vénitien, Ercole Sibellato, peint son portrait, un autre est peint par « Cinerina », la peintre anglaise qui l'avait déjà dessiné à Arcachon. Mais dans l'obscurité à laquelle il est contraint, sa plus grande consolation est la musique; des pianistes, des violoncellistes et des violonistes viennent jouer pour lui et pour lui et Maurice Barrès, qu'Ojetti lui a amené, un quintette de soldats exécute des musiques de Franck et de Ravel. Convalescent, il emmène avec lui le long du Grand Canal un baryton célèbre, Kaschmann, et le fait chanter sous le pont du Rialto. Avant et après l'accident, Gian Francesco Malipiero est un hôte assidu de la Maisonnette Rouge : Tom Antongini, le secrétaire et ami du poète, se souviendra avec beaucoup d'amusement d'un gros échassier qu'un soldat avait offert à D'Annunzio, et qui, chaque fois que Malipiero se mettait au piano, sortait dignement et en silence du salon où il avait l'habitude de se tenir.

C'est la musique qui provoquera la rencontre de D'Annunzio avec le dernier amour de sa vie, Luisa Bàccara. Il la rencontrera en

1918, toute jeune pianiste au talent exceptionnel, fraîchement diplômée du conservatoire Benedetto Marcello ; il organisera pour elle des réceptions musicales à la Maisonnette Rouge, il suivra en gondole un concert qu'elle tient à bord d'une grosse embarcation le long du Grand Canal. Mais alors, le rythme harcelant des actions militaires avait repris depuis longtemps : la course à bord des bateaux armés jusqu'à l'autre rive, jusque dans le port de Buccari, défiant la marine austro-hongroise, le vol au-dessus de la capitale ennemie, Vienne, non pas pour lancer des bombes, mais des tracts irrédentistes. Entre deux expéditions s'alternent les rencontres conviviales avec ceux qui partagent les risques et les émotions (risques loin d'être imaginaires, car la liste des pertes s'allonge chaque jour), et les soirées musicales, pour lesquelles le grand orgue du Conservatoire, joué par le maître Goffredo Giarda, a pris une place importante depuis qu'un jour d'été l'écho du son de l'instrument était arrivé dans la Maisonnette Rouge et que le poète s'était précipité vers le palais Pisani, avait grimpé les marches quatre à quatre et s'était présenté dans le salon des concerts, désert, en murmurant : « Est-ce que je dérange ? »

Et les femmes ? Parmi celles qui étaient restées après la défaite de Caporetto, la plus admirée, mais avec respect et dévotion, était la comtesse Morosini, qui habitait le palais Da Mula, presque en face de la Maisonnette Rouge : « la beauté vivante », comme l'avait appelée le poète, qui attribuait un pouvoir thaumaturgique à une tabatière, avec son nom, Annina, gravé dans le métal, que la comtesse lui avait offerte la veille d'une expédition aérienne. Les biographies ne parlent que peu ou pas d'une autre femme, elle aussi patricienne, brune et aussi opulente que la Morosini était élancée et élégante et qui, pour lui, répétait les exploits de Byron, traversant à la nage le Grand Canal pour aller le rejoindre la nuit.

4. *« Ces Corner sont richissimes... »*

Le 16 août 1532, le palais Malombra, à San Maurizio, brûla, le palais que Giorgio Corner, le frère de la reine de Chypre, avait acheté pour vingt mille ducats et qui lui en avait coûté dix mille autres en restauration et embellissements. « On aurait pu dire que c'était l'incendie de Troie, mais plus terrible », notait le chroniqueur Sanudo, « car rien ne restait debout, seul le quai et ses colonnes; tout le reste brûla et se ruina ». Voici donc les Corner revenir en scène : le grand palais gothique occupait le terrain sur lequel s'élèvera le palais Corner « de la Ca' Granda ».

Une grave impudence avait été la cause du désastre. Une importante cargaison de sucre était arrivée de Chypre, où les Corner possédaient la Grande Commanderie. Le temps était humide, et pour faire sécher le sucre on l'avait étalé dans le grenier, où le jour il était réchauffé par le soleil et la nuit par des brasiers de charbons ardents. « Et Dieu ou le diable voulut » que messire Giovanni Corner, le fils aîné de Giorgio, souffrît d'attaques de goutte (c'était un mal de famille et il l'avait de « manière enragée ») et suivît une cure qui préconisait de « rester bien au chaud » même en plein mois d'août avec d'autres braises qui brûlaient dans sa chambre et dont une partie avait été transportée dans le grenier. La chaleur des braises sous les poutres sèches du grenier leur fit prendre feu et les caisses de sucre brûlèrent « faisant une grande vampée », sans que personne ne s'en aperçût. Qui vit le feu commença à frapper à la porte avec grand fracas, mais les Corner « ou n'oyaient point ou ne voulaient point ouvrir ». Le long du Grand Canal on criait : le feu à la Ca' Corner! Et ceux-ci étaient comme perdus, tout l'étage supérieur de la maison brûlait et personne ne faisait rien.

Puis soudain, le feu se propagea aux poutres des étages inférieurs. De nombreux objets ayant appartenu à la reine de Chypre, la tante de Giovanni, furent récupérés par quelques courageux, mais outre le sucre et quatre cents boisseaux de blé, soixante-dix lits, les tableaux du *portego*, la chapelle finirent en fumée; une tête de marbre romaine « qui valait un État » se brisa et fut gâtée par le feu. Qui continua de brûler, consumant la maison entière, ainsi que les mezzanines, celle « en or » du cardinal Francesco Corner, frère de Giovanni et évêque de Brescia, l'autre où avait habité « l'honorable » messire Giorgio et maintenant son fils Giacomo, « et dessous, où ils gardaient les argents et les coffres, en un lieu bien secret et sûr, et parce qu'ils étaient là, ils furent récupérés... ».

Après avoir raconté le drame, Sanudo se prodigue en détails sur la famille. « Ces Corner sont richissimes » : ils ont dix mille ducats de rente et dix mille autres ducats qui leur viennent de deux abbayes, Carrara e San Zeno à Vérone, et de la Grande Commanderie de Chypre, ils possèdent aussi le palais qui avait appartenu à Gattamelata à San Polo, où ils résidaient avant l'achat de celui sur le Grand Canal, et le palais de San Cassiano où avait habité la reine de Chypre.

Que les Corner, « ces Corner » de la branche de Giorgio et Caterina fussent les premiers de tout Venise en fait de richesses, nous le savions déjà. Mais avec le testament de Giovanni et les informations qui arrivent d'autres sources, leur patrimoine prend forme et consistance. Nous pouvons ainsi nous rendre compte de ce que signifiait, pendant l'opulent XVIe siècle, la richesse d'une grande maison patricienne. En tout premier lieu, il y a les palais, trois palais plus un quatrième, connu aujourd'hui comme Corner Spinelli, sur le Grand Canal à Sant'Angelo. Puis il y a les villas, les propriétés terriennes, « jardins et lieux », à Altivole (le légendaire Barco de la reine Caterina), à Asolo, à Piombino Dese, à Cappella di Castelfranco, où s'élèvera une autre villa, construite par Vincenzo Scamozzi, à Carpenedo di Cavasagra, où une autre encore sera construite au XVIIIe siècle ; à Abano, où Giovanni possède les célèbres thermes ; à Trévise, à Murano. Il y a les navires, sur les routes d'Alexandrie, des Flandres, de Chypre, d'autres encore en construction. Et les marchandises : coton, drap, bois, vin, maïs, froment, sucre, épices. Il y a les capitaux en dépôts bloqués à la Monnaie, à quatorze pour cent, et ceux déposés au Mont des Médicis à Rome, dans les banques Priuli et Pisani et dans une nouvelle banque dans laquelle sont déposés bien quinze mille ducats ; il y a trente mille ducats en titres d'emprunt public et trente mille en crédits de la Chambre royale de Chypre. En société avec son beau-frère, messire Zan Antonio Malipiero, Giovanni a loué des terrains agricoles et gère la fabrication du drap de Vidor, dans la Marche trévisane et dans les bourgs dépendants des abbayes des frères cardinaux, Marco et Francesco. Avec son frère Giacomo il a créé une compagnie pour le transport et le commerce de grandes quantités de « gros froment de Turquie », avec son gendre Giovanni Cappello, une compagnie pour le commerce de drap, de sel, de coton, et de valeurs en Orient, encore avec son frère Giacomo et son autre beau-frère Giacomo Contarini il s'est associé pour acheter un stock de cotons pour filatures. Dans les bilans figurent même les participations à des paris : huit cents ducats sur l'issue de la bataille de Pavie, des sommes imprécisées sur le résultat d'un conclave papal. Une fois les parts faites, la lignée principale, celle de Giovanni, habitera le palais de San Polo, reconstruit sans lésiner par Michele Sanmicheli, architecte et ami personnel de Giovanni. Giacomo Corner deviendra procurateur de Saint-Marc, mais ne verra pas la reconstruction de la Ca' Granda, encore « ruinée » en 1555 ; ce sera son fils Giorgo, dit Zorzeto, Giorgetto, qui la fera reconstruire par Sansovino, et ses descendants l'habiteront sans interruption jusqu'après la chute de la République.

En 1797, Nicolò Corner « de la Ca' Granda » sera le premier président de la Municipalité provisoire, le gouvernement démocratique instauré par les baïonnettes françaises et par conséquent – bien que beaucoup de ses membres fussent des gens honnêtes, armés de bonnes intentions – vu d'un très mauvais œil et destiné par les desseins politiques de Bonaparte à un amer échec. Il était fils d'une Foscarini et époux d'une Pisani da Santo Stefano et faisait partie de cette frange de l'aristocratie sénatoriale qui nourrissait des idées avancées et fournissait des adeptes à la franc-maçonnerie : de bonne foi? Par un dessein sur la base duquel l'enterrement d'une Sérénissime vétuste pouvait sauver les privilèges et le pouvoir de la race des seigneurs? Il ne s'est pas encore trouvé d'historien pour éclaircir ces doutes.

En ce qui concerne Nicoletto Corner, « franc-maçon pure souche », comme l'écrit l'érudit Emanuel Cicogna, sa bonne foi paraîtrait démontrée par les circonstances de sa mort qui, semble-t-il, auraient causé une maladie nerveuse de frayeur chronique à un célèbre chirurgien, Davide Zuliani qui, en tant que frère maçonnique consolateur, était près de lui au moment suprême, ayant éloigné les prêtres. Cela faisait désormais plus de quatre heures que Nicoletto ne donnait plus signe de vie. Quand voilà que, soudain, « il se dresse brusquement sur son lit, embrassant Zuliani avec véhémence... et crie : " Davide, as-tu du cœur? Nous allons en Enfer ensemble. " En disant cela, il mourut. »

5. *La maison d'un saint*

Les Corner « de la Ca' Granda » se sont éteints quelques années après la vente au Domaine public de leur palais devenu, sous l'Autriche, siège de l'Impériale et Royale Délégation provinciale, en bref, la Préfecture, ce qu'il est encore. Le palais Barbarigo, qui se trouve juste après le canal San Maurizio et le palais gothique qui fut la propriété des patriciens Minotto, a vu la fin de l'existence de Piero Barbarigo, en 1801, dont le portrait émerge dans une des salles du Musée du XVIIIe vénitien, à la Ca' Rezzonico, surtout à cause du superbe cadre sculpté par le prince des sculpteurs vénitiens en bois de cette époque, Antonio Corradini.

C'était un autre de ces vieux seigneurs qui, comme le chevalier Donà dans son palais du quai de Biasio, survivaient à leur passé dans une époque qu'ils n'essayaient même pas de comprendre. Il avait été un personnage en vue, plusieurs fois membre du Conseil des Dix et inquisiteur d'État, et jouissait d'une solide réputation de réactionnaire. Mais il n'a pas une importance suffisante pour mériter que l'on s'arrête dans sa demeure; sa nièce Contarina l'était beaucoup plus, la fameuse Contarina que nous avons déjà rencontrée plus d'une fois, personnage de tout premier rang dans le monde féminin de son époque, admirée et entretenue en de grandes conversations par Joseph II de Habsbourg, aimée durant de longues années par Andrea Memmo, et ayant survécu elle aussi, silencieusement, à la société dans laquelle son intelligence et son élégance l'avaient fait briller. A sa mort, en 1804, tout l'héritage Barbarigo de Santa Maria Zobenigo passa au parent plus proche, Marcantonio Michiel : c'était un énorme héritage, qui comprenait la villa de Valsanzibio, sur les cols Euganiens, avec son merveilleux jardin, et une amusante série de toiles de Pietro Longhi, celle de *La Chasse dans les marécages*. Les archives de famille passèrent aussi à la maison Michiel, avec nombre de lettres du personnage qui l'avait illustrée mieux que tout autre : Gregorio Barbarigo, évêque de Padoue, cardinal de la Sainte Église romaine et catholique, béatifié par Clément XIII en 1761 (il était mort depuis soixante-quatre ans à peine, période très courte pour une béatification), canonisé par Jean XXIII le 26 mai 1960. Celui-là même que nous avons rencontré dans l'affaire de la thèse d'Elena Corner Piscopia.

Destiné à la filière obligatoire des charges de la Sérénissime, Gregorio, fils de Zan Francesco Barbarigo, descendant en ligne directe du doge Marco, avait été nommé, à dix-huit ans, à l'ambassade dirigée par l'un des grands maîtres de la diplomatie vénitienne, Alvise Contarini, qui participait, à Münster, aux exténuantes négociations qui allaient porter à la paix dite de Westphalie. A Münster, la providence, représentée par monseigneur Chigi, le futur pape Alexandre VII, qui lui met entre les mains la « Philotée » de saint François de Sales, lui fait sentir les premiers signes d'une vocation religieuse. Devenu sage aux Ordres, la magistrature dans laquelle les jeunes de l'aristocratie sénatoriale font leurs premières armes dans la vie politique, il soutient sa thèse de droit à Padoue, mais en 1655, à trente ans, sa vocation l'a déjà porté à l'ordination sacerdotale. Et de Rome, où, il a été appelé par la curie, à l'ombre du pape Alexandre VII, il écrit à son père, auquel il est lié par un rapport très étroit, qu'il apprend la vie du monde, mais « en se procurant de ne pas devenir finaud ». Une déclaration d'intention qui, dans le panorama de l'histoire politique, ecclésiastique et civile de notre pays, suffit à révéler une personnalité d'exception.

Mais un Barbarigo reste toujours un Barbarigo, et le Sénat, à qui revient le droit de nomination des évêques de l'État vénitien, l'élit presque immédiatement évêque de Bergame. Où, dans la ligne de saint Charles Borromée, modèle idéal des évêques de la Contre-Réforme, il se voue à la rénovation du clergé et de l'instruction religieuse du peuple. Cinq ans plus tard, il est cardinal et transféré dans un diocèse beaucoup plus important, celui de Padoue. Où il exploite ses dons d'infatigable organisateur, faisant du séminaire diocésien un centre moderne pour la culture catholique italienne. Il réforme le plan des études, introduit l'enseignement du grec et de l'hébreu, fondamentaux pour la lecture et l'exégèse des Écritures, mais aussi du turc, de l'arabe, du persan, du syriaque, en en faisant des matières facultatives mais recommandées : à ses yeux, la mission de liaison entre l'Orient et l'Occident qui avait été celle de Venise devait continuer à être développée par un clergé préparé à comprendre le monde musulman, alors très mal connu même par la classe dirigeante et diffamé par une presse fanatisée. Il introduit au séminaire des matières scientifiques et fonde un observatoire astronomique, il développe la bibliothèque destinée à devenir célèbre. Et il se conduit en précurseur sur le chemin de l'œcuménisme, très inhabituel à l'époque : en somme, il est en avance de trois siècles sur son temps.

6. *Effie à Venise*

Le grand doge Andrea Gritti n'habita jamais le palais gothique qui aujourd'hui accueille le célèbre hôtel du même nom sur le Grand Canal. Sa famille est apparue ici très tard, quand le gentilhomme Camillo Gritti da Santa Maria Formosa l'acheta en 1814. Pendant au moins trois cent cinquante ans, cela avait été un palais Pisani, et la branche qui l'avait occupé en premier avait été la plus riche, celle à laquelle avaient appartenu les cardinaux Francesco et Alvise, respectivement fils et neveu d'Alvise Pisani « dal Banco », l'un des plus importants hommes d'affaires de la Venise du début du XVIe siècle. La dernière descendante d'Alvise avait apporté en dot le palais et les capitaux à un autre Pisani, Vincenzo, et la dernière héritière de la lignée dite « des Vincenzi », Giustiniana Pisani avait épousé en 1775 son cousin Alvise da Santo Stefano; la ruine de ce dernier avait tout emporté y compris le palais.

Avec le grand-père de Camillo Gritti, Zan Antonio, surnommé « Sgombro * », on retrouve en passant Casanova, Giorgio Baffo et Goldoni. « Sgombro » était un personnage ignoble. Casanova raconte comment il avait commencé une relation homosexuelle avec l'aventurier milanais Antonio Croce, tricheur reconnu, provoquant un tel scandale que Croce avait été expulsé sur-le-champ de Venise. Toujours selon Casanova, « l'infâme Sgombro » aurait par la suite abusé de deux de ses plus jeunes fils et, une fois découvert, avait été pour cela exilé par les inquisiteurs de l'État pour mourir de malaria dans la forteresse de Cattare. La grand-mère de Camillo, Cornelia Barbaro Gritti, était beaucoup plus intéressante, poétesse arcadienne sous le nom d'Aurisbe Tarsense, pétillante, pleine d'esprit et, paraît-il, très belle. Elle avait été « éduquée aux muses et à la galanterie » par le poète Carlo Innocenzo Frugoni qui, jusqu'à l'extrême vieillesse, l'avait aimée et célébrée en vers. Elle

* Maquereau, dans le sens zoologique du terme. *(N.d.T.)*

avait eu une vie sentimentale bien remplie et avait été aimée longuement par Giorgio Baffo. C'était une grande amie de Goldoni, qui lui avait dédié sa comédie *Le Chevalier joyeux*, et elle tenait un salon fréquenté par les lettrés les plus connus de son époque.

Si l'on pense que Cornelia Gritti était aussi la sœur d'un autre poète, Angelo Maria Barbaro, il est très compréhensible qu'une veine de poésie ait été transmise aux enfants. C'est par cette famille de poètes, bien qu'arrivée tard sur les rives du Grand Canal, que se confirme une prédestination littéraire pour le palais Pisani à Santa Maria Zobenigo aussi. Quand, au début de mai 1851, Ruskin et sa jeune épouse écossaise Effie Gray arrivaient au palais, depuis quelque temps déjà celui-ci était propriété de la baronne Suzanne Wetzlar.

C'était le second voyage à Venise des époux Ruskin. Le premier séjour, de novembre 1849 à février 1850, s'était écoulé à l'hôtel Danieli, mais cette fois-ci ils prévoyaient de rester beaucoup plus longtemps, car John était en plein travail sur son œuvre, célèbre encore aujourd'hui : *Les Pierres de Venise*. Il avait besoin d'espace et de tranquillité. Le logement dans ce que les Ruskin appelaient la Maison Wetzlar leur avait été procuré par un grand ami de Ruskin, l'érudit anglais Rawdon Brown. La vision de la baronne, « *a very curious old lady* », dans sa chambre richement meublée et parfumée d'essences, avait amusé Effie : elle portait un bonnet de laine et des épingles d'or dans les cheveux à la manière allemande, une cape de soie sur sa robe de chambre et ses mains, petites et gracieuses, étaient couvertes de bagues. Deux lévriers couchaient à ses pieds.

La baronne Wetzlar, qui vivait à Venise depuis vingt ans et n'était même pas partie pendant le siège, donnait souvent des bals auxquels participaient la noblesse internationale de l'Empire autrichien ainsi que celle, tout aussi interlope, qui fréquentait Venise. Effie y avait rencontré Maria Taglioni, « la divine », vêtue de damas blanc avec des bouquets de roses retenus sur ses hanches et dans ses cheveux par des fermoirs de diamants et de turquoises. Effie allait volontiers aux bals ; saine, vivante, spontanée, elle avait besoin de compensations. En effet, pour autant qu'elle aimât et admirât John, le mariage était un échec dès le début car, pendant la première nuit de noces, son époux lui avait dit en toute franchise, qu'il n'avait aucune intention « d'en faire véritablement sa femme ». Pour plusieurs raisons : aversion pour les enfants, scrupules religieux, désir de préserver la beauté d'Effie. Mais en réalité (cette vérité s'était révélée un an plus tard) « parce qu'il imaginait les femmes bien différentes de ce qu'il avait vu » et que la personne de son épouse le répugnait.

Malgré ses études d'art antique et moderne, Ruskin n'avait aucune notion du corps féminin en dehors des idéalisations qu'en avaient fait ses peintres préférés (bien que le Tintoret eût pu l'instruire grâce au solide réalisme de ses nus). Le mariage, d'ailleurs, allait définitivement sombrer trois ans après leur arrivée à Venise. Effie épousera presque aussitôt le peintre préraphaélite John Millais, auquel elle allait donner une belle nichée de huit enfants.

En attendant, la jeune Mme Ruskin (elle avait vingt-trois ans) avait découvert et savouré Venise avec un joyeux enthousiasme. Elle avait même appris à voguer debout, à la vénitienne, au grand scandale du père de John, présence oppressante bien que lointaine; elle avait d'innocents flirts avec des petits officiers autrichiens plus ou moins nobles. Visitant avec dévotion églises et palais gothiques, elle admirait les tableaux et les sculptures, assistait au premier rang à maints événements citadins. Ainsi, les visites du très jeune et (selon elle) très fascinant empereur François-Joseph, ou la visite du grand-duc Constantin de Russie qui, accompagné de la grande-duchesse et de deux autres grands-ducs, était passé en gondole sous ses fenêtres, escorté par les chaloupes d'un navire russe, au mouillage dans le bassin de Saint-Marc. Elle avait dansé, beaucoup, énormément, même si les bals n'amusaient aucunement John qui détestait aussi le théâtre lyrique et s'endormait à l'opéra bien qu'il s'efforçât de se réveiller pendant les entractes, quand les jumelles étaient pointées sur lui. Elle s'était aussi habituée aux événements négatifs qui, déjà alors, distinguaient Venise des autres villes d'Italie et d'Europe. Comme les hautes marées, par exemple. Le 2 novembre 1851, l'eau du Grand Canal monta « à un pied dans l'entrée. Impossible d'entrer en Cuisine [Effie adorait les majuscules], alors nous avons appelé une gondole et Beppe [un des gondoliers] m'y a portée depuis la maison. Nous avons ramé jusqu'à la Place et, une fois arrivés aux Procuratie, nous en avons fait le tour : elles étaient sous l'eau et Saint-Marc s'y reflétait comme dans un Lac tandis qu'une foule d'enfants courait dans tous les sens en s'éclaboussant, et que les gondoliers portaient sur leur dos des gens qui pesaient le double d'eux et étaient payés un centime pour cela... ».

John qui se mettait en rage quand, à l'occasion des parades en l'honneur de l'empereur, l'artillerie tirait à blanc, mettant en péril les délicates structures de la basilique, se promenait toute la journée en dessinant et en étudiant. Génial, hypocondriaque et misanthrope, bombardé de lettres de ses parents qui s'inquiétaient pour lui et en arrivaient au point de lui prescrire son régime (il est vrai qu'il leur écrivait des pages et des pages sur les détails de ses symptômes plus ou moins imaginaires), il n'était certes pas la compagnie idéale d'une jeune fille, bien qu'il fît tout son possible pour ne pas l'opprimer et qu'elle partageât l'admiration que tous lui prodiguaient. Il faut dire que le fait qu'il se fît voir le moins possible et qu'il n'allât jamais chez personne, l'avait fait considérer, à Venise comme un Mythe (la majuscule est bien entendu d'Effie).

Leur séjour sur le Grand Canal, qui avait été inestimable pour le progrès de l'œuvre de Ruskin, eut une fin franchement désagréable à la veille de leur départ pour un hôtel voisin de la place Saint-Marc, au terme du contrat de location. Un Anglais qui s'était enrôlé comme officier dans l'armée autrichienne, un certain Foster, fréquentait les Ruskin, et courtisait très poliment Effie tout en s'entretenant courtoisement avec John. Au moment de faire ses valises, Effie s'aperçut que tous ses bijoux avaient disparu, soit une estimation d'environ cent vingt livres, ce qui était peu pour l'époque mais qui, tout de même, représentait une certaine somme. Après examen des circonstances, les Ruskin s'étaient mis en tête que le voleur ne pouvait être autre que le capitaine Foster.

Il s'ensuivit des rebondissements plutôt désagréables. Sur le chemin du retour, à Vérone, un autre officier autrichien, ami de Foster, le comte Thun, avait envoyé un messager à John pour lui demander avec quelle arme il entendait se battre contre lui. John, en bon Anglais, avait répondu « qu'il ne désirait prendre la vie d'aucun être humain, et n'avait aucune intention de risquer la sienne »; l'officier lui répondit alors que, dans ces conditions, le comte Thun l'aurait considéré « tout autre qu'homme d'honneur ». Quand les Ruskin, rentrés à Londres depuis un moment, crurent l'affaire oubliée, les journaux s'en emparèrent et la racontèrent à leur façon. John dut écrire au *Times* pour défendre la réputation de sa femme. Il faut dire que, même en privé, Ruskin n'avait jamais douté d'elle.

A Londres, dans la vilaine maison de briques rouges achetée par le père de John, Effie menait une vie bien triste, regrettant Venise chaque jour. John, complètement plongé dans l'écriture de son livre, devait être une présence évanescente et ses parents un lourd voisinage. Puis un jour, John Millais lui demanda de poser pour un portrait.

7. *Ruskin et Zorzi à la défense de Venise*

Vu du point de vue d'Effie, Ruskin peut sembler un personnage désagréable, mesquin, rébarbatif. Pourtant, sa relation avec Venise, outre qu'elle donna vie à une œuvre splendide telle que *Les Pierres de Venise* (et rendit justice, à travers d'autres livres, à l'un des plus grands interprètes de l'atmosphère de la ville, le peintre Joseph M. W. Turner) a été riche de grandes idées et de sentiments profonds; cela a été un grand amour, passionné, créatif, qui s'est reflété par le biais de ses écrits sur toute la culture internationale avec une vision valable encore aujourd'hui sous beaucoup d'aspects, même si l'emprise de la passion sous laquelle ils ont été pensés et écrits a rendu certains jugements un peu dépassés.

Quand il y revient avec Effie en 1849, Ruskin en était déjà à sa quatrième visite. Il y était venu une première fois avec ses parents, à seize ans, puis une seconde, toujours avec eux, cinq ans plus tard, à l'hôtel Danieli. Son père, qui avait durement travaillé pour s'élever au-dessus d'une condition moins que modeste, avait tout misé sur son fils unique et, au prix d'énormes sacrifices, l'avait fait étudier à Oxford, mais un amour non partagé avait précipité John, déjà psychiquement instable, dans une dépression qui lui avait fait abandonner ses études; Venise l'avait calmé et guéri. Licencié, déjà connu pour son premier ouvrage. *Les Peintres modernes*, il était revenu deux fois seul. Et si ces visites lui avaient permis de revoir les opinions exprimées dans un second ouvrage et d'en préparer un troisième, *Les Sept Lampes de l'architecture*, la vision de la ville remise à jour et modernisée par des interventions, selon lui, sacrilèges et défigurantes, le pont des chemins de fer translagunaire et l'éclairage au gaz des rues, l'avaient terriblement perturbé. Il avait été scandalisé en particulier par l'illumination du Grand Canal ; du pont de Rialto à la Ca'Foscari, il n'y avait que des becs de gaz, « de chaque côté, des fanaux imposants et neufs, à la dernière mode de Birmingham... Imagine le nouveau style des sérénades... à la lumière des becs de gaz ».

Il dessinait et photographiait : les daguerréotypes lui semblaient plus utiles, pour le travail d'écriture qu'ils lui inspiraient, que les dessins dans lesquels il excellait pourtant. Mais les dégradations des édifices monumentaux lui paraissaient, très justement, dramatiques et avaient été souvent provoqués par ce que les Vénitiens appelaient des restaurations.

Sa première visite avec Effie avait servi à préparer le premier volume des *Pierres de Venise*. Au palais Pisani Gritti, la Maison Wetzlar, le travail pour la suite de l'œuvre battait son plein. « Je me lève à six heures et demie : à sept heures je suis habillé, je mange un peu de pain et je lis jusqu'à neuf heures – puis je déjeune... – un peu de confiture d'oranges avec une cuiller d'argent en forme de feuille sur un carreau coloré sur le coin de la table – du beurre très frais conservé dans de la glace – du raisin et des figues que je ne prends jamais, d'un côté – des pêches de l'autres, elles aussi surtout pour décoration, un plat chaud que le cuisinier nous prépare chaque matin, un becfigue rôti – ou un autre mets délicat – devant Effie, café et pain blanc. Puis je lis Pope et me distrais d'autre façon jusqu'à dix heures, quand on récite les prières : Effie lit pour moi et je dessine jusqu'à onze heures : puis j'écris jusqu'à une heure quand nous déjeunons ; puis je sors, je fais des croquis ou je prends des notes jusqu'à trois heures – après cela, je vogue pendant une heure et demie – je rentre et m'habille pour le repas de cinq heures, je m'attarde jusqu'à sept heures – quelquefois je sors en bateau sans but précis : thé à sept heures – j'écris ou je dessine jusqu'à neuf heures – et je me prépare à me coucher. »

Annotations pédantes, certes, mais le livre ne l'était pas du tout. Et il servit, en tout premier lieu, à la réaffirmation de la valeur de l'architecture gothique et au renouveau du goût gothique dans le monde entier ; il servit aussi à la redécouverte du style byzantin, considéré jusqu'alors comme grossier et primitif. Le rapport de cause à effet qu'il avait institué entre l'irreligiosité de la Renaissance et celle qui selon lui était la décadence de l'art, avançant de concert avec la décadence de la République de Venise, peut nous sembler absurde, mais c'était le début de l'étude de l'art en tant qu'expression et reflet de la société. Avec lui naissait aussi le grand préjugé moraliste envers les derniers siècles de la Sérénissime. Mais toutes ces idées n'étaient que le reflet du grand amour dont nous parlions il y a peu.

Pendant très longtemps, l'écrivain ne revint pas sur les bords du Grand Canal. Son père était mort lui laissant un important héritage et John avait subi une nouvelle tempête sentimentale : il était tombé amoureux d'une fillette, Rose La Touche, et lui avait demandé de l'épouser. C'était de la folie, Rose, qui avait neuf ans quand il l'avait connue, en avait dix-sept et lui quarante-sept quand il s'était déclaré. La différence d'âge et l'annulation du mariage de John pour « impuissance déclarée » avaient provoqué l'hostilité des parents de Rose, et celle-ci était une enfant souffreteuse et bizarre, sujette à des crises de manie religieuse. De fait, elle mourut folle. Il était devenu professeur à l'Université d'Oxford et célèbre ; il était retourné deux fois à Venise et y retourna encore après la mort de Rose, au Grand Hôtel, au palais Manolessso Ferro, un peu plus en aval de la Maison Wetzlar, toujours sur le Grand Canal ; il avait été encore plus dégoûté par les innovations qu'il avait trouvées : « Voir les lieux que nous avions aimés devenus maintenant gares de chemin de fer ou tas de poussière – il n'y a pas de mots pour décrire cette douleur ». Il était hanté par le *Songe de sainte Ursule* de Carpaccio, il identifiait sa Rose avec la sainte, morte enfant, vierge et martyre.

La folie le poursuivait, mais il écrivait, écrivait, entre autres, un *Guide des tableaux de l'Académie* et *Le Repos de saint Marc*. Il avait quitté son Grand Canal bien-aimé pour les Zattere, sur le canal de la Guidecca, où il pouvait couper du bois en plein air pour se maintenir en forme. Et là, aux Zattere, à la pension Calcina, près de l'église des Gesuati, il entre dans ma vie par mon grand-père paternel, Alvise Piero Zorzi.

Alvise Piero Zorzi était un idéaliste. Peintre de quelque talent, il avait même pensé se faire capucin pour promouvoir une renaissance de l'art sacré. Après qu'on l'en eut dissuadé, il avait assailli revues et journaux où il rédigeait, d'une plume foudroyante, le récit des spoliations et du pillage systématique dont était victime le patrimoine édilitaire vénitien, critiquant les démolitions et les restaurations tout aussi sauvages. Il avait réussi à empêcher la démolition de l'extraordinaire façade baroque de San Moisé, qui plaisait tellement à Théophile Gautier, mais la polémique contre la destruction du cloître Renaissance de San Francesco di Paola, à Castello, allait lui coûter sa charge de secrétaire du Musée civique Correr. Entre-temps, il avait écrit un livre contre les critères suivis pour la restauration de la basilique Saint-Marc par un grand pontif de l'architecture officielle, Giovani Battista Meduna, le vandale de la Ca' d'Oro. Ses violentes attaques personnelles contre Meduna et ses semblables avaient découragé ses amis qui ne le publiaient pas et il refusait de modifier son manuscrit.

Ce fut le peintre Raffaele Carloforti qui, après avoir écouté une lecture du livre, l'emmena chez Ruskin. Il était tard. Ruskin, entouré de nombreuses chandelles allumées dans des chandeliers d'argent, était assis devant un écritoire débordant de livres.

« Ainsi, ils sont en train d'assassiner Saint-Marc » ? demanda-t-il. « Malheureusement, oui. » « Vous êtes courageux, et vous avez assumé une tâche difficile. Je vois que vous avez votre manuscrit avec vous. J'avais dit à Carloforti de vous demander de l'apporter. Voudriez-vous m'en lire quelques-uns des passages les plus importants ? » Zorzi lut et lut, commentant ici et là des passages. Soudain Ruskin l'interrompit en se levant d'un bond. Zorzi fit de même, et se trouva dans ses bras. « Pendant trente ans, dit Ruskin, j'ai cherché un patricien vénitien, un artiste, qui pensât et écrivît sur Venise et Saint-Marc comme vous l'avez fait, mon jeune ami ; je suis heureux de vous avoir enfin trouvé. » Il ne fallait en aucun cas adoucir la dénonciation, dit-il, « votre terrible livre doit sortir tel quel... Permettez-moi de vous offrir les moyens de le publier, je trouverai tout de suite un éditeur ». Il proposa aussi de faire précéder le livre d'une lettre dans laquelle il soutiendrait avec ferveur tous les arguments de Zorzi qui, à son avis, concernaient aussi bien la restauration des monuments non religieux. « Je suis des vôtres ! cria-t-il au moment des adieux, je suis des vôtres ! Après tout, je suis un Vénitien moi aussi. »

Le livre sortit en juin 1877, en élégant brochage rouge feu; la lettre de préface de Ruskin fit grand bruit, elle est aujourd'hui encore considérée comme le fondement du critère moderne de la restauration des monuments et des œuvres d'art. Les restaurations de Saint-Marc furent suspendues et confiées à d'autres; et, depuis lors, elles seront menées selon des références totalement modifiées par rapport à celles de Meduna.

Ruskin voulut être présenté à la mère de mon grand-père, qui était une Morosini; il se plongea avec joie dans les parchemins des archives familiales et admira la belle margelle romane de Corte Botera, à Castello, où habitait mon grand-père. Ce dernier lui donna des leçons de dialecte vénitien et ils eurent d'interminables conversations. Ensemble, ils visitèrent les galeries de l'Académie et se disputèrent devant l'*Assomption* du Titien, « cette maudite Assomption » qui ressemblaient à une lavandière, disait Ruskin qui, de toute l'école vénitienne, n'admettait que Carpaccio et le Tintoret. A la longue, il trouva que Zorzi « n'avait pas de patience » et préféra parler peinture avec sa jeune fiancée polonaise, Eugénie de Szczepanowska, qui avait traduit la fameuse lettre en italien et l'écoutait, pleine d'admiration. C'était elle qui allait devenir ma grand-mère.

Ce fut la dernière visite de Ruskin à Venise. Il répondit par une lettre désespérée à Alvise Piero Zorzi qui lui avait écrit quelque temps plus tard en manifestant son intention de lui rendre visite en Angleterre. « Mon cher comte Zorzi, je suis très alarmé de savoir que vous pensez venir me voir en Angleterre. Si vous le faites, vous ne me verrez PAS... Je ne *vous* ai pas " abandonné ", c'est mon cerveau qui *m*'a abandonné. Personne ne vous a dit, ou bien ne l'avez-vous pas cru, que j'ai été fou furieux pendant deux mois?... » C'était vrai, atrocement vrai. Les crises de folie se succédaient, les hallucinations filtraient même pendant les conférences, pourtant archicombles, qu'il donnait encore. C'était une folie lucide qui mélangeait les visions apocalyptiques d'un monde condamné par l'abandon de la crainte de Dieu à une perception prophétique des conséquences tragiques du matérialisme, de l'égoïsme, de l'aveuglement moral : « Le soleil a pâli, – l'herbe a séché, – l'homme est aveuglé... » Fou ou visionnaire, l'auteur des *Pierres de Venise* reconnaissait dans le monde les signes avant-coureurs de l'autodestruction, le grand problème dans lequel l'homme d'aujourd'hui se débat sans réussir à le résoudre.

8. *Marcel, le Vénitien*

Marcel Proust passa ses deux séjours vénitiens, tant rêvés et désirés, au Danieli une première fois, accompagné par sa mère, et à l'Europa une deuxième fois, seul. A l'époque et pendant plusieurs années encore, l'Europa n'était pas là où il se trouve maintenant (il y avait là aussi un hôtel, mais il s'appelait Britannia : c'était celui où s'était installé Monet après avoir quitté le palais Barbaro). Il occupait le palais Giustinian sur le Grand Canal, dans le quartier de San Moisé ; un beau palais gothique, où avait vécu le poète Leonardo Giustinian à qui le fait d'être procurateur de Saint-Marc, chef du Conseil des Dix et frère de San Lorenzo, n'avait pas empêché d'écrire des poèmes d'amour pleins de sensualité et de fraîcheur. Ici avaient séjourné tous les écrivains français qui n'étaient pas descendus au Danieli où, par contre, abondaient les Anglais, en commençant par Percy Shelley. C'était là que George Sand et Alfred de Musset avaient vécu des heures de passion avant que la maladie d'Alfred ne fournisse au vigoureux docteur Pietro Pagello, plein de santé et de chansons, l'opportunité de consoler sa compagne.

Sur le large front hôtelier qui se déroulait, avec quelques rares interruptions, de Santa Maria Zobenigo à la Calle Valaresso (et qui aujourd'hui est longuement interrompu par le Conseil régional de Vénétie qui occupe les palais Manolesso Ferro et Flangini Fini), l'hôtel Europa (ou mieux : de l'Europe, le français étant alors la langue internationale) vantait les souvenirs littéraires les plus illustres, depuis Chateaubriand. Et Stendhal, qui était déjà venu trois fois à Venise et qui, nommé consul de France à Trieste, quittait son siège en cachette au moins trois fois pendant l'hiver 1830-1831 : pour venir à Venise, suscitant les plus vives préoccupations des autorités impériales et royales, mises en agitation par M. le directeur général de la police pour la Lombardie, qui l'avait signalé comme « sujet très dangereux, et auteur de plusieurs œuvres des plus pernicieuses ».

M. Henry Beyle était gras et joufflu, un peu vulgaire et satisfait de lui, peu soigné de sa personne malgré ses poses de dandy, impertinent, inconsidéré dans sa conduite, spirituel, amant des paradoxes ; il scandalisait les salons par la trivialité ou l'incongruité de ses discours, mais savait aussi charmer par son brio les grandes dames qu'il côtoyait bien que, trop souvent, il conservât des manières de commis voyageur. En somme, il était l'antithèse du diplomate de l'époque de Talleyrand. Et il faut croire que ce personnage désinvolte s'inquiétait fort peu de la surveillance dont il était l'objet par le chef de la police de Venise, le conseiller von Amberg. Mais il est vrai que ses hardiesses se limitaient à aller écouter le célèbre chanteur Velluti accompagné par le « divin » Giambattista Perucchini, l'aimable et intelligent musicien amateur qui avait été l'ami de Byron. Ou écrire des lettres dans les salons tranquilles des cafés de la place Saint-Marc. Ou encore, assister, à La Fenice, à la représentation des *Cantatrices du village* de Fioravanti et d'*Otello* de Rossini, dont il avait écrit la biographie. Mais, son occupation préférée était encore d'interminables promenades nocturnes suivies d'un souper dans un café qui n'existe plus de la place Saint-Marc, accompagné d'un ami rencontré pendant un de ses voyages précédents, en 1813 ou 1815, le poète Pietro Buratti.

Bien qu'il ne logeât pas à l'Europa, mais à l'hôtel Regina d'Inghilterra, à Frezzeria, où il n'y avait même pas un canif pour tailler les pointes de ses plumes, son voyage le plus intéressant fut celui de l'année de Waterloo. L'écrivain était arrivé de Padoue où il avait accompagné sa maîtresse milanaise, Angela Pietragrua, qui hésitait à s'établir à Padoue ou à Venise. Après une baignade au beau milieu du canal de la Giudecca, il avait envoyé un billet à Angela « pour lui faire comprendre les dimensions de son erreur, si elle préférait ce triste trou de Padoue à Venise ». Les raisons de sa préférence étaient franchement terrestres : tout d'abord, la facilité avec laquelle les femmes se laissaient aborder, puis le coût de la vie qu'il avait minutieusement calculé, arrivant à la conclusion qu'à Venise, il aurait pu vivre largement avec trois mille francs par an, gardant ainsi cinq mille francs pour les plaisirs « extraordinaires ».

C'est en 1815 qu'il avait fait la connaissance du richissime banquier Maruzzi (qui avait été le financier de Catherine II de Russie) et de la comtesse Caterina Querini Polcastro, laquelle, chaque fois qu'il revenait à Venise, l'invitait à déjeuner avec son ami Buratti. Et c'est à ce moment-là qu'il avait été admis avec joie au palais de San Beneto, sur le Grand Canal, dans le salon de Marina Querini Benzon, « la jolie blonde en gondolette » devenue « matelas décousu », « une des maisons les plus amusantes de Venise », allait-il écrire, ajoutant que les plus brillants salons de Paris étaient « stupides et stériles en comparaison avec celui de Mme Benzoni ».

Il semble (c'est Stendhal lui-même qui confirme l'hypothèse) que l'accueil chaleureux vînt du fait que Marina Benzon sût parfaitement que M. Beyle n'était autre que Stendhal, l'écrivain. Comme M. Beyle gardait très bien le secret de sa double identité, il devait y avoir eu une indiscrétion. Comme Buratti était l'indiscrétion personnifiée, il était le seul à avoir pu la commettre.

Quand celui-ci mourra subitement en 1832, à Mogliano Veneto, au sortir d'un joyeux repas pendant lequel il avait lu une de ses poésies, Stendhal écrira une brève note biographique dans laquelle il le décrit comme « le poète satirique le plus indécent d'Italie » et probablement aucun autre avait mieux réussi que lui à croquer le portrait de ceux dont il se moquait. Dans sa correspondance privée il allait encore plus loin, Buratti était « le premier poète de Venise », un homme de génie, mieux encore, « le seul grand poète que l'Italie ait eu depuis des années ». Son jugement sur Hayez était peut-être plus juste, « le meilleur peintre que Venise ait produit dans la première moitié du XIXe siècle ». Mais Buratti, bien qu'il soit trop fécond et « baratineur », mérite bien plus que le silence qui l'entoure aujourd'hui. D'ailleurs, c'était un personnage fait exprès pour plaire à Stendhal : fils d'un homme d'affaires émilien et d'une Hollandaise bigote et bourrue qu'il a décrite avec humour dans le petit poème *Ma mère Vittoria*, déshérité par son père qui désapprouvait la licence de certaines de ses poésies (choses qui aujourd'hui ne feraient pas rougir une fillette de quinze ans, bien différentes des obscénités de Giorgio Baffo, mais bien plus poétiques), il s'était vengé par une satire et avait quand même réussi à se faire une vie agréable, estimé et invité partout, même chez les grands pontes napoléoniens qu'il avait en grippe, et chez l'un desquels il avait déclamé une de ses compositions poétiques qui lui avait valu une incarcération. Il était l'animateur d'une Confrérie de bons vivants : la « Cour des Trous », et le mari d'une servante qu'il avait épousée « par amour des habitudes »; grand, maigre et élégant, on l'avait baptisé « *il Gran Piavoloto* », la grande marionnette.

Quelle différence avec l'atmosphère déprimée, pire, boudeuse de la visite de Chateaubriand à ce même salon qui avait tant amusé Stendhal. Après avoir déclaré que les visites mondaines sont pour lui une torture, René « ne peut éviter » une soirée chez la comtesse Benzon. Et il descend de gondole « comme un mort transporté à San Cristoforo » (c'était une des deux îles qui ensemble formaient le cimetière de Venise auquel on donne aujourd'hui le nom de la plus grande, San Michele). Après avoir bu le café, Marina Benzon se prodigue pour trouver une dame qui s'occupe de lui; il reste assis, seul sur un divan, « fasciné et tremblant sous le regard d'une dame brune aux yeux de serpent à demi endormi ».

Il y a aussi une petite blonde « dans son aprilée * » qui « se lève légère, faisant le bruit d'une fleur » et penche vers lui un visage resplendissant de fraîcheur : « On l'aurait prise pour une rose pliée sous le poids de son parfum et de ses secrets... » Mme Benzon sollicite ses invitées à s'asseoir près de l'hôte illustre, et toutes répondent qu'elles n'osent point, sans comprendre sa timidité angoissée. Après quelques compliments sur un ton littéraire, à minuit, le grand homme s'en va. « Ma gondole silencieuse et solitaire m'a raccompagné le long du Grand Canal jusqu'à l'hôtel de l'Europe : aucune lumière ne brillait aux fenêtres des palais dont Mme Benzon avait clos la magie dans sa jeunesse : les premières aventures de la Blondine furent les dernières de ces palais déchus. »

Un autre romancier, une femme qui, comme George Sand, avait caché son nom bourgeois, Mary Ann Evans, sous un pseudonyme masculin, George Eliot, avait séjourné à l'hôtel de l'Europe, cinquante ans après Stendhal. Elle était en voyage de noces avec son second mari, J.W. Cross, ami du défunt G.H. Lewes avec qui elle était déjà venue plusieurs années auparavant; c'était l'été, il faisait chaud, les cloches des églises faisaient trop de bruit, et même si la lumière était toujours aussi merveilleuse et faisait de la ville « un paradis bien plus désirable que celui peint par Tintoretto », la vision de la populace vénitienne était véritablement déprimante et les chants faux et rauques qui entraient par la fenêtre faisaient fris-

* En français dans le texte. *(N.d.T.)*

sonner. La mariée, bien qu'elle ne pensât pas à sa propre laideur (« elle était magnifiquement laide », « délicieusement horrible », écrira d'elle Henry James), était tourmentée par la pensée que le marié avait vingt ans de moins qu'elle.

L'époux choisit quand même une belle journée de la mi-juin pour se jeter par la fenêtre, la tête la première dans le Grand Canal. Il fut repêché par des gondoliers, soigné au chloral, et vécut jusqu'à l'âge respectable de quatre-vingt-quatre ans. Il expliqua son geste insensé par une obnubilation mentale subite. Mais les suppositions sur la vraie raison de cet acte sont toujours ouvertes.

Et les dix jours passés par Proust, dans ce même hôtel, quelques mois seulement après son premier voyage avec sa mère qui, dans le train, lui lisait Ruskin en le traduisant de l'anglais? Ce séjour « bien mystérieux » comme l'a défini son biographe Painter? Paul Morand a remarqué que Venise revient avec une fréquence incroyable dans l'index analytique de *La Recherche*. Mais cette Venise, si fréquemment invoquée, confond et mélange la Venise réelle aux transpositions inventées par l'imagination fébrile du romancier, ainsi qu'à d'autres hauts lieux du récit, à Combray, à Meséglise, dans cette infatigable alchimie onirique qui est propre à son écriture.

Mais « les formes rosées ou blanchâtres des palais endormis », le long du Grand Canal, qu'Hippolyte Taine regarde ondoyer sur l'eau dans la fraîcheur et le silence de l'aube tandis que la gondole le transporte en un mouvement imperceptible, évoquent pour Marcel des images d'un sublime snobisme poétique.

Le palais Giustinian n'est plus un hôtel depuis longtemps, il accueille au premier les bureaux municipaux, et dans les autres étages ceux de la Biennale de Venise. Pour conserver l'un de ces bureaux, avec deux grandes fenêtres ouvertes sur Santa Maria della Salute, sur la Dogana da Mar, sur le bassin de Saint-Marc avec San Giorgio Maggiore en arrière-plan, mon père a renoncé à beaucoup de satisfactions que son talent et ses capacités auraient pu lui procurer. Tout se paie, même une fenêtre sur le Grand Canal dans le plus bel emplacement. Je ne peux pas regarder cette fenêtre sans voir son sourire désenchanté de survivant (le dernier? l'un des derniers, en tout cas) d'une Europe disparue, une Europe dont aucune communauté économique ne pourra jamais nous restituer la grande civilisation massacrée par deux guerres et trop d'idéologies bestiales de masse. Ici et, auparavant, dans un petit bureau de la calle Caotorta, à Sant'Angelo, se trouvait la rédaction du plus ancien journal d'Italie, *La Gazzetta di Venezia*, fondé par Gasparo Gozzi cent cinquante ans plus tôt. C'est là que mon père reçut pendant trente-cinq ans des écrivains, des artistes, des gens de théâtre et de cinéma du monde entier, soit qu'ils eussent besoin de savoir quelque chose de Venise et de la civilisation vénitienne qu'il connaissait à fond, soit qu'ils voulussent mieux connaître, à travers lui, cette ville dont il était devenu l'un des symboles, un des points de référence. Il mourut pendant qu'il s'occupait de l'édition des *Mémoires* de Casanova pour « La Pléiade », en attendant de travailler sur l'édition du manuscrit original et inédit conservé dans le coffre-fort de l'éditeur Brockhaus, qui l'aimait et l'estimait.

XVI

Dans le kaléidoscope vénitien

1. *La dernière dogaresse*

1800. Oublié, désormais, le grand banquet du XVIIIe siècle, certes décadent, mais plein de gaieté, de musique et de couleurs. Le dernier tronçon du Grand Canal a vu les vieux propriétaires partir les uns après les autres. Les Corner « de la Ca' Granda », les Barbarigo da San Gregorio, les Barbaro da San Vidal, disparus. Les Badoer, lignage ancien et qui descend très certainement de la légendaire dynastie des Partecipazi ou Parteciaci (sept doges, dont le premier, Agnello, a transféré le siège du dogat au cœur de la Venise actuelle en l'an 810), étaient éteints depuis longtemps; leur palais sur le Grand Canal était passé en héritage aux Tiepolo, dont il porte encore le nom et est aujourd'hui le corps principal de l'hôtel Europa e Regina ex-Britannia. Les Emo da San Moisé existent encore. Ils avaient vendu leur palais aux banquiers Trèves, dont les héritiers le conservent encore, rarissime exemple d'un précieux intérieur XIXe gardé intact, avec meubles, tableaux et sculptures. L'hôtellerie internationale se bouscule sur la rive gauche; sur l'autre berge de l'Académie en aval, les étrangers sont de plus en plus fréquents. Étrangers de haut rang. Depuis les fenêtres du palais Cavalli, l'orpheline du Temple pouvait voir le palais Contarini-Angaran qui appartient aujourd'hui aux descendants du duc Decazes, le ministre dont elle avait demandé, à genoux, le renvoi à Louis XVIII, car, avec le vieux roi, il pouvait poursuivre la seule et unique politique qui aurait pu sauver la monarchie, une politique de réconciliation libérale. Plus loin le palais des Bourbons d'Espagne, après le campo San Vio sur lequel il n'y a plus que cette église que le doge et la Seigneurie visitaient chaque année en traversant le Grand Canal sur un pont qui, jusqu'au début du XVIIe siècle, n'était pas de barques mais de coques de vieilles galées. Le palais Barbarigo, qui depuis un siècle exhibe une horrible façade publicitaire en mosaïque, hébergeait, au deuxième étage, le maréchal Marmont, duc de Raguse. Il était le dernier survivant des légendaires maréchaux de Napoléon et, en France, il était entouré d'une épouvantable réputation : on l'accusait d'avoir trahi l'Empereur puis, en 1830, d'avoir contribué par sa conduite à la chute de Charles X qui lui avait donné toute sa confiance. Dans le « salon des Maréchaux », aux Tuileries, son portrait était recouvert d'un drap noir, et l'on avait forgé le verbe *raguser* comme synonyme de trahir. A Venise, Marmont vivait en vieux célibataire, il était courtois et galant avec les dames, il offrait de très agréables repas et se promenait en ville les poches toujours pleines de monnaie à distribuer aux pauvres. A part quelques vieux officiers napoléoniens, personne n'en avait après lui et quand il tomba malade les médecins durent afficher un bulletin de santé quotidien, tant étaient nombreux les visiteurs qui venaient aux nouvelles. Il mourut le 3 mars 1852.

La Ca' Biondetti qui, sur le Grand Canal, vient juste après la façade grise du palais Da Mula avec l'appendice du petit palais Zantani, fut pendant de nombreuses années la demeure de Rosalba Carriera, la femme peintre auquel le roi Frédéric IV de Danemark, au cours d'une de ses visites, avait demandé de peindre en miniature les portraits des plus belles femmes de Venise pour les emporter comme souvenir. Elles étaient douze, mais seuls les noms de huit d'entre elles nous sont parvenus : une Corner, une Zenobio, une Barbarigo, une Foscari, et Marietta Correr, Maria Labia, Isabetta Pisani et Lucrezia Basadonna Mocenigo. De cette dernière, on trouve un portrait de Rosalba Carriera à la Galerie de Dresde, où, du moins il y a quelques années, le catalogue la présentait sous le nom très fantaisiste de « prinzessin Mocenigo von Carrara ». Ses yeux pétillants étincellent plus que la parure de perles pour laquelle elle était connue pendant sa vie, comme « la Moceniga des perles ». C'était une femme très consciente de sa beauté et bien décidée à en affirmer la supériorité, comme en témoigne l'incident survenu en 1698 au monastère de San Lorenzo, où la reine de Pologne, électrice de Saxe, se trouvait en visite. Elle s'était placée parmi les dames qui se pressaient pour voir la reine à titre privé, avec son châle bien descendu sur le visage. Quand la reine passa près d'elle, elle l'avait soulevé et la reine, qui l'avait immédiatement reconnue, déclara « n'avoir vu plus belle dame qu'elle ».

La comtesse Annina Morosini, celle qui avait donné la tabatière gravée de son nom à Gabriele D'Annunzio, et qui habitait le palais Da Mula, a été la « Moceniga des perles » de la première moitié du xxe siècle. Elle était vraiment magnifiquement belle, avec sa chevelure roux Titien, ses yeux verts, sa silhouette superbement élégante. Comme la Moceniga, elle n'admettait pas que quiconque la dépassât en beauté. Le nom de famille grandiose qu'elle avait acquis en épousant le comte Michele Morosini (qui, après très peu de temps, avait préféré son agréable résidence parisienne à la compagnie de sa très mondaine épouse) lui avait apporté une position sociale difficilement égalable dans le monde vénitien et international. A cela un autre prestige s'était ajouté, à savoir la cour effrénée que lui avait faite le kaiser Guillaume II, empereur d'Allemagne et roi de Prusse, qui, pour elle, multipliait ses croisières dans la haute Adriatique à bord de son yacht le *Hohenzollern*. Il lui rendait visite en grande pompe, avec la chaloupe impériale manœuvrée par douze marins tandis que lui-même se tenait à la poupe avec le chancelier de l'Empire, l'élégant et brillantissime prince Bernhard von Bülow. A peine étaient-ils débarqués à Venise que les souverains du monde entier se précipitaient dans le sillage du Kaiser au palais Da Mula. Celui-ci devint une sorte de temple du snobisme international, et les dames et les messieurs de tous âges, jeunes et vieux, auraient accompli n'importe quelle bassesse pour en franchir le seuil.

Non pas que la comtesse fût aimée de tous. Comme elle n'accordait pas ses grâces à tout le monde, les malchanceux et les exclus devinrent, comme toujours (lire à ce propos, *A la Recherche du temps perdu*) ses plus irréductibles détracteurs. La Cour italienne l'avait fait soupirer longtemps avant de recevoir la nomination, tant désirée, de dame de palais de Sa Majesté la Reine ; on disait que pour convaincre Sa Majesté, Mussolini en personne s'en était occupé. Mais malgré le ridicule de ses adorateurs, et le fiel de ses détracteurs, la comtesse réussissait très efficacement à promouvoir une certaine image de Venise, image destinée à disparaître définitivement à sa mort, après des années de silence et d'oubli, à la fin de la Deuxième Guerre mondiale. Elle avait été une référence pour ladite haute société, encore homogène à l'époque, bien que ce ne fût plus cette « grande famille » qu'elle avait été du temps de Casanova.

Autour d'elle, comme autour de toutes les célébrités, fleurissaient les anecdotes. Ses répliques, toujours lancées à voix haute, étaient réputées. Celle-ci, par exemple : « Je suis en train de lire un livre sur le procès de Marie-Antoinette, si vous l'avez lu, ne me racontez pas la fin ! » Il n'est pas du tout sûr que ce genre de bévues fut le fruit d'une ignorance abyssale. Certains disent que, dans un certain sens, elles étaient voulues, comme pour compléter le caractère *Ancien Régime* * du personnage qui, dans son grand âge, ainsi que nous l'avons connu, était précisément entièrement *Ancien Régime* *, même dans son aspect physique : les cheveux teints en rouge feu, de grands chapeaux à larges bords, des tailleurs boutonnés très près du corps (à quatre-vingts ans, elle gardait une silhouette extraordinairement fine), des talons aiguilles, et cette voix stridente comme l'était, dit-on, celle de Talleyrand.

Que reste-t-il de cette époque, de ce monde ? Rien, sauf quelques souvenirs de plus en plus évanescents. Ce n'est plus le temps des bals et des banquets dans les palais, mais la période des cocktails et des dîners d'affaires, que l'on fait porter sur la note de frais de la société. Ou des fêtes de milliardaires dont le mauvais goût, comparé à celui, exquis, de celle qu'on appela « la dernière dogaresse », fait ressortir la vulgarité des personnages dont aucun Frédéric IV ne songerait à vouloir le portrait pour ses contemplations privées.

2. *Le secret de Rosalba*

Rosalba Carriera a travaillé, vécu et souffert dans la Ca' Biondetti. Elle avait eu un extraordinaire succès. Née en 1675, elle avait étudié la peinture avec Giuseppe Diamantini et Antonio

* En français dans le texte. *(N.d.T.)*

Balestra ; à vingt-neuf ans, elle était déjà connue comme une excellente miniaturiste. Nous avons déjà raconté comment son orientation vers le pastel, qui allait lui apporter la célébrité, fut encouragée par Christian Cole, secrétaire du comte de Manchester, ambassadeur du roi d'Angleterre auprès de la République et résident britannique à Venise après le départ du comte. Ce choix lui avait immédiatement procuré un authentique déluge de commandes, et quelles commandes ! Le duc de Mecklembourg, le roi du Danemark, l'électeur de Saxe, l'Électeur palatin ; puis, à Paris, où elle se rend avec sa mère, sa sœur et son beau-frère Gian Antonio Pellegrini, excellent peintre lui aussi, elle rencontre des peintres français : Hyacinthe Rigaud, les Coypel, le grand Watteau. Ses illustres confrères, dont un lui offre un tableau avec une dédicace dithyrambique : « A Antonio Correggio, appelé aujourd'hui Rosa Alba », l'accueillent avec tous les honneurs et l'académie du Louvre l'élit membre. La bonne société, elle, est enthousiaste ; l'habitation de son mécène, qui héberge toute la famille, est assiégée d'équipages, l'atelier de Rosalba devient un lieu de rencontre mondain.

Sa réputation est désormais consolidée et elle voyage, à Modène à la cour des Este et à Vienne où l'antiquaire Bertoli la présente à l'empereur Charles VI. L'empereur, qui était affreusement laid, après avoir vu l'artiste, dit à Bertoli : « Mon cher, cette peintre a peut-être un grand talent, mais Dieu, qu'elle est laide ! » Mais c'est à Venise, dans la petite maison de San Vio, sur le Grand Canal, que la clientèle la plus haut placée et la mieux nantie fait la queue pour se faire recevoir et portraiturer. Séduisante et sentimentale à l'ombre de son tricorne, Caterina Barbarigo Sagredo vient bardée de perles comme la Moceniga, la comtesse Lucini née Archinto arrive de Milan, le comte Bielke de Suède, et ce jeune casse-cou de duc Philippe de Wharton. Et comme il lui demandait le secret de sa peinture et de sa « finesse de touche », comme l'écrivait un critique en 1762, de sa « surprenante légèreté », de la « grâce particulière » des passages de couleurs et d'incarnat « si admirables qu'ils en arrivent à exprimer des sentiments », Rosalba répond : « Les petits pinceaux et les couleurs que vous verrez sont tout ce dont on a besoin »... Elle travaille à tarif fixe : pour une miniature, elle demande cinquante sequins, vingt pour un pastel, à moins que le commanditaire ne souhaite voir les mains, auquel cas, pour compenser le surcroît de difficulté, les sequins deviennent trente.

Malgré les triomphes et les gains, elle vit une vie simple, avec sa sœur cadette, Zuanina, peintre elle aussi, qu'elle appelait Neneta; dans les dernières années, Felicita et Anzoletta Sartori, ainsi que Margherita Tersi, travaillent avec elle. En effet, les derniers temps, sa vue baisse jusqu'à s'éteindre complètement; elle est aveugle quand Neneta meurt prématurément et, dans les ténèbres de la cécité, les visites de son ami Gasparo Gozzi et de sa femme, la lettrée et fantasque Luisa Begalli, ne la consolent pas. Elle sombre dans la folie au cours des derniers mois de vie.

3. *À la Ca' Biondetti*

Quand en 1894 Henry James revint à Venise, il n'alla pas chez ses amis Curtis au palais Barbaro, mais s'installa dans la Ca' Biondetti. Savait-il que Rosalba y avait vécu et y était morte? Les raisons de sa visite étaient, cette fois, très loin des plaisantes évocations du passé. Pendant quelque temps une de ses amies américaines avait vécu dans la Ca' Biondetti, Constance Fenimore Woolson, écrivain elle aussi et arrière-petite-fille du romancier James Fenimore Cooper qui, avec un roman de cape et d'épée, ou plutôt, de poison et de poignard, au titre très évocateur, *Le Brave de Venise* (pour lequel il avait largement puisé dans la pacotille la plus sinistre de la légende noire vénitienne), avait remporté un énorme succès et suscité l'indignation des amateurs de l'histoire de la Sérénissime. La malheureuse Constance avait suivi l'exemple du mari de George Eliot : prise d'une convulsion soudaine, elle s'était jetée par la fenêtre de la maison voisine, celle de Semitecolo. A la différence de M. Cross, elle n'était pas tombée dans le Grand Canal mais s'était écrasée sur les pierres de la chaussée. James avait proposé d'aider la sœur et la nièce de Miss Woolson dans le choix des affaires qui étaient restées d'elle.

Cette occupation pénible ne l'empêchait pas de travailler chaque jour, tard dans l'après-midi, à la rédaction de son roman *The Cuxon Fund*; il continua à travailler dans la Ca' Biondetti, même après le départ des parents de sa défunte amie. Par la fenêtre, il voyait passer les bacs à vapeur bondés de touristes de tous les pays, occupés à « désitalianiser cette ville patiente et chérie ». « La chère et vieille Venise, écrira-t-il quelques années plus tard, a perdu sa couleur, son aspect, sa réputation, le respect de soi-même, mais pas une miette de sa classe. »

Il pouvait voir parfaitement le petit palais Alvisi, aujourd'hui Gaggia, à quelques pas de l'hôtel Regina, sur l'autre berge du Grand Canal. C'est là qu'habitait, depuis 1876, la bonne Mme Bronson, Katherine de Kay, veuve d'Arthur Bronson et grande amie de Robert Browning qu'elle fréquentait quotidiennement quand elle se trouvait à Asolo dans sa villa « La Mura » (elle y jouait d'une vieille épinette que je me rappelle avoir vue, des années plus tard, dans une autre villa asolaine).

Mme Bronson était un exemple typique d' « expatriée » de la même race que Rawdon Brown et Fritz Hohenlohe. Elle s'était vénitianisée au point de s'exprimer elle aussi en vénitien pur ; et d'écrire en vénitien des pièces et des comédies, *Un Anglais à Venise la veille de la Saint-Martin, Une goutte de miel vaut mieux qu'un baril de fiel, C'est moi le patron*, qu'elle faisait présenter chez elle ou dans la villa de la princesse russe Dolgorouky, aujourd'hui Rocca, aux Zattere, ou à Asolo, au Théâtre Social, dont l'élégante salle à petites loges, remaniement XIXe d'un petit théâtre rococo, se trouve aujourd'hui au musée Ringling, à Sarasota, en Floride, aux U.S.A. Elle avait créé une école pour enfants pauvres qu'elle finançait avec son propre argent. Et chez elle, outre les Browning, Don Carlos de Bourbon, Isabella Stewart Gardner, Henry James avait été un hôte assidu dès son second voyage à Venise, en 1881 (il logeait sur le quai des Schiavoni, où les chambres n'étaient pas très propres, mais la vue était, comme il l'écrivait lui-même en italien, « *una bellezza* », et il ajoutait : « On désire l'embrasser, la caresser, la posséder », cette Venise à laquelle il allait toujours revenir).

Peut-être que des fenêtres latérales de la Ca' Biondetti Henry James pouvait voir le jardin qui entourait le dos du tronçon blanc du palais Venier « des Lions », éternellement inachevé, monument aux ambitions insatisfaites d'une classe sociale et d'une famille. Les Venier da San Vio avaient déjà un palais sur le Grand Canal, dit « dalla Torresella » à cause d'une petite tour que l'on voit très bien dans de multiples vues de Canaletto. Ils voulaient quelque chose en plus, un palais qui puisse dignement affronter l'imposante masse sansovinienne de la Ca' Corner qui lui fait face ; ils en avaient déjà le projet, commandé à l'architecte Lorenzo Boschetti ; ils avaient même fait démolir le vieux palais. Mais l'orgueilleux édifice n'est jamais allé plus loin que le massif rez-de-chaussée ; où a habité pendant trente ans Peggy Guggenheim, parmi les tableaux et les sculptures de son extraordinaire collection d'art contemporain en particulier abstrait et surréaliste, l'art, comme l'on disait, avant que le terme ne se vulgarise et se galvaude, d'avant-garde. Je me souviens très bien de Peggy, son invraisemblable nez, son accent new-yorkais, ses petits chiens, sa gondole « *de casada* », une des dernières ; j'ai été admis à sa table, dans les salons du palais que les gens du peuple appelaient « *Maifinìo* », jamais fini, avec ses maris, Max Ernst et Laurence Vail et sa fille Pegeen Vail au talent pictural très prometteur, et qui pourtant se suicida, et avec les critiques et les mécènes américains au langage incompréhensible et ses amis vénitiens, le peintre Bepi Santomaso, qui avait son atelier non loin, sur le Grand Canal près du bac de San Gregorio, l'architecte Carlo Scarpa, et d'autres pour qui l'art représenté par la collection Guggenheim était une aventure de pionnier dans le panorama de la ville qui avait stupidement refusé le projet de Frank Lloyd Wright pour le petit palais Masieri à l'embouchure du canal de Ca' Foscari. Et qui, entre les scrupules, les inexécutions et les inobservances des politiciens et des bureaucrates, a fait que la collection, au lieu de devenir propriété de Venise, passât sous l'aile de la Salomon R. Guggenheim Foundation.

Les fantômes d'un temps ont été mis en fuite par le remaniement cruellement rationnel fait par Thoma M. Messer pour faire ressortir les tableaux et les sculptures. Le jardin, non plus fantastique et irréel comme je l'avais vu avec le poète Diego Valeri, plusieurs années avant que ne l'achetât Peggy, s'est rempli de sculptures, pour faire compagnie à la maîtresse de maison, enterrée là avec ses petits chiens, au milieu des bronzes de Giacometti et de Moore, et des pièces vénéto-byzantines. Devant l'entrée par l'eau, le grand *Ange de la Ville* de Marino Marini écarte les bras au-dessus du Grand Canal, on ne sait si d'un air chagrin ou bénissant.

La vocation artistique et d'avant-garde de ce palais n'a certainement pas été déterminée par la gloire des Venier et de leurs trois doges, dont l'un fut Sebastiano, le vainqueur de Lépante, un caractère terrible, d'une intégrité scrupuleusement intransigeante, implacable dans son soutien au prestige et à la dignité de la Sérénissime devant les nouvelles superpuissances émergentes. Ce fut, sans aucun doute, son aspect insolite qui, avant le grand nettoyage des musées, était rendu encore plus suggestif par une cascade de glycines et de vignes vierges sur la façade, injustement et barbarement tronquées par le zèle des architectes.

Bien des années avant que Peggy Guggenheim n'en devînt la maîtresse, le palais avait été habité par la marquise Casati, personnage entré depuis longtemps dans la légende, bien avant de tomber, comme tant d'autres choses et de personnes du temps passé, dans le silence et l'oubli.

Dans une des pages de *Nocturne*, écrit, rappelons-le, dans la Maisonnette Rouge, dans une Venise en guerre et dans l'ombre de la cécité temporaire, D'Annunzio évoque, avec le palais Venier « des Lions », la Casati (qu'il a surnommée, avec son habituel amour pour les noms allusifs, Coré, qui, en grec antique, veut dire jeune fille, en hommage à ses formes d'adolescente) et les extravagantes soirées qu'elle offrait, dans le ton de sa propre excentricité et de la singularité du palais « Maifinìo ». « Au-delà du Canal, les palais des femmes belles et célèbres se taisent, abandonnés. Toutes les fenêtres du palais Da Mula sont fermées, la maison tronquée de Coré a plus que jamais l'apparence d'une ruine enchantée. Les cyprès dépassent les grands bossages sur lesquels retombent les tapis de vigne vierge. Par cet escalier qui maintenant est une ombre de velours, pendant une pleine lune d'été qui semble si loin, sortait la mascarade conduite par l'Arlequin blanc qui portait sur l'épaule un perroquet bleu ciel et tenait en laisse une de ces petites panthères qui, sur Cythère, pendant l'orgie nocturne, burent aux mamelles des bacchantes... Une clameur confuse vient du bassin de San Marco. C'est la mascarade qui revient sous ses dominos, ses tricornes, ses loups? Les serviteurs vont-ils apparaître en haut de l'escalier avec des lanternes dorées? »

D'Annunzio, pendant les années qui précédèrent la Grande Guerre, vivait à Arcachon et n'avait jamais participé aux fêtes de Coré. Pourtant, il les décrit fidèlement, les Arlequins blancs, les perroquets bleu ciel, les tricornes et les loups (il manque le nègre que, peut-être en hommage à Misia Sert, qui avait introduit la mode des « petits Maures » vénitiens, la Casati avait peint en or);

et elle la Casati, avec un petit léopard en laisse : même sur la place Saint-Marc, à l'heure de l'apéritif au Florian. Des images comme celles qui feront dans les années vingt la fortune d'un Brunelleschi. Mais dans la Ca' Casati, où l'on pouvait rencontrer l'écrivain « maudit » et snob Jean Lorrain, la poétesse Anne de Noailles et Ida Rubinstein, cette danseuse éphèbe qui, à Paris, avait interprété *Le Martyre de saint Sébastien* inspiré à D'Annunzio par le *Saint Sébastien* de Mantegna, feront fortune Bakst et Benois, et fureur, pendant la saison des Ballets russes, Richard Strauss, Igor Stravinski et les grands danseurs de Nijinski à Serge Lifar, de Boris Kochno à Léonide Massine, sur tous lesquels plane, génie tonnant, exclusif et protecteur, l'homme auprès duquel Stravinski trouvera, de nombreuses années plus tard, le repos éternel à San Michele, Serge de Diaghilev.

4. *Le mystère de la Ca' Dario*

Cet homme extraordinaire, qui vécut dans un climat de risque perpétuel et d'aventure continue, toujours en équilibre entre succès foudroyants et catastrophes romanesques, infatigable découvreur de talents et créateur de modes qui allaient bien au-delà de la scène pour s'infiltrer dans la vie de tous les jours, citoyen du monde et russe jusqu'au plus profond de son âme, est mort à Venise, et ses funérailles, dernière chorégraphie d'une vie de grandissime homme de théâtre, l'embarcation funèbre de luxe, en proue le lion de Saint-Marc d'argent, les ailes repliées en signe de deuil, en poupe un maître de cérémonie de noir vêtu, une sorte de caducée au poing (cette sinistre somptuosité funèbre n'était pas seulement pour lui, elle était, pourrait-on dire, de série et si je la décris, c'est parce que j'ai vu l'embarcation de mes yeux et ses photographies étaient encore exposées, il y a quelques années, dans une vitrine du campo Santi Apostoli), parcourut le 19 août 1929, le Grand Canal avant de traverser le bras de lagune entre le Fondamente Nuove et San Michele. Où le bond de Serge Lifar dans la tombe ouverte allait imprimer l'ultime sceau sur une vie entièrement jouée sur l'équilibre entre la distinction et le cabotinage, entre la respectabilité et le scandale. La vie d'un homosexuel de génie, avec tous les revers que cela implique, générosité et perfidie, émotivité et fermeté, y compris l'inébranlable dévotion des dames, prêtes à se précipiter à son secours quand le magnifique improvisateur, qui avait créé le final de *Petrouchka* en dix minutes, pendant la générale, ne pouvait pas faire lever le rideau car il n'avait pas l'argent pour payer le machiniste.

Paul Morand a décrit dans ses *Venises* l'invasion des homosexuels « enjoyautés et roucoulants comme les pigeons de Saint-Marc » : les pédérastes, comme on les appelait à une époque, mais nous à Venise, nous les appelions les « *settembrini* », car ils arrivaient en masse, généralement en septembre, le mois le plus doux, pendant lequel, du moins il y a quelques années de cela, la foule de touristes se raréfiait enfin. A l'époque de Morand, on les reconnaissait au mouchoir qu'ils portaient dans la manche plutôt que dans la poche. Nous autre gamins, avions d'autres critères, bien moins certains, d'identification, parmi lesquels, avant la guerre, le pull jaune ou bleu ciel et la chaîne en or autour du cou, devenu aujourd'hui, au contraire, symbole de virilité.

Une tragédie passionnelle, peut-être, en tous les cas le sombre épilogue d'une histoire homosexuelle, suivie quelques années plus tard par les mésaventures d'un disquaire bourré d'argent et de drogue, a procuré au plus élégant des palais vénitiens de la Renaissance, le palais Dario, qui penche doucement vers le Grand Canal sa façade ornée de disques de marbre polychrome, une sinistre réputation en rien méritée. Si l'aimable congrégation de lettrés français vénitianisants qui le fréquentait à une époque l'avait su ! Ils étaient les hôtes d'une comtesse de La Baume, guidés par le poète Henri de Régnier, le plus passionné de tous ! C'étaient de bons écrivains, même si peu de gens s'en rappellent aujourd'hui, Edmond Jaloux et l'autre vénitianisant enthousiaste Jean-Louis Vaudoyer, Henry Gonse et Abel Bonnard, qui se conformaient tous à leur chef de file, portant de grandes moustaches « à la gauloise », s'habillant sévèrement et fumant des Virginia, ces cigares très italiens, les préférés de François-Joseph et des officiers italiens de cavalerie. Et en affectant une vaste connaissance de la ville qu'ils quadrillaient sans répit à la recherche d'angles à découvrir et d'antiquailles à dénicher. Si le fondateur, Giovanni Dario, l'avait su ! Le seul parmi tous les grands fondateurs et propriétaires de palais historiques du Grand Canal qui voulût graver sur la façade du sien, bien clair et bien visible, son prénom et son nom, dans une dédicace qui sent de bien loin le prétexte pour cette exhibition : GENIO VRBIS JOANNES DARIO, Giovanni Dario au Génie de la Ville.

Peut-être que Giovanni Dario voulut imprimer sa propre présence de façon aussi évidente car c'était l'un des rares propriétaires de palais sur le Grand Canal qui n'appartînt pas à la toute-puissante, omniprésente, débordante aristocratie du lieu. Ce n'était pas un patricien, c'était un « citoyen ancien », un membre de la catégorie, respectée et honorée, mais subordonnée des secrétaires du Sénat. Auxquels, par contre, il pouvait très bien arriver, comme cela s'était produit pour lui, de représenter l'orgueilleuse Sérénissime dans d'importantes missions à l'étranger; en l'occurrence, il avait été chargé d'une tâche plus que dangereuse et ardue, celle de négocier la paix avec le Grand Seigneur des Turcs ottomans, le terrible Mehmet II, le conquérant de Constantinople, celui qui avait pris à Venise sa colonie la plus prospère, Nègrepont.

Pendant seize ans, la République avait été en guerre contre le Turc sans qu'aucun prince ou État chrétien ne fassent rien pour l'aider. Il fallait en finir, même au prix de graves sacrifices. Et il est probable que ce fut précisément la nécessité de réaliser de grands sacrifices, même territoriaux, qui conseilla d'envoyer un secrétaire au Grand Seigneur, au lieu d'un patricien. Avant tout, afin que, quand les conditions auraient été connues, l'inévitable mécontentement de l'opinion populaire ne retombât pas sur un membre du corps souverain. Et puis, parce qu'un secrétaire, un *grand commis* * vieilli dans l'expérience, pouvait en savoir plus qu'un praticien, contraint, par le principe même de la rotation des charges, à ne se spécialiser à fond dans aucun secteur.

Ainsi, Giovanni Dario avait obtenu la paix et, comme il avait été prévu, la meute des princes et des États chrétiens qui n'avaient rien fait pour aider Venise, aboya longuement contre une paix que Venise payait par la cession de Nègrepont, de l'Argolide, des Sporades et de l'île de Lemnos ainsi que par une redevance annuelle au sultan d'un tribut de dix mille ducats d'or en échange de la faculté de commercer librement dans la mer Noire.

* En français dans le texte. *(N.d.T.)*

Pour lui prouver sa satisfaction, Mehmet avait offert à Giovanni Dario trois habits tissés d'or. La République lui donna une propriété à Noventa Padovana. Il la méritait, aussi parce qu'il semble que ce fût lui qui réalisa l'intelligente opération de relations publiques que fut l'envoi à Constantinople d'un peintre vénitien, Gentile Bellini. Ou plutôt de le faire inviter par Mehmet, qui, comme on le sait, se fit faire son portrait par lui, à la barbe de l'interdiction coranique (une version du portrait est passée à la National Gallery de Londres avec l'héritage de sir Henry Layard). Selon une légende qui, vu le personnage et l'époque, pourrait très bien ne pas en être une, pour convaincre Gentile que la tête tronquée de saint Jean-Baptiste devait être peinte d'une certaine façon, il décapita un esclave sous ses yeux et lui montra comment étaient les organes de la gorge.

La République prouva sa satisfaction en envoyant encore Giovanni Dario, septuagénaire, à Constantinople en 1484, pour négocier avec le fils de Mehmet, Bajazet II. Et de nouveau le Sénat fut satisfait. Pour le récompenser, il le nomma secrétaire du tout-puissant (à l'époque) Conseil des Dix. Une charge très convoitée : c'était l'accès aux secrets les plus jalousement gardés de la haute diplomatie et de la haute politique. En outre il pourvut à la dot de sa fille naturelle, Marietta et, par elle, épouse de messire Vincenzo Barbaro (un homme irascible, qui dix ans plus tard allait être expulsé du Conseil majeur pendant dix ans pour avoir insulté le scribe de la magistrature des Cinq pour la Paix), le palais passa à une branche des Barbaro, en possession de laquelle il resta jusqu'au début du siècle dernier.

Ce fut un ami de Ruskin, celui qui lui avait procuré un logement dans la Maison Wetzlar : Rawdon Lubbock Brown, qui le sauva d'une décadence dramatique, commune à tant de palais du Grand Canal, et peut-être même de la démolition (ce n'était plus qu'une ruine) lorsqu'il intervint en 1838.

Brown, qui avait alors trente-deux ans (il était né à Londres en 1806), l'avait payé quatre cent quatre-vingts livres sterling. Effie Ruskin, qui resta son amie même après la séparation d'avec John et avec laquelle il resta très lié jusqu'à sa mort, parle de lui comme d'un parfait gentilhomme bien que, selon les dires de John Millais, très nerveux. A vingt-sept ans il était venu voir Venise ; la ville lui avait tellement plu qu'il n'en était plus jamais reparti. Excellent paléographe, il s'était dédié à la recherche scientifique et aux travaux d'érudition. En 1854 il publiera les dépêches de Sebastiano Giustinian, ambassadeur auprès de Henry VIII (Effie Ruskin corrigera les épreuves) puis, en 1862, lord Palmerston lui confiera la charge de cataloguer et de transcrire tous les documents des archives de l'État de Venise concernant l'histoire d'Angleterre, un travail qui occupera toute sa vie; sans pour cela l'empêcher de publier d'importantes recherches sur le grand chroniqueur du XVIe siècle, Marino Sanudo.

Un journaliste fantaisiste a raconté dans un journal italien que Rawdon Brown se suicida, ruiné par la restauration du palais Dario. Nous sommes heureux de pouvoir le démentir : le bon Rawdon vécut soixante-dix-sept ans et mourut sereinement dans son lit, le 25 août 1883. Pour ses funérailles, son cercueil fut enveloppé dans le gonfanon de Saint-Marc.

Brown n'avait pas acheté le palais aux Barbaro, mais à un personnage énigmatique, le marquis Abdoll, un marchand de diamants arménien. Après l'avoir restauré, il le vendit (lui-même resta sur le Grand Canal, d'abord au palais Busenello, puis au palais Grimani della Vida, où il mourut) au comte Sigismond Zichy, le frère de la princesse Metternich; des Zichy, il passa à un vieux général autrichien, le lieutenant-maréchal comte Laval Nugent, Irlandais d'origine, qui y mourut à plus de quatre-vingt-dix ans. Je ne sais comment, à une époque plus récente, le palais passa à la comtesse de La Baume et d'elle au marquis de Montcalm, descendant d'un des héros de l'indépendance américaine. Après une série de ventes et de reventes, il fut acheté par le financier italien Gardini : le suicide de ce dernier, après une catastrophe économique, a ajouté encore à la renommée sinistre de la Ca' Dario.

5. *L'extraordinaire Don Mariano*

Le kaléidoscope continue. L'autre palais Barbaro, celui qui flanque le palais Dario de sa façade aux délicates fenêtres ogivales, est passé à son tour en des mains étrangères. Des mains amoureuses qui, heureusement, l'ont restauré et défendu. Comme nous l'avons vu, la Duse y a habité au dernier étage, hôte d'un gentilhomme russe très cultivé, Alexandre Wolkoff Mouronzov, qui avait acheté le palais dans lequel il vivait avec sa fille, et l'avait rempli de tableaux, de sculptures et de livres d'art. Plus loin vers la Salute, à San Gregorio, près du bac, vivait et travaillait Mariano Fortuny, peintre espagnol génial aux multiples talents, qui poursuivait ses expériences dans le domaine des décors, de l'art scénique et des arts décoratifs dans le grand et sombre palais Pesaro degli Orfei, à San Beneto, aujourd'hui devenu musée. Exubérant, jovial et généreux, don Mariano avait fasciné, avec ses créations, deux personnages aussi différents l'un de l'autre que Gabriele D'Annunzio et Marcel Proust. Tous ceux qui ont lu *La Recherche* se souviendront certainement des étoffes à arabesques de Fortuny (qui avait réussi à refabriquer, tout en inventant quantité de nouveaux dessins, les précieuses étoffes vénitiennes de la Renaissance, d'or et d'argent pour lesquelles les grands peintres donnaient leurs dessins aux drapiers de Rialto). Albertine, l'aimée ambiguë et fuyante, et la duchesse de Guermantes s'en vêtait, tout comme dans la réalité s'en vêtait la Duse, Réjane, Sarah Bernhardt, et la danseuse Isadora Duncan, pour qui Fortuny avait aussi fait revivre les costumes de la Grèce classique. Sans le savoir, il avait aussi suivi l'écrivain, en ouvrant en 1919 un atelier à Paris, boulevard Haussmann, où Proust avait habité douze ans. En outre, il avait épousé la sœur d'un grand ami de Marcel, le musicien Reynaldo Hahn.

Plus encore que par ses étoffes, D'Annunzio avait été attiré par les trouvailles scénographiques de don Mariano comme, par exemple, la « coupole », un expédient très simple qui permet de recréer sur une scène un ciel fictif, d'y projeter des nuages et, si nécessaire, des visions et des apparitions ; c'est encore un des accessoires les plus utilisés dans les théâtres lyriques du monde entier. Comme l'a raconté Gino Damerini, D'Annunzio et la Duse avaient pensé à lui (il avait créé le décor du cinquième acte de la représentation française de *La Ville morte*, interprétée par Sarah Bernhardt) pour les décors, la décoration et les costumes – y compris les tissus – de *Francesca da Rimini*. Tous trois se retrouvèrent souvent, à Venise, à Ferrare, à Ravenne, à Rimini. D'Annunzio inonda Fortuny de lettres pleines de minutieux détails sur la tragédie qu'il était encore en train d'écrire, sur les scènes, sur les accessoires, sur tout. La collaboration n'eut pas l'issue espérée car D'Annunzio et la Duse pensaient, à tort, que Fortuny aurait dû se charger de tout le poids de la mise en scène, y compris la réalisation des décors, des costumes et des lumières, le tout à ses frais. Il y eut des épisodes quelque peu dramatiques et l'on crut que la première de la tragédie n'aurait jamais lieu. Au dernier moment, heureusement, un autre décorateur fut appelé et *Francesca* fut quand même jouée.

Malgré cela, leur amitié ne s'en ressentit pas. Plusieurs années plus tard, à Paris, ayant assisté à la démonstration d'une des nombreuses inventions scéniques de don Mariano, D'Annunzio s'en enticha au point de se faire le promoteur de la construction d'un théâtre basé sur les idées de Fortuny. Il tenta d'intéresser de grands représentants de la finance parisienne, tel le baron de Rothschild, et convoqua une réunion à l'hôtel Meurice où il résidait. Mais quand Fortuny vint le chercher pour lui dire que tout le monde était arrivé, il trouva seulement une femme, très belle et très agitée, qui s'agrippa à lui en pleurant à chaudes larmes. C'était, comme dira le poète dans le *livre secret*, « une amie folle, de la plus noire folie slave » et, pour la fuir, il était parti à Arcachon avec une autre femme, sans rien dire à personne.

Plus en aval encore, la gracieuse abbaye de San Gregorio rappelle à son tour les souvenirs de mondanités internationales récentes, mondanités qui lui valurent, aux yeux du superstitieux microcosme vénitien, une réputation lourdement négative, aujourd'hui heureusement oubliée. Cette réputation provenait de la fin tragique d'Alexis Mdivani, mari de la milliardaire américaine Barbara Hutton qui avait acheté l'abbaye. C'était un prince georgien beau et sans le sou, l'un de ses multiples époux, parmi lesquels on pouvait compter, avant et après lui, le célèbre champion de tennis von Cramm, le comte danois Haugwitz Rewentlow et le play-boy Porfirio Rubirosa.

De même a-t-on dit qu'était morte très vite la jeune femme du propriétaire suivant, le peintre catalan José Maria Sert, connu lui aussi pour ses nombreux mariages, dont l'un avec la géniale et inquiétante Misia. Vestige d'un monde englouti, l'abbaye revivra sous la restauration attentive et les soins amoureux de mécènes milanais, les Monzino.

Rapetissée, privée de l'un de ses cloîtres, incorporée vers la fin du siècle dernier dans un grand édifice néo-gothique, sécularisée au temps de Napoléon, ainsi que la belle église néo-gothique qui la flanque et ne donne pas sur le Canal mais sur une petite place très pittoresque (seules les absides donnent sur le canal qui relie le Canalazzo au canal de la Giudecca) et qui est aujourd'hui le laboratoire de la Surintendance aux biens artistiques et historiques pour la restauration des peintures, l'abbaye de San Gregorio rattache sa propre origine à une autre abbaye très ancienne, celle de Sant'Ilario, qui se trouvait dans l'arrière-pays vers Padoue et qui hébergeait les sépulcres des doges les plus anciens. Un prieuré de moines bénédictins de Sant'Ilario avait été construit ici en 1160, mais l'église était plus ancienne ; le diacre Jean, le chroniqueur des premiers siècles de la Sérénissime, raconte que Giovanni Tornarico et Bono Bradanisso, les chefs d'un complot contre les doges Agnello et Giovanni Parteciaco, furent pendus près d'ici, en vue du Grand Canal, en 821. Nous sommes à l'époque la plus tourmentée de la vie de Venise, cela ne fait que vingt ans que le doge Agnello a transféré le siège du pouvoir au centre de ce qui est en train de devenir la ville lagunaire. La décision a mûri à la suite de l'attaque de Charlemagne, le roi des Francs, qui, dix ans plus tôt, a été couronné empereur du Saint Empire romain qu'il a lui-même refondé, une attaque qui a amené les Francs jusqu'à la capitale du duché vénitien, Malamocco. La tradition vénitienne veut que les Francs, commandés par le roi Pépin, fils de Charlemagne, aient été vaincus et massacrés par les Vénitiens et que ce fut l'ampleur du carnage qui donna son nom au profond canal lagunaire qui vient de Malamocco vers Venise : le canal Orphelin.

Bien entendu, la tradition franque décrit les faits de façon très différente. Quoi qu'il en soit, sous la protection de la flotte byzantine, la paix est signée entre Charlemagne et l'empereur de Byzance, Nicéphore : Venise restera définitivement dans l'orbite byzantine et, au lieu d'être englobée dans le système féodal de la Terre Ferme, elle se trouvera toujours plus projetée vers la mer, vers l'Orient, vers un avenir de commerce maritime qui la rendra indépendante de toute tutelle et la fera devenir, à son tour, souveraine de ses mers. Quelque quatre-vingts ans après le complot de Tornarico et Bradanisso, Venise est assaillie par les Hongrois qui, pendant leurs incursions sauvages, avaient dévasté de façon épouvantable une grande partie de l'Italie. Ils avancent, eux aussi, le long du fin cordon de terres qui ferment la lagune, désormais très semblable à celle d'aujourd'hui. Ils se sont fabriqué de petites embarcations de peaux avec lesquelles ils comptent pénétrer dans l'estuaire. Mais, à Albiola, près de San Piero in Volta, ils trouvent le doge Pietro, le fils de Domenico Tribuno, à la tête des navires vénitiens. Les pillards sont contraints à battre en retraite mais le doge tire les justes conséquences de l'épisode. Depuis le château d'Olivolo, où se trouve la cathédrale de San Pietro, jusqu'à Santa Maria Zobenigo, on érige une muraille, Venise devient une ville équipée contre tout agresseur éventuel. Et c'est précisément ici, près de San Gregorio, que l'on va construire une tour, de laquelle partira une grosse chaîne accrochée à une autre tour sur l'autre rive du Grand Canal pour en bloquer l'accès. La deuxième tour, dont la garde était confiée à une branche de la famille Zorzi, s'élevait probablement là où se trouve aujourd'hui le petit palais Gaggia, qui fut celui de Mme Bronson; d'après les documents, elle fut démolie en 1460 pour céder la place à une maison de messire Francesco Giustinian.

C'est donc ici que se terminait le parcours du Grand Canal, fleuve, port et route. Après la dernière menace arrivée sur les bords de la lagune, en 1379, quand les Génois avaient pris position à Chioggia et qu'une mobilisation sans précédent de toutes les forces citadines les chassa pour toujours, la chaîne n'avait plus lieu d'exister. Mais déjà à l'époque, le parcours s'était allongé, se rattachant à l'épicentre de la vie vénitienne : l'aire de Saint-Marc, et son plan d'eau en face. Où Venise, désormais, s'ouvrait sans crainte à quiconque arrivait de la mer, source incontestée de sa richesse et de son succès.

6. *La dernière fête vénitienne*

Presque en face de l'abbaye de San Gregorio, le palais gothique Contarini Fasan est traditionnellement considéré comme la maison de Desdémone (le romancier Lion Feuchtwanger, auteur du *Juif Süss*, en a pris l'idée pour un important essai sur les rapports entre histoire et fiction). Tout aussi traditionnellement, le palais Guoro ai Carmini est considéré comme la maison d'Othello, démoli il y a moins d'un siècle, mais où l'on voit encore, enchâssée dans la nouvelle construction, une sculpture du XVe siècle représentant un page porte-bouclier. Ce fut Rawdon Brown qui élabora la théorie selon laquelle le Maure de Venise de Shakespeare (et de Verdi) aurait été un membre de la famille patricienne Moro, et il pensait que cela pouvait être Cristoforo, le fils de Lorenzo Moro, élu lieutenant vénitien à Chypre en 1505. Et dont la femme mourut en voyage alors qu'élu, trois ans plus tard, capitaine de quatorze galées à Candie, il était venu à Venise pour faire le rapport de sa mission à Chypre. Plusieurs années plus tard, veuf, il s'était remarié avec la fille de Donato da Lezze, dont on sait seulement qu'elle était surnommée « le démon blanc » : de ce surnom, Giraldi Cintio, la source d'information de William Shakespeare, aurait tiré le nom de la douce et blanche Desdémone. Mais rien n'est plus risqué que de vouloir faire entrer de force dans la réalité historique les créatures de la fantaisie des poètes.

La petite abbaye qui plaisait tant à Ruskin semble encore plus petite à côté de la grande masse baroque de Santa Maria della Salute qui la surplombe. Le chef-d'œuvre de Baldassare Longhena, érigé par un vote du Sénat en remerciement pour la fin de la peste de 1630, est depuis lors un des éléments caractéristiques du paysage vénitien. A partir d'ici, après l'ancien couvent des Somasques, aujourd'hui séminaire où, grâce aux généreux efforts de l'abbé Giannantonio Moschini, un musée lapidaire recueille tous les restes de l'hécatombe de sculptures et d'architecture perpétrée par le gouvernement napoléonien et ses successeurs, s'étendent, bas, comme recroquevillés, les anciens entrepôts de la Dogana da mar. Ici, à la pointe de la Dogana, devant laquelle s'ancraient jusqu'il y a cinquante ans, les fins bateaux de guerre et où, à une époque plus récente, une horrible tour de contreplaqué et de carton, pompeusement baptisée « le théâtre du monde », resta amarrée pendant deux ans, ici se termine la longue bande de terre du quartier de Dorsoduro. Au pied de la Fortune de Bernardo Falcone, debout sur une boule d'or soutenue par deux Atlas de bronze, mouillaient à une époque, devant un des panoramas les plus beaux et les plus célèbres du monde, les navires venus d'Orient et d'Occident. Plus tard ce fut le point d'ancrage des bateaux qui assumaient le service pour les passagers en direction de l'Istrie et de la Dalmatie, jusqu'à Raguse ; derrière, à l'extrémité des Zattere, les yachts et les bateaux de plaisance s'amarraient et s'amarrent encore dans le canal de la Giudecca. Plus loin, où se trouvaient les entrepôts à sel de la Sérénissime, improprement appelés Saloni selon le nom de la fondamenta de ce tronçon (en fait, comme l'a démontré l'érudit Tassini, c'était le nom d'une famille), abordaient les navires de transport en provenance de l'Istrie, les célèbres *trabacs* à la proue arquée et ornés de deux grands yeux peints en relief. A mon époque, ils naviguaient encore à la voile et les voiles latines étaient bigarrées comme celles des *bragozzi* de pêche de Chioggia. Le long des passerelles qui ployaient sous le poids, les portefaix descendaient sans arrêt, la tête et les épaules couvertes par des sacs ouverts, comme des capuchons, les épaules courbées pour soutenir d'énormes balles de sel venues de Rovigno, d'Isola d'Istria, d'Umago, de Parenzo, de Capo d'Istria, les anciens territoires de Saint-Marc, bien plus proches de Venise que ne l'était Trieste. Parfois les cargaisons étaient des feuilles de tabac, et le parfum était très fort pendant les chaudes nuits printanières, dans le silence interrompu par les bruits sourds de la pêche aux seiches, le long de la rive illuminée par des lampes errantes.

Tout cela aussi appartient au passé, et qui sait ce qu'est devenue la fête de la Madone de la Salute, avec plus de la moitié de la population partie pour Mestre, Marghera, Chirignago, Spinea, bref, en Terre Ferme ; la foule qui se pressait sur le pont votif qui enjambait et enjambe encore le Grand Canal chaque 21 novembre, qui se pressait autour des étals de chandelles (« cinq centimes la bougie, pour la Madone bénie ! » – il me semble entendre encore les voix criardes des vendeurs) et de ceux qui vendaient des « bondieuseries », comme disent les Français, c'est-à-dire chapelets, cœurs votifs, statuettes, images saintes, livres de prières. Et qui rendait l'air de la basilique bondée lourd de l'odeur pénétrante des pauvres gens qui se mêlait à celle de l'encens : l'odeur des églises de Venise de mon enfance, quand c'étaient des lieux de prières mais aussi de refuge pour les pauvres contre le froid extérieur (Howells remarquait que les églises gothiques étaient moins froides et plus accueillantes que celles de la Renaissance ou du baroque). Et l'on voyait encore des femmes âgées apporter avec elles une chaufferette qu'elles mettaient sous leurs pieds avec quelques braises, qui duraient des heures, et des confessionnaux sortaient les têtes calottées de vieux prêtres dégoulinants de longues écharpes noires, pour se moucher bruyamment le nez dans des mouchoirs rouge feu, grands comme des serviettes.

Les femmes du peuple passaient dans la foule, traînant derrière elles des gamins pleurnichards et emmitouflés, enveloppées dans leurs châles. Ce châle vénitien qui, pour elles, était de grosse laine, mais qui pouvait aussi devenir frivole et coquet, en soie par exemple, pour celles qui s'en servaient comme instrument de séduction ou simplement comme habit de fête. Dans les années vingt, les belles femmes du monde et du « demi-monde » s'en paraient dans des versions plus ou moins luxueuses. Mais ceux que l'on voyait à la fête de la Salute étaient un vêtement de première nécessité, une défense contre la température polaire. Quelquefois, il servait de couverture sous laquelle mères et enfants exploitaient la moindre source de chaleur animale. Généralement, ils étaient noirs et ornés de franges : jusqu'à la Grande Guerre c'était l'uniforme des femmes, non plus pour toutes les classes confondues, comme l'avait été le célèbre *zendà* goldonien, mais en tant que vêtement tout à fait ordinaire. Aujourd'hui on ne le retrouve plus que dans quelque collection nostalgique ou dans la documentation photographique patiemment recueillie pendant des années par E. M. Baroni.

La fête de la Madonna della Salute sera-t-elle épargnée par le système promotionnel touristique qui a déjà massacré les autres fêtes vénitiennes? Peut-être : elle a lieu pendant une période de l'année peu propice au tourisme, pendant des journées généralement très froides. Sous la coupole de la basilique, soutenue par de bizarres oreilles en pierre d'Istrie, pendant les jours ordinaires, les dévots du Titien sont plus nombreux que ceux de la Vierge. Mais la Madone, traditionnellement indulgente envers les péchés des Vénitiens, oubliera-t-elle la confiance qu'une République laïque et une population de bons vivants avaient mise en elle aux heures de la souffrance? Défendra-t-elle Venise de l'ambition, de la cupidité, de l'ignorance et de la présomption qui, aujourd'hui, avec la négligence et l'incurie, menacent sa survie, tout comme la peste en 1630?

XVII

La fin du Grand Canal : gloire et angoisses

1. *Le démon du jeu au Ridotto*

Quand, dans le lointain 1172, maître Nicolò Barattiere réussit l'exploit, ardu pour l'époque, d'élever à leur place les deux colonnes de San Marco et Todaro qui se dressent encore aujourd'hui de toute leur hauteur sur le môle de la Piazzetta, en face du bassin de Saint-Marc, il eut, comme rétribution, la concession du jeu de hasard consentie exclusivement au pied des deux colonnes. Francesco Sansovino l'affirme dans sa *Venise ville bien noble*, sur la base des *Historie* de messire Pietro Bembo, où l'on trouve écrit « qu'il fut ordonné que ni aux dés, ni à autre jeu que les échecs, dans la ville et pour vingt-cinq milles alentour, on ne pouvait jouer, excepté seulement en époque de noces, et les tavernes, et cette partie de la place Saint-Marc, qui jouxte les deux colonnes ». Et où l'on précise que cette règle fut supprimée quatre cents ans plus tard par le doge Andrea Gritti.

Vice capital et irrépressible des Vénitiens, le jeu de hasard affleure continuellement dans les lois et les décrets de la République. En 1245 on interdit le jeu de dés dans l'atrium de la basilique de Saint-Marc et sous les arcades de sa façade, l'année suivante on interdit de jouer dans la cour du palais des Doges et dans les pièces proches de la salle du Grand Conseil. En 1266 on décrète que les écuyers du doge ne peuvent jouer aux dés en aucun lieu et qu'il n'est permis de jouer aux « œufs » (mais on continuera à y jouer encore jusqu'à la fin du XVIIIe siècle) ni dans l'église de Saint-Marc, ni sur la piazzetta San Basso, l'actuelle place dei Leoni.

1292 : que personne n'ose jouer, ni de jour ni de nuit, sur le territoire du diocèse de Venise et Torcello, si ce n'est aux échecs et au trictrac, sous peine d'une amende de vingt-cinq livres de petits deniers. Deux ans plus tard, nouvelle interdiction de jouer sous le porche de la basilique Saint-Marc. Et ainsi de suite pendant des siècles; aux périodes de permissivité, comme celle durant laquelle on autorise le jeu dans les tavernes et les auberges où se trouvent les *mamole*, c'est-à-dire les prostituées, « jusqu'à la somme de livres X de monnaies », succèdent de nouvelles rigueurs motivées par le fait que beaucoup de « larrons qui ont tout perdu au jeu, restent là à paresser avec ces catins » et finissent par en devenir les proxénètes. En 1500, une loi qui voudrait éliminer les « tricheries », interdit dés, trictrac, cartes, sauf le droit pour les nobles et les citoyens de jouer « avec amis et compagnons », à la maison ou en bateau, « à des jeux habituels et honnêtes... excepté seulement les dés ». En somme, au début du XVIIe siècle, vu que tout le monde joue, surtout dans « les maisons de compagnie », le jeu est légalisé, dans la limite du Carnaval. Puis, en 1638, on autorise l'ouverture dans un palais, rue Valaresso, propriété du gentilhomme Marco Dandolo da San Moisé, d'un « Grand Ridotto », c'est-à-dire d'une maison publique de jeu, ouverte à tous.

Si la basilique della Salute est le principal monument de la piété et de la foi religieuse des Vénitiens, le Ridotto Grande, bientôt connu comme « Ridotto » sans adjectif, a été le temple de la très payenne déesse de la Fortune, celle qui trottine, au-delà du Grand Canal, sur la pointe de la Dogana da Mar.

A une époque, le Ridotto arrivait, avec le jardin sur lequel est maintenant le palais Valaresso-Erizzo, aujourd'hui l'hôtel Monaco, jusqu'au Grand Canal. Mais la vie de ce qui, alors, n'était autre qu'un casino tout aussi célèbre que l'est celui de Monte Carlo aujourd'hui, se déroulait exclusivement à l'intérieur, dans les salles luxueusement rénovées en 1768 par l'architecte Bernardino Maccaruzzi en utilisant des fonds provenant de la sécularisation de certains couvents (ce qui fera hurler au scandale). La République s'en était officiellement portée garante quand elle avait ordonné que les fonctions de « coupeur », de banquier, dans le sens de teneur de banque des différents jeux de hasard, fussent réservées aux patriciens ; lesquels devaient l'effectuer non seulement à visage découvert, au contraire des joueurs qui devaient obligatoirement être masqués, mais en habit officiel, toge, étole et perruque bouclée.

Un décret du Conseil des Dix fixait le règlement de la maison de jeu. Il était interdit aux gentilshommes qui « coupaient » de réserver des tables de jeu, les places étaient prises par qui arrivait en premier ; il était interdit de servir dîners ou soupers ; il était interdit de jouer ailleurs que dans la salle de jeu, et l'interdit concernait aussi les gondoliers qui attendaient dans l'entrée ou dans les cours. Le jeu le plus pratiqué était le pharaon, préféré aussi par Giacomo Casanova, joueur invétéré, comme le savent tous ceux qui ont lu ses mémoires ; mais au Ridotto, on jouait aussi à la bassette, le jeu de la bonne société vénitienne par excellence, qui, tout comme le petit peuple, dans les « *casini* » (et en villégiature, comme nous l'apprend Goldoni), jouait à tous les jeux imaginables : lansquenet, triomphe, cresiman, biribi, panfil, ainsi qu'à d'autres encore qui ont survécu jusqu'à nos jours, comme le *tressette*, le piquet, le *cotecchio* et le sept et demi.

Parmi les nobles qui tiennent la banque se trouvent des personnages de très haut rang social, comme le gentilhomme Gregorio Barbarigo, arrière-petit-neveu du saint et père de Contarina, contre qui la duchesse de Modène perd mille sequins pendant le Carnaval de 1743. Les joueurs de marque ne manquent pas : en 1708 le roi Frédéric de Danemark avait gagné énormément, mais, grand seigneur, il avait fait semblant de se prendre les pieds dans la table pour la renverser avec les cartes et les enjeux, qui étaient ainsi revenus à la banque. Ce fut probablement pour ne pas se montrer inférieur qu'un gentilhomme Querini avait égalé le geste du roi pendant une fête au palais Foscarini aux Carmini : tandis que sa femme dansait avec le roi, sa magnifique ceinture de perles s'était brisée, et les perles étaient tombées à terre. Dame Querini avait fait semblant de rien et quand le roi, confus, s'était penché pour les ramasser, son mari s'était approché en souriant, avait dispersé et écrasé les perles sous ses pieds, invitant son épouse à reprendre la danse.

Des personnages de grande importance politique viennent aussi au Ridotto. Silvestro Valier, qui sera élu doge en 1694 et qui est déjà considéré comme un grand homme, y vient souvent avec sa femme, Elisabetta Querini, qui sera la dernière dogaresse couronnée. Il joue fort et, une fois, voyant son épouse miser de petites sommes, il lui dit : « Dame Betta, je ne veux pas que nous le fassions mesquinement mais que nous gagnions beaucoup », et il ajoute des poignées de ducats à chacune de ses mises, en riant quand la banque les lui prend. Molmenti raconte qu'un patricien Mocenigo avait amené avec lui son fils adolescent, et l'avait présenté aux collègues patriciens qui tenaient la banque en leur disant qu'il voulait procurer au garçon l'honneur de faire leur connaissance « en perdant trois ou quatre deniers ».

Un tableau de l'amusant peintre chroniqueur Gabriel Bella nous montre la salle de Maccaruzzi en pleine soirée de jeux. Les chandelles brûlent nombreuses aux lustres, et il y en a une allumée et enfilée dans un chandelier d'argent à chaque table où sont assis les patriciens en perruque, chacun avec sa petite montagne d'or et d'argent devant lui. Des loups et d'autres masques circulent entre les tables, et certains misent : debout, car on ne voit pas de chaises, dans une niche, le cafetier, sans masque, comme les nobles coupeurs, sert le café. La règle voulait que, pendant le jeu, le silence le plus absolu régnât dans la salle.

La salle hébergera le tripot peu de temps encore. Le 27 novembre 1774, le Conseil majeur ferme le Ridotto. Pour la plus grande joie des moralistes, qui louent, en prose et en vers, le courage des cinq réformateurs qui en ont proposé la fermeture. Mais il y en a aussi qui ne sont pas enthousiastes : Goldoni, dans ses mémoires, parle de « ce célèbre foyer qui enrichissait les uns et ruinait les autres, mais qui faisait venir des joueurs des quatre coins du monde et faisait circuler l'argent ». Et les nobles pauvres l'étaient encore moins que les autres, ceux que l'on appelait des *barnabotti* depuis que l'on avait mis à disposition des patriciens désargentés des maisons, dans le quartier de San Barnaba ; pour eux, le fait de tenir la banque au Ridotto coïncidait (c'est l'aventurier Ange Goudar, l'ennemi juré de Casanova, qui l'affirme) avec la possibilité de passer chaque matin chez le charcutier pour s'acheter un peu d'abats, du pain, des fruits, du vin et de vivre en « grands chevaliers ». Même sans eux, Venise allait continuer à jouer furieusement en privé jusqu'à très longtemps après la chute de la Sérénissime.

2. *Le temple de la peinture*

Au début de la rue Valaresso, là d'où partait il y a encore peu le bac qui abordait à la pointe de la Dogana, le Harry's Bar garde encore en mémoire le souvenir bien vivant de Giuseppe Cipriani, de ses nombreuses créations de restaurants, hôtels, mets et boissons, de ses manières sympathiques qui l'avaient rendu ami de la majorité de ses clients, parmi lesquels il y avait de vrais rois et des rois de la finance, des écrivains célèbres et des femmes superbes, des gens que l'on voyait sur les couvertures des revues et des *habitués* *, vénitiens et étrangers, tous serrés comme des sardines et heureux de l'être, dans ce lieu le plus *in* (le mot n'existait pas encore) de tout Venise, à regarder les autres mais surtout à se faire voir. En haut, dans son atelier ouvert sur le bassin de Saint-Marc, Virgilio Guidi peignait et repeignait la vue qui l'avait fasciné, San Giorgio, la pointe de la Giudecca et l'espace entre les deux îles qui s'enfonçait dans un horizon qui semblait infini.

La peinture est l'autre passion de ces Vénitiens, qui pendant des siècles ont été peintres, collectionneurs, importateurs et aussi exportateurs, et avec beaucoup de talent, particulièrement pendant le XVIIIe siècle, le siècle de l'envolée glorieuse de l'École vénitienne dans toute l'Europe. La peinture, disions-nous, a, tout près d'ici, dans les pièces du Fonteghetto della Farina, son modeste temple, érigé précisément pendant le XVIIIe. Car, juste à la moitié du siècle, le 24 septembre 1750, le Sénat concédait aux illustrissimes réformateurs de l'Université de Padoue, la magistrature qui avait les fonctions de ministre de l'Instruction publique, une pièce du Fonteghetto dans laquelle « auraient pu se réunir les jeunes pour dessiner » ; avec la réserve, typique de la bureaucratie de tous les temps et de tous les pays, que la pièce serait restituée au magistrat des Farines, « s'il en survenait la nécessité ».

Ainsi, pendant l'heureux règne du Sérénissime Pietro Grimani, naissait l'Académie des beaux-arts, déjà formellement approuvée vingt-six ans plus tôt, avec le propos explicite d'y attirer les jeunes étudiants étrangers qui passaient par Venise « pendant leurs

* En français dans le texte. *(N.d.T.)*

voyages vers Florence, Bologne (c'était la patrie des Carracci et de Reni, idolâtrés à leur époque) et Rome ».

A l'époque héroïque de la peinture vénitienne, celle de Bellini, du Titien, du Tintoret, de Paolo Véronèse, il n'y avait pas d'Académie. Le peintre, comme n'importe quel artisan, avait sa boutique, où les apprentis apprenaient le métier et aidaient le maître à terminer ses tableaux, pour le plus grand désespoir des historiens d'art du futur. Le Titien avait la sienne aux Biri de San Canciano, Véronèse à San Samuele, le Tintoret à Cannaregio, près de la Madonna dell'Orto. Eux aussi avaient travaillé dans les boutiques des autres, le Titien chez Bellini, et aucun d'eux n'avait honte de faire partie de l'École, ou Art, à laquelle étaient inscrits les doreurs, les peintres sur étoffe, les miniaturistes, et les peintres de coffres, coffrets et coffres-forts, ainsi que les *cartoleri* qui peignaient les cartes à jouer, les *targeri* qui décoraient plaques et boucliers, les décorateurs de « cuirs d'or », les brodeurs et les fabricants de masques. Maîtres et apprentis vivaient généralement en commun, les garçons aidaient aux tâches quotidiennes et, au besoin, servaient de domestiques, comme les élèves de Leandro Bassano, qui l'escortaient en lui portant l'estoc et le livre des rendez-vous.

Et puis, Pietro Liberi, le chevalier Pietro Liberi, avait fondé les Collèges des peintres, qui sortaient ainsi de la vieille corporation pour en former une nouvelle plus pompeuse. Ce qui, toutefois, ne veut pas dire que les peintres ne gardaient pas des apprentis avec eux, comme avant, au contraire, l'habitude restera pendant un long moment encore; d'autant plus que l'Académie était conçue, comme nous l'avons vu, pour des artistes ou des aspirants artistes de passage. Le premier directeur de la nouvelle école était un personnage tout à fait respectable, Giambattista Piazzetta, qui avait eu une quantité industrielle d'élèves dans sa boutique et qui était resté attaché à sa ville au point de renoncer à beaucoup de propositions alléchantes à l'étranger. La pièce destinée à l'Académie était au premier étage : au rez-de-chaussée, les marchands de farine au détail continuaient leur activité et la continueront même quand les réformateurs auront réussi à arracher une autre pièce pour les élèves de Piazzetta, de Francesco Zanchi, peintre lui aussi, et du sculpteur Gian Maria Morlaiter. Par contre, ils n'avaient pas réussi à trouver des fonds : Les maîtres eux-mêmes devaient y penser, et même après la mort de Piazzetta les réformateurs devront prier les maîtres d'y pourvoir de leur propre poche pendant qu'ils étudient le futur règlement. » Ce dernier sera promulgué en 1756, avec la nomination de Giambattista Tiepolo, comme président, et de Morlaiter et Giambattista Pittoni comme conseillers, chargés d'élire, avec l'assistance de Gasparo Diziani, Francesco Fontebasso, Francesco Zanchi et Bartolomeo Nazzari, trente-six académiciens, peintres et sculpteurs, parmi lesquels chaque année auraient été choisis les professeurs. Outre les trois membres du conseil et les quatre assistants, parmi les premiers académiciens figurent Giandomenico Tiepolo, Pietro Longhi, Domenico Maggiotto, Giuseppe Angeli, Giambattista Crosato, Michelangelo Morlaiter, Giacomo Guarana, Giacomo Marieschi, Gaetano Zompini, Fabio Canal, Antonio Guardi, Antonio Visentini et le quadratoriste Girolamo Mengozzi Colonna, inséparable compagnon des Tiepolo. Bien qu'il existât un « Collège » pour eux aussi, il y avait sept sculpteurs. Les maîtres recevraient cent soixante lires de remboursement de frais de transport; rien d'autre. L'année scolaire commencerait le 18 octobre, fête de saint Luc, protecteur des peintres, dont l'image devait être exposée dans l'École avec celle des saints Quatre Couronnés, protecteurs des sculpteurs, de saint Marc, de la Vierge de l'Annonciation et du doge régnant, ainsi que, si possible, celle des grands peintres vénitiens du passé. Les réformateurs contribueraient aux frais avec vingt ducats par an.

C'est ainsi que l'Académie avait débuté sa vie. Aux cours de peinture et de sculpture s'étaient ajoutés ceux d'architecture; en 1770 deux prix annuels, « deux médailles d'or, la première d'à peu près deux onces, et d'une once environ la seconde ». L'année suivante, le rôle d'académiciens d'honneur. Mais ce sont les étudiants qui se chargent d'interrompre le tran-tran pacifique des études. En février 1775, incités par un étudiant padouan, un certain Mingardi, ils désertent les leçons en masse car, disent-ils, le temps à leur disposition pour dessiner un nu d'après nature est trop bref (mais le président, Francesco Zuccarelli, successeur de Tiepolo, dit qu'en regroupant les heures de dessin, les étudiants auraient eu plus de temps pour faire la bringue). Les contestataires menacent leurs camarades qui voudraient étudier, l'Académie est occupée par la force publique, Mingardi ainsi qu'un autre meneur sont expulsés ; mais après une supplique aux réformateurs et malgré les protestations de Zuccarelli, les écoliers obtiennent satisfaction.

D'autres difficultés sont créées par la cohabitation avec le querelleur Collège des peintres, qui a déménagé au Fonteghetto et qui est dirigé par Pietro Edwards, directeur des Peintures publiques (on dirait maintenant intendant aux Biens artistiques) de la République. Edwards, qui se vante d'avoir toujours obtenu tout ce que voulaient ses étudiants, à la barbe du président de l'Académie, sera, au moment du règne italien de Napoléon, l'expert de la Couronne chargé du choix des œuvres d'art à sauver dans la masse de milliers et de milliers de pièces provenant des églises et des écoles supprimées. Il s'acquittera de sa charge avec beaucoup de zèle, dans un climat où tout le monde fait main basse, à commencer par le vice-roi Eugène de Beauharnais qui prend pour soi et offre à ses amis des tableaux destinés aux galeries. Mais, à part sa phobie pour les armoiries qui lui fait mutiler les toiles sur lesquelles il en trouve, et le vice de découper les têtes des compositions, ses préjugés académiques lui font jeter au panier, sous prétexte qu'elles ne méritent pas la conservation et la restauration, de précieuses œuvres d'artistes « modernes et sans valeur », parmi lesquels Francesco Guardi.

La protestation des étudiants reprend sous la présidence de Giacomo Guarana, vivement contesté par les jeunes car, disent-ils, il ne vient jamais : ils lui envoient une lettre de menace au café de la Fortuna, à San Polo, où on le trouve, selon eux, plus souvent qu'à l'école, ils proclament que « la jeunesse la plus fervente et la plus studieuse du siècle » n'entend pas se plier à la tyrannie des maîtres, « qu'ils savent comment en réfréner la despotique autorité ». Guarana, de son côté, exaspéré par les abus des élèves qui déplacent les éclairages, et font changer les positions des modèles données par les maîtres, ferme l'Académie. Quand il la rouvre, il y a une nouveauté : personne ne peut être réadmis s'il ne passe pas un examen prouvant qu'il sait dessiner. Déjà à cette époque les agitateurs venaient de l'extérieur.

A la chute de la République, l'Académie, sans fonds et endettée jusqu'au cou, survit quand même ; parmi ses élèves, il y a Francesco Hayez, lauréat d'une bourse d'études, instituée récemment, qui l'envoie à Rome avec une lettre de présentation pour Canova.

Puis vient Napoléon, l'Académie devra se conformer aux autres institutions du royaume. En attendant, elle quitte le Fonteghetto pour son nouveau siège, toujours sur le Grand Canal, à Santa Maria della Carità. Le 5 novembre 1807, l'Académie vénitienne a fini de vivre, elle laisse la place à l'Académie royale des beaux-arts, et son second président, Leopoldo Cicognara, aurai bien du mal à arracher au prince Eugène, à la Galerie centrale de Brera, à la rapacité du Domaine public et des spéculateurs, les œuvres d'art qui feront la gloire des galeries naissantes.

3. *Le drame de François-Joseph*

Des fastes passés (si jamais ils en eurent) des Petits Jardins royaux et de la fondamenta qui leur fait face, bidonville oriental grouillant d'étals, de vendeurs à la sauvette, de touristes en sueur, il ne reste que la Kafféehaus, ou Coffee House, c'est-à-dire le petit pavillon construit en 1815 et 1817 par Lorenzo Santi pour les habitants des Procuratie Nuove adjacentes, devenues le Palais Royal, en 1807. Le choix des Procuratie, s'il a sauvé le palais des Doges (auquel on avait pensé en premier) d'enlaidissements impensables, a provoqué (nous l'avons déjà dit) la démolition de l'église de San Geminiano, construite par Sansovino juste en face de la basilique de Saint-Marc. Et pour aérer le palais derrière aussi, la destruction des anciens entrepôts de froment qui élevaient leur austère façade de briques vers le bassin de Saint-Marc, sur la fondamenta, qui, à l'époque s'appelait Terranova. Où se trouvaient, *ab antiquo*, une boucherie et une poissonnerie : près de laquelle, Lorenzo Da Ponte, revenu en 1798 dans une Venise méconnaissable tant elle était triste et déprimée, s'apercevait que le misérable mendiant en haillons qui lui proposait de lui porter son poisson chez lui en échange de quelque monnaie était un patricien, frère d'une jeune fille belle et capricieuse qui l'avait rendu fou d'amour et de jalousie.

L'anecdote de Da Ponte est certainement imaginaire. Mais les magasins à blé de Terranova que l'on reconnaissait dans mille vues de Venise méritaient probablement un peu plus de respect. Le grand édifice avait été le siège de plusieurs magistratures, ornées, selon l'habitude vénitienne, de précieuses œuvres d'art même si leur rôle était tout autre que culturel : comme la magistrature au Bois, où il y avait des toiles de Véronèse et du Tintoret dans les bureaux, et deux Bellini dans la pièce où se trouvaient les charrettes qui servaient d'étalons de mesure pour les chargements.

Au Palais Royal avait habité, pendant de courts moments durant le bref règne italien, Eugène de Beauharnais, auquel les Vénitiens ne pardonnaient pas ce malencontreux titre de prince de Venise que son impérial parrain lui avait conféré : une gifle pour une ville qui n'avait jamais eu de princes, si ce n'est pour ses doges qu'elle élisait elle-même. Et, si François Ier et Ferdinand Ier d'Autriche y avaient séjourné à l'occasion de leurs visites plus ou moins solennelles, le vice-roi de la Lombardie-Vénitie, l'archiduc Rainier, y passait régulièrement l'été, passionné de bains en lagune, à tel point qu'au moment des tumultes de 1848, sa principale préoccupation avait été justement de devoir y renoncer.

Après 1848, l'expulsion des Autrichiens, la parenthèse du gouvernement de Daniele Manin, le siège, la résistance, la capitulation, s'était installé un gouverneur militaire au Palais Royal, le général de cavalerie comte de Gorzkowski. De temps à autre, le commandant suprême, le feldmaréchal Radetzky, venait de Vérone, mais ni lui ni le général polonais au nom imprononçable n'étaient du genre à se promener dans les jardins. Et puis encore, après un mémorable voyage du jeune empereur François-Joseph et de sa belle impératrice Elisabeth (tous deux représentés romantiquement allongés dans une gondole, selon l'iconographie célébrative qui s'était déchaînée à cette occasion), Radetzky avait été mis à la retraite, et pour gouverner la Lombardie-Vénitie, le frère de l'empereur, Ferdinand-Maximilien, était venu accompagné de sa femme, Charlotte de Saxe-Cobourg, fille de Léopold Ier, roi des Belges.

Le Palais Royal et ses jardins n'ont été témoins que de quelques moments marginaux de l'histoire des deux frères, une histoire bien triste. Maximilien finit devant un peloton d'exécution dans des terres lointaines, après avoir été entraîné dans une aventure suicidaire. François-Joseph, l'empereur, Franzi pour son frère, fut enseveli sous des catastrophes politiques, familiales et personnelles telles que peu de monarques en ont vécues. Ils étaient tous deux venus enfants à Venise ; Maximilien, Maxi, qui avait la plume facile, avait écrit un compte rendu du voyage que Franzi, doué d'un talent précoce et vivace pour la peinture, avait illustré de ses dessins. Après avoir supervisé la réorganisation de la marine de guerre autrichienne, Maximilien revenait à Venise, avec la mission de reconquérir les sujets italiens à la dynastie. Il avait travaillé avec application, en mettant à profit tout son charme personnel et celui de sa femme pour tenter de récupérer les sympathies et de faire oublier les bombardements et le siège. Mais l'archiduc, auquel on attribuait des idées avancées, progressistes, était très rapidement entré en conflit avec les ministres de Vienne, Franzi les avait soutenus et il avait présenté sa démission, puis il s'était retiré dans son bien-aimé château de Miramar, à Trieste. En 1862, il allait revenir une nouvelle fois avec son frère, et tous deux allaient se promener longtemps dans les jardins du Palais Royal en discutant du terrible projet dans lequel sa frustration et l'ambition de Charlotte allaient l'entraîner : l'acceptation de la couronne impériale offerte par Napoléon III, cette aventure mexicaine qui allait coûter la vie à Maximilien et une longue folie désespérée à Charlotte.

Et Franzi? François-Joseph? Il était devenu empereur à dix-huit ans à peine, il en avait vingt et un la première fois qu'il était venu à Venise. C'était alors qu'Effie Ruskin l'avait vu sortir de la basilique de Saint-Marc accompagné d'une suite splendide et recevoir la bénédiction du patriarche, à genoux sur un coussin de pourpre. Puis les troupes avaient défilé devant lui et, comme racontait Effie, « Radetzky reste tout le temps à côté de lui ainsi que ses magnifiques *Jaeger* vêtus d'uniformes écarlates, avec des casaques blanches bordées de fourrure et brodées d'or, jetées sur une épaule ». John, dans une lettre à son père, décrivit l'empereur comme « un garçon bien fait, au visage fin, laid mais pas désagréable » et il ajoutait « lui et Radetzky étaient toujours ensemble et ressemblaient à un gros babouin blanc et un petit singe noir ». Puis l'empereur était parti « par le Grand Canal qui était entièrement pavoisé de tapis et de tentures et semblait une rue flanquée de boutiques de fripiers... et il y avait une foule de gondoles, et beaucoup d'éclaboussements et d'injures. Et maintenant, concluait Ruskin, ils sont tous rentrés chez eux pour le déjeuner – grandement satisfaits ».

Deux ans plus tard, une nouvelle visite de François-Joseph à

Venise s'était terminée en tragédie. Il devait partir pour Trieste escorté par cinq navires de guerre, mais le vieil amiral danois Dahlerup, qui à l'époque commandait la flotte, avait refusé de prendre la responsabilité d'embarquer son souverain. L'empereur lui avait alors demandé si l'escadre aurait pris le large si lui était resté à terre, à quoi Dahlerup avait eu la sottise de lui répondre oui. « Après quoi, écrit l'historien autrichien H. Benedikt, logiquement l'empereur ne pouvait faire autre chose que s'embarquer malgré la grosse mer. » Il ne monta pas sur le navire *Marianna*, qui était vieux et en mauvais état : François-Joseph fut embarqué sur le brigantin *Volta*. Les navires furent à la merci d'une épouvantable tempête pendant vingt-six heures, le *Volta* aborda au port de Rovigno au lieu de Trieste. La *Marianna* avait coulé avec ses quatre-vingt-dix hommes d'équipage. Les habituelles mauvaises langues accusèrent l'empereur d'avoir voulu risquer la vie des équipages « pour voir une tempête ». Comme à son habitude il ne répondit rien. Il se fit donner une gravure représentant la *Marianna* et la porta toujours avec lui, même dans ses voyages, pendue à la tête de son lit, tel un avertissement de ne plus jamais prendre de décisions précipitées.

Pourtant, très peu de temps plus tard, il en prit une qu'il allait regretter toute sa vie : le coup de tête sur lequel, au lieu des tranquilles princesses qui lui avaient été proposées, il épousait la plus belle, la plus romantique de ses cousines Wittelsbach. Trop jeune (elle était presque encore une enfant), élevée d'une façon extravagante et surtout psychiquement instable, totalement inapte à ses devoirs d'impératrice, la splendide Elisabeth était devenue presque immédiatement une croix : même quand la campagne de 1859 bat son plein, entre une défaite et une retraite, le pauvre homme sera submergé de lettres hystériques de son épouse, auxquelles il trouvera toujours le temps de répondre, en signant (lui, justement lui, qui semblait l'incarnation de l'idée même de la majesté) ton *Manneken*, « ton petit homme ».

Venise exerçait une attraction intense sur le caractère sentimental de François-Joseph (comme l'ont démontré ses lettres, étudiées par Egon Corti, plus que sentimental, il était sensible et émotif et se défendait des blessures intérieures par une apparence froide et détachée). Pour Élisabeth, l'attraction de Venise était encore plus intense, nourrie de lettres et d'appels romantiques. Quatre ans après la solennelle visite d'État de 1856-1857, quand elle s'était laissé prendre par l'atmosphère de la ville au point d'accepter de bon gré ses devoirs de représentation, qu'habituellement elle fuyait comme la peste, elle était revenue, « belle et suffisamment en bonne santé », après la perte de sa fille aînée et une grave maladie. Elle s'était immédiatement enfermée dans le Palais Royal, mais quand le lieutenant impérial et royal des provinces de la Vénétie avait bouclé les jardins et renvoyé le gérant de la Coffee House, elle avait ordonné que les jardins fussent réouverts au public qui les fréquentait depuis longtemps et, le soir même de son arrivée, c'est le vieil érudit Cicogna qui l'écrit, « le cafetier revint servir son café ».

Elle était arrivée le 26 octobre 1861. Le 2 décembre, son mari vint lui rendre visite et, vingt jours plus tard, il revenait encore pour passer Noël en famille. Élisabeth restera jusqu'à la fin du mois de mai et son époux fera la navette entre Vienne et Venise. La pauvre femme qui oscillait de plus en plus entre la dépression et l'extravagance, humeurs qui allaient la conduire jusqu'à sa fin tragique, avait trouvé à Venise un havre tranquille, où il n'y avait ni cérémonies ni réjouissances (après 1859, la population s'abstenait de tout rapport avec les Autrichiens, ainsi que de toute participation à des fêtes de joie ; la seule et unique fois où Élisabeth était allée au théâtre, il n'y avait que des Autrichiens, officiers et espions, et une seule famille vénitienne). Quant à l'opposition, elle la respectait en silence. Un manifeste clandestin du Comité révolutionnaire vénitien avait en effet rigoureusement interdit « les hommages serviles tout comme les lâches insultes ».

Après 1866 et l'annexion de Venise par l'Italie, François-Joseph et Élisabeth reviendront souvent. Dans son vieil âge, l'empereur rappellera encore avec nostalgie au jeune diplomate vénitien Daniele Varé, la belle époque de la Venise autrichienne, les promenades sur la lagune, et dans les marécages, à chasser les foulques. Les souverains d'Italie aussi viendront souvent. Marguerite de Savoie accompagnera son jeune fils Victor-Emmanuel aux bains de mer, au Lido, devenu depuis peu une plage à la mode. Au cours d'un bref séjour du roi Victor-Emmanuel III, entre une guerre et une autre, votre humble serviteur le verra se promener tranquillement, en civil, entre les jardins et le môle de la Piazzetta avec la reine Hélène et la princesse Marie.

4. *Grandeur et misère : Venise toujours !*

Ici, entre la Monnaie, la Bibliothèque de Saint-Marc, la Piazzetta avec les colonnes de Marco et Todaro, le Palais et le môle du Palais, le Grand Canal se jette définitivement dans le bassin de Saint-Marc. Son cours continue, désormais mélangé aux eaux de la lagune. Il passe devant le palais des Prisons, devant le Danieli et l'horrible appendice du Danielino, devant le monument à la gloire de Victor-Emmanuel II et devant la façade XVIIIe de l'église de la Pietà où Vivaldi fut professeur et maître de chapelle. Il continue le long de la berge des Schiavoni où habita, hôte de la Sérénissime, le poète Francesco Pétrarque, croise le canal par lequel sortaient de l'Arsenal les galéasses bien avitaillées et les centaines de galères de la République. C'est là, justement, qu'elles complétaient leur chargement, effectué selon une chaîne de montage en avance de trois cents ans, en prenant à leur bord les biscuits préparés dans les boulangeries qui longeaient la rive. Les gros navires abordent maintenant au quai suivant, qui prend le nom des sept innocents assassinés par un impitoyable occupant dans les années sombres que l'Italie entière a traversées, de 1943 à 1945 : le quai des Sept-Martyrs, où s'ouvrent les grandes portées des *squeri da nave*, les chantiers derrière lesquels s'alignaient les maisons de la *marinarezza*, maisons que la République concédait gratuitement à ses marins, et le magnifique Arsenal vénitien. A partir de là, après la masse des jardins de Castello, laissons le Canal prendre le nom que lui donnent certains documents antiques : *Canal va au Port*. Il est devenu, depuis Saint-Marc, un canal lagunaire comme tant d'autres même si, chaque année, on le voit parcouru par le cortège ducal, le jour de l'Ascension, jour où Venise épousait la mer « en signe de véritable et perpétuelle domination ».

Pour nous le Grand Canal se termine ici, sur le môle le long duquel s'alignent tous les instruments de la grandeur passée de Venise, tous les lauriers de sa gloire. L'argent : ici, à la Monnaie, jusqu'à la fin de la Sérénissime a été frappé le ducat d'or, le sequin au coin toujours pareil, à part le nom du doge régnant, au poids et au titre d'or toujours identiques depuis le jour de son institution, le 31 octobre 1284. Pas *une* monnaie, *la* monnaie, valable sous

toutes les latitudes, de tous les temps, pour tous les changes. Ici, jusqu'en 1797, les grandes et les petites familles de la ville et du dogat déposaient leurs capitaux, grands ou petits qu'ils fussent, à un intérêt modeste, deux ou quatre pour cent, si le dépôt n'était pas bloqué, mais sous la protection de l'État, qui donnait une prime sur la rente. Dans les énormes coffres-forts, que l'on voit encore dans les entrepôts de la Bibliothèque de Saint-Marc qui occupe aujourd'hui le massif édifice sansovinien, affluaient les recettes des impôts, depuis celui sur le travail des artisans et des ouvriers, surnommé l'*insensible*, jusqu'aux taxes féroces que la classe dirigeante savait s'imposer à elle-même « quand il ne s'agissait plus de gloire ou de dignité, mais de la sauvegarde et de la liberté » de Venise.

Les navires : le long de la rive de Terranova, et, au-delà du Grand Canal, près de la pointe de la Dogana da Mar s'ancreront les navires et les galères marchandes depuis que la darse, qui à une époque s'enfonçait entre le lieu où se trouve maintenant la Bibliothèque et le palais des Doges, jusqu'à la basilique de Saint-Marc, a été enterrée pour devenir la Piazzetta. Et les grandes embarcations d'Albanie et de Dalmatie continueront à mouiller le long du quai, lequel, à cause d'elles, s'appelle encore, quai des Esclavons (des Slaves). Jusqu'à la fin de la République, devant le palais, restera amarrée la *fusta*, une grosse galée destinée aux fonctions de poste de police, rien de plus qu'un symbole de ce qui a fait la fortune et la richesse de Venise, la mince et nerveuse galère aux rames peintes en rouge, instrument d'attaque et de défense, moyen de transport rapide des marchandises les plus précieuses et les plus coûteuses, capable de s'engager entre les palais du Grand Canal à la recherche du fondaco dans lequel décharger les épices, les laines, les métaux précieux d'Orient et d'Occident. Tandis que se balanceront paresseusement dans le calme plat les gros navires ronds qui croisent de la Méditerranée à l'Atlantique, chargés de vin, de coton, de sel.

La justice : rapide, impitoyable, incorruptible, sévère aussi avec les grands qu'elle traîne implacablement entre les deux colonnes de Marco et Todaro tandis que, du clocher, arrive le glas de la cloche du Maléfice : insouciante des clientèles et des protections, étrangère au formalisme légal que les législateurs abhorrent autant que le *latinorum*, qui rend la loi incompréhensible à qui doit la respecter.

Au-delà du pont della Paglia, le sévère palais des Prisons garde et met en garde. A quelques pas de là, l'élégant portail de la Bibliothèque de Saint-Marc sert de contrepoids : elle fut probablement projetée par le Petrarche, réalisée plusieurs siècles plus tard et enrichie par des dons de mécènes de codes et de volumes, décorée à l'intérieur par les artistes les plus célèbres. En arrière-plan, la basilique, resplendissante de mosaïques, rappelle la religiosité jamais abjurée : profonde, sincère, indiscutable, qui faisait du corps de l'Évangéliste et de son église un bien exclusif des Vénitiens, de tous rangs ou patrimoines.

Et, sommet des monuments à la gloire de la grandeur de Venise, le Palais recueille le meilleur de ce qu'ont su créer les grands de l'art vénitien, la mémoire de onze siècles de sagesse politique. Un mythe ? Certainement. Mais les mythes ne naissent pas de la fantaisie pure, et la longue survie d'une Venise libre et indépendante, obéissant uniquement à ses propres lois, échappant aux influences et aux prépondérances étrangères qui ont dominé l'Italie, a été sans l'ombre d'un doute l'œuvre d'un système politique qui s'est développé au cours des siècles rejoignant un équilibre à toute épreuve dans les moments de crise.

Ici entre la place Saint-Marc et la Piazzetta, Venise a vécu ses grandes journées. Au fond de la darse qui occupait la Piazzetta d'aujourd'hui a amarré le navire qui transportait le corps de l'Évangéliste Marc, dérobé à Alexandrie par des marchands vénitiens. Sur le môle à peine créé par Sebastiano Ziani, ont débarqué, pour se réconcilier, le pape Alexandre III et Frédéric Barberousse. Depuis le môle, sur lequel le doge Andrea Contarini avait redonné courage au peuple quand Gênes avait pris position à Chioggia, les Vénitiens avaient vu émerger de nulle part les galères de Carlo Zeno qui allaient décider du sort de la guerre et du destin de la Sérénissime. Ici ont débarqué les chefs « da Mar », avec les dépouilles des navires pris à l'ennemi, les rois, les ambassadeurs, quand, comme disait Byron, les souverains que Venise invitait à sa table se sentaient grandis par cet honneur. Et les dogaresses avec leur suite de dames, de damoiselles, de petits Maures, de nains et d'écuyers, et les Arts avec les symboles joyeux de leur labeur. Ici sur la Piazzetta, un peuple si férocement gai assistait, réjoui, à la décapitation du taureau du jeudi gras, symbole de la défaite d'un

oppresseur, le patriarche d'Aquileia qui avait assailli Grado ; avec des feux d'artifice, d'acrobaties périlleuses et autres réjouissances carnavalesques que Francesco Guardi a fixés sur ses toiles. Et ici, quand la fête fut finie, ont débarqué les soldats de la Révolution et ceux des Habsbourg, Napoléon et le quadrige de bronze que l'Empereur avait emporté à Paris et que l'Autriche rapportait à Venise ; le vainqueur Radetzky, après le siège et la résistance désespérée de 1848-1849 et, moins de vingt ans plus tard, Victor-Emmanuel II, premier roi de l'Italie unifiée. Jusqu'au 28 avril 1945, quand on verra apparaître sur un Grand Canal agité par le vent et l'écho des fusillades, dans le flottement des drapeaux tricolores, les premiers soldats alliés, à l'heure de la Libération.

Heures joyeuses, heures tristes. Comme les heures de la vie de tous les jours. Les deux cierges (sont-ils encore là ?) qu'un vieux sacristain plaçait chaque soir, à l'angélus, de chaque côté d'une image sur la façade latérale de la basilique. Le vœu d'un marin peut-être, que cette lumière lointaine avait sauvé d'un naufrage dans des temps immémorables. Les coups des Maures de la tour de l'Horloge, étouffés et sourds pendant les heures de brouillard et la copie majestueuse du clocher qui, comme disaient nos vieux, quand il s'était écroulé, l'avait fait en « gentilhomme », sans faire une victime. Les eaux en furie n'en firent pas non plus, le 4 novembre 1966, quand elles s'emparèrent de la place Saint-Marc et de la Piazzetta et tourbillonnèrent vertigineusement boueuses dans un Grand Canal ramené à l'horreur du temps des bouleversements dévastateurs de l'époque légendaire des origines.

L'horreur menace toujours, rien n'a été fait pour éviter qu'elle puisse revenir. Beaucoup d'autres nuages s'accumulent sur le présent et le futur de cette ville hors du temps. De sa petite maison sur la fondamenta Soranzo, derrière le palais Dario, le long du canal qui relie le canal de la Giudecca au Grand Canal, le visage encadré d'une petite barbe blanche, les lèvres serrées par le silence intransigeant de ses dernières années, avance à petits pas le poète Ezra Pound. « Oh Dieu de la nuit, quelle grande douleur arrive pour nous... » L'invocation de sa *Litanie nocturne* se croise avec le cri gravé dans les monnaies vénitiennes les plus antiques, quand Venise, harcelée par les hommes et par les éléments, s'agrippait à ses quelques terres fangeuses, un cri qui semble se lever des ondes,

des cannaies, de l'errance confuse de nos ancêtres entre les lacs et les hauts fonds des lagunes à peine formées : « *Christe Salva Venecias !* » (Christ, sauve Venise !). Auquel répond l'autre face de ces pauvres monnaies rongées, un autre cri : « *Sanctus Marcus Venetus.* » Saint Marc est vénitien, l'Évangéliste est l'un de nous. Il ne nous abandonnera pas.

Remerciements

Sans ma femme, Mimi Zorzi, ce livre qu'elle m'a inspiré n'aurait jamais été écrit. Le lecteur jugera par lui-même s'il doit lui en être reconnaissant. Quant à moi je désire la remercier de tout mon cœur pour l'attention vigilante et l'amoureuse sollicitude avec lesquelles elle a suivi mon travail du début à la fin, pour ses critiques et commentaires qui m'ont été très précieux. Ce livre lui est dédié.

Comme toujours, la généreuse assistance de mon frère Marino, directeur de la Bibliothèque nationale de Saint-Marc, m'a été indispensable. Une pensée affectueuse de gratitude et de regret va à la mémoire de mon ami Massimiliano Pavan, de l'Université de Rome « La Sapienza », qui m'a tant encouragé et soutenu par sa grande compétence et son optimisme serein.

[illegible]

[illegible]

Comme toujours, la [illegible]

Table

Cet ouvrage a été composé et réalisé par la
SOCIÉTÉ NOUVELLE FIRMIN-DIDOT (Mesnil-sur-l'Estrée)
pour le compte de LA LIBRAIRIE PERRIN
76, rue Bonaparte, 75006 Paris

Achevé d'imprimer en octobre 1994

Cet ouvrage a été composé et réalisé par la
Société nouvelle firmin-didot (Mesnil-sur-l'Estrée)
pour le compte de la Librairie Perrin
76, rue Bonaparte, 75006 Paris

Achevé d'imprimer en octobre 1994

Imprimé en France
N° d'édition : 1136 – N° d'impression : 28167
Dépôt légal : novembre 1994